U0895221

思想文化建设综论

黄 钊 著

Sixiang Wenhua Jianshe Zonglun

中国社会科学出版社

图书在版编目(CIP)数据

思想文化建设综论／黄钊著．—北京：中国社会科学出版社，2018．6
ISBN 978－7－5203－2686－5

Ⅰ．①思…　Ⅱ．①黄…　Ⅲ．①思想政治教育—研究—中国
Ⅳ．①D64

中国版本图书馆 CIP 数据核字(2018)第 120560 号

出 版 人　赵剑英
责任编辑　田　文　徐沐熙
责任校对　张爱华
责任印制　王　超

出　　版　中国社会科学出版社
社　　址　北京鼓楼西大街甲 158 号
邮　　编　100720
网　　址　http://www.csspw.cn
发 行 部　010－84083685
门 市 部　010－84029450
经　　销　新华书店及其他书店

印　　刷　北京君升印刷有限公司
装　　订　廊坊市广阳区广增装订厂
版　　次　2018 年 6 月第 1 版
印　　次　2018 年 6 月第 1 次印刷

开　　本　710×1000　1/16
印　　张　31.25
插　　页　3
字　　数　465 千字
定　　价　128.00 元

凡购买中国社会科学出版社图书，如有质量问题请与本社营销中心联系调换
电话：010－84083683

黄　钊

探索思想文化建设之道

——《思想文化建设综论》之序

骆郁廷*

黄钊教授是我非常敬重的一位我国思想政治教育园地孜孜不倦、辛勤耕耘、具有深厚学术造诣和丰硕学术成果的知名专家学者。在武汉大学思想政治教育学科发展一度青黄不接的关键时期，黄钊教授带头进行学术转换，承担起精研学术、培养后学的重任，发挥了承前启后的重要作用。长期以来，黄钊教授着眼于思想政治教育理论与实践的前沿问题，致力于梳理与发掘中国传统文化与思想道德教育方面的思想遗产，并把两者有机结合，相互贯通，古为今用，形成了《中国古代德育思想史论》《儒家德育学说论纲》《中国道德文化》等有影响的专著，不仅拓展了思想政治教育的研究视域，还促进了我国古代优秀德育成果的现代性转换和创新性发展。

《思想文化建设综论》是黄钊教授的又一力作，该书由作者将多年已发表的关于思想教育与文化建设的相关研究成果凝练融汇而成，是围绕思想政治教育前沿问题、中国特色社会主义先进文化建设等核心问题进行的有益探索和辛勤耕耘的结晶。全书分上、中、下三篇，共九章内容。上篇《文化建设论》，着重探讨了当前中国文化建设的重要性和必要性，对社会主义的政治文化建设、中国特色哲理文化系列进行了较为透彻的论述；中篇《思想教育论》，对思想教育所涉及的理论与方法从自身视角出发，提出了自己较为独到的见解；下篇

* 骆郁廷，中共武汉大学党委副书记，马克思主义学院教授、博士生导师。

《书序书评选辑》，主要是黄钊教授近些年为一些思想文化类新著撰写的书序、书评，这不仅体现了黄钊教授时刻关注思想文化领域的学术新动向，还表明了他关心和支持学者朋友探究思想文化这一学术"金矿"的鲜明态度。纵览全书，我认为有以下几个特色：

一是探索性。围绕思想文化建设这一重大理论问题，作者以交叉学科为支点，尝试对思想文化建设的一系列问题进行历史考察和深入分析，提出很多独到的理论见解。比如在论证道德建设对文化软实力建设的重要地位时，作者立足于道德精神对文化软实力的内在关系和深刻影响，从凝聚力、亲和力、规约力"三力"进行论证，视角独特，观点新颖，论证深刻。该书对公民道德教育、邓小平思想政治教育方法、我党三十余年来观念变革的探索，都富有开拓性和创新性。

二是交叉性。走过而立之年的思想政治教育学科是以实践为基础，充分吸收和借鉴其他社会科学相关成果，建立和发展起来的一门新兴的综合性应用学科。在进行理论研究的过程中，作者立足于思想政治学科发展的基础，把研究触角延伸到古今中外，将中国传统文化、中国古代德育与思想政治教育紧密结合起来，挖掘中国优秀传统文化和德育思想中丰富有益的思想遗产，旨在"以古人之资源，开学科之生面"，实现了传统与现代、文化与德育、中国古代德育思想与现代思想政治教育的有机对接，为深化思想政治教育基础理论问题研究开辟了新的研究领域和途径，在传承的过程中对古代优秀传统文化思想与思想政治教育学科内容进行凝练、融合、创新和发展，做到"他山之石，可以攻玉"，体现了作者敏锐的学术眼光和开阔的学术视野。

三是深刻性。该书不仅回应了思想政治教育领域诸如研究对象、发展规律、学科建设等一系列核心的基础理论问题，还对深刻挖掘中国传统优秀德育成果的丰富内容和现实价值，深化思想政治教育学基础理论与方法的研究，加强中外德育的比较，实施德治和法治结合的治国方略，进行了深入探索，既有中国古代优秀德育成果的历史回溯和理论挖掘，又有对当前思想文化领域热点问题的现实关照和逻辑建构，不乏独到见解。

当然，书中提出用"思想教育学"取代"思想政治教育学"，是否妥当，还有待于进一步商榷。然而，瑕不掩瑜，本书是一本值得读者认真一读并仔细品味的学术陈酿。

“精神经百炼，锋锐坚不挫”。作为一名思想政治教育领域尤其是中国古代德育思想领域颇有研究和建树的学者，黄钊教授虽已七十八岁高龄仍坚持在思想政治教育领域上下求索，笔耕不辍，为学科发展尽心竭力，令人由衷钦佩。《思想文化建设综论》这一力作的出版，将有助于更多学者进一步关注、思考和探讨思想文化建设问题，在增强文化自信的过程中，推动思想政治教育与文化建设的融合、创新与发展。在此，我衷心祝愿黄老生命之树长青，学术之路常新！

2017 年 6 月 8 日于武汉大学

前　言

这部拙著，题名为《思想文化建设综论》（以下简称《综论》），是笔者围绕思想文化建设所作的理论探索的一个特辑。三十余年来，由于专业建设的需要，我把“中国优秀传统文化与当代思想道德建设”作为自己的科研方向，并为之奋力拼搏，上下求索，不敢懈怠。功夫不负苦心人，终能围绕这一方向，先后在国内相关的刊物上发表了学术论文两百余篇，其内容包括两个方面：一是探讨中国传统文化优秀成果之珍贵遗产及其现代价值；二是探讨当代思想文化建设所涉及的一些现实理论问题。关于前者，敝人已选辑相关的系列论文纳入拙著《国学与儒道释文化发微》① 一书；关于后者，亦选辑了数十篇论文归入本书。因此，这两本书的出版，算是把自己数十年来的论文成果，作了一个选择性的集结。在本书即将出版之际，有必要先在这里谈谈自己从事思想文化建设研究的思想动机（或曰缘起）及本书的基本内容和主要特征。

一

多年来，我之所以致力于思想文化建设的研究，主要是由于自己所从事的思想教育专业的特别需要。由于专业建设和教学实践的推动，促使我自觉认真学习中央文件，不断加深对从事这一工作的深远战略意义的认识，以至从内心深处产生了一种特殊的使命感，因而在思想文化建设方面不断开拓，奋力探求。

---

① 该书由中国社会科学出版社于 2011 年正式出版。

当代思想文化建设，从本质上说，就是构筑与完善社会主义意识形态，其主体工程是建设社会主义精神文明，或曰创造先进文化。这是一项极其光荣、伟大的事业，它直接关系到全社会的文明进步，关系到国家的长治久安，关系到公民精神家园的建立与完善，因而受到党中央的高度重视。早在 1986 年 9 月召开的党的十二届六中全会上，党中央就通过了《关于社会主义精神文明建设指导方针的决议》，明确指出："社会主义精神文明建设的根本任务，是适应社会主义现代化建设的需要，培育有理想、有道德、有文化、有纪律的社会主义公民，提高整个中华民族的道德素质和科学文化素质。"这就明确把精神文明建设当作一项伟大的战略任务，作出了全面部署；到了 1996 年 10 月，党的十四届六中全会又通过了《中共中央关于加强社会主义精神文明建设若干重要问题的决议》，强调指出："社会主义精神文明是社会主义社会的重要特征，是现代化建设的重要目标和重要保证。建设社会主义精神文明，关系跨世纪宏伟蓝图的全面实现，关系我国社会主义事业的兴旺发达。"号召要在"把物质文明搞得更好的同时，切实把精神文明建设提到更加突出的地位，认真解决当前一系列紧迫问题，进一步开创新形势下精神文明建设的新局面"；到了 2011 年 10 月，在党的十七届六中全会上，又通过了《中共中央关于深化文化体制改革推动社会主义文化大发展、大繁荣若干重大问题的决议》，提出"文化是民族的主脉，是人民的精神家园"，要求"运用文化引领前进方向，凝聚奋斗力量，团结带领全国各族人民不断以思想文化新觉醒、理论创造新成果、文化建设新成就，推动党和人民的事业向前发展"；到了 2012 年 11 月，党的十八大胜利召开，胡锦涛同志在十八大上所作的《报告》中强调指出："全面建成小康社会，实现中华民族伟大复兴，必须推动社会主义文化大发展、大繁荣，兴起社会主义文化建设新高潮，提高国家文化软实力，发挥文化引领风尚、教育人民、服务社会、推动发展的作用。"并明确提出要"积极培育和践行社会主义核心价值观"①；2016 年 5 月，党的总书记

① 见胡锦涛《在中国共产党第十八次全国代表大会上的报告》，载《党的十八大文件汇编》，党建读物出版社 2012 年版，第 1—42 页。

习近平同志在《在哲学社会科学工作座谈会上的讲话》中，又创造性地提出了“要坚定文化自信”的理念，他说：“我们说要坚定中国特色社会主义道路自信、理论自信、制度自信，说到底是要坚定文化自信。文化自信，是更基本、更深沉、更持久的力量。”并指出：“面对世界范围内各种思想文化交流交融交锋的新形势，如何加快建设社会主义文化强国、增强文化软实力、提高我国在国际上的话语权，迫切需要哲学社会科学更好发挥作用。”突出了哲学社会科学工作者肩负的重大使命。

以上党中央的一系列重要文件和党的最高领导人的有关重要讲话，从不同视角对我国社会主义精神文明建设和当代文化的繁荣发展指明了方向、道路，从而给予了当代理论工作者无比重要的精神支撑。这一切，也就成为了笔者致力于思想文化建设研究的思想动力。这些年来，如果说我在思想文化领域所作的工作还有某种值得肯定的东西的话，那也应当归功于党中央的引导和关爱，归功于广大人民群众如火如荼的思想文化建设实践的启迪与陶冶。自己作为一名思想文化理论工作者，作为从事思想教育专业的教师，只是对党的指示精神逐步有所领会，并做了一些应做的工作而已，算是问心无愧吧。

二

《综论》全书，分为上、中、下三篇，共九章。上篇为《文化建设论》，中篇为《思想教育论》，下篇为《书序书评选辑》，这里拟分别对其基本内容作出简要阐述。

先说《文化建设论》。该篇是由一系列有关文化建设的单篇论文辑集而成，全篇包括四章：一为《文化建设之功能与价值概说》；二为《社会主义道德文化探析》；三为《当代政治文化评述》；四为《中国特色哲理文化发微》。其中，第一章着重探讨当代中国文化建设的价值、功能以及地位等问题，旨在强调：加强当代社会主义文化建设，是历史赋予我们的重大使命，必须给予高度重视；第二章集中阐明在我国处于改革开放、确立市场经济的新形势下，全面加强道德建设、重塑社会主义新道德的重要性和必要性，以及加强公民道德建设的方向、道路和具体内容、方法等问题；第三章围绕社会主义政治文化建设，着重探讨了党和国家所推行的一系列大政方针所涉及的相关理论问题，旨在体悟、领会中国化马克思主义新创造，以便为当代社会主义意识形态建设服务；第四章从中国特色的哲理文化视角，探讨了古今部分思想家对构建中国特色哲理文化的卓越贡献，旨在运用马克思主义哲学智慧来总结、梳理中国的哲学成果，以深化马克思主义理论研究。总之，这四章内容，从总体上构成了以文化建设为中心内容的思想体系，表达了笔者关于当代文化建设所涉及的有关理论与现实问题的肤浅见解。

次说《思想教育论》。该篇是由一系列有关思想教育的单篇论文辑集而成，全篇包括两章：一为《思想教育理论研析》（即第五章）；二为《思想教育方法浅探》（即第六章）。前者着重探讨了思想政治教育学原理所涉及的一些重要理论问题，如思想政治教育学研究对象问题、思想转化规律问题、学科如何建设与深化问题、思想教育信息与思想教育决策的关系问题等等，都是学科理论建设亟待解决的问题；后者着重探讨了思想政治教育中所涉及的方式、方法、手段、原则等问题，其中涉及如何处理教育者和被教育者的关系问题、如何发挥受教育者的主观能动作用问题、如何发挥教育者的身教示范功能问题以及如何处理借鉴历史与服务现实的关系问题等等，都是思想教育中不可回避的重要问题。对于以上两个系列的问题，本书都从特定视角作出了自己的理论回答，从而分别从理论与方法两个层面，构成了以思想教育为中心内容的学术体系。

再看《书序书评选辑》。近些年来，我有幸为一些思想文化类的新著写过书序与书评，这里汇集的就是其中的主要成果。全篇包括三章：一是《为相关文化建设类新著献序》（即第七章），其中收录了我为刘周堂著《前期儒家文化研究》、赵国球著《奇妙的思维》以及库流正著《老子正解》等八部有关文化建设类著作所作的《序》；二是《为相关思想教育类新著献序》（即第八章），其中收录了我为沈壮海著《思想政治教育有效性研究》、佘双好著《现代德育课程论》、熊建生著《思想政治教育内容结构论》等十部有关思想教育类著作所撰的《序》；三是《关于思想文化类若干新著评说》（即第九章），收录了我为罗炽著《中国哲学简史》、郑永廷著《思想政治教育方法论》、柳菊新著《“三个代表”重要思想概论》等八部著作所撰的书评文章。书序是书的楔子或前言，它从特定层面诠释了书的基本精神，寄予了序者对作者的理解与期待；书评则从特定视角揭示了书的长短优劣，反映了书评作者对该书作价值评估的基本维度。我之所以将自己多年来有关书评与书序的文字辑集于此，主要是由于它们均从特定视角反映了本人读书的心得体会，且同本书的基本宗旨相一致。关于这些，我在后面相关的正文中还会作进一步的说明。

三

本书虽是由一系列单篇论文结集而成，但由于作者在体系上的适当安排，已在整体布局方面构成了以思想文化建设为中心内容的著作，因此也有其独到之处，并显示出了某些鲜明特色，尤其是以下几个方面，值得一提。

一是注重阐发先进文化的重大价值。如前文所述，党中央的一系列指示一再强调先进文化价值的地位与作用，将之视为综合国力的重要标志，在中国特色社会主义的建设中无比重要，因而明确提出要“提高国家文化软实力”的指导方针。为了体现这一基本精神，本书在文化价值的阐发方面下了较大功夫。

例如，第一章中的《关于文化之重大价值的若干思考》一文，集中对文化价值作了系统阐发，强调指出：“文化是资源，它可以激励我们将精神变为物质”；“文化是良药，它可以医治精神颓废病和道德缺失症”；“文化是法宝，它可以帮助我们深化改革，开拓新局”；“文化是灵魂，它可以辅佐我们端正航向，阔步走向未来。”虽然，这些说法未必精当，但作为一家之言，它基本上阐明了文化价值的独特优势，对于启迪人们建立“精神家园”，发展与繁荣社会主义精神文明，具有特定的启迪意义，将之视为对文化价值的客观描述，似亦持之有故，言之成理，发人深思。

又如，在第二章《社会主义道德文化探析》中，安排有《论道德建设在文化软实力建设中的重要地位》一文，集中阐明了社会主义道德的重大价值，指出："道德是协调人际关系的重要杠杆，是社会文明的核心内容。道德力量，不仅是国家发展、时代进步、民风纯正、社会和谐的精神支撑，也是公民个体立身做人、明荣知耻、拒斥腐败、持守气节的力量源泉。道德精神可以引导人们追求真、善、美，贬抑假、恶、丑，以净化社会风气，陶冶人们情操，塑造高尚品格，因而在文化软实力中，作用尤其突出。有的学者将'文化软实力'的作用，概括为'文化吸引力，文化亲和力，文化规约力'，这较为贴近科学的真实。用这个标尺来衡量道德文化的力量，可以说这'三力'在道德文化中不仅完全具备，而且十分典型。"该文从"三力"的角度，深刻论证了道德理念的重大文化价值，从而实事求是地揭示了道德所具有的"文化软实力"的基本特征。除上述诸例之外，本书第三章中的第六篇文章《论我党在抗日战争中开展思想政治工作的伟大成就》、第七篇文章《论儒家优秀政治理念在当代治国理政中的现实价值》以及第九章中的一系列书评文章，也都从不同视角揭示了文化价值的种种表现形式。这些都说明本书十分重视对文化价值的系统阐发。

二是自觉弘扬当代中国特有的时代精神。当代中国所处的时代，是一个无比光辉灿烂的时代，它经历着"改革开放"圣火的熏陶与洗礼，推行着社会主义市场经济的建立与发展，进行着全面建设小康社会的伟大实践，担负着实现中华民族伟大复兴的历史使命，这一切从本质上说，就是努力推进具有中国特色的社会主义建设事业。这无疑是极其光荣伟大的事业，不仅我们的前人从来没有做过，世界其他民族也从未经历过。正是这一伟大时代，赋予了当代中国特有的时代精神。党的总书记习近平同志曾在《在庆祝中国共产党成立95周年大会上的讲话》中，明确号召要"弘扬以爱国主义为核心的民族精神和以改革创新为核心的时代精神"，可以说这恰如其分地表达了时代的召唤。为了张扬当今的时代精神，本书也作了相应的努力。

例如，在第一章中，专门安排了《关于倡导"学习焦裕禄精神"的时代意义》一文。该文以习近平总书记提出的"大力学习弘扬焦裕禄精神"的伟大号召为指针，将"焦裕禄精神"概括为"亲民爱民、艰苦奋斗、科学求实、迎难而上、无私奉献"五大精神，认为

“学习弘扬焦裕禄精神，既是历史赋予我们的重任，也是伟大时代的呼唤。我们所处的时代，改革开放日益深入，社会变化日新月异……特别是党的十八大以后……全面推进社会主义经济建设、政治建设、文化建设、社会建设、生态文明建设，满怀豪情地深化改革、开创未来、描绘与推行‘中国梦’，为全面建成小康社会，实现中华民族伟大复兴而努力奋斗”。有鉴于此，“全党全民学习与弘扬焦裕禄精神……集中反映了我们这个伟大时代的迫切需要”。不难看出，这里所描述的“焦裕禄精神”，就集中体现了当今的时代精神。

又如，在第一章中，还专门收录了《我国改革开放的发展，呼唤红色文化精神的复归》一文。该文指出：“‘红色文化’是中国现代史上革命文化的别称。它从特定角度反映了我党在领导中国人民进行艰苦卓绝的革命斗争中所展示的如火如荼的斗争生活和人民群众英勇无畏、奋不顾身的斗争精神。在革命战争年代和社会主义建设初期，红色文化曾起着号召群众、鼓舞士气、激励斗志的精神支撑作用。”“今天，时代已进入二十一世纪的第十二个年头，……在这样的新形势下，我党和我国人民在当年所创造的红色文化，是否还有它的现实价值呢？回答是肯定的。实事上，当代中国的社会现实，正在从特定角度，多方面地呼唤红色文化的复归，特别是红色文化所倡导的无私奉献精神、艰苦奋斗精神、忠党爱国精神、追求革命理想与信念的精神，等等，都在特定条件下向人们招手，……”“近年来，随着社会主义核心价值观的确立，……我们的社会现实中正在滋生一系列积极向上的新思想、新事物、新气象，其中就包括对红色文化精神的继承与弘扬。最为典型的，是全国出现了学习雷锋精神的新热潮，并涌现出许许多多雷锋式的模范人物。……”毫无疑问，红色文化精神的复归，也从特定视角展现了当今的时代精神。除上述论文外，本书第二章中的《要高度重视新时期社会主义荣辱观培育》《论评选表彰全国道德模范的深远意义》等拙文，也均从特定视角，张扬了当代中国以改革开放、积极向上、无私奉献为特色的时代精神。

三是认真总结新时期的思想教育理论与方法成果。思想教育作为一门新兴学科，建立于二十世纪八十年代初期，至今已有三十余年的历史，在总体上已基本构建成完整的学科体系。其中“思想政治教育学原理”和“思想政治教育方法论”两大支柱，均属于该学科的主体工程，受到学界的广泛关注以及党和国家的高度重视。本书的又一特色，是注重总结改革开放这一历史新时期的思想教育理论与方法方面的新成果。

例如，第五章中的《思想政治教育学的发展应在深化理论研究上狠下功夫》一文，重点探讨了“深化理论研究的必要性与紧迫性”以及“应从哪些方面深化理论研究”两大问题。关于前者，笔者从三个方面作了回答，即：第一，深化理论研究，是加强学科基础建设的需要；第二，深化理论研究，是学科发展史提供给我们的一条重要经验；第三，从本学科发展的历史与现状来看，深化理论研究已迫在眉睫。关于后者，该文也从三个方面作了说明，即：第一，要注重完善和深化本学科基础理论研究；第二，要重视对学科发展史的经验总结；第三，要用理论回答当代实践的呼唤。这些论述，比较客观地论证了深化理论研究的必要性和紧迫性，对学界深化本学科研究，似亦有相应的参考价值。

又如，第六章中的《论邓小平对探索当代思想政治教育方法的卓越贡献》一文，较为客观地将邓小平对当代思想政治教育方法的创造性论述归纳为八点，即：1. 注重“实事求是”的方法；2. 强调“解放思想”的方法；3. 重视“整体关照”的方法；4. 提倡“以身作则”的方法；5. 实施“理想激励”的方法；6. 推崇“价值判断”的方法；7. 倡导“两手抓”的方法；8. 提出“警右防‘左’”的方法。这八大方法，从不同的视角展示了当代思想教育方法的多样性、灵活性、针对性、实用性以及相互联系性等重要属性。它们构成了一个完整的体系，在理论上具有严密的科学性和鲜明的时代性，为解决新时期思想政治教育所面临的新问题指明了方向，既体现了邓小平同志对当代思想政治教育方法的创造性思考，又表明了这位当代中国改革开放总设计师所具有的高瞻远瞩的独特政治智慧，是当代中国建构思想教育方法的重要成果，值得高度重视。除上述论文外，本书第八章中《一部深研思想政治教育有效性的力作》《一部精研现代德育课程及德育新模式的好书》《一部全方位探析思想政治教育内容结构的佳作》以及第九章中《探索思想政治教育方法的新成果》等相关拙文，也都从不同的侧面探讨了思想政治教育理论与方法的相关内容。

四是深入体悟党和政府所推行的大政方针的科学性。改革开放以来，在党和政府的领导下，我国各条战线生机勃勃、龙腾虎跃，取得了日新月异的新进步，成就十分显著。这一切，都应归功于党的大政方针的合理性，或曰科学性。党的大政方针，不是从天上掉下来的，而是党和国家领导人对广大人民群众在有中国特色的社会主义建设中显示出的智慧创造的深刻总结，是马克思主义中国化的产物。认真研究与体悟党和政府大政方针的科学性，从本质上说，就是宣传、总结马克思主义中国化的新成果，这也是当代理论工作者义不容辞的责任。在这方面，本书也有自己的优势所在。

例如，第三章中的《牢记“四个坚定不移”，推进中国特色社会主义事业》一文，以胡锦涛同志于2007年6月25日《在中央党校省部级干部进修班上发表的重要讲话》为依据，集中探讨了坚持“四个坚定不移”的重要性与紧迫性。该讲话指出：“面对新形势、新任务，我们要坚持以邓小平理论和‘三个代表’重要思想为指导，深入贯彻落实科学发展观，继续解放思想，坚持改革开放，推动科学发展，促进社会和谐，为夺取全面建设小康社会新胜利而奋斗。”这个讲话，把“解放思想”“改革开放”“全面建设小康社”以及“科学发展与社会和谐”，归纳为“四个坚定不移”，并指出：“做到这‘四个坚定不移’，对保持党和国家事业发展的大局，至关重要。”这一讲话，是在新的历史条件下对中国化马克思主义的丰富和发展，是我党全面推进有中国特色的社会主义的又一篇纲领性文献，成为了党和政府所推行的大政方针。为此，该文集中对之作了具体探讨，最后得出了如下结论：胡锦涛同志在《六·二五讲话》中所提出的“四个坚定不移”，非常及时，无比正确。它们既各有其特定的内容，又相互联系，相辅相成，构成了一个完整的统一体，且都服务于发展有中国特色的社会主义的伟大事业。这“四个坚定不移”，在有中国特色的社会主义建设中都占据着极端重要的地位，我们应当给予高度重视，在今后的现实生活中，要坚决按“四个坚定不移”想问题、办事情，更加自觉地为推进中国特色社会主义伟大事业，做出无愧于新时代的贡献。毫无疑问，这些论述是在自觉宣传与体悟党的大政方针。

又如，第三章中的《论我党三十年来在观念大变革方面所取得的巨大成就及其深远意义》一文，较为系统地阐述了我党自改革开放以来在观念变革方面取得的巨大成就。文章围绕七大新观念（即：1.“实践是检验真理的唯一标准”；2.“三个有利于”；3.“科学是第一生产力”；4.“三个代表”；5.“全面建设小康社会”；6.“科学发展”；7.“构建和谐社会”）展开论述，具体地说，就是对这七大观念确立的时代背景、丰富内涵、表现形态及其深远意义，分别作了较为客观和系统的剖析。文章最后得出如下结论：这些新观念的确立，从特定视角反映了近三十年来我国人民在中国共产党领导下建设中国特色社会主义的雄伟步伐，反映了近三十年来我国上层建筑在适应经济基础变革方面所取得的巨大成就，反映了中国特色社会主义理论在三十年的伟大变革实践中得到的巨大发展，反映了我党在思想文化建设方面所确立的一系列重大决策。它们从不同侧面深化和丰富了中国特色社会主义理论，为广大人民群众所熟悉并自觉践行。虽然，用七大观念变革来概括我党在改革开放中在文化建设方面所取得的重大成就，还只是个人管见，未必完善、准确，但据实而论，这七大观念也基本反映了三十年来党和政府设计的当代中国大政方针的基本内容，是马克思主义中国化所获得的卓越成就。亦从特定角度表达了笔者对党的大政方针的深入体悟。除上述文章外，围绕学习党的大政方针的心得体会，书中还收录了《论德治与法治相结合的治国方略的创造性贡献》《坚持反腐倡廉，自觉捍卫党的纯洁性》以及《社会主义文化建设要在发挥先进文化功能上狠下功夫》等相关论文，均从特定层面阐明了笔者对党的大政方针所具科学性的肤浅认识。虽然文章的内容难免粗糙，但它们均从特定角度表达了作者对党的大政方针的体悟，则是毫未虚夸的。

最后，除以上四项特征外，本书还有一个值得提及的方面，就是注重古今贯通，突出古为今用。例如，书中收入的《孔子塑造“君子”人格的理论创造及其现实价值》《论毛泽东哲学思想的民族根基》《当代职业道德建设应从中华传统美德中吸取营养》《当代德育学科的发展应当重视借鉴传统德育遗产》以及《论社会主义核心价值观同中国优秀传统文化资源的亲密关系》等一系列论文，均从不同层面和视角体现了古今贯通、古为今用的鲜明特色。关于这些，读者只要触及原文，就会有自己的体悟，故不在此罗列赘述。

综上所述，本书在体系的构建方面，确有自己的若干特色，一是注重阐发先进文化的重大价值，二是自觉弘扬当代中国所特有的时代精神，三是认真总结新时期的思想教育理论与方法成果，四是深入体悟党和政府所推行的大政方针的科学性，五是注重古今贯通、古为今用。因此，本书虽由单篇论文结集而成，但它仍有自己的优势所在。它的出版，算是笔者对自己近数十年来围绕思想文化建设所作的学术探索之累积的成果，做了一个分类归纳与总体整理式的小结。如果说，拙著《国学与儒道释文化发微》的出版，是对自己多年研究传统文化所发表的论文之代表作的集结；那么这部《思想文化建设综论》的出版，则是对自己多年来探析思想文化建设现实理论问题所发表的论文之代表作的又一集结。自退休以后，时常接到朋友来信，希望我把有关思想文化建设的论文结集出版，以便与同行相互交流，共同切磋，并听取各方面的宝贵意见。这个文集的正式推出，算是了却了我的这一心愿。古谚曰："智者千虑，必有一失；愚者千虑，必有一得。"这部书中刊出的文章，倘能有"千虑一得"之获，那将是对敝人的莫大宽慰！期盼专家和读者们不吝赐教！

2017 年 2 月撰于珞珈山勤补书斋

目　录

上篇　文化建设论

中篇　思想教育论

下篇 书序书评选辑

上篇　文化建设论

文化建设，是一项无比伟大的工程，它的历史使命，旨在推进和发展中国特色的社会主义先进文化。随着精神文明建设的深入，文化在中国特色社会主义建设中的地位更加突出地凸显出来了。胡锦涛同志在党的十八大报告中明确指出："全面建成小康社会，实现中华民族伟大复兴，必须推动社会主义文化大发展、大繁荣，兴起社会主义文化建设新高潮，提高国家文化软实力，发挥文化引领风尚、教育人民、服务社会、推动发展的作用。"2016年5月，习近平总书记在《在哲学社会科学工作座谈会上的讲话》中，又提出了要坚定"文化自信"的理念，指出："我们说要坚定中国特色社会主义道路自信、理论自信、制度自信，说到底是要坚定文化自信。文化自信，是更基本、更深沉、更持久的力量。"这些都表明了我们党十分重视文化建设的地位与作用。因此，关于文化建设的理论与实践，的确值得我们认真对待，深入研究，好好探讨。

第一章　文化建设之功能与价值概说

我们之所以要大力进行文化建设，是因为文化有自己的独特功能与价值。这种独特的功能与价值，赋予了文化特有的历史使命，是“文化”作为“软实力”的内在依据，因而值得高度重视。

一　加强文化建设是一项伟大的历史使命

江泽民同志在党的第十五次全国代表大会上，作了《高举邓小平理论伟大旗帜，把建设有中国特色社会主义事业全面推向二十一世纪》的重要报告（以下简称《报告》），其中对有中国特色的社会主义文化建设做出了深刻论述，反映了时代的要求和全党、全国人民的愿望，值得我们好好学习，认真领会。

（一）充分认识加强文化建设的重要性和紧迫性

《报告》指出：“社会主义现代化应该有繁荣的经济，也应该有繁荣的文化。我国现代化建设的进程，在很大程度上取决于国民素质的提高和人才资源的开发。面对科学技术迅猛发展和综合国力剧烈竞争，面对世界范围各种思想文化互相激荡，面对小康社会人民群众日益增长的文化需求，全党必须从社会主义事业兴旺发达和民族振兴的高度，充分认识文化建设的重要性和紧迫性。”这段文字，简明扼要地阐明了加强有中国特色的社会主义文化建设的重要性和紧迫性。

第一，从重要性来看，文化建设是社会主义现代化建设不可分割的重要组成部分。如《报告》所言：“社会主义现代化应该有繁荣的经济，也应该有繁荣的文化。”这里的两个“应该”，说明了文化建设和经济建设都是社会主义现代化建设的重要组成部分，二者缺一不可。

那么，社会主义现代化建设，为什么一定要有繁荣的文化呢？这是因为：

(1)我国现代化建设的进程，在很大程度上取决于国民素质的提高和人才资源的开发。而这两个要素的获得，都离不开繁荣的文化这个前提条件。因为国民素质的提高和人才资源的开发，都必须依靠教育、科学的发展。没有现代化的教育和现代化的科学，也就无从谈起国民素质的提高和人才资源的开发。而要实现教育、科学的现代化，就必须全面推进文化建设，没有繁荣的文化，现代化的教育和科学都将是空谈。

(2)现代化的经济建设要求文化建设与之相适应。历史的经验告诉我们，经济建设不可能独立发展，它需要文化建设为之佐助；离开了文化建设，经济建设就将处于“孤掌难鸣”的境地。关于这个问题，邓小平早就告诫过我们，他说：“不加强精神文明建设，物质文明的建设也要受破坏，走弯路。”正是从这个意义上，党的十四届六中全会的《决议》明确指出：“社会主义精神文明，是社会主义社会的重要特征，是现代化建设的重要目标和重要保证。建设社会主义精神文明，关系跨世纪宏伟蓝图的全面实现，关系我国社会主义事业的兴旺发达。物质文明是基础，经济建设这个中心必须牢牢把握，毫不动摇；但是，精神文明搞不好，物质文明也要受破坏，甚至社会也会变质。在把物质文明搞得更好的同时，切实把精神文明建设提到更加突出的地位，认真解决当前一系列紧迫问题，进一步开创新形势下精神文明建设的新局面，已经成为全党、全国人民共同关注的大事。”我们必须予以高度重视。

第二，从紧迫性来看，时代的发展向我们提出了严峻的挑战，我们只有把文化建设搞上去，才能迎接挑战，发展自己。《报告》中提出的三个“面对”，客观地反映了时代发展对文化建设的迫切需求。

一是“面对科学技术迅猛发展和综合国力的剧烈竞争”。这个“面对”提醒我们必须在发展科学技术和提高综合国力方面下功夫。当今世界，科学技术作为一种十分活跃的生产力，愈益成为经济发展的决定性因素。要把经济搞上去，必须依靠科学的进步。同时，当今世界国与国之间的竞争，已不单纯表现为某一方面国力的竞争，而是表现为综合国力的竞争，在综合国力中人的素质显得尤其重要。而要提高人的素质，就必须从文化建设着手。如《报告》所言："有中国特色社会主义的文化，是凝聚和激励全国各族人民的重要力量，是综合国力的重要标志。""建设有中国特色的社会主义，必须着力提高全民族的思想道德素质和科学文化素质，为经济发展和社会全面进步提供智力支持。"

二是"面对世界范围多种思想文化相互激荡"。这个"面对"提醒我们，必须学会识别各种文化思潮的能力，并予以正确对待。当今世界，各种文化思潮此起彼伏，相互激荡，相互碰撞，其中有积极的、进步的内容；也有消极的、颓废的甚至是反动的成分。它们都分别从不同的角度反映了不同的世界观、人生观、价值观，不可避免地要对我国人民的精神风貌产生影响。为此，我们必须学会分辨良莠，区别优劣，对积极的文化思潮予以借鉴、汲取；对消极的文化思潮予以批判、抵制。而要做到这一点，就必须加强文化建设，通过文化教育，提高国人的文化素质，使国人学会正确对待当今各种文化思潮。

三是"面对小康社会人民群众日益增长的文化需求"。这个"面对"提醒我们，必须不断提高精神产品的品位以及人民群众欣赏高品位精神产品的能力。改革开放以来，我国人民的生活水平显著提高，到二十世纪末，将基本达到小康生活水平，到二十一世纪头十年，"人民的小康生活更加宽裕"。在物质生活上升的同时，人民对文化的需求也必将日益增长。这就从两个方面向我们提出了新的任务：一是要求精神产品的生产者生产出高品位的文化产品，用"阳春白雪"代替"下里巴人"；二是要求广大群众进一步提高欣赏高品位文化产品的能力。这两个方面的需求，都要依靠文化建设的进步。没有文化上的进步，就无法满足小康社会人民群众日益增长的文化需求。

总之，江泽民同志所概括的三个"面对"，既反映了时代的发展对我们在文化上提出的挑战，也给我国的文化发展提供良好的机遇。我们只有抓住机遇，千方百计搞好社会主义文化建设，才有可能在时代的挑战中立于不败之地，完成历史赋予我们的重大使命。

（二）培养“四有新人”，是文化建设长期而艰巨的任务

《报告》指出：“培育适应现代化要求的一代又一代有理想、有道德、有文化、有纪律的公民，这是我国文化建设长期而艰巨的任务。”这一伟大任务，是高瞻远瞩的邓小平同志最先提出来的。他指出：“一定要提醒大家，就是在建设具有中国特色的社会主义社会时，一定要坚持发展物质文明和精神文明，坚持五讲四美三热爱，教育全体人民做到有理想、有道德、有文化、有纪律。”“四有”用简洁而明晰的语言，阐明了社会主义新人应当具有的内在素质和精神风貌，为我们党培养跨世纪的新人定下了明确的目标。关于“四有”的基本内涵和本质特征，我们在本书第六章之第三篇文章《培养社会主义新人理论与方法的完美统一》中，已作了详尽阐述，这里略而不谈，请参阅该文。简而言之，培养有理想、有道德、有文化、有纪律的社会主义新人，是我们进行文化建设长期而艰巨的任务，我们必须同心同德，为完成这一伟大任务而共同奋斗。

（三）发展文学艺术等事业，是文化建设的重要内容

《报告》指出：“发展文学艺术、新闻出版、广播影视等事业，是文化建设的重要内容。”为什么有中国特色的社会主义的文化建设，必须把“发展文学艺术、新闻出版、广播影视等事业”作为“重要内容”来看待呢？这是因为，培养“四有新人”是社会主义文化建设的根本任务，要完成这一任务，就必须坚持江泽民同志所提出的“以科学的理论武装人，以正确的舆论引导人，以高尚的精神塑造人，以优秀的作品鼓舞人”的“四以原则”。而文学艺术、新闻出版、广播影视等事业，都有助于“四以原则”的贯彻落实。

首先，搞好文学艺术、新闻出版、广播影视等事业有助于传播科学理论，坚持正确的舆论导向。当前，特别要宣传邓小平理论。早在1994年全国宣传思想工作会议上，江泽民同志就提出：“要充分运用摄影、广播、电视出版等媒体深入宣传这一理论，教育我们的人民，教育我们的青年。”这对于坚持“以科学的理论武装人”，“以正确的

舆论引导人”，无疑是特别重要的。从这一思想出发，《报告》指出：“新闻宣传必须坚持党性原则，坚持实事求是，把握正确的舆论导向。对新闻出版业要加强管理，优化结构，提高质量。”

其次，搞好文学艺术、新闻出版、广播影视等事业有助于创作更多更好的文学作品，传播高尚的精神，激励人们自觉地为社会主义现代化英勇劳动，无私奉献。在全国宣传思想工作会议上，江泽民同志还指出：“舆论导向正确，人心凝聚，精神振奋；舆论导向失误，后果严重。”“要以主要的力量积极反映有中国特色社会主义日新月异发展的现实，满腔热情地讴歌人民群众在改造世界、创造新生活中表现出来的崇高品格和取得的光辉业绩。”毫无疑义，抓好创作、新闻出版、广播影视等事业，有利于促进“以高尚的精神塑造人，以优秀的作品鼓舞人”。为了达到这一目的，《报告》要求：“坚持为人民服务、为社会主义服务的方向，贯彻百花齐放、百家争鸣的方针，弘扬主旋律，提倡多样化，创作出更多思想性和艺术性统一的优秀作品。”“要深入持久地开展群众性精神文明创建活动，大力倡导社会公德、职业道德和家庭美德。一手抓繁荣，一手抓管理，推进文化市场健康发展。”为了完成这些光荣而艰巨的任务，《报告》号召“知识分子要加强学习，提高自己，努力成为先进思想的传播者、科学技术的开拓者、‘四有’公民的教育者和优秀精神产品的生产者，同广大工人农民一起，为中华民族的振兴建功立业”。因此，新时代的知识分子任重道远，我们一定要积极行动起来，响应党的召唤，“为中华民族的振兴建功立业”，为建设有中国特色的社会主义的文化，做出无愧于时代的新贡献！

（原载《江西社会科学》1998 年第 12 期）

二　关于文化建设之重大价值的若干思考

胡锦涛同志在党的十八大报告中指出：“文化是民族的血脉，是人民的精神家园。全面建成小康社会，实现中华民族伟大复兴，必须推动社会主义文化大发展大繁荣，兴起社会主义文化建设新高潮，提高国家文化软实力，发挥文化引领风尚、教育人民、服务社会、推动发展的作用。”胡锦涛同志的这段论述，深刻揭示了社会主义文化的本质特征和基本功能，为当今我国的社会主义文化建设指明了方向，值得我们好好学习，深入体会，从理论上把握文化所蕴含的重大价值。

文化是社会文明进步的尺度。一个社会的整体文化水平有多高，它的文明进步的局面就有多宽。因此，文化建设对于社会文明的进步至关重要。2011 年《中国共产党十七届六中全会公报》强调要“运用文化引领前进方向，凝聚奋斗力量，团结带领全国各族人民不断以思想文化新觉醒、理论创造新成果、文化建设新成就，推动党和人民的事业向前发展”。在这样的新形势下，我们深刻认识文化的特有功能，坚定抓好文化建设的决心和信心，显得尤为重要，无比紧迫。

文化建设对于社会文明进步的重大价值，可以概括为以下四个方面：

（一）文化是资源，它可以激励我们将精神变为物质

文化作为一种精神产品，它本身并非物质，没有物质所具备的基本属性。谁不承认这一点，谁就将陷入唯心主义的泥潭。但是，还需要指出的是，文化作为精神的东西，虽非物质，但在特定条件下却可以变为物质。谁不承认这一点，谁就将违反辩证法而陷入形而上学。精神可以变为物质，这是马克思主义辩证法的必然归宿。毛泽东同志早就指出：“物质可以变成精神，精神可以变成物质。”又说：“人们的社会存在，决定人们的思想，而代表先进阶级的正确思想，一旦被群众掌握，就会变成改造社会、改造世界的物质力量。”① 毛泽东在这里说的“代表先进阶级的正确思想”，乃属于先进文化的范畴，他的意思是说，先进文化一旦被群众掌握，就会变为“改造社会、改造世界的物质力量”。毫无疑问，这里讲的是精神可以变为物质。精神可以变为物质，这在社会现实中时有所见，只要我们善于观察，就可以找到许多生动的例证。例如，近年来，随着科学发展观的宣传贯

① 以上均见毛泽东《人的正确思想是从哪里来的?》，载《毛泽东著作选读》，人民出版社 1986 年版，第 839—841 页。

彻，人们对于生态环境自觉保护的意识日益提高，因而在行动上采取了一系列保护生态环境的有力措施，这就促使自然环境日益改观：一些地方过去的荒山变成了森林，污水变成了碧波，以至“鸟语花香”“莺歌燕舞”的美好景观能够重现人们眼前。这一切变化，难道不是精神变物质的真实写照吗？又如，某贫困山区，以种小麦为主要农作物，但是过去墨守成规陋习，未能注意改良品种和改善小麦种植技术，以致小麦产量长期上不去，当地农民连自己吃粮都要依靠从外地购入。后来，在某科技小组的帮助下，开始实行科学种田，注意改良小麦品种和改善小麦种植技术，并合理耕耘、施肥，结果小麦产量全面丰收，改变了过去靠吃外粮过日子的困境，并第一次向国家卖了余粮。显然，这个贫困山区小麦增产的变化，也是精神变物质的一个范例，值得引为重视。需要指出的是，精神变物质是有条件限制的，并非随意可行。忽视条件，认为在任何条件下都可以使精神变为物质，那就势必陷入唯意志论，最终走向荒谬。但是，我们绝不能因此而贬抑精神可以变为物质这一命题的理论意义。这一命题启示人们：在具有中国特色的社会主义建设中，一定要注意发挥人的主观能动作用，不断地挖掘文化潜能，努力创造条件、开拓新局，并按照人的预定目标，去推动精神产品向物质方面转化，使之成为改造社会、改造世界的物质力量。只有这样，我们才能够从无到有、从少到多地推动我们的事业阔步前进。

（二）文化是良药，它可以医治精神颓废病和道德缺失症

文化作为一种精神产品，它可以振奋人们的精神，可以坚定人们的信念，可以激发人们的情怀，可以改变人们的气质，可以医治人们的内心创伤。正是从这些意义上，我们可以说文化是良药。这剂良药，既可以医治社会的精神颓废病，又可以医治一些人的道德缺失症。

首先，文化可以医治精神颓废病。人，不同于禽兽，他有自己的精神追求。一个正常的人，总会有自己的精神家园，总是在一定的精神支撑下去从事自己的活动，因此“精神”对于人来说，是须臾不可离的。所以，要使人们适应正常的生活，就必须帮助他建立

精神家园，找到精神归属地。而要达到这一目的，必须要借助文化的熏陶。文化中的人文理念，具有扬善去恶、向往高尚、贬抑卑鄙、激人奋进、追求真善美的品格。人们一旦具备了这些品格，也就找到了精神家园，以至一辈子受用无穷。反之，人们一旦丧失了这种精神品格，也就患上了精神颓废病，成为苟且偷安、无所事事、不思进取、甘居堕落、醉生梦死的无耻之辈，以致同行尸走肉毫无所别。所以，人必须接受高尚文化的熏陶，借助具有积极意义的人文理念，来激发自己的高尚情操和人格建树，从而达到医治精神颓废病的目的。

其次，文化还可以医治道德缺失症。道德，是人们自觉适应社会的行为规范，是协调社会人际关系的重要杠杆，是社会文明的核心内容。道德力量不仅是国家发展、时代进步、民风纯正、社会和谐的精神支撑，而且也是公民个体立身做人、明荣知耻、拒腐防变、持守气节的力量源泉。从这个意义上说，道德是人之为人的必备品格，丧失了道德，也就丧失了做人的基本要求。有没有道德意识，是人区别于禽兽的重要分界线。为此，我们必须借助文化（特别是道德文化）来治理社会中一些人的道德缺失症，通过道德文化的传播，引导人们追求真善美，贬抑假恶丑，以净化社会风气，陶冶人们情操，塑造高尚品格，从而达到医治社会的道德缺失症的目的。

（三）文化是法宝，它可以帮助我们深化改革，开拓新局

文化是前人智慧的结晶，它传承了前人生活与创造的历史经验，为我们提供了种种解决难题的智慧之思，是一笔十分宝贵的财富。借助文化，我们可以增长智慧，提高本领，应对竞争，开拓新局。

首先，文化可以帮助我们增长智慧，提高本领。实践告诉我们，人们掌握了相应的文化，就会变得聪明起来，原先解决不了的困难、破除不了的困惑、摆脱不了的纠缠，只要注意吸取文化资源，一切难题就都可以迎刃而解。特别是文化中的科学知识和技术经验，都蕴含着前人智慧的思考，在生产实践中尤有重要功用，有了它生产就可以改变面貌，产量就可以大大提高。正是从这个意义上说，马克思主义肯定科学技术也是生产力。这里所说的“生产力”，其实所强调的，

乃是文化知识的价值所在。

其次，发挥文化的特有功能，可以帮助企业应对竞争，开拓新局。当前，随着市场经济的深入发展，企业间的竞争愈来愈激烈。我们怎样才能在竞争中立于不败之地？实践告诉我们，必须抓住文化这一法宝。企业的发展，必须以文化为支撑，特别是要努力建设企业文化。企业文化，顾名思义，是与企业建设和发展相关联的一种文化模式。它以“文化”为标志，是企业主体在特定的文化背景下和长期经营实践的过程中，逐步总结、积累、培育、提炼而升华形成的一种文化体系，其本质内容集中表现为企业精神或企业理念。企业在竞争中能否挫败对手、取得胜利，虽有多种条件制约其中，但企业的文化含量常常起决定作用。这在现实生活中，屡见不鲜。例如 A 企业和 B 企业同是服装生产行业，它们在资金投入、资源供应、产量销售、职工数量方面，虽大体相近，但由于两企业所拥有的文化含量不同，结果大不一样：A 企业有高尚的企业理念和周密的产销计划，它在生产服装时，坚持以人为本的基本原则，并针对不同民族的服装习惯和个性追求，生产出各具特色的服装成品，满足了不同民族的需要，因而产品销路畅通，在竞争中愈战愈强；与之相比，B 企业则比较粗枝大叶，不思进取，特别是未能考虑消费者的民族习惯，在服装模式上千篇一律，难以满足消费者的需求，以致带来产品滞销的困境，在竞争中屡遭挫折。两相比较，可知 B 企业的失败，就在于企业理念方面的落后，或者叫作文化底气不足。可见，文化的确是法宝，有了它，企业可以开拓新局；失去它，企业就将寸步难行。

（四）文化是灵魂，它可以帮助我们端正航向，阔步走向未来

文化作为精神产品，它蕴含着前人在漫长的生活实践中积淀下来的种种智慧构想和种种决策谋略，正是这一切能够启迪后人去分辨是非，懂得什么是正确的，什么是错误的，什么是高尚的，什么是卑贱的，什么是光明的，什么是黑暗的，这从本质上说，实际上是帮助人们找到了灵魂的归宿。正是从这个意义上，文化具有塑造灵魂的功能，它能够帮助人们在人生征程中，选定正确的航向，从而心明眼亮、永不迷航。这里所说的“灵魂”，是一个借用语，意在比喻具有指导、决定人的基本行为的那种精神性的东西。毛泽东同志曾说："没有正确的政治观点，就等于没有灵魂。"①毛泽东在这里所说的"正确的政治观点"，就属于决定人的基本政治行为的那种精神性的东西。由此可见，"灵魂"对于人来说，具有导向决策作用。人们生活在社会现实中，随时都存在着适应社会需要的问题，因此随时都需要"灵魂"的决策指导。那么，怎样才能够具备这种完美的"灵魂"呢？完美的灵魂，并非能从天上掉下来，它是作为主体的人在社会实践中，通过学习和文化熏陶，慢慢塑造而成的。文化是人们的精神食粮，它从不同层面、不同角度、不同环节去充实人的基本素质，提高人的认识能力，完善人的决策意识，最终达到让某种精神的力量左右人的行为的目的。正是从这个意义上，我们可以说：文化是"灵魂"。为此，我们必须大力推进文化建设的新形势，动员人们投入文化学习，进行文化创造，传承文化薪火，发掘文化潜能，从而尽善尽美地发挥文化塑造灵魂的功能。人们生活在社会中，不能没有"灵魂"。只有具备了"灵魂"，人们才能在创办事业、服务社会、成就他人、除恶扬善的征程中，懂得选择正确的航向、确定正确的目标，并能从胜利走向胜利。可见，文化对于发挥人的灵魂作用，是多么重要。

综上所述，文化是资源，它可以激励我们将精神变为物质；文化是良药，它可以医治社会的精神颓废病和道德缺失症；文化是法宝，它可以帮助我们增长智慧，提高本领，应对竞争，开拓新局；文化是灵魂，它可以帮助我们端正前进的航向，从胜利走向胜利。

胡锦涛同志在十八大报告中明确要求要"提高国家文化软实力"。这里说的"软实力"，是与"硬实力"相对应的概念。如果说硬实力指的是经济、科技、军事等产生的强制性力量；那么，文化软实力则指的是哲学智慧、人文理念、道德精神、文学艺术等对人们产生的特殊的非强制性力量。这些作为"文化"的东西，之所以具有"软实力"的属性，是因为它内含丰富的文化精神和人类智慧。文化虽属软实力，但它在特定条件下可以收到硬实力所无法收到的

---

① 《毛泽东选集》第5卷，人民出版社1977年版，第385页。

特殊效果。《孙子兵法·谋攻篇》有一个著名论断："百战百胜，非善之善者也；不战而屈人之兵，善之善者也。"这里所谓的"百战百胜"，是指用军事硬实力所收到的效果，对于这一效果，孙子的评价是："非善之善者也。"至于"不战而屈人之兵"，则是用计谋的结果，属于今人所说的文化软实力的收获。对于此收获，孙子评曰："善之善者也。"可见软实力在特定条件下，确实可以弥补硬实力的某些不足。应当看到，文化软实力对社会人们的思想，确实具有独特的精神激励与制约的特性。有的学者将"文化软实力"的作用，概括为"文化吸引力，文化亲和力，文化规约力"，这较为贴近科学的真实，值得予以重视并对之进行深入研究，以便为"提高国家文化软实力"贡献力量。

（原载《武汉大学学报》人文版2013年第1期，收入本书时，文字略有修改）

三　社会主义文化建设，要在发挥先进文化功能上狠下功夫

胡锦涛同志在党的十八大报告中，以"扎实推进社会主义文化强国"为中心内容，对社会主义文化建设进行了系统论述，他说："文化是民族的血脉，是人民的精神家园。全面建成小康社会，实现中华民族伟大复兴，必须推动社会主义文化大发展、大繁荣，兴起社会主义文化建设新高潮。"又说，要"提高国家文化软实力，发挥文化引领风尚、教育人民、服务社会、推动发展的作用。"胡锦涛同志在上述论述中，不仅明确强调了当代文化建设的本质特征及其重大意义，而且还明确地把"引领风尚、教育人民、服务社会、推动发展"作为中国特色社会主义大文化的基本功能，这就为我国当代文化建设指明了方向、道路和发展目标，值得我们认真学习，深刻领会，并努力付诸实践。本节拟就发挥先进文化功能问题，阐明自己的粗浅之见。

当代文化建设，是中国特色社会主义建设的重要组成部分。其所涉及的社会功能或作用，同中国特色社会主义的"本质属性"密切相关。关于什么是中国特色社会主义的"本质属性"，《中共中央关

于构建社会主义和谐社会若干重大问题的决定》对此做出了明确回答，指出："社会和谐是中国特色社会主义的本质属性，是国家富强、民族振兴、人民幸福的重要保证。构建社会主义和谐社会，是我们党……从中国特色社会主义总体布局和全面建设小康社会全局出发提出的重大战略任务，反映了建设富强、民主、文明、和谐的社会主义现代化国家的内在要求，体现了全党全国各族人民的共同愿望。"据此，我们的文化建设要发挥自己的社会功能或作用，就必须围绕和谐社会建设，将党中央提出的"引领风尚、教育人民、服务社会、推动发展"的功能，落到实处。其所谓"引领风尚"，就是要引领促进全社会走向文明进步、实现社会和谐的风尚；其所谓"教育人民"，就是要教育全社会公民，树立社会主义核心价值观和道德规范，自觉地为推进社会和谐贡献力量；其所谓"服务社会"，就是要自觉地为和谐社会建设尽力尽责，添砖加瓦；其所谓"推动发展"，就是要推动社会主义和谐社会建设不断向前发展。我们的文化建设若能达到上述要求，就能较好地发挥自己的社会功能和历史作用。我们必须遵循这一思路，并联系当代和谐社会建设的实际，为全面发挥社会主义文化建设的功能或作用，努力奋斗。

下面，试就以上有关文化建设的四项基本功能，分别作简要阐述。

（一）要尽力发挥先进文化"引领风尚"的功能

"风尚"，指的是社会的风气与时尚。"风尚"不是从天上掉下来的，它是社会存在的反映，是社会主体进行文化建设的沉淀，是社会进步与否的重要标志。"风尚"不是固定不变的，关键在于它受什么文化的引领。一般说来，若受先进文化的引领，则风尚会具备文明进步的特质；反之，若受落后文化的干扰，则风尚就会沾染落后腐朽的恶习。这一规律，已为我党在领导中国革命的实践中反复证明过。例如，六十年代初期，随着无私奉献精神的传播，先后涌现出了雷锋、焦裕禄、王杰等为社会主义建设无私奉献的英雄人物。他们在革命精神方面虽然各具特色，但有一点却是共同的，那就是都具有"无私奉献"的高尚品格和革命情操。正是在他们的带动下，我国当时的社会上出现了一股积极向上、助人为乐的新风气：那时的许多人，特别是青年一代，“见困难就上，见荣誉就让，见先进就学，见后进就帮”，使得社会上的新道德蔚然成风。这种情况的出现，毫无疑问就是当时的先进革命文化熏陶的结果。与此相反，若社会的腐朽衰颓文化抬头，社会的风尚就会打上污浊阴暗的烙印。例如，“文化大革命”期间，由于林彪、“四人帮”的倒行逆施，树立“白卷英雄”，搞“体脑倒挂”，使得“读书无用论”泛滥成灾，导致不少青少年走上不思进取的厌学之路，他们热衷于争做“革命小将”，沉沦于“打打杀杀”，四处“造反”，耗费了许多宝贵的时光，实在可惜。可见，用什么样的文化引领社会风尚，绝不是小问题，而是关系整个社会文明进步的大问题。因此，在用文化引领风尚方面，我们一定要高度注意，自觉运用社会先进文化去引领时代风尚。

在这方面，党的总书记习近平同志，为我们作了具体示范。他在北京大学师生座谈会上，明确号召“青年要自觉践行社会主义核心价值观”，指出：“每个时代都有每个时代的精神，每个时代都有每个时代的价值观念。”“我们提出要倡导富强、民主、文明、和谐，倡导自由、平等、公正、法治，倡导爱国、敬业、诚信、友善，积极培育和践行社会主义核心价值观。”习近平总书记在这里，用三个“倡导”，全面揭示了“社会主义核心价值观”的基本内容。其中第一个“倡导”，强调的是“富强、民主、文明、和谐”；第二个“倡导”，突出的是“自由、平等、公正、法治”；第三个“倡导”，点明的是“爱国、敬业、诚信、友善”。这三个“倡导”，从不同的视角，分别表达了核心价值观所体现的“国家层面价值要求”“社会层面价值要求”和“公民层面价值要求”。习近平总书记的这些重要论述，树立起了我党关于社会主义核心价值观的鲜明旗帜，是用先进文化引领群众，特别是引领青年学子的典型示范。围绕核心价值观的确立，习近平总书记还针对青年学子的特点，对大家提出了“勤学”“修德”“明辨”“笃实”等希望。他激励同学们，“无论什么时候，我们都要坚守在中国大地上形成和发展起来的社会主义核心价值观，在时代大潮中建功立业，成就自己的宝贵人生”。这给了青年学子极大的鼓舞。可以预料，在习近平总书记的倡导下，我国人民，特别是青年学子，必将在深入学习社会主义核心价值观方面，做出新的成绩，必将对我国的文化建设和社会风尚的优化，产生无比深远的影响。我们应当以习近平总书记为榜样，在用先进文化引领社会风尚方面，做出自己的贡献。

当前，在我国现实生活中，运用先进文化引领社会风尚，显得十分迫切。这是因为，由于改革开放和市场经济的发展，我国社会发生了翻天覆地的变化。这个变化，既有积极的方面，也有消极的方面。就其积极方面而言，近三十年来，我国社会出现了经济逐渐繁荣、国家日益富强、人民生活不断改善等情况，群众的精神风貌得到振奋。对于这一切，人民群众十分满意。从消极方面说，近些年我国社会也遭遇了传统封建文化和西方颓废文化的冲击，以致在社会中拜金主义、个人主义、损人利己的行为和奢靡之风，时有所见。例如，在市场交易中，出现了买空卖空、欺蒙拐骗以及以假乱真、以劣代优、以次充好等恶劣行径；在官场交往中，出现了买官卖官、假公济私、权色交易、贪污受贿等罪恶情况；在民间活动中，出现了赌博嫖娼、贩毒吸毒、封建迷信、拐卖人口等不法行为。所有这一切，都严重污染了社会风气，造成了十分恶劣的影响。对此，我们除了拿起法律武器，用法制对之严加惩处之外，还必须运用先进文化的特有功能，对不良风气加以正确引导，使之走上文明进步的轨道。这是一项十分艰巨的历史任务，不仅党员干部要带头身体力行，而且每个有良心的中国人，都应当对此做出贡献。因此，用先进文化引领社会风尚，已迫在眉睫，我们一定要尽快行动起来，同心协力，做出自己的贡献。为达此目的，我们应当努力学习，尽快吸取当代先进文化成果。其中，特别要把握社会主义核心价值观，把握“八荣八耻”的道德理念，把握和谐社会建设的基本宗旨，在社会交往中，坚持以人为本、尊老爱幼、诚实守信、爱国敬业、公平交易、友谊协作、平等竞争、无私奉献等先进文化理念，以之带动全体群众，将先进文化引领社会风尚的基本功能，真正落到实处，以清除污染、移风易俗、振兴民族精神。这是前无古人的伟大事业，一定要认真对待，一抓到底，绝不放弃。

（二）要尽力发挥先进文化“教育人民”的功能

这里说的“教育人民”，指的是用先进文化去武装、启迪、激励人民群众，而不是让某些教育者凌驾于人民群众之上，在人民群众面前指手画脚。按照历史唯物主义的观点来看，人民群众是历史的创造者，是推动社会进步的直接动力。习近平总书记指出：“中国梦归根到底是人民的梦”，“必须紧紧依靠人民来实现。”[①] 要发挥人民群众在创造历史中的作用，就必须用先进文化来激励人民群众，让先进文化成为人民群众手中的武器，成为改造社会、改造世界的物质力量。那么，我们用先进文化教育人民，应当采取哪些措施呢？对此，胡锦涛同志在十八大报告中，作了集中论述，他强调，要围绕文化建设，抓好四个方面的工作：一是要“加强社会主义核心价值体系建设”；二是要“全面提高公民道德素质”；三是要“丰富人民精神文化生活”；四是要“增强文化整体实力和竞争力”。[②] 毫无疑问，这些措施，都有利于发挥运用先进文化教育人民的作用。需要进一步思考的是，我们党用文化教育人民，应当产生什么样的成效？对此，习近平总书记曾提出了“三信”的理念，那就是让人民群众增强“对中国特色社会主义的道路自信、理论自信、制度自信，坚定不移沿着正确的中国道路奋勇前进”。（按：最近习近平总书记又在“三信”的基础上加了“文化自信”，成为“四信”[③]。）显然，我们的先进文化要在“教育人民”方面做出成绩，那就必须通过文化建设，让人民群众在“四信”方面得到增强。

其一，要坚持“理论自信”。这里说的“理论自信”，指的是要坚定不移地信奉马克思主义，特别是中国化的马克思主义，其中包括马克思列宁主义、毛泽东思想、邓小平理论以及江泽民同志提出的“三个代表”的思想和胡锦涛同志倡导的“科学发展观”。我们一定

---

① 《习近平总书记系列重要讲话读本》，学习出版社、人民出版社 2014 年版，第 28—29 页。

② 《党的十八大文件汇编》，党建读物出版社 2012 年版，第 23—25 页。

③ 《习近平在庆祝中国共产党成立 95 周年大会上的讲话》，人民出版社 2016 年版，第 12 页。

要让各项事业的发展，坚持以中国化的马克思主义理论作指导，使先进文化构建的目标，真正符合中国化马克思主义理论的科学体系，从而增强人民群众的“理论自信”。

其二，要坚持“道路自信”。这里说的“道路自信”，指的是要坚定不移地信奉有中国特色的社会主义道路。习近平总书记指出：“实现中国梦必须走中国道路，这就是中国特色的社会主义道路。这条道路来之不易，它是在改革开放30多年的伟大实践中走出来的，是在中华人民共和国成立60多年的持续探索中走出来的，是在对近代以来170多年中华民族发展历程的深刻总结中走出来的，是在对中华民族5000多年悠久文明的传承中走出来的，具有深厚的历史渊源和广泛的现实基础。”[①] 习近平总书记的这段论述，站在民族历史发展的高度，对我党和我国人民的政治制度，即社会主义道路的选择，作了系统的回顾总结，表明我们选择的道路，经得起历史检验，因而特别值得珍惜。所以，坚持“道路自信”，是理所当然的事。我们一定要用中国特色的社会主义道路，来指引我们的一切工作，使当代中国的各项事业，真正成为社会主义制度下的伟大事业，让人民群众真正感受到社会主义制度的优越性，从而坚定不移地沿着自己选定的道路走到底。

其三，要坚持“制度自信”。这里说的“制度自信”，指的是要坚定不移地信奉当代中国围绕中国特色的社会主义道路所建立起来的政治制度、经济制度、文化制度、社会制度。当代中国的各项制度，也是我党领导中国人民经过长期的实践探索，不断总结正反两方面的经验，逐步建立起来的，得来极不容易，亦值得我们百倍珍惜。我们一定要围绕“制度自信”，自觉为巩固和发展我国的社会主义制度，建功立业。国家确立的政治、经济、文化以及社会制度，是国家富强、人民幸福的可靠保证。我们不仅要坚信不疑，而且要自觉维护。特别是各行各业所建立起来的各项具体制度，要自觉地同国家的总体制度相一致、相衔接，以确保国家总体制度的全面实现。

其四，要坚持“文化自信”。习近平总书记最近在《在哲学社会科

---

① 《习近平在十二届全国人大一次会议闭幕式上的讲话》，载《习近平总书记系列重要讲话读本》，学习出版社、人民出版社2014年版，第30页。

学工作座谈会上的讲话》中指出："我们说要坚定中国特色社会主义道路自信、理论自信、制度自信，说到底是要坚定文化自信。文化自信是更基本、更深沉、更持久的力量。"习近平总书记在这里强调的"文化自信"，在很大程度上指的是对中华民族传统文化的自信。他说："历史和现实都表明，一个抛弃了或者背叛了自己历史文化的民族，不仅不可能发展起来，而且很可能演一场历史悲剧。中华民族有着深厚文化传统，形成了富有特色的思想体系，体现了中国人几千年来积累的知识智慧和理性思辨。这是我们的独特优势。"这就从理论上阐明了坚持"文化自信"的必要性和重要性，值得我们认真体味，努力践行。

用社会主义先进文化教育人民，我们还必须认真贯彻江泽民同志曾经提出的"以科学的理论武装人，以正确的舆论引导人，以高尚的精神塑造人，以优秀的作品鼓舞人"① 的四项原则。他依据这四项原则，进一步指出："宣传思想工作部门和单位，要把最好的东西，奉献给人民，用最好的东西去'武装人''引导人''塑造人''鼓舞人'。"②

总之，用先进文化教育人民，是一项十分艰巨的任务，在不同时期有不同的教育重点和具体内容，我们必须与时俱进，因时制宜，抓好自己的工作。就当前而言，我们要在认真贯彻十八大精神以及十八届三中全会精神的基础上，围绕全面深化改革、坚持反腐倡廉、扫除党内不正之风以及全力宣传社会主义核心价值观等方面，努力工作，真正在"理论自信、道路自信、制度自信、文化自信"方面取得成效，以完成用先进文化教育人民的光荣事业。

（三）要尽力发挥先进文化"服务社会"的功能

这里说的"服务社会"，指的是用文化为全社会造福。"社会"是一个抽象的概念，它的主体是"人"，服务社会，实质上就是要求为全社会的"人"服务。因此，要做到"服务社会"，就必须坚持"以人为本"的原则。在这一前提下，通过相关的文化活动或文化精

① 《在全国宣传思想工作会议上的讲话》，载《江泽民论有中国特色社会主义（专题摘编）》，中央文献出版社 2002 年版，第 408 页。

② 《江泽民在视察人民日报社时的讲话》，载《江泽民同志理论论述大事纪要》，中共中央党校出版社 1998 年版，第 420 页。

神的弘扬，为全社会的人谋福利、做好事、做贡献。具体说来，我们要运用文化“服务社会”，就必须通过文化创造和文化传播，去激励人的智慧，鼓舞人的志气，塑造人的灵魂，增强人的能力，帮助人们明确方向、掌握知识、吸取经验，提高工作效率。从而，使全社会的广大人民群众，得到社会关爱，树立理想信念，开创新的事业，促进人际和谐。“服务社会”，说到底就是把我党提倡的“为人民服务”理念落到实处。这是我们党的一贯宗旨，也是我们的事业取得胜利的根本保证。在文化建设中，只有坚持为人民服务的根本方向，才能抓住关键，带动全局，推动社会发展。

当前，要在文化建设方面体现“服务社会”的宗旨，还必须“大力推进生态文明建设”，具体地说，就是要按照十八大精神，狠抓生态文明落实，“一是要优化国土空间开发格局”，“二是要全面促进资源节约”，“三是要加大自然生态系统和环境保护力度”，“四是要加强生态文明制度建设”。这四大任务，相辅相成，各有其特定内涵，它们从不同的侧面体现了生态文明的光辉理念，其任务艰巨而复杂。所谓“优化国土空间开发格局”，旨在“给自然留下更多修复空间，给农业留下更多良田，给子孙后代留下天蓝、地绿、水净的美好家园”；所谓“全面促进资源节约”，旨在倡导“节约、集约利用资源，推动资源利用方式根本转变，加强全过程节约管理，大幅降低能源、水、土地消耗强度，提高利用效率和效益”；所谓“加大自然生态系统和环境保护力度”，就是要“坚持预防为主、综合治理，以解决损害群众健康突出环境问题为重点，强化水、大气、土壤等污染防治”；所谓“加强生态文明制度建设”，重点在建设与生态文明相关联的一系列管理制度和评价体系，并持之以恒地“加强生态文明宣传教育，增强全民节约意识、环保意识、生态意识，形成合理消费的社会风尚，营造爱护生态环境的良好风气”。[①] 总之，生态文明建设是贯穿中国特色社会主义文化建设过程中十分重要的内容，是用文化“服务社会”的题中应有之义，必须认真对待，切实抓好。

---

① 胡锦涛：《在党的十八大上的报告》，载《党的十八大文件汇编》，党建读物出版社2012年版，第29—31页。

（四）要尽力发挥先进文化“推动发展”的功能

这里说的“推动发展”，指的是运用文化成果推动当代中国社会沿着文明进步的道路大步迈进。具体地说，就是要在科学发展观的指导下，协调各方面的发展态势，真正做到统筹城乡发展、统筹区域发展，统筹经济社会发展、统筹人与自然和谐发展。总之，发展是硬道理，发展是我党执政兴国的第一要务。只有不断实现发展，才能使人民群众得到更多实惠，才能为当代“中国梦”的实现，提供物质基础。胡锦涛同志说：建设社会主义文化强国，必须“推动社会主义精神文明和物质文明全面发展”。由此可见，推动社会发展，这既是中国特色社会主义大文化的根本任务，也是当代中国物质文明建设的重大任务。我们的文化建设，必须落脚到“推动发展”上来，以便为当代社会的迅速发展做出贡献。而要做到为当代社会的发展做出贡献，就必须深入各行各业，研究能够保证各行业顺利发展的方针、道路。以企业发展为例，我们要推动各个企业的自身发展，必须抓好三件事：一是要探索中国特色社会主义制度下企业发展的规律，为企业的生产与经营提供理论指导；二是要总结当代中国企业管理的成功经验，为各方面制定企业管理制度提供有实践意义的参考与借鉴；三是要创造先进企业形象设计和企业经营理念，为企业精神的构建和企业远景规划的落实，提供先进文化支撑。这些措施，各具特色，都可以为企业发展增添正能量。

以上所探讨的文化建设的四项功能，分别体现了先进文化在推动社会文明进步中的重要作用。能否发挥这些作用，是衡量各行各业文化建设状况的重要尺度。它既关乎我国文化建设事业的成功与失败，也关乎“中国梦”的具体实现。因此，努力发挥先进文化的社会功能，是当代文化建设的重中之重，必须高度关注，一抓到底。

强调发挥先进文化功能，从本质上说，就是要推进中国特色社会主义理想的实现。在十二届人大闭幕时，习近平总书记将中国人民的理想与追求，简称为“中国梦”。他说：“中国梦是民族的梦，也是每个中国人的梦。”[①] 又说：“实现中华民族伟大复兴的中国梦，就是

① 《习近平谈治国理政》，外文出版社 2014 年版，第 40 页。

要实现国家富强、民族振兴、人民幸福。”这“既深深体现了今天中国人的理想，也深深反映了我们先人们不懈追求进步的光荣传统”①。因此，就当前时代的需要而言，我们要真正发挥文化建设的四大功能，就是要借助文化软实力的特性，推进“中国梦”的圆满实现。

总之，有效发挥先进文化功能，是一项十分艰巨而光荣的任务，我们必须与时俱进，因时制宜，做好这一工作。就当前而言，我们要在认真贯彻十八大精神以及十八届三中全会精神的基础上，围绕全面深化改革、坚持反腐倡廉、扫除党内不正之风以及全力宣传社会主义核心价值观等方面，努力工作，并为中国特色社会主义和谐社会的建设，做出无愧于时代的新贡献。

（原载《学校党建与思想教育》2014 年第 8 期，收入本书时，在文字上略有修改）

四　关于倡导“学习焦裕禄精神”的时代意义

最近，党的总书记习近平同志在考察河南省兰考县焦裕禄事迹时，向全党和全国人民发出了“大力学习弘扬焦裕禄精神”的伟大号召。他说：焦裕禄同志是县委书记的榜样，也是全党的榜样。他虽然离开我们 50 年了，但他的事迹永远为人们传颂，他的精神和井冈山精神、延安精神、雷锋精神等革命传统和伟大精神一样，过去是、现在是、将来仍然是我们党的宝贵精神财富，我们要永远向他学习。②这一伟大号召，是新时期中国共产党引领思想文化建设的重大举措，是深化当代精神文明建设的客观需要，充分反映了全党和全国人民的共同心愿，对于有效教育各级干部、推进反腐倡廉、优化党风民风，都具有十分深远的时代意义。

（一）焦裕禄精神的丰富内涵及其本质特征

焦裕禄曾在兰考县担任县委书记。他上任后，面对该县遭受的

① 《习近平谈治国理政》，外文出版社 2014 年版，第 39 页。

② 习近平：《大力学习弘扬焦裕禄精神》，《人民日报》2014 年 3 月 19 日第 1 版，下引此文，简称《大力学习》。

“内涝、风沙、盐碱”三大灾害，面对人民群众缺衣少食的困难局面，勇敢地挑起了改造兰考的重担。他带领兰考的干部群众，努力工作，忘我战斗，谱写出了动人心弦的改天换地壮歌。这使当地群众感动不已。当时，《人民日报》特别刊发了穆青、冯健、周原三人合作写的长篇通讯：《县委书记的好榜样——焦裕禄》一文，在全党和全国人民中引起了强烈反响，激起了举国上下学习焦裕禄同志的热潮，给我国的革命和建设史，留下了光辉的一页。

在我国改革开放日益深入的新形势下，习近平总书记站在时代的高度，要求我们要好好学习“焦裕禄精神”，这确实值得我们百倍重视。那么，什么是“焦裕禄精神”呢？对此，习近平总书记在五年前考察兰考时，就做出过简明的概括：“焦裕禄同志用自己的实际行动，塑造了一个优秀共产党员和优秀县委书记的光辉形象，铸就了亲民爱民、艰苦奋斗、科学求实、迎难而上、无私奉献的焦裕禄精神。”[①] 这段论述，画龙点睛地概括了“焦裕禄精神”深刻而丰富的内涵及其本质特征。其中关于“亲民爱民、艰苦奋斗、科学求实、迎难而上、无私奉献”五项，尤其值得我们好好掂量，深入学习。下面，试就这五项特征，作进一步剖析与论证。

第一，“亲民爱民”精神。焦裕禄同志的“亲民爱民”精神，十分突出，正如《榜样》一文所言：“他心里装着全体人民、唯独没有他自己。”习近平也说，焦裕禄“始终与老百姓心相连、情相依，同呼吸、共命运，……视人民群众为衣食父母、诚心诚意当人民公仆”。[②] 这就充分揭示了焦裕禄亲民爱民的崇高精神。焦裕禄在兰考与“三害”作斗争中，坚持与群众打成一片，“他到贫下中农的草屋里，到饲养棚里，到田边地头，去了解情况，观察灾情”。[③] 还“经常住在老贫农的草庵子里，蹲在牛棚里，跟群众一起吃饭，一起劳

① 何香久：《焦裕禄传》，河南文艺出版社2012年版，第151—152页。下引此书，只注书名及页码。

② 参见《习近平兰考缅怀焦裕禄记》，人民网河南视窗2009年4月7日，下引此文简称《缅怀记》。

③ 穆青、冯健、周原：《县委书记的好榜样——焦裕禄》，《人民日报》1966年2月7日，下引此文简称《榜样》。

动。……在广大贫下中农中询问着、倾听着、观察着”。[①] 据《榜样》记载，1963 年冬，兰考遭受了大风雪的袭击。面对风雪之灾，焦裕禄当即“对办公室的同志们严肃地说：‘在这大风大雪里，贫下中农住得咋样？牲口咋样’”？接着，他要求县委办公室立即通知各公社做好有关在大雪天帮助民众解除疾苦的五项工作。其措施，明确而具体，都旨在为民众驱除疾苦，排解忧愁。焦裕禄自己在此时更是身体力行。他顶风冒雪，到群众中访贫问苦。“跋涉了几十里路，走过了九个村庄，慰问了几十个生活困难或身患病症的农民之家。”[②] 充分表现了焦裕禄亲民爱民的优秀品格和伟大情操。后来，当地群众编了这样的一首民歌：“数九那个寒天北风紧/焦裕禄冒雪出了门/挨家挨户来探望/水一身来泥一身/你为俺挨冻又受冷啊/你心里时刻装着俺兰考人。”[③] 这首民歌既表达了兰考人民对焦裕禄的深切怀念，也表明了焦裕禄同兰考人民“心相连，情相依”的深厚情谊。

第二，“艰苦奋斗”精神。艰苦奋斗是“焦裕禄精神”的核心内容。习近平同志指出：“艰苦奋斗是中华民族的光荣传统，是我们党的立业之本、取胜之道、传家之宝，也是焦裕禄精神的精髓。焦裕禄同志以他的一言一行对艰苦奋斗作了生动的诠释，这也正是他赢得群众拥护和爱戴的重要原因。”[④] 这是说得很中肯的。一位作家评说：“焦裕禄在兰考工作的时间只有四百七十多天。在这四百七十多个日日夜夜里，焦裕禄写下了一生中最壮丽的华彩乐章。”[⑤] 这个“华彩乐章”的主旋律，就是艰苦奋斗精神。为了治理兰考“三害”，焦裕禄表示要“坚决领导全县人民，苦战三五年，改变兰考的面貌。不达目的，我们死不瞑目”。焦裕禄说到做到，“为了弄清一个大风口，一条主干河道的来龙去脉，他经常不辞劳苦地跟着调查队，追寻风沙和洪水的去向，从黄河故道开始，越过县界、省界，一直追到沙落尘

---

① 《榜样》。

② 殷允岑、陈新：《焦裕禄》，花山文艺出版社 2011 年版，第 187 页。下引此书，仅注书名及页码。

③ 《焦裕禄》，第 188 页。

④ 《缅怀记》。

⑤ 《焦裕禄传》，第 80 页。

埃，水入河道，方肯罢休”。这是何等崇高的战斗精神啊！亦如《榜样》所言，正是在这股精神的支撑下，焦裕禄在兰考“送走了风沙滚滚的春天，又送走了雨水集中的夏季。调查队在风里、雨里、沙窝里、激流里度过了一个月又一个月，方圆跋涉了五千余里，终于使县委抓到了兰考‘三害’的第一手资料”。这种“艰苦奋斗”精神，可谓惊天地而泣鬼神，永远光照人间！

第三，“科学求实”精神。焦裕禄在改造兰考的斗争中，不是凭一时的热情，鲁莽蛮干，而是把革命热情和科学求实结合起来，把积极作为与尊重客观规律结合起来，脚踏实地，以科学的态度去干。如习近平所言：“在焦裕禄同志身上，充分体现了共产党员脚踏实地干事业的求实精神和尊重客观规律的科学态度。”[①] 他遵照毛主席“没有调查就没有发言权”的指示，深入前线，狠抓调查研究。曾说：“要想战胜灾害，单靠一时的热情，单靠主观愿望，事情断然是办不好的。”[②] 又说：“知己知彼，才能百战百胜。要想根治‘三害’，必须查清它的数量和分布情况，我要亲手掂一掂兰考‘三害’的分量。”[③] 他是这样说的，也是这样干的。“七月的太阳像火一样炙烤着大地，焦裕禄冒着酷暑、顶着风沙，和勘察队的同志们一起四处奔波”[④]。在他的带动下，“风沙勘察队经过41天的紧张工作，跋涉1000多公里，走遍全县每个角落，对沙荒、沙丘、风口分布情况，进行了全面勘察，勘察出全县有沙荒面积24万亩”，“有大风口86处”，有“危害耕地30万亩”。[⑤] 正是在这个基础上，焦裕禄终于和县委班子绘制出了建设与发展兰考的蓝图。这个蓝图是焦裕禄“科学求实精神”的产物，为兰考人民改造兰考面貌照亮了前进的道路。

第四，“迎难而上”精神。“迎难而上”也是焦裕禄精神的闪光点。如习近平所指出的：“知难而进、迎难而上是中国共产党人的宝

---

① 《缅怀记》。
② 《榜样》。
③ 《焦裕禄》，第209页。
④ 《焦裕禄传》，第96页。
⑤ 同上书，第96页。

贵品质，也是焦裕禄精神的重要内容。”[①] 焦裕禄于1962年12月受命担任兰考县委书记。此时，“正是豫东兰考县遭受内涝、风沙、盐碱三害最严重的时刻。这一年，春天风沙打毁了二十万亩麦子，秋天淹坏了三十多万亩庄稼，盐碱地上有十万亩禾苗碱死，全县的粮食产量下降到了历年的最低水平。”当时，“展现在焦裕禄面前的兰考大地，是一幅多么苦难的景象呵！横贯全境的两条黄河故道，是一眼看不到边的黄沙；片片内涝的洼窝里，结着青色的冰凌；白茫茫的盐碱地上，枯草在寒风中抖动。”面对这一切，作为受命于危难之际的县委书记焦裕禄，没有退却，没有畏惧。他“专门召开了一次常委会，回忆兰考的革命斗争史”，指出：“兰考这块地方，是同志们用鲜血换来的。先烈们并没有因为兰考人穷灾大，就把它让给敌人，难道我们就不能在这里战胜灾害？”又说：“这里有三十六万勤劳的人民，有烈士们流鲜血解放出来的九十多万亩土地。只要加强党的领导，一时有天大的艰难，也一定要杀出条路来。”[②] 还说：“当前兰考的灾情如此严重，我们必须有伟大的革命胆略、冲天的干劲和实事求是的工作作风……苦战三五年，完成这个生产上的革命。”[③] 他还说：“兰考是个大有作为的地方，问题是要干，要革命。兰考是灾区，穷，困难多，但灾区有个好处，它能锻炼人的革命意志，培养人的革命品格。革命者要在困难面前逞英雄。”正是怀着这份豪情，焦裕禄在考察兰考“三害”的实践中，不顾自己肝病的加剧，仍然坚持在第一线奋勇拼搏，忘我战斗，“每当风沙最大的时候，也就是他带头下去查风口、探流沙的时候；雨最大的时候，也就是他带头下去冒雨涉水，观看洪水流势和变化的时候”[④]。如此种种，均表现了焦裕禄“知难而进、迎难而上”的气魄与豪情。

第五，“无私奉献”精神。焦裕禄在兰考工作期间，处处表现了无私奉献的优秀品格。如习近平所指出的：“清正廉洁、无私奉献，

① 《缅怀记》。
② 以上引文均见《榜样》。
③ 《焦裕禄传》，第96页。
④ 《榜样》。

是共产党人先进性的重要体现，也是焦裕禄精神的鲜明特点。”[①] 焦裕禄自担任兰考县委书记之日起，就全身心投入改造兰考、根治“三害”的伟大斗争。在这个斗争中，他忘记自我，无私奉献，留下了许多扣人心弦的献身事迹。例如，他为了降服肝病，忍受着病痛的严重折磨。当时，他经常“用左手按着时时作痛的肝部，或者用一根硬东西顶在右边的椅靠上。日子久了，他办公坐的藤椅上，右边被顶出了一个大窟窿”。为了坚持工作，献身兰考，焦裕禄表现出了多么坚韧的革命毅力和艰苦奋斗精神！“一年多来，全县一百四十九个大队，他已经跑遍了一百二十多个。他把整个身心，都交给了兰考的群众，兰考的斗争。”组织上看到焦裕禄病情不断加剧，多次劝他住医院，但都被他婉言谢绝。最后，上级不得不强行送他去住医院。当焦裕禄在医院得知自己得了不治之症、不能再回兰考投身治理“三害”的斗争时，便满含深情地跟前来看望他的战友说：“我死后只有一个要求，希望组织上把我运回兰考，埋在沙堆上，活着我没有治好沙丘，死了也要看着你们把沙丘治好！”[②] 从上述诸多实例，我们看到了焦裕禄这位“党的好干部”多么崇高的献身精神。如习近平所说：“焦裕禄同志不怕苦、不怕死，不为名、不为利，完全彻底地为人民服务，……在人民群众心目中树立了崇高的形象。”[③] 这个评价，焦裕禄当之无愧。他对党的事业“鞠躬尽瘁、死而后已”的伟大情怀，令人百倍钦敬，无限景仰。

以上，我们从五个方面阐明了焦裕禄精神的本质特征。这些特征，光芒四射，影响深远，成为全党和全国人民立德修身的光辉典范。我们应当百倍珍惜这份宝贵财富，将之传承下去，播撒开来，以推进我国精神文明建设不断走向新的辉煌。

（二）学习焦裕禄精神，是当今伟大时代的客观需要

学习弘扬焦裕禄精神，既是历史赋予我们的重任，也是伟大时代

① 《缅怀记》。
② 以上所引均见《榜样》。
③ 《缅怀记》。

的呼唤。我们所处的时代，改革开放日益深入，社会变化日新月异，旧中国贫穷落后的面貌，正在为民富国强的新面貌所代替。特别是党的十八大以后，全党和全国人民团结在以习近平同志为总书记的党中央周围，全面推进社会主义经济建设、政治建设、文化建设、社会建设、生态文明建设，满怀豪情地深化改革、开创未来、描绘与践行“中国梦”，为全面建成小康社会，实现中华民族伟大复兴而努力奋斗。面对这样的历史新阶段和时代发展的新形势，我们要担负起历史赋予的重任，就必须用先进的思想文化武装全党和全国人民的头脑。正是基于这一考虑，党中央十分重视文化建设。党的十八大报告明确指出：“文化是民族的血脉，是人民的精神家园。全面建成小康社会，实现中华民族伟大复兴，必须推动社会主义文化大发展大繁荣，兴起社会主义文化建设新高潮，提高国家文化软实力，发挥文化引领风尚、教育人民、服务社会、推动发展的作用。”党中央的这一指示，深刻揭示了社会主义文化的本质特征和社会功能，为当今我国社会的思想文化建设指明了方向。全党全民学习焦裕禄精神，正是推进当代思想文化建设的重大战略举措，集中反映了我们这个伟大时代的迫切需要。

为什么焦裕禄精神特别符合时代的需要呢？这是因为：

第一，焦裕禄精神有助于造就符合时代需要的高素质人才。伟大的时代，需要千百万能够担当起历史重任的新型人才。而学习弘扬焦裕禄精神，是我们培养新型人才的最有效途径和最有力的措施。具体来说，当前我们所从事的伟大事业，目标极其光辉，工程极其复杂，道路极其艰巨。要完成这一伟大事业，必须使人们（特别是广大干部）具备符合时代需要的高素质。这个素质不是从天上掉下来的，它是我们党用先进的理想信念、高尚的道德情操、完美的人格建树、实事求是的工作作风，去教育广大干部和群众的必然结果。而上述重要的“理想信念”“道德情操”“人格建树”“工作作风”等等，都可以从焦裕禄精神所内含的“亲民爱民”“艰苦奋斗”“迎难而上”“科学求实”“无私奉献”等高尚品格和伟大情操中生发出来。正是从这个意义上，我们可以说，焦裕禄精神完全同我们时代的发展相呼应，它是先进文化的集中体现，是文化软实力的重要方面，因而具有解决时代问题的特殊功能。我们只要用焦裕禄精神来武装全党和全国人民，就可以达到培养高素质人才，推进社会主义精神文明建设的崇高目标。

第二，焦裕禄精神有助于抵制、销蚀当今市场经济和封建传统带来的负面影响。随着我国改革开放的深入和市场经济的快速发展，我国社会正在发生翻天覆地的变化。这个变化有许多积极的方面，也有不少消极的方面。从积极方面来看，改革开放从根本上改变了我国贫穷落后的面貌，改善了人民群众缺衣少食的生活状况。当前，全党和全国人民，精神焕发，斗志昂扬，正在描绘与践行璀璨的“中国梦”，向小康社会与和谐社会大踏步迈进。从消极方面来看，市场经济和封建传统所带来的负面影响，也值得我们高度关注。首先，由于对外开放，我国在引进西方先进科学技术、有益的管理经验、优秀的道德理念的同时，也使西方社会一些颓废、落后的东西乘机流入我国，特别是西方资产阶级的价值观念和生活方式的侵入，使拜金主义、享乐主义、极端个人主义等腐朽思想逐渐侵入一些人的思想观念；其次，在提倡继承我国优秀传统文化的同时，也夹带出封建时代的颓废文化，污染社会环境。特别是旧时代的嫖娼、赌博、拐卖人口、封建迷信等，又沉渣泛起，死灰复燃，腐蚀着人们的灵魂。上述两个方面的负面影响，直接冲击着我国的思想文化建设，导致现实中法制松弛、道德滑坡等现象的发生。特别是在市场交易中，一些无良商人，对消费者搞坑蒙拐骗，推销假冒伪劣产品，使假酒、假药、毒牛奶、毒牙膏、毒饺子等充塞市场，导致人民群众在生活上缺乏安全感。这一切，给我国的精神文明建设，提出了严峻的挑战。面对这一挑战，我们应当怎么办？结论只能是：大力抓好社会主义精神文明建设。而要达到这一目的，就必须大力学习与弘扬焦裕禄精神。这是因为，焦裕禄精神无比辉煌，它为人们修身立德树起了光辉的榜样。而“榜样的力量是无穷的”，只要我们照它去做，就可以用浩然正气来扫除丑恶邪气，用高尚道德来触动低级趣味，用先进的理念来荡涤颓废的杂念，用遵纪守法来改造社会中的违纪犯法，从而使人们自觉地远离不道德的行为，并懂得知荣守辱，积极向上。从而，真正消除市场经济和封建传统带来的负面影响和不良恶习，最终达到移风易俗，改造民性的良好效应。

总之，在当今时代，学习与弘扬焦裕禄精神，既有利于造就适合时代需要的新型人才，又有利于抵制与消除市场经济和封建传统的负面影响。这一切，充分显示出焦裕禄精神的时代价值，它“跨越时空、历久弥新”，成为新时期“永远鼓舞我们艰苦奋斗、执政为民的强大思想动力”①。

（三）学习焦裕禄精神，有助于深化干部队伍建设、推进反腐倡廉与改善党风、民风

在当今新时代，学习与弘扬焦裕禄精神，既有利于加强党的干部队伍建设，也有利于反腐倡廉和优化党风、民风。下面试从这些方面作简要说明与论证。

第一，学习与弘扬焦裕禄精神，有助于推进党的干部队伍建设。当今的各级干部，是我国各条战线、各个领域的带头人，他们任重而道远。干部队伍的素质状况，直接关系到党的事业的成败，关系到中国特色社会主义建设的兴衰，关系到中华民族伟大复兴能否最终实现。这是因为，我国的革命和建设，需要依靠各级干部带领群众去完成。没有高素质干部的直接参与、创造和贡献，我们就无法率领群众去实现既定目标，也就无法将我们的事业推向前进。同时，干部的思想状况，还会对群众的思想素质产生上行下效、潜移默化的影响。正是基于这些考虑，我们党一贯重视党的干部队伍建设。毛泽东早就指出：“政治路线确定之后，干部就是决定的因素。”②邓小平曾说，当前“最大的事情是选拔中青年干部”，加以培养教育③。江泽民也说：“严重的问题在于教育干部。”④ 胡锦涛在党的十八大报告中强调说：“要建设一支政治坚定、能力过硬、作风优良、奋发有为的执政骨干队伍。”因此，我们必须在干部队伍建设方面，

---

① 《缅怀记》。

② 《毛泽东选集》第 2 卷，人民出版社 1991 年版，第 526 页。

③ 《邓小平文选》第 2 卷，人民出版社 1994 年版，第 388 页。

④ 《江泽民论有中国特色社会主义（专题摘编）》，中央文献出版社 2002 年版，第 660 页。

狠下力气。具体地说，就是要根据干部的现实状况设计新路子、采取新措施、实施新内容，踏实抓好，一抓到底。而当前倡导“学习弘扬焦裕禄精神”，就为教育干部找到了最好的路子、措施和内容。习近平总书记指出：“要组织党员干部以焦裕禄精神作为一面镜子，从里到外、从上到下反复照一照自己，深入查摆自己在思想境界、素质能力、作风形象等方面存在的问题和不足，努力向焦裕禄同志看齐……努力做焦裕禄式的好干部。”[①] 这就从根本上阐明了焦裕禄精神对于教育干部的极端重要性。根据习近平总书记的指示精神，最近，党中央特别向全党发出了《通知》，要求党员干部要自觉以焦裕禄精神为榜样，投身教育实践活动，用“三严三实”对照检查自己，着力解决“四风”问题。其所谓“三严”，指的是“严以修身”“严以用权”“严以律己”；其所谓“三实”，指的是“谋事要实”“创业要实”“做人要实”。这些具体要求，为干部的自我修身立德，提供了对照自查的标准，必将对我国干部队伍的优化和提高，产生无比深远的影响。

第二，学习弘扬焦裕禄精神，有助于深化反腐倡廉。反腐倡廉，是我们党纯洁队伍、维系民心的重要措施。胡锦涛同志在党的十八大报告中指出：“反对腐败，建设廉洁政治，是党一贯坚持的鲜明政治立场，是人民关注的重大政治问题。这个问题解决不好，就会对党造成致命伤害，甚至亡党亡国。”这段话，充分阐明了反腐倡廉的极端重要性。正是鉴于这一认识，十八大以来，党中央加大了反腐力度，强调“老虎”“苍蝇”都要打，对腐败犯罪展开了全力追缴，全面清算。而追缴与清算腐败，既要依靠法律武器，又要依靠文化软实力。实施法律制裁，可以对腐败分子予以严惩，收到“杀一儆百”的效果；而运用文化软实力，特别是理想信念和道德文明教育党员干部，则可以从灵魂深处对腐败分子的腐朽思想予以触动。从这个意义上说，道德文明教育是对法律制度教育的重要补充。因而显示出学习与弘扬焦裕禄精神的必要性。因为焦裕禄精神，是我党理想信念和道德文明的集中体现，它堂堂正正，光明磊落，无比高尚。只要照焦裕禄

① 习近平：《大力学习弘扬焦裕禄精神》，《人民日报》2014年3月19日第1版。

同志那样去思考、去践行，就能做到无私无畏，自警自励，从而“对一切腐蚀诱惑保持高度警惕，慎独、慎初、慎微”，收到“防微杜渐”的直接成效[①]，使广大干部的思想境界和道德素质不断提高，以至最终远离腐败。这就充分显示了倡导学习弘扬焦裕禄精神，对于反腐倡廉的深远意义。试设想一下，假如我们的干部都能用“焦裕禄精神”来严格要求自己，对金钱和色情诱惑“保持高度警惕”，“做到防微杜渐”，那还怎么会陷入腐败的深渊呢？那还怎么不能献身于廉政建设？可见，提倡学习弘扬焦裕禄精神，是反腐倡廉的根本大计，值得认真对待。

第三，学习弘扬焦裕禄精神，有助于优化党风、民风。党风、民风是社会风气的晴雨表，是思想文化建设和精神文明建设成败的标志。正是从这个意义上，我们党一贯重视党风、民风建设。无论是民主革命时期，毛泽东抓“整顿党的作风”，还是改革开放时期，邓小平、江泽民、胡锦涛、习近平大力抓精神文明建设，从本质上说，都旨在优化党风、民风。需要特别强调的是，党风的优化是民风优化的基础。所以，要改善民风，必须首先改善党员干部作风，发挥党员干部在移风易俗中的导向作用，给群众以身教示范。有鉴于此，我们必须高度重视党员干部的模范带头作用。客观地说，近年来我们的党风，有了很大的进步，特别是广大党员，在拥护改革开放、支持廉政建设、倡导社会和谐、推行助人为乐和孝老爱亲风尚等方面，都做出了既定成绩，应予肯定。但是，也必须看到，在现实中，我们的党风，还有许多不尽人意之处。例如，一些党员忘记了入党时的誓言，淡化了理想信念，放松了自我修身，以致在社会交往中出现“见利忘义”“临财变节”“损人利己”“损公肥私”“嫖娼赌博”等丑恶现象，损伤了党的荣誉和党群关系。对此，我们必须引起重视，并采取相应措施，加以严肃整顿。要完成这一任务，有许多途径，其中倡导学习弘扬焦裕禄精神，是最根本的一项途径。因为通过学习焦裕禄精神，我们既可以推进党的干部队伍建设，又可以推进反腐倡廉工作。这两个方面若能取得成果，必将有效带动

---

① 习近平：《大力学习弘扬焦裕禄精神》，《人民日报》2014 年 3 月 19 日第 1 版。

党风乃至民风的改善。毛泽东曾指出："只要我们党的作风完全正派了，全国人民就会跟我们学。"[①] 从而带出一个好的民风。历史的实践证明，历代出现的一些好的社会风气，都是当时德高望重的进步人士带出来的。所以只要我们善于优化党员干部的作风，我国民风的优化就指日可待。因此，我们的广大党员干部，应当通过学习与弘扬焦裕禄精神，自觉严以律己、修身立德，为我国党风和民风的优化，做出自己的贡献。

（原载《武汉大学学报》（哲学社会科学版）2014 年第 6 期）

五　我国改革开放的发展，呼唤红色文化精神的复归

"红色文化"是中国现代史上革命文化的别称。它从特定的角度反映了我党在领导中国人民进行艰苦卓绝的革命斗争中所展示的如火如荼的斗争生活和人民群众英勇无畏、奋不顾身的斗争精神。在革命战争年代和社会主义建设初期，红色文化曾起着号召群众、鼓舞士气、激励斗志的精神支撑作用。它宛如战斗的号角，鼓舞着革命战士冲锋陷阵，所向披靡；它亦似锋利的钢刀，以不可抵挡之势，刺向敌人的心窝，让人民的敌人心惊胆寒；它更像春天温和的太阳，照耀着革命人民前进的道路，温暖着革命力量生机勃勃地滋长。总之，红色文化是中国现代革命史上的先进文化，它在中国革命的伟大斗争中，曾起着不可替代的历史作用，值得我们永远怀念。

今天，时代已进入二十一世纪的第十二个年头，我国人民在中国共产党的领导下，正在开创改革开放的新纪元，正在努力建设社会主义新文化。去年，党的十七届六中全会向全党发出号召："运用文化引领前进方向，凝聚奋斗力量，团结带领全国各族人民不断以思想文化新觉醒、理论创造新成果、文化建设新成就，推动党和人民的事业向前发展。"在这样的新形势下，我党和我国人民在当年所创造的红色文化，是否还有它的现实价值呢？回答是肯定的。事实

① 《毛泽东选集》第 3 卷，人民出版社 1991 年版，第 812 页。

上，当代中国的社会现实，正在从特定的角度，多方面地呼唤红色文化的回归，特别是红色文化所倡导的无私奉献精神、艰苦奋斗精神、忠党爱国精神、追求革命理想与信念的精神，等等，都在特定条件下向人们招手，预示着红色文化思潮的复归。本文拟就当代现实对无私奉献精神的呼唤，谈一谈笔者的一管之见，以就教于研究当代文化的专家们。

（一）高扬“无私奉献”精神，是红色文化的重要特征

“无私奉献”，用毛泽东的话说，就是“毫不利己，专门利人”。这句话，在价值观多元化的今天，听起来似乎让人难以理解，不合人情。但是，对于当年的革命战士，许多人正是把它看作最高信条，为之身体力行，勇往直前。毛泽东在《为人民服务》一文中曾这样写道：“中国人民正在受难，我们有责任解救他们，我们要努力奋斗。要奋斗就会有牺牲，死人的事是经常发生的。但是我们想到人民的利益，想到大多数人民的痛苦，我们为人民而死，就是死得其所。”①毛泽东的这一段论述，反映了当时革命战士的崇高信仰和共同心愿，可以说是当时的革命志士无私奉献价值观的真实写照。回顾当年的革命斗争，多少革命志士，基于自己的坚定信仰，为革命事业奉献了自己的一切。无论是在二万五千里长征中爬雪山、过草地的英雄壮举，还是在抗日斗争中与侵略者奋力拼杀的时刻，都彰显了英雄们无私无畏的品格。在斗争中，许多中华儿女，响应党的召唤，离妻别子，勇赴国难，自愿为革命事业抛头颅，洒热血。一场战争结束后，战士们揩干净身上的血迹，掩埋好同伴的尸首，又继续战斗。这种英勇奉献的精神，可以说惊天地、泣鬼神，与日月同辉。正是由于他们的无私奉献，中国革命才能从胜利走向胜利，最后赢得了中华民族的独立与解放。

全国解放以后，随着社会主义建设光荣使命的到来，民主革命时期的“无私奉献”精神得到了进一步发扬。特别是六十年代初，先后涌现出雷锋、焦裕禄、王杰等为社会主义建设无私奉献的英雄人

① 《毛泽东选集》第3卷，人民出版社1991年版，第1005页。

物。雷锋是一位解放军战士，1962 年 8 月因公殉职，由于他具有“爱憎分明的阶级立场，言行一致的革命精神，公而忘私的共产主义风格”（周恩来语）以及自觉坚持“把有限的生命投入到无限的为人民服务中去”等优秀品质，因而被人们誉为“伟大的共产主义战士”，毛泽东同志曾亲笔题写“向雷锋同志学习”的号召，由此全国掀起了长时间的学习雷锋精神的热潮。焦裕禄曾在河南省兰考县担任县委书记。当时该县遭受严重的内涝、风沙、盐碱三大灾害，粮食产量严重歉收，人民群众的生活极为困难。面对这样的情况，焦裕禄勇敢地站在斗争第一线，率领群众抗灾救灾，为改变兰考的面貌努力战斗。当时，他身患肝癌，仍然忍受剧痛，走村串户，坚持工作，直到停止呼吸前，还念念不忘兰考人民。这使群众感动不已，他也被大家誉为“党的好干部”。王杰也是从解放军中涌现出来的一位新时代的英雄。他在部队工作时，自觉地以雷锋精神武装自己，坚持“一不怕苦，二不怕死”，终于成长为雷锋式的共产主义战士。1965 年 7 月，他到江苏省邳县张楼公社帮助民兵训练，在炸药发生意外爆炸的紧急时刻，为了救人，便以自己的身体扑到炸药包上，英勇牺牲，以自己的热血，保护了在场的许多民兵的生命安全，成为无私无畏的又一位新时代英雄。雷锋、焦裕禄、王杰，虽然在革命精神方面各具特色，但他们有一点却是共同的，那就是都具有“无私奉献”的高尚品格和革命情操。正是在他们的带动下，我国当时的社会出现了一股积极向上、助人为乐的新风气：那时的许多人，特别是青年一代，“见困难就上，见荣誉就让，见先进就学，见后进就帮”，使社会上的新道德蔚然成风。令人遗憾的是，由于后来十年“文化大革命”的倒行逆施，使当时好不容易培育出来的以无私奉献为特色的社会主义新风气，遭到了无情的损害，以致从我们身边悄悄离去，至今仍令人无比怀念它。

（二）市场经济的深入发展，需要红色文化所倡导的“无私奉献”精神

近三十年来，随着社会主义市场经济的确立与发展，我们的时代又在呼唤无私奉献精神。这是因为市场经济对于当今的道德建设，既

是挑战，也是机遇。一方面，搞市场经营应当重效益，允许经营者在市场上追逐大利，靠商业经营求得先富。就这一方面而言，它既有利于搞活市场经济，也难免滋生金钱至上、拜金主义等价值观，从而冲击社会主义道德建设，干扰无私奉献精神的确立。毫无疑问，这是对新道德建设的挑战。另一方面，由于我们搞的是社会主义市场经济，经营者在谋利中，又不能不顾及社会主义的职业道德，不能为谋一己之私利，而损害民族和国家的大利；也不能不顾信义，损人利己、坑害群众。这就需要用无私奉献精神，来移风易俗，张扬社会正气，并制约那些见利忘义、见财损德的奸诈行为。无须多言，这又给社会主义新道德的建设，提供了机遇，增添了动力。

人所共知，在当前的现实社会中，的确存在令人忧虑的邪恶风气。例如，一些经营者为了牟取不正当的私利，不惜对顾客搞欺蒙拐骗，甚至千方百计制造和推销假冒伪劣商品来坑害群众；更有甚者，一些人还走上买空卖空、推销毒品、搞违法的商品传销以及黑社会式的欺行霸市之路。这一切丑恶行为，严重侵蚀着社会主义“我为人人，人人为我”的价值取向。这股拜金主义的邪风，刮到政坛，就在党政干部中，滋生出腐败风气。当前，党政干部中存在的腐败风气，确实令人无比忧虑。江泽民同志在十年前就曾一针见血地指出：“有的党员干部慢慢忘记了自己入党、当干部时的初衷，脑子里个人升官发财的思想滋长，把党和人民的利益抛到了脑后。在这种念头的驱使下，有的到处拉关系、找靠山、跑官要官、买官卖官、造假骗官，有的官僚主义、形式主义、家长制习气严重，有的贪图享乐、花天酒地、贪赃枉法，有的拉帮结派、任人唯亲、搞裙带关系，等等。”① 毋庸讳言，这些现象，从本质上说，都属于腐败邪风。它在政治上表现为信仰失落，欺上蒙下；在经济上表现为权钱交易，贪污受贿；在生活上表现为自甘堕落，沉迷女色，严重败坏了党风、政风，受到党和人民的严厉抵制。据相关资料统计，仅 2003 年至 2007 年 7 月，全国检察机关共立案查处贪污贿赂犯罪案件计 136570 件，涉及 157569

① 《在中央纪委第七次全体会议上的讲话》，载《江泽民论有中国特色社会主义（专题摘编）》，中央文献出版社 2002 年版，第 671 页。

人，其中5万元以上的大案达82162件，县处级以上的要案涉案人员达11557人，分别占立案总数的60.2%和7.3%，其中查处司局级干部791人，省部级干部32人。这些情况，确实令人触目惊心，痛恨不已。

综上所述，无论是市场经营中的欺蒙拐骗邪风，还是政坛中的贪污腐化行为，都同我们党和人民在革命和建设中所创造的无私奉献精神背道而驰，因而理所当然地遭到党和人民的斥责和唾弃。在这样的情况下，人们怀念当年的无私奉献精神，呼唤红色文化的回归就成为了势所必行、无可阻挡的文化思潮。我们应当顺应这股潮流，推进"无私奉献"精神在当代生根发芽、开花结果，以改造社会的不正之风，净化人们的心灵，借以支持、扶助社会中的真善美和一切积极向上的道德取向，从而将社会主义先进文化建设，推向前进！

（三）红色文化"无私奉献"精神正在当代改革开放中被发扬光大

值得高兴的是，近年来，随着社会主义核心价值观的确立，随着红色文化的复归，我们的现实社会中正在滋生一系列积极向上的新思想、新事物、新气象，其中就包括对无私奉献精神的继承与弘扬。最为典型的，是全国出现了学习雷锋精神的新热潮，并涌现出许许多多雷锋式的模范人物。其中最突出的典型，有鞍钢普通养路工郭明义、湖南省宜章县普通护林员刘真茂等人的英雄行为。

郭明义曾说："雷锋的道路就是我的人生选择，雷锋的境界就是我的人生追求。"正是在这股精神的支持下，十六年来，他从部队到地方，从工厂到家庭，只图奉献，不图索取。他曾长期用自己三分之一的收入，资助180余名儿童上学；与此同时，在过去的二十年里，向社会献血6万毫升，是他自身血量的十多倍，被人们誉为"当代雷锋"。

刘真茂是一位农村基层共产党员，为了保护祖国的森林资源和珍稀动植物，坚持一人在狮子口大山独自守护长达三十年之久。狮子口大山拥有35万亩原始森林、7万亩草山，以及种类和数量都十分可观的珍稀动植物资源。为了保护这一资源宝库，他甘耐孤独寂寞，忍受生活辛劳，不畏高山艰险，亲手挖出多条山间小路，总长接近100

公里。沿着开挖出的这些崎岖山路，他长期坚持在那里巡山护林，同盗伐林木、偷猎动物的不法者进行着种种斗争。在巡守中，常因道路险峻，跌得鼻青脸肿，但却无怨无悔。他终于守住了这块珍贵的生命绿洲，也守住了一个共产党员的纯洁信仰和精神家园。被人誉为“新时代的活雷锋”。

正是在郭明义、刘真茂等英雄人物的带动下，许多热血青年以他们为榜样，纷纷向社会奉献爱心，从而为我们的时代高举无私奉献的旗帜起到了很好的模范带头作用。据报载，湖北地区 2012 年秋，在团省委倡导下，组织了“学习雷锋百万青年大行动”，3 月 6 日来自武汉地区十多所高校的近 2000 名青年志愿者，会聚一堂，齐声高唱《学习雷锋好榜样》之歌曲后，共同宣誓：“向雷锋同志学习，与雷锋精神同行，刻苦钻研，爱岗敬业，帮助他人，服务社会，为湖北科学发展、跨越式发展贡献青春和力量!”在多元价值观并存的今天，大力倡导雷锋精神，提倡助人为乐，无疑有利于匡正道德失范，纠矫诚信缺失，传承中华美德，倡导社会新风。如《人民日报》2012 年 3 月 2 日的《社论》所指出的：雷锋精神已经成为中华民族精神的重要内容，它体现了中华民族的传统美德，顺应了社会进步的时代潮流，彰显了我们党全心全意为人民服务的先进本色，内涵丰富，意蕴深刻，是一面永不褪色、永放光芒的心灵旗帜！这面旗帜的真精神，就是“无私奉献”!

总之，当代的现实社会正在呼唤红色文化的回归，呼唤无私奉献精神的再造。让我们坚持以社会主义价值观为指导，以中华文明为佐助，大力弘扬以雷锋精神为特色的新时代的无私奉献精神，齐心协力将我国社会主义道德建设的航船，推向新的里程！

（原载《高校理论战线》2012 年第 8 期，收入本书时，文字稍有修改）

第二章 社会主义道德文化探析

道德文化是以道德为标志的人类文化模式。这种文化模式，总是同人类的社会制度结合在一起。不同的社会制度，有不同类型的道德文化。社会主义道德文化，是与社会主义政治、经济制度相适应的道德文化体系。它是社会主义总体文化的重要组成部分和核心内容，既是对人类历史上一切阶级社会所存在过的道德文化的根本变革，又是对未来彻底消灭阶级差别的共产主义道德文化的早期探索与思考，因而担负着重建新道德的重大使命，必须给予高度重视与严肃对待。

一 新时期必须全面加强道德建设

党的十四届六中全会通过的《中共中央关于加强社会主义精神文明建设若干问题的决议》（以下简称《决议》），向全党和全国人民明确提出了“全面加强社会主义道德建设”的重大战略任务，指出了当前进行道德建设的目标、内容和基本方针，非常符合我国的客观实际。认真贯彻《决议》精神，全力抓好道德建设，具有极其重大的现实意义，应当予以高度重视。

马克思主义认为，道德作为一种意识形态，是社会政治经济的反映。人类社会的道德生活，总是随着社会经济的发展而不断走向进步。社会主义道德乃是在社会主义生产关系的历史条件下，用来调节人和人之间相互关系的一种特殊的行为规范的总和。社会主义道德是共产主义道德的初级阶段，它同以往一切剥削制度条件下的道德意识比起来，又是最进步、最文明的道德体系。社会主义道德是适应社会主义政治经济的需要而产生的，又服务于社会主义的政治和经济。当前，在我国社会主义经济体制由计划经济转向市场经济轨道的时候，党中央提出“全面加强社会主义道德建设”的战略任务，充分反映了历史发展的迫切需要，是对时代需要的响亮回答。

（一）加强道德建设有助于推进当代精神文明建设

《决议》指出：“建设社会主义精神文明，关系跨世纪宏伟蓝图的全面实现，关系我国社会主义事业的兴旺发达。物质文明是基础，经济建设这个中心必须牢牢把握，毫不动摇。但是精神文明搞不好，物质文明也要受破坏，甚至社会也会变质。在把物质文明建设搞得更好的同时，切实把精神文明建设提到更加突出的地位，认真解决当前一系列紧迫问题，进一步开创新形势下精神文明建设的新局面，已经成为全党和全国人民极其关注的大事。”这段论述，充分说明了加强社会主义精神文明建设的必要性和重要性。那么，我们怎样才能搞好社会主义精神文明建设呢？毫无疑义，要搞好社会主义精神文明建设，必须用力抓好社会主义道德建设。因为社会主义道德建设是精神文明建设的核心工程，它“集中体现着精神文明的性质和方向，对社会政治经济的发展有巨大的能动作用”。从这一意义上说，社会整体所达到的道德素养水平，是衡量全社会精神文明进步程度的标尺。从我国现实情况来看，自改革开放以来，我国人民的精神风貌和道德状况有了很大改观，人们的自我意识、效率意识、民主法制意识和开拓创新精神等各个方面都有了明显的增强，标志着我国社会主义精神文明建设取得了可喜的进步。但是，也应当看到，由于市场经济的负面影响，由于我们的道德教育未能跟上发展的新形势，生活中也出现了许多与社会主义道德要求相背离的种种现象，如：拜金主义、享乐主义、极端个人主义抬头，一些腐朽、丑恶的现象（如嫖娼、赌博、拐卖人口、封建迷信等）又死灰复燃并呈滋长蔓延之势，这些都严重破坏了社会上的风俗习惯，同社会主义精神文明的要求形成极大反差。要彻底改变这种状况，就必须强化道德建设，提高全体公民的道德素质，推动人们自觉按照社会主义道德要求去立身做人。只有这样，我们才能开创新形势下精神文明建设的新局面。

（二）加强道德建设有助于适应市场经济发展的内在要求

《决议》指出："建设社会主义市场经济体制，是我国经济振兴和社会进步的必由之路，是一项前无古人的伟大创举。这种经济体制，不仅同社会主义基本经济制度结合在一起，而且同社会主义精神文明结合在一起。"这一论断告诉我们，市场经济体制的建立，必然要求社会主义精神文明建设，包括社会主义道德建设与之相适应。

我国社会主义市场经济体制的确立和发展，将推动我国由农业社会转向工业社会。这场涉及社会转型的伟大变革，必然给予我国现实的道德生活以极大的影响。一方面，它客观上对旧的道德观念予以强烈的冲击，原来在农业社会和计划经济条件下形成的道德规范和道德意识，都要受到市场经济的挑战、接受市场经济的检验，而有可能被剔除、被改造、被扬弃；另一方面，市场经济的发展，又给新道德建设带来前所未有的机遇，成为新道德形成、发展的助动器，与市场经济发展相适应的社会主义新道德，将在我们这个伟大的时代孕育成熟。这是历史发展的必然结果。

社会主义市场经济有自己的运行规律，它推动人们走向市场竞争，驱使人们去追求最大利润，促使人们自觉实现产供销渠道畅通，启迪人们按照价值法则办事。所有这一切，都涉及人与人之间的相互关系，都需要发挥道德规范的调节作用，这就不能不全面加强道德建设。

例如，要竞争，就需要有一个适于参加竞争的环境。这竞争的环境不是从天上掉下来的，它是人们约定俗成、按照一定的道德规范办事的结果。人所共知，我们今天的竞争，是在社会主义条件下的竞争，它同资本主义领域的竞争有着本质区别。资本主义的竞争，"以邻为壑"，搞"大鱼吃小鱼"，竞争者之间是"尔虞我诈""钩心斗角"的关系。毫无疑问，我们今天的竞争，应当力求避免这种情况的发生，提倡竞争者之间互利共进，做到既要勇于竞争，又要善于协作，反对见利忘义，唯利是图，损人利己的行为。但是，由于资本主义竞争方式的直接渗透和影响，我们国内现实中的市场竞争也出现了背离社会主义道德要求的情况，如：千方百计挖走竞争对手的人才、搞竞争对手的经济情报、损害对方产品声誉、切断对方原料供应渠道等，这些都不利于竞争环境的优化，都是损人利己的行为。因此，为了适应社会主义市场经济中竞争的需要，就要求我们完善有关竞争的道德规范，以确保竞争顺利开展。

又如，要在市场中谋利，就必须树立理性的谋利意识。而这也离不开道德规范的完善。人们进入市场，都希望谋取大利，即使在社会主义市场经济条件下，也不例外，这是公开的心理秘密，用不着掩饰。然而，要达到谋利的目的，又不能不受道德的制约，不能不提倡“见利思义”。从我国现实情况来看，有的经营者却缺乏这一意识，他们常常是见利忘义，甚至出现利令智昏的情况。如，有的人为了牟利，不择手段，不顾信义。他们靠偷税、漏税牟取暴利，靠坑蒙拐骗和哄抬物价榨取恶利，靠推销假冒伪劣商品和强买强卖获取浮利。这一切既直接损害了消费者的利益，也会使国家蒙受重大损失，是极不道德的，甚至是违法的。可见，在市场上谋利，也需要道德的制约。为此，我们必须建立与市场谋利相适应的道德规范，提倡诚实守信、买卖公道，呼唤市场经营者的职业良心。

以上说明，市场经济运行中的每一个环节，都需要有相应的道德规范起调节作用，放弃道德规范的调节功能，不讲商业良心，让人们放任自流、随心所欲，市场经济就不能有序和谐地运转，也就无法正常地进行下去。因此，全面加强社会主义道德建设，是市场经济发展的内在要求。

（三）加强道德建设有助于提高全体公民的道德素质

《决议》号召，为了加强社会主义精神文明建设，我们应当努力“实现以思想道德修养、科学教育水平、民主法制观念为主要内容的公民素质的显著提高”，“要教育人民成为‘四有’公民，教育干部成为‘四有’干部，特别要教育好青年，教育好后代”。所有的这一切，都旨在提高全体公民的素质。而要提高公民素质，就必须全面加强道德建设。因为道德素质的提高，是实现公民素质全面提高的关键所在。如前文所述，公民素质包括“思想道德修养、科学教育水平、民主法制观念”三项主要内容，并通过“四有”表现出来。在三项主要内容中，“思想道德修养”是核心内容，它决定公民素质所达到的质量高度，只有“思想道德修养”搞好了，才能推进“科学教育水平”“民主法制观念”的相应发展。“四有”，指的是“有理想、有道德、有文化、有纪律”，其中“有道德”也是关键性的一项，它决定其他三项实现的程度。例如，要做到“有理想”，就必须以“有道德”为基础，因为理想的确立，是道德精神升华到一定境界的结果。只有那些具备崇高道德信念、乐于为解放全人类贡献毕生精力的人，才可能有坚定的共产主义理想和信念。又如，要做到“有文化”，也必须从道德教育着手，因为，只有在道德教育的激励下，青少年才能明确学习目的，端正学习态度，自觉攻克学习难关，使自己成长为具有科学文化知识的新一代。至于“有纪律”，则更是社会主义道德规范的题中应有之义。只有做到“有道德”，才能成为自觉遵守纪律的人。由此可见，道德建设是提高全体公民素质的可靠保证。只有抓好道德建设，我国全体公民的素质才有可能全面实现提高。

（四）加强道德建设有助于抵制精神污染，改善德育环境

精神污染是精神文明建设的大敌，它污染思想环境，侵蚀人们的灵魂，因此，要加强精神文明建设，就必须大力治理精神污染。而要从根本上治理精神污染，就必须加强思想道德建设，帮助人们提高思想道德素质。人们的思想道德素质提高了，就能自觉地抵制精神污染。

精神污染之源来自两个方面：一是封建时代残余的旧思想、旧观念。我国的封建时代长达两千多年，旧的道德观念对我们民族的影响极深。在旧的道德观念中，诚然也有不少值得继承和发扬的优秀道德遗产，但毋庸讳言，其中也确有不少封建糟粕。一些地区出现的封建迷信抬头、丑恶现象滋长，都同旧的腐朽残余思想的影响分不开的。二是西方资产阶级的颓废意识。随着改革开放的深入发展，在我们“迎接世界科技革命”“吸收外国优秀文明成果”的同时，西方资产阶级的世界观、人生观、价值观以及资产阶级颓废的生活方式也乘机渗入我国，严重损害了我国社会主义精神文明建设，侵蚀了我国公民健康的思想意识。面对以上两种情况，我们必须采取有力措施，既要

注意清除封建旧思想残余的影响，又要防止和消除西方文化垃圾的传播。为此，我们必须采取许多相应的措施，而最根本的措施，是在道德建设上下功夫，帮助人民群众提高道德素质，使人们懂得什么道德观念是对的，什么道德观念是错的，什么行为是“善良”的，什么行为是“丑恶”的，从而增强人们的免疫力，从根本上“防止和遏制腐朽思想和丑恶现象的滋长蔓延”，真正做到净化人文环境，以保证精神文明建设的顺利发展。

值得注意的是，对道德建设的重要性和紧迫性，似乎尚有一些人未能认识，重经济建设、轻道德建设的倾向，仍然在现实中明显地存在，并且有的还持有所谓的“理论”，其中最明显的，莫过于“三论”，即“自然论”“代价论”“先后论”。“自然论”者认为，“经济建设上去了，思想建设自然而然会上去”；“代价论”者认为，“经济的发展，必然会以思想道德的沦丧为代价”；“先后论”者则认为，“先抓经济建设，有钱后再抓思想道德建设”。这三种理论的表现形式不同，其实质都是一样的，即重经济建设，轻精神文明建设。它直接给当代道德建设带来错误导向。为了帮助人们提高对加强社会主义道德建设必要性和紧迫性的认识，我们必须纠正“三论”的错误观念，引导人们把认识统一到《决议》上来。关于“三论”在理论上的失误，我们将在本书第七章《思想教育方法论综述》之第一篇《世纪之交思想道德建设的方法论思考》中，对之做过系统的分析与批评，故此处略而不论，请参阅该文。

（原载《江西社会科学》1997年第5期，收入本书时，文字稍有修改）

二　市场经济的快速发展，要求重塑社会主义新道德

随着我国改革开放的深入和社会主义市场经济体制的不断发展，我国社会中的道德建设提上了重要日程。这是因为，市场经济的发展，给社会主义道德建设带来了一系列新的问题。一段时间以来，我国社会的一些领域和一些地方，“道德失范，是非、善恶、美丑界限

混淆；拜金主义、极端个人主义有所滋长；见利忘义、损公肥私行为时有发生；不讲信用，欺骗欺诈成为社会公害；以权谋私、腐化堕落现象严重存在”①。所有的这一切，都从不同侧面反映出我国现实社会中的伦理失控、诚信欠缺的现象已经十分严重，从而给我们提出了“加强道德建设”这一十分严肃的课题。笔者认为，当前加强道德建设的根本任务，在于重塑新道德。这是时代赋予我们的历史重任，值得我们给予高度重视，每个人都应当自觉为之做出应有的贡献。

（一）重塑社会主义新道德的必要性

面对现实社会中不断冒出的与社会主义道德要求严重背离的现象，一些人将之称为“道德滑坡”，言下之意，是认为当代的社会文明正在倒退、下滑，已愈来愈不如从前了。对于这个结论，笔者以为值得推敲。它未能正确揭示出当前社会道德存在问题的本质。所谓“道德滑坡”，其前提是肯定社会原已完美的道德意识早已存在于坡上，只是由于推行市场经济，才导致已建设好的道德体系，出现了“下滑”的情况。按照这个说法，我们现在道德建设的重点，是做恢复原有道德状况的工作，而不是重塑新道德。这个见解，显然未能抓住问题的实质。它的失误，在于未能意识到今天重塑新道德的必要性。那么，我们为什么要重塑社会主义新道德呢？回答是：因为旧的道德体系已不能适应社会主义市场经济发展的需要。

马克思主义的唯物史观告诉我们：经济基础，决定上层建筑；社会存在，决定社会意识。这是说，有什么样的经济基础，就要求有什么样的上层建筑与之相适应；同理，有什么样的社会存在，就要求有什么样的社会思想意识与之相协调。“道德”，既是上层建筑的重要组成部分，也是社会意识的重要内容，它不能不服务于经济基础和社会存在。人所共知，自二十世纪九十年代中期，由于市场经济体制的确立，我国社会的经济关系已发生了重大变化。经济成分已由原来单一的公有制经济，转变为多样的经济成分同时并存。由此，引出了五种“多样化”，即社会经济成分多样化、组织形式多样化、就业方式

① 参见《公民道德建设实施纲要》。

多样化、利益关系多样化、分配方式多样化，等等。这五种“多样化”，说明了当前我国的经济基础和社会存在发生了重大变化，这个变化必然要求社会意识（包括道德规范）与市场经济的发展相适应。正是在这样的情况下，我们的党十分重视道德建设，早在1996年召开的十四届六中全会上，就通过了《中共中央关于加强社会主义精神文明建设若干问题的决议》(以下简称《决议》)，向全党和全国人民明确提出了“全面加强社会主义道德建设”的重大战略任务。该《决议》指出：“建设社会主义市场经济体制，是我国经济振兴和社会进步的必由之路，是一项前无古人的伟大创举。这种经济体制，不仅同社会主义基本经济制度结合在一起，而且同社会主义精神文明结合在一起。”这一论断告诉我们，市场经济体制的建立，必然要求社会主义精神文明建设，包括社会主义道德建设与之相适应。

应当看到，道德力量既是国家发展、时代进步、民风纯正、社会和谐的重要精神支撑，也是公民个体立身做人、明荣知耻、拒腐防变、自强不息的力量源泉。道德的力量，不仅可以震撼人们的心灵，陶冶人们的情操，铸造人们的优秀品格，还可以唤醒人们被迷失的道德良知，拯救一些人的精神失落，使其不坠入犯罪的深渊。正是从这个意义上，道德建设可以促进市场经济的繁荣发展，可以帮助那些在市场中失足的人们悬崖勒马，改邪归正，从而改造社会的不正之风，实现移风易俗，维护时代正气。因此，重建社会主义道德体系，就显得无比迫切和相当必要了。

（二）重塑社会主义新道德的艰巨性

对于重塑社会主义新道德，有的人不理解，他们问道：“我国政府不是已经颁发了《公民道德建设实施纲要》吗？那不就是社会主义道德体系吗？为什么还要重塑新道德呢？”提出这个问题的人们，是把道德体系的构建看得太简单了，他们忽视了道德重建的艰巨性、复杂性。

道德建设是一项无比复杂而艰巨的工程，它并非由上级部门发一个文件、提几个响亮的口号就能了事，而是需要千百万群众行动起来，坚持从道德理论到道德实践，又从道德实践到道德理论的反复探索、体验、总结的艰苦过程，最后以约定俗成的形式慢慢沉淀下来，使之成为社会的人们自觉认同的道德意识。这是一个移风易俗、改造民心、优化品格、确立诚信，不断激发人们道德情感的艰苦创造过程。它不是少数人关在房子里空想出来的，而是需要全社会的人们行动起来，在社会主义核心价值体系的指导下，自觉地用实际行动来塑造优秀品格、创造先进典型、树立全新的道德理念，并以“积善成德”的模式，不断地择优汰劣，直至符合时代需要的完整的道德体系的最终确立，才算取得初步成功。因此，新道德建设是一个实践——认识——再实践——再认识的循环往复的过程，需要探索再探索，积累再积累，我们绝不要企求一时一事的偶然成功，这正是道德建设的艰巨性使然。

我国的《公民道德建设实施纲要》，诚然也是指导我国公民进行道德建设的纲领性文件，有其存在的文献价值。但要把它所倡导的道德理念变为全体人民的自觉行动，还有许多工作等待我们去做。而且，随着实践的深入发展，它本身也要受到实践的检验，也要以实践为动力，不断对之进行修改、充实、提高，直至能较好地反映人民群众的道德要求和道德取向。所以，我们千万不能把道德重建简单化，以为只要发一个文件就能万事大吉，而是必须团结全体国民，在新道德的探索方面狠下功夫，多用力气，为它的最终成熟、完善，贡献自己的聪明才智。

（三）重塑社会主义新道德的可能性

要重塑社会主义新道德，这个任务极其艰巨、复杂。那么我们能不能达到自己的目的呢？回答是肯定的。这是因为我们重建社会主义新道德，有许多的有利条件。

第一，有中国共产党的坚强领导和社会主义核心价值体系的指引。中国共产党作为中国人民的坚强领导，十分重视文化建设。例如，2011 年 10 月召开的党的十七届六中全会，就明确号召：“运用文化引领前进方向，凝聚奋斗力量，团结带领全国各族人民不断以思想文化新觉醒、理论创造新成果、文化建设新成就，推动党和人民的事业向前发展。”这表明我党对文化建设极端重视。重建社会主义道德，是文化建设的重要内容，理所当然地会受到全党的关注。事实上，早在二十世纪九十年代中期，我党就明确制定了“全面加强道德建设”的指导方针，并围绕道德建设采取了一系列重大举措，如适时制定《公民道德建设实施纲要》，定期在全国范围内评选道德模范，等等。胡锦涛同志在党的十八大报告中明确指出：“要全面提高公民道德素质，要坚持依法治国和以德治国相结合，加强社会公德、职业道德、家庭美德和个人品德教育，弘扬中华传统美德，弘扬时代新风。推进公民道德建设工程，弘扬真善美，贬抑假恶丑，引导人们自觉履行法定义务、社会责任、家庭责任，营造劳动光荣、创造伟大的社会氛围，培育知荣辱、讲正气、做奉献、促和谐的良好风尚。深入开展道德领域突出问题专项教育和治理，加强政务诚信、商务诚信、社会诚信和司法诚信建设。”这些指示，说明党中央对道德建设无比重视，是我们搞好道德重建的有利条件。此外，2006 年召开的党的十六届六中全会，还明确做出了“建设社会主义核心价值体系”的伟大决策。这个体系的基本内容是：“马克思主义指导思想，中国特色社会主义共同理想，以爱国主义为核心的民族精神和以改革创新为核心的时代精神，社会主义荣辱观。”这四个方面的内容，相互联系，相互促进，其中马克思主义指导地位是核心价值体系的“灵魂”，共同理想是核心价值体系的“主题”，弘扬民族精神和时代精神是核心价值体系的“精髓”，社会主义荣辱观是核心价值体系的“道德基础”。因此，社会主义核心价值体系，为人民群众在市场经济条件下进行价值选择（包括道德价值的选择），指明了方向。我们的道德建设若能从总体上体现核心价值体系的基本精神，那就能坚守“灵魂”，体现“主题”，抓住“精髓”，奠定“基础”，从而保证道德重建永远沿着正确方向大步向前。

第二，有丰富而优秀的中华民族传统美德可供借鉴。我们的民族是世界上最伟大的民族之一，我们的祖先，早在五千年前，就开始用自己的双手和英勇劳动，创造了举世瞩目的东方文明，成为世人向往的“礼仪之邦”，留下了相当丰厚的道德文化遗产，构成了具有本民族特色的无比高尚的民族精神。民族精神，从本质上说，都是本民族优秀道德精神的集中体现。它们具有超时代、超阶级的价值，并可为今人所借鉴、继承。如李瑞环同志在二十余年前所指出的：“马克思主义还历来认为，文化遗产作为人类认识和改造世界的共同成果，这就决定了若干文化遗产具有相对的稳定性。也就是说，不但物质文明，而且包括精神文明的许多方面，不是某一个阶级所独有的，而是经过不同阶级世世代代的努力，共同创造的成果；也不是只为某一个阶级服务的，而是一视同仁地为各个不同的社会形态所服务。因此，我们既要看到历史文化遗产的阶级性，又要重视它的承继性和借鉴性。”① 李瑞环同志的这段论述，揭示了优秀文化遗产可为后人继承的特点。据此可知，历史上遗传下来的优秀传统美德，到了今天仍然可为我们所继承、借鉴，是我们建设社会主义新道德的宝贵财富。我们通过对之发掘、清理、总结，完全可以使它为当代新道德的建设做出新的贡献。这是历史赋予我们的崇高职责。

第三，有我们党领导人民建设革命文化和革命道德的丰富经验。中国共产党在领导中国人民进行革命和建设的伟大实践中，积累了丰富的文化建设，包括道德建设的历史经验。早在革命战争时期，我们党就大力提倡“全心全意为人民服务”，倡导“毫不利己，专门利人”，主张“一切革命队伍的人，都要互相关心，互相爱护，互相帮助”，号召革命战士要争做“一个高尚的人，一个有道德的人，一个脱离了低级趣味的人，一个有益于人民的人”。毫无疑问，这些主张都从特定角度，反映了革命人民高尚的道德追求，体现了革命志士的崇高信仰和无私奉献、艰苦奋斗的英雄品格。回顾当年的革命斗争，多少革命者基于自己的坚定信仰，为革命事业奉献了自己的一切。无论是在二万五千里长征中爬雪山、过草地的英雄壮举，还是在抗日斗争中与侵略者奋力拼杀的时刻，都彰显了英雄们无私无畏的品格。在斗争中，许多中华儿女，响应党的召唤，离妻别子，勇赴国难，自愿为革命事业抛头颅，洒热血。这种英勇奉献的精神，可以惊天地，泣鬼神，与日月同辉。正是由于他们的无私奉献，中国革命才从胜利走向胜利，最后赢得了中华民族的独立与解放。可见，我们党在革命战争年代所抓的思想文化建设，成就极其伟大，其历史经验值得我们认

① 《重视对中国文化遗产的发掘与研究》，《光明日报》1990 年 6 月 3 日理论版。

真总结。全国解放以后，随着社会主义建设光荣使命的到来，民主革命时期所倡导的“毫不利己，专门利人”的“无私奉献”精神，得到了进一步发扬。特别是在六十年代初，全国出现了学习雷锋精神的热潮。正是在雷锋精神的鼓舞下，先后涌现出了“人民的好干部焦裕禄”和“雷锋式的英雄人物王杰”等先进人物。在他们的带动下，我国当时的社会出现了一股积极向上、助人为乐的新风气。那时的许多人，特别是青年一代，“见困难就上，见荣誉就让，见先进就学，见后进就帮”，使社会上的新道德蔚然成风。尽管这个局面后来遭到十年“文化大革命”的破坏，但当时在思想文化建设方面所取得的重大成功，是有目共睹的。这再一次反映了我党在抓思想文化建设方面的杰出成就。它无疑为我们今天在市场经济条件下的道德建设，奠定了基础，开辟了道路，准备了经验，是又一笔宝贵的财富，值得我们百倍珍惜。

总之，有中国共产党的坚强领导和社会主义核心价值体系的指引，有丰富而优秀的中华民族传统美德可供借鉴，有我们党领导人民建设革命文化和革命道德的丰富经验，这些都是我们重建新道德的有利条件。只要我们善于利用这些条件，坚持正确的方法、原则，并大力投身社会主义新道德建设的实践活动，我们就一定能取得预期的成功，一定能夺取社会主义新道德建设的最终胜利。

（四）重塑社会主义新道德的途径与方法

重塑社会主义新道德，是一项极其艰巨复杂的任务，要完成这一任务，除了充分利用上述有利条件外，还必须找到正确的方法与路径。江泽民同志在《在中国共产党第十六次全国代表大会的报告》中，曾指出：“要建立与社会主义市场经济相适应、与社会主义法律规范相协调、与中华民族传统美德相承接的社会主义思想道德体系。”这一指示，对于当代道德的重建，具有方法论指导的意义，值得我们高度重视。根据这一精神，我们在重建新道德时，除了坚持“与社会主义市场经济相适应”这一总的原则外，还必须紧紧扣住以下三个环节。

一是要注意和传统美德相承接。市场经济条件下的道德体系，是为了适应市场经济发展的需要而建立起来的，从内容上来看，具有全新的性质，它绝不是对以往旧道德的简单重复。但是，它的建立，又不是脱离本民族的道德基础凭空臆想出来的，而是通过吸收以往道德的优秀成果，进行再创造的产物。因此，新道德的建设，在内容上必须和传统美德相承接。如前文所述，传统美德是我们的祖先遗传下来的优秀道德遗产，它具有超时空、超阶级的属性，完全可以为今人所借鉴、继承。借鉴、继承传统美德，既有利于尊重我们祖先的智慧创造，也有利于保持本民族的特色和丰富新道德的内容。但是，传统美德又是在古代特定的历史条件下构建出来的，它是那个时代、社会存在的产物。虽然可以为今人所利用，但又不能简单照搬、照抄，而必须结合现实的需要，对之做出必要的现代阐释，促其完成由传统向现代的转换。这样做，既是使社会意识适应社会存在的需要，也是克服历史遗产自身局限性的需要，从而保证历史遗产能从总体上与时俱进地发挥其应有的价值。

二是要和当代的法制建设相协调。道德和法律都属于上层建筑的重要内容，具有社会规范的性质，两者总是相互补充，相互促进，相辅相成，共同维护社会安定。社会的道德风气好，人们触犯法律的事就会相对减少，乃至产生“刑措”（指将刑罚搁置起来不用）的效果；法制建设比较成功，也可以推进道德风尚的提高。例如，市场经济以诚实守信作为经营者的道德信条，经营者要自觉地坚守这一道德规范，必须在经营中不对顾客搞欺蒙拐骗，不推销假冒伪劣商品。谁如果不能坚守这一道德底线，就必然触犯法律，应当给予其法制处罚。法律处罚了欺蒙拐骗的行为，也就能起到劝导人们坚守诚信之德的作用。所以，市场经济条件下的道德建设，必须和市场经济条件下的法制建设相协调。用法制建设来维护社会道德风尚，用道德建设来增进人们的守法意识，从而共同为社会安定做出贡献。

三是要善于总结群众在道德建设方面的创新性收获。道德并非是道德创造者关在房子里虚构出来的，它是人民群众不断进行社会道德实践活动的产物。人民群众是历史的创造者，也是社会道德生活的创造者。随着市场经济的确立，我国人民群众在党和政府的领导下，自觉地以《公民道德建设实施纲要》为指导，开始了新道德的探索与创造活动。这中间先后涌现出许许多多英模人物，他们在新道德的创造方面，都留下了各具特色的光辉业绩。为了表彰和总结他们的经验，近年来，中央文明办、全国总工会、全国妇联先后三次在全国范围内主办评选全国道德模范活动。道德模范分为“助人为乐”“见义勇为”“诚实守信”“敬业奉献”“孝老爱亲”五种类型，每次评选约 50 人，三次共 162 人。这是我国历史上规模最大、规格最高、选拔最广的评选道德模范的活动，具有“人民选人民”的特色。其中，主要模范人物有李明素、袁隆平、殷雪梅、郭明义等。每一个模范的评选确定，等于树起了一面旗帜，他们遍布全国各地，使全国公民在道德修养方面学有榜样，赶有目标，行有楷模。这无疑有利于推进全社会的道德建设。人民群众是道德创新的主体。对于人民群众的道德创新，我们不仅要善于学习，而且要善于总结、宣传、推广。这是理论工作者不可推卸的职责，我们应当以高度自觉的精神投身这一工作，并为之做出无愧于时代的新贡献。

重塑新道德，是思想文化建设的重要组成部分。思想文化建设属于文化软实力建设。思想文化作为一种文化软实力，常常可以弥补经济、军事等硬实力的某些不足。从这一点来说，文化是资源，它可以促使人们将精神变为物质；文化是良药，它可以医治一些人的精神颓废病和道德缺失症；文化是武器，它可以帮助我们扫除前进道路上的障碍而所向披靡；文化是灵魂，它可以帮助我们确定正确的方向，而勇往直前。我们重塑社会主义新道德，从本质上说，就是张扬文化的基本功能，促进文化软实力大放光彩。这也就是重塑新道德的价值所在，值得我们予以高度关注。

（原载《商丘师院学报》2013 年第 1 期）

三　当前加强道德建设的方向和目标浅述

党的十四届六中全会通过的《中共中央关于加强社会主义精神文明建设的决议》（以下简称《决议》），向全党和全国人民明确提出了“全面加强社会主义道德建设”的重大战略任务，指出：“社会主义道德建设要以为人民服务为核心，以集体主义为原则，以爱祖国、爱人民、爱劳动、爱科学、爱社会主义为基本要求，开展社会公德、职业道德、家庭美德教育，在全社会形成团结互助、平等友爱、共同前进的人际关系。”这实际上指明了当前加强道德建设的方向和目标，值得我们好好学习，认真领会，并努力付诸实践。

(一)“以为人民服务为核心”

为人民服务是我党的一贯宗旨。早在革命战争时期，毛泽东同志就写了《为人民服务》一文，指出：“我们这个队伍完全是为着解放人民的，是彻底地为人民的利益工作的。”突出了“为人民服务”同无产阶级革命队伍历史使命的密切关系。在毛泽东同志的倡导下，“为人民服务”早已成为中国共产党人的行为准则。在“为人民服务”思想的激励下，革命队伍中先后涌现出许许多多全心全意为人民服务的新时代的英雄人物。今天，《决议》又把“为人民服务”作为社会主义道德的核心内容，强调“为人民服务是社会主义道德的集中体现”，这是我党对社会主义道德理论的重大贡献。只有坚持“为人民服务”，才能真正体现社会主义道德的根本性质，才能正确反映社会主义生产关系条件下人和人之间的新型关系。

前段时间，有的人在思考社会主义市场经济条件下的道德建设时，错误地把“为人民服务”同市场经济体制对立起来。他们说，市场经济讲平等竞争，讲等价交换，这同“为人民服务”很难协调。从表面上看，他们说的似乎有理，但是，他们忽略了一个重要问题：我们搞的市场经济，是社会主义性质的市场经济。在社会主义制度下，以公有制为主体，人与人的关系是“团结互助、平等友爱、共同前进”的关系。这种关系，要求我们每个人既为他人服务，又接受他人为自己服务，这也就是马克思主义所大力提倡的“我为人人，人人为我”的新风尚。诚然，市场经济要讲“平等竞争”，讲“等价交换”，但这并不妨碍我们在竞争和交换中对社会和民众做出奉献。现实生活的实践早已证明：在市场经济的条件下，完全可以贯彻“为人民服务”的宗旨。

例如：北京市公交公司优秀售票员李素丽的事迹，就令人信服地说明了这一点。本来，如果只讲等价交换，那么乘客出钱，售票员给汽车票就完事了。但李素丽不满足于此，她用“为人民服务”的崇高精神来要求自己，把十米车厢、三尺售票台当成为人民服务的岗位，十五年如一日，一点一滴地为乘客默默奉献，在汽车上扶老助幼，急乘客之所急，帮乘客之所需，留下了许多感人肺腑的生动事迹，受到许许多多乘客的好评。她用自己的行动告诉人们，在社会主义市场经济条件下同样应当、也完全可以发扬“为人民服务”的道德情操。

公共汽车售票员李素丽能做得到，在其他岗位上工作的公民照样能够做到。就拿商品生产或销售岗位上的职工来说吧，他们生产或推销的商品，是为了满足人民群众日益增长的物质生活资料的需要。基于这一目的，他们在生产和销售中，应处处对顾客负责，进行创造性的劳动，自觉保证商品质量，诚实守信，买卖公道，抑制假冒伪劣和坑蒙拐骗行为。这样做，他们就能把“为人民服务”变成自己的实际行动，就能把社会主义的温暖送到千家万户。可见，在市场经济条件下，完全可以坚持“为人民服务”的道德准则，市场经济同“为人民服务”道德精神完全可以有机地结合起来。把市场经济同“为人民服务”对立起来的观点，是完全错误的，应当加以纠正。

（二）“以集体主义为原则”

“集体主义”作为社会主义道德的基本原则，并非是人为地杜撰出来的，而是以公有制为主体的社会主义经济基础的客观反映。在社会主义市场经济条件下，由于公有制为主体的经济基础没有改变，因而集体主义仍然应当作为我国现阶段道德的基本原则。这一原则，是爱国主义的思想基础，是社会主义价值观的集中体现，是我们这个伟大时代的主旋律。坚持社会主义的集体主义原则，我们就能同资产阶级的个人主义、本位主义、小团体主义严格地划清界限。

前段时间，有人曾对把“集体主义”作为社会主义道德的基本原则，存有种种疑虑，他们担心这会挫伤个人的积极性，不利于主体自立意识的确立。其实，这种担心是完全没有必要的。把集体主义作为社会主义道德的基本原则，并不妨碍发挥个人的积极性和创造性。因为马克思主义所理解的集体主义，强调的是集体利益与个人利益的辩证统一。社会主义的集体主义，并非只强调集体利益而不顾个人利益。社会主义的集体主义认为，集体是由个人组成的，没有个人就没有集体。从这个意义上说，集体鼓励个人发挥聪明才智，以保证集体的完美、充实和有力量，并根据社会主义按劳取酬的原则，给个人以相应的物质和精神待遇。如《决议》所指出的："在经济生活中，国家依法保护企业和个人利益，鼓励人们通过合法经营和诚实劳动，获取正当经济利益。"因此，提倡"集体主义"，不但不会挫伤个人的积极性，而且有利于发挥个人的积极性；不但不会损害主体的自立意识，而且会增强这种意识。

需要指出的是，集体主义在承认个人利益的同时，强调个人对集体的义务和责任。这是因为，集体利益代表个人根本的和长远的利益。从这个意义上说，个人应当把维护集体利益放在优先的、重要的地位，在追求个人利益的同时，兼顾自己对集体的职责与奉献，当个人利益与集体利益发生矛盾时，应当服从集体的需要。《决议》指出："引导人们对社会主义负责，对人民负责，正确处理国家、集体和个人的关系，反对小团体主义、本位主义，反对损公肥私、损人利己。"这无疑是很正确的。

坚持集体主义，就能体现出社会主义制度的优越性和社会主义条件下人和人之间平等互利的关系。我们应当按照《决议》的要求，大力"提倡为人民服务和集体主义的精神，提倡尊重人、关心人、热爱集体、热心公益、扶贫帮困，为人民为社会多做好事，反对和抑制拜金主义、享乐主义和个人主义"，为建设富强、民主、文明的社会主义现代化国家贡献力量。

（三）"以'五爱'为基本要求"

"五爱"指的是"爱祖国、爱人民、爱劳动、爱科学、爱社会主义"五种道德信条，它是社会主义祖国对公民的最基本的要求，从五个方面提出了公民应当具有的社会主义道德情感，为全体公民坚持正确的道德目标和人生价值取向，奠定了思想基础。"爱祖国"要求每个社会成员正确处理个人和祖国的关系，真正树立爱国主义情操。《决议》指出："爱国主义历来是中国人民团结奋斗的一面旗帜。在当代中国，爱国主义同社会主义有机地统一于建设有中国特色社会主义的伟大实践，是鼓舞人民实现民族振兴的强大动力。”因此，坚持爱国主义，乃是“爱祖国”的具体体现。“爱人民”要求社会成员正确处理个人和人民群众的关系。“爱人民”，是“为人民服务”的思想基础。因为，只有从内心真正热爱人民，才会在实际行动中自觉地为人民谋利益，做到全心全意为人民服务；才能激起“先天下之忧而忧，后天下之乐而乐”的高尚情操。“爱劳动”和“爱科学”是社会主义公民实现自身价值的必要手段，也是爱祖国、爱人民、爱社会主义的必然要求。因为，公民只有通过自己的劳动和创造，才能对社会主义祖国做出贡献，才能真正显示自身的价值，才能把爱祖国、爱人民、爱社会主义变成自己的实际行动。“爱社会主义”是公民正确处理自己和社会主义制度的关系的政治要求和道德准则。在当今的中国，爱祖国和爱社会主义是不可分割的，就是说，“爱祖国”，就必须热爱社会主义祖国。《决议》指出：“要深入持久地开展爱国主义才能救中国，只有社会主义才能发展中国的真理，在全社会发扬自尊、自信、自强的民族精神，以贡献全部力量建设和保卫社会主义祖国为最大光荣，以损害国家利益、国家尊严为最大耻辱。”我们应当自觉贯彻这一精神，为社会主义祖国的繁荣昌盛做出自己应有的贡献。

总之，以“爱祖国、爱人民、爱劳动、爱科学、爱社会主义”为主要内容的“五爱”，是社会主义对公民最起码、最基本的道德要求，是社会主义公民立身做人应有的道德情操。在社会主义市场经济的条件下，我们应当联系实际，在全体公民中大力倡导和宣传以“五爱”为内容的社会主义道德规范，强调每一个人以“五爱”为行动准则，自觉“从我做起”，以推进社会主义道德的普及和提高。

（四）开展“社会公德”“职业道德”“家庭美德”教育

社会公德、职业道德和家庭美德，分别从不同的侧面对公民在不同场所、不同领域的社会生活提出了相应的道德规范和行为准则，对我国人民在社会主义市场经济条件下增进道德水准、提高道德素质具有极大的指导意义，是社会主义道德建设三大支柱工程，应予以高度重视。“社会公德”是每一个社会成员在社会公共生活中应当遵循的基本行为规范的总和，它是社会成员共同利益在社会道德生活上的反映。从一定意义上说，一个社会在社会公德方面所达到的整体水平，乃是该社会文明程度的标尺。因此，要提高整个社会的文明程度，必须首先在增进社会公德方面用大力气。“职业道德”是伴随劳动分工的深化而产生和发展起来的高度社会化的角色道德，它从职业角色和职业行为的角度，对从业人员提出了相应的道德规范体系和行为准则要求，对从业人员的道德生活具有直接的指导作用。《决议》指出：“当前要以加强职业道德建设、纠正行业不正之风为重点。”这是因为职业道德水平的提高对改变整个社会的道德风貌和推进社会政治经济的发展具有巨大的能动作用。“职业道德”水平提高了，行业不正之风就可以得到纠正，社会的整体道德风尚就会得到显著改善。“家庭美德”即优秀的家庭伦理道德。它是为了适应社会主义家庭和睦的需要，逐渐建立起来的用来调节家庭成员之间以及家庭与社会之间相互关系的道德规范和伦理准则。社会主义的家庭美德是在社会主义生产关系条件下，家庭成员应当遵循的道德规范的总和，它是对传统的家庭美德的继承、改造与创新的结果，是社会主义条件下家庭和睦幸福的精神支柱。家庭是社会的细胞，是人类社会生活的基础组织形式。大力提倡家庭美德，培养、巩固和发展夫妻间的爱情和父母子女间的亲情，正确处理家庭与亲友、邻居以及社会各方面的关系，对于推进家庭和睦幸福和社会的安定团结，具有不可忽视的重大意义。总之，社会公德、职业道德、家庭美德，各有自己特殊的社会职能，抓好这三大支柱工程，社会主义道德建设就有了坚实的基础，全体公民的道德素质就可望获得预期的提高。

那么，“三德”建设应当达到什么样的目标呢？《决议》指出：“全面加强社会主义道德建设，大力倡导文明礼貌、助人为乐、爱护公物、保护环境、遵纪守法的社会公德；大力倡导爱岗敬业、诚实守信、办事公道、服务群众、奉献社会的职业道德；大力倡导尊老爱幼、男女平等、夫妻和睦、勤俭持家、邻里团结的家庭美德。”这里就指明了我们当前进行“三德”建设应当达到的基本目标。

首先，在“社会公德”方面，应当达到“文明礼貌、助人为乐、爱护公物、保护环境、遵纪守法”的基本要求。这五句话二十个字，涵盖了社会公德所涉及的方方面面，它指导人们，在社会公共场所应当怎样处理个人与他人、个人与社会、个人与环境的关系，应当怎样遵守公共道德规范，以保证社会公共生活有序运转。

其次，在“职业道德”方面，应当达到“爱岗敬业、诚实守信、办事公道、服务群众、奉献社会”的基本要求。这五句话二十个字，要求从业人员在从事自己的职业范围内，如何正确处理个人与职业、个人与同行、个人与社会（包括自己的服务对象）之间的相互关系，集中突出了敬业、乐业、勤业、精业意识，诚实守信、办事公道意识，服务群众、奉献社会意识，其中贯穿着“为人民服务”的核心内容，为我国从业人员的道德生活指明了正确的方向。

再次，在家庭美德方面，应当达到“尊老爱幼、男女平等、夫妻和睦、勤俭持家、邻里团结”的基本要求。这五句话二十个字，概括了家庭美德的各个方面，它不仅规范了夫妻间的爱情、父母子女之间的亲情以及家庭成员与邻里之间的友情关系，而且突出了“勤俭持家”的传统美德。照这些去办，家庭的和睦幸福就有了保证，社会的安定团结和文明状况就可以得到根本的改观。

最后，我们一定要按照《决议》的要求，在社会公德、职业道德、家庭美德的建设方面用大气力，把“全面加强社会主义道德建设”真正落到实处，抓出成效。

综上所述，当前的道德建设，必须坚持“以为人民服务为核心，以集体主义为原则，以爱祖国、爱人民、爱劳动、爱科学、爱社会主义为基本要求，开展社会公德、职业道德、家庭美德教育”，以此为契机，促进全社会形成“团结互助、平等友爱、共同前进的人际关系”，推动社会主义精神文明建设的顺利发展。为了实现这一目标，我们必须自觉地坚持“以马克思列宁主义、毛泽东思想和邓小平建设有中国特色的社会主义理论为指导”，坚持“以科学的理论武装人，以正确的舆论引导人，以高尚的精神塑造人，以优秀的作品鼓舞人”，以保证社会主义道德建设沿着正确的轨道顺利前进，真正开创我国道德建设的新局面。

（原载《学习与实践》1997 年第 2 期）

四 要高度重视新时期社会主义荣辱观的培育

胡锦涛总书记提出的以“八荣八耻”为主要内容的社会主义荣辱观，进一步充实和丰富了马克思主义道德观，既与我国传统美德相承接，又反映了广大人民群众的共同愿望和要求，完全符合时代发展的需要。它是我国先进文化建设发展的必然归宿，是完善科学发展观的内在要求，是构建社会主义和谐社会的锐利武器。它的提出，标志着我国社会主义精神文明建设，特别是道德建设进入了一个崭新的阶段。值得我们好好学习，深入体会，努力践行。

（一）确立社会主义荣辱观，是推进先进文化建设的必由之路

自从我党“三个代表”的科学思想提出之后，先进文化建设就提上了重要日程，各条战线、各个方面都为推进先进文化建设贡献着力量。我们之所以要大力推进先进文化建设，其直接动力旨在移风易俗，改变不良社会风气。社会风气是社会文明程度的重要标志，是社会价值导向的集中体现。它通过先进文化建设为之鸣锣开道。胡锦涛同志指出，“要把发展先进文化放到十分突出的位置，充分发挥文化启迪思想、陶冶情操、传授知识、鼓舞人心的积极作用”①。江泽民同志也曾指出：“我们要始终代表中国先进文化的前进方向，就是党的理论、路线、纲领、方针、政策和各项工作，必须努力体现发展面向现代化、面向世界、面向未来的，民族的科学的大众的社会主义文化的要求，促进全民族思想道德素质和科学文化素质的不断提高，为我国经济发展和社会进步提供精神动力和智力支持。”②

“八荣八耻”的提出，对于体现先进文化的真精神有着不可忽视的重要作用。它从文化深层内涵的角度，帮助人们矫正世界观、人生观、价值观发展的路向，提醒人们明荣知耻，懂得什么是高尚的，什

① 《胡锦涛看望出席全国政协十届四次会议的委员时的讲话》，《光明日报》2006 年 3 月 4 日第 1 版。

② 《在庆祝中国共产党成立八十周年大会上的讲话》，载《江泽民论有中国特色社会主义（专题摘编）》，中央文献出版社 2002 年版，第 580 页。

么是卑贱的；应当坚持什么，反对什么；倡导什么，抵制什么，从而在面对社会纷繁复杂现象的时候，能心明眼亮，分得清是非、善恶、美丑，能自觉去维护社会正义，抵制精神污染，扫除妄念邪思。这一切，无疑有利于“发挥文化启迪思想、陶冶情操、传授知识、鼓舞人心的积极作用”，有利于“促进全民族思想道德素质和科学文化素质的不断提高”，有利于“为我国经济发展和社会进步提供精神动力和智力支持”。因此，社会主义荣辱观的确立，是我国先进文化建设发展的必然归宿。

（二）确立社会主义荣辱观，是深化科学发展观的内在要求

科学发展观是我们党关于发展思路的新理念。它把社会作为发展的对象，要求在实现社会发展的过程中，自觉遵循关于发展的客观规律，以促进社会沿着正确方向全面、协调、持续地发展。社会发展，归根到底要靠人的发展。只有实现人的全面发展，提高人的综合素质，社会发展才有扎实的根基。因此，科学发展观必须坚持“以人为本”，把发展建立在提高人的综合素质的基础上。在人的综合素质中，道德素质处于最高层次。它决定人们的精神面貌，引导人们的价值追求，激励人们的思想情操，张扬人们的奉献精神。所以，人的道德素质的提高，是人的全面发展的关键所在，是科学发展观的题中应有之义。“八荣八耻”的提出，为人的发展设计了基本道德规范，它要求人们坚持“以热爱祖国为荣，以危害祖国为耻；以服务人民为荣，以背离人民为耻；以崇尚科学为荣，以愚昧无知为耻；以辛勤劳动为荣，以好逸恶劳为耻；以团结互助为荣，以损人利己为耻；以诚实守信为荣，以见利忘义为耻；以遵纪守法为荣，以违法乱纪为耻；以艰苦奋斗为荣，以骄奢淫逸为耻”。这些要求，对于全面提高人的道德素质，造就一代代有理想、有道德、有文化、有纪律的社会主义新人，必将产生深远影响。

同时，人的科学文化素质虽然处于道德素质之后，但也不可轻慢待之。实际上，人的科学文化素质是道德素质的必要补充。一个人若仅有道德素质而没有相应的科学文化素质，也是不合格的。所以“八荣八耻”中强调“以崇尚科学为荣、以愚昧无知为耻”，就体现了这一基本要求。这些都说明，胡锦涛总书记提出的社会主义荣辱观，为社会主义新人的塑造指明了方向，是全面完善科学发展观的内在要求。丢掉“八荣八耻”，人的发展就没有正确的道德取向，科学发展观也就失去了最根本的动力支撑。

（三）确立社会主义荣辱观，有助于构建社会主义和谐社会

党的十六届四中全会《决议》明确提出：“要适应我国社会的深刻变化，把和谐社会建设摆在重要位置，注重激发社会活力，促进社会公平和正义，增强全社会的法律意识和诚信意识，维护社会安定团结。”强调把构建社会主义和谐社会作为我党执政的目标，这是中国共产党党史和我国社会主义建设史上一件具有开创性意义的大事，受到了全党和全国人民群众的热烈拥护。

社会主义和谐社会不可能从天上掉下来，而只能通过全党的共同奋斗、通过发挥人民群众的历史主动精神，去创建、去夺取。应当看到，改革开放以后，我国经济建设取得了突飞猛进的发展，人民群众的生活有了很大程度的改善，我国的综合国力有了明显的增强。但是，由于事物发展的不平衡性，导致地区发展、行业发展、城乡发展等各个方面存在这样或那样的差距。差距就是矛盾，矛盾的存在，不利于实现社会和谐。要构建和谐社会，还需要我们去做许多工作。一是要在经济政策上作适度调整，使之有利于缩小城乡差别、东西差别、发达地区与贫困地区的差别。为此，我党提出关注“三农”问题，提出“建设社会主义新农村”的战略任务，提出加快西部地区经济开发的步伐等等，都旨在缩小不同地区、不同行业之间存在的差距；二是要在文化政策上注意扶持落后地区。如，帮助解决农村缺医少药和看病难的问题，解决农村孩子入学难和付不起学费的问题，帮助活跃农村文化生活、满足农民正当的精神消费，等等。以上在经济政策和文化政策方面对落后地区和农村予以倾斜，都有利于化解现实矛盾，激发社会活力，促进公平正义，维护安定团结。

但是，仅有以上措施，还不能全面实现社会和谐。要真正实现社会和谐，还必须发挥道德在社会生活中的杠杆作用。道德具有调节人与人、人与社会关系的重要功能。道德调节人际关系，不诉诸

权力强制或法律制裁，而只依靠道德主体所具有的理性信念去实现自我克制或曰自我调节。道德之所以具有这一功能，是由于道德具有“利他”的特性。“利他”与“损人”是对立的，前者是道德的，后者是不道德的。正是由于“利他”信念的激励，才使人与人之间产生诚信、友爱的理念，自觉化干戈为玉帛，促进人际亲善。“八荣八耻”是社会主义道德规范的集中体现，它的本质在于倡导“利他”，反对“损人”。其中“热爱祖国”“服务人民”“崇尚科学”“辛勤劳动”“团结互助”“诚实守信”“遵纪守法”“艰苦奋斗”，都具有“利他”的本质特征，都有利于促进社会和谐，因而人们应当以践行以上八德为“荣”；反之，“危害祖国”“背离人民”“愚昧无知”“好逸恶劳”“损人利己”“见利忘义”“违法乱纪”“骄奢淫逸”，都具有“损人”的危害性，都不利于社会和谐，因而人们应当以沾染这些丑恶行为为“耻”。可见，“八荣八耻”从倡导“利他”与反对“损人”的角度，教导人们“明荣知耻”，这对于调节社会矛盾、促进社会和谐无疑具有不可忽视的重大意义。因此，社会主义荣辱观是构建和谐社会的锐利武器，我们应当好好运用它。

以上所说的三个方面，分别从先进文化、科学发展观、构建和谐社会三个不同层面，说明胡锦涛同志提出的社会主义荣辱观的重要性和迫切性。从观察视角上来看，以上三者虽有这样或那样的不同，但有一点是共同的，那就是三者都突出了道德的价值。先进文化建设，必须以道德建设为核心，借以“发挥文化启迪思想、陶冶情操、传授知识、鼓舞人心的积极作用”；科学发展观的确立，必须坚持“以人为本”，把培养有道德的人作为塑造社会主义新人的关键来抓；社会主义和谐社会的构建，虽然需要从经济、文化政策上对落后地区予以倾斜，但也不能忽略道德在调节人际关系方面所具有的重要功能。总之，当今社会的发展，对社会主义道德建设提出了更高的要求。“八荣八耻”的确立，从根本上回应了时代的呼唤，标志着我国社会主义道德建设跨入了新的航程，值得我们好好掂量，认真对待。

（原载《武汉宣传》2006年第8期，收入本书时，文字略有修改）

五　论评选表彰全国道德模范的深远意义

2009年4月20日，中宣部、中央文明办、解放军总政治部、全国总工会、共青团中央以及全国妇联等单位联合发出《关于评选表彰第二届全国道德模范的通知》（以下简称《通知》），决定在2007年评选表彰首届全国道德模范的基础上，评选表彰全国第二届道德模范。这一重大决定，充分反映了全国人民的共同愿望与要求，反映了我国公民道德建设的发展迈向了更高的水平。正如《通知》所指出的："评选表彰全国道德模范活动，要高举中国特色社会主义伟大旗帜，以邓小平理论和'三个代表'重要思想为指导，深入贯彻落实科学发展观，以建设社会主义核心价值体系为根本，树立社会主义荣辱观，大力弘扬爱国主义、集体主义、社会主义思想，充分展示公民道德建设的丰硕成果，推动公民道德建设深入发展，为迎接新中国成立60周年营造喜庆热烈、文明和谐的社会氛围。"这段论述，不仅揭示了开展评选、表彰第二届全国道德模范活动的指导方针，也深刻揭示了这次评选表彰活动的深远意义，值得我们好好学习，深入领会。下面，试就评选表彰全国道德模范的深远意义，谈点笔者个人的点滴体会。

（一）有利于促进公民道德素质的全面提高

评选表彰全国道德模范活动，是对《公民道德建设实施纲要》（以下简称《纲要》）发表以来我国在公民道德建设方面所取得的巨大成就的又一次检阅，是深化精神文明建设、大力弘扬中华民族传统美德和时代精神的重大举措，必将对我国公民道德建设产生深远影响，从而促进公民道德素质的全面提高。

首先，评选表彰全国道德模范，有利于全面贯彻《纲要》的基本精神，体现我们的时代对公民道德素质的系统要求。《通知》指出，按照公民基本道德规范的要求，结合当前我国社会道德生活实际，第二届全国道德模范分为"助人为乐模范""见义勇为模范""诚实守信模范""敬业奉献模范""孝老爱亲模范"五类。这"五类"模范的评选与表彰，昭示着我国公民道德建设在现阶段发展的特点与趋势。人所共知，按照《纲要》精神，我国公民的基本道德规范是："爱国守法、明礼诚信、团结友善、勤俭自强、敬业奉献。"此外，还对社会公德、职业道德、家庭美德的基本道德规范，分别提出了相应的要求。如，在"社会公德"方面，要求做到"文明礼貌，助人为乐，爱护公物，保护环境，遵纪守法"；在"职业道德"方面，要求做到"爱岗敬业，诚实守信，办事公道，服务群众，奉献社会"；在"家庭美德"方面，要求做到"尊老爱幼，男女平等，夫妻和睦，勤俭持家、邻里团结"。以上各项规定，共二十句话、八十个字。它们从不同侧面，反映了我国社会主义道德建设对公民道德素质的系统要求，是公民道德建设应当努力达到的基本目标。这次评选表彰活动，着重从"助人为乐""见义勇为""诚实守信""敬业奉献""孝老爱亲"五个方面展开。这五个方面，是对《纲要》中二十句话、八十个字内容的高度概括，它既反映了"社会公德"对公民的道德要求（如"助人为乐""见义勇为"），又反映了"职业道德"对公民的道德要求（如"诚实守信""敬业奉献"），还反映了"家庭美德"对公民的道德要求（如"孝老爱亲"）。因此，评选表彰全国道德模范，是实施贯彻《纲要》的重大举措。通过这一举措，必将激发人民群众关心道德建设、支持道德建设、参与道德建设的巨大热情，使"助人为乐""见义勇为""诚实守信""敬业奉献""孝老爱亲"等道德理念日益深入人心，逐渐形成社会主义新风尚，从而弘扬时代精神，深化精神文明建设，促进我国公民道德素质走向全面提高。

其次，评选表彰全国道德模范，有利于树立先进典型，对全体公民起到"身教示范"的良好作用。评选和表彰全国道德模范，从"助人为乐""见义勇为""诚实守信""敬业奉献""孝老爱亲"五个方面，树立先进典型。按照《通知》要求，五类道德模范"每类表彰十余名，共表彰约五十名"。这五十位道德模范的选出与表彰，将在全国树立起五十面道德模范的旗帜，使他们成为全体公民学习的榜样。"榜样的力量是无穷的"，五十名道德模范向人们展示了他们在"助人为乐""见义勇为""诚实守信""敬业奉献""孝老爱亲"

五个方面所做出的突出成绩、所开创的社会道德新风，必将对全体公民的道德建设产生“身教示范”的积极影响。它使人们学有榜样，行有模式，赶有目标，从而将我国公民道德建设引向更高、更新水平。如《光明日报》评论员文章《大力弘扬美德新风》所指出的：“道德模范是社会中最可爱的人，在他们身上中华民族传统美德得到了充分的展示，时代精神得到了弘扬。第一届全国道德模范评选表彰活动开展以来，在全社会产生了广泛而深远的影响。李明素、殷雪梅、谢延信……这些道德模范的事迹在无数人们的心目中留下了深刻印象。在道德模范的带动下，全社会掀起了学习道德模范、自觉做文明人的良好风尚。越来越多的人正用自己的行动，把高尚文明之歌，传唱到祖国的大江南北。”这段概括，十分客观地阐明了道德模范的评选在我国社会中所产生的积极影响。这个影响，必将随着第二届全国道德模范的评选与表彰，不断扩大、深化，将我国公民的道德建设推向新的高度。

（二）有利于推进我国当代和谐社会建设

《中共中央关于构建社会主义和谐社会若干重大问题的决定》指出：“社会和谐是中国特色社会主义的本质属性，是国家富强、民族振兴、人民幸福的重要保证。构建社会主义和谐社会，是我们党以马克思列宁主义、毛泽东思想、邓小平理论和‘三个代表’重要思想为指导，全面贯彻落实科学发展观，从中国特色社会主义事业总体布局和全面建设小康社会全局出发提出的重大战略任务，反映了建设富强、民主、文明、和谐的社会主义现代化国家的内在要求，体现了全党全国各族人民的共同愿望。”因此，我们的一切工作应当服务和服从于我国的和谐社会建设。评选、表彰全国道德模范，乃是大力弘扬社会主义道德精神，从根本上协调人际关系，它必将促进我国社会走向和谐。

要保证社会和谐，至少要从三个方面努力：一是要促进人与人的和谐，二是要促进家庭成员间的和谐，三是要促进人与社会的和谐。我们评选、表彰全国道德模范，正是有利于促进以上三个方面的和谐。关于这一点，只要我们深入思考评选、表彰道德模范的五种类型

（即“助人为乐”“见义勇为”“诚实守信”“敬业奉献”“孝老爱亲”）所表达的我国社会的道德取向，就不难理解它们对于促进社会和谐的重大作用。

首先，评选、表彰全国道德模范，有利于促进人与人的和谐。在“五类”道德模范中，第一类就是“助人为乐模范”。所谓“助人为乐”，就是大力提倡“利他”的道德情操，把帮助他人作为自己的最大快乐。这既是社会文明发展的迫切需要，也是个体道德高尚的外在表现。我们生活于社会主义大家庭中，人与人的关系是平等互利的友爱关系。一方面每个人既要为他人服务；另一方面又接受他人为自己服务，这也就是“我为人人，人人为我”“一方有难，八方支援”的社会主义新风尚。2008 年，我国人民在抗雪救灾和抗震救灾的斗争中，千千万万的人们，以“助人为乐”的崇高精神，奔赴救灾前线，舍身忘我，与受难的人们同舟共济、共克时艰，奏出了惊天地、泣鬼神的一曲曲壮歌，使社会主义助人为乐的道德情操大放光彩。毫无疑问，评选表彰“助人为乐道德模范”，必将有利于激励全体公民的“利他”情怀，鼓励人们为他人做出奉献。这对于协调人际关系，促进人与人之间的和谐，必将产生积极而深远的影响。

其次，评选、表彰全国道德模范，有利于促进家庭内的人际和谐。在“五类”道德模范中，有一类为“孝老爱亲模范”。“孝老爱亲”是我国传统的家庭美德在新时代得到批判继续的必然结果。我国古代，在处理家庭人际关系方面，强调“五伦”，倡导“父慈、子孝、兄友、弟恭、夫义、妇顺”。这些道德要求，在封建时代对于家庭道德的建设，曾经发挥过积极作用，但也难免打上了“男尊女卑”的封建烙印。到了今天，我们必须本着“取精去粕”的原则，对之做必要的改造。“孝老爱亲”四字，集中体现了新时代的家庭美德。“孝老”，是对我国传统孝道的继承与弘扬。我国古代，强调“孝为仁本”，把“孝”作为“仁德”的根本。这一点，到了今天仍未过时。我国社会老年人口在总人口中的比重较高，让“老有所养”“老有所安”“老有所乐”，是全体公民的共同责任。“爱亲”，指热爱家庭内部的一切亲人。这里的“亲”，包括兄弟、姐妹、夫妻、姑嫂、妯娌以及父母与子女等多重亲情关系。提倡“爱亲”，就是要求家庭成员重视亲缘、关心亲人、注重亲情，主动为亲人的生活幸福做出奉献。毫无疑问，“孝老爱亲道德模范”的评选，必将激励人们注重家庭道德建设，在家庭内相互关心，相互爱护，相互体贴，从而促进家庭内的人际关系和谐。

最后，评选、表彰全国道德模范，有利于促进个体与社会和谐。在“五类”道德模范中，“见义勇为”“诚实守信”“敬业奉献”三类，都从特定角度密切了个人与社会的关系。“见义勇为”的行为，往往出现在某些个体或群体遭受强权匪盗、黑恶势力侵袭时，挺身而出，捍卫正义，以维护受害者的利益不受侵犯。这种“见义勇为”的行为，是个体“利他”精神的特殊表现形式，有利于社会的安宁稳定；“诚实守信”，就是在与他人交往中，坚持不食言、不违诺，更不搞欺蒙拐骗，表现出诚实无欺、恪守信誉的高尚品格。这种品格在市场经济条件下，尤有其独特、重大的价值，有利于调节道德主体与社会各个方面的人际关系；“敬业奉献”，是从业人员正确处理个人与职业关系的行为规范。从业人员要追求职业岗位的社会价值，就必须从“敬业”“爱岗”做起。人们生活在社会上，都要从事一定的职业，都要借助一定职业为社会做贡献。特别是作为社会主义中国的公民，更应当通过自己所担负的职业，达到为人民服务的目的。所以，“敬业奉献”也是协调个人与社会关系的重要准则。总之，“见义勇为”“诚实守信”“敬业奉献”三类道德准则，虽各有所指，但它们有一个共同点，就是都有利于协调个体与社会群体的关系，因而值得大力发扬。

综上所述，通过评选表彰全国道德模范，把“助人为乐”“见义勇为”“诚实守信”“敬业奉献”“孝老爱亲”等高尚道德精神大讲特讲、大树特树，必将有利于张扬社会正气，树立道德新风，从而促进个体与他人、个体与家庭、个体与社会的和谐。因此，评选表彰道德模范，让全社会关心和学习道德模范，必将有力推动我国社会主义和谐社会的建设。

（三）有利于改造不良恶习，净化当代社会风气

随着我国改革开放和市场经济的深入发展，我们的道德建设面临着种种考验与挑战。如中央精神文明建设指导委员会《关于深入

贯彻党的十六大精神进一步加强公民道德建设的意见》中所指出的："必须看到，公民道德建设方面仍然存在不少问题。一些地方放松道德建设，是非、善恶、美丑界限混淆，封建迷信活动、黄赌毒等丑恶现象沉渣泛起；一些领域道德失范，诚信缺失，见利忘义、损公肥私、欺骗欺诈等现象屡禁不止；一部分人爱国主义、集体主义、社会主义观念淡薄，有损国格人格的现象时有发生；少数党员干部理想信念动摇、贪污受贿、违法乱纪，严重损害党的形象。这种状况，与迅速发展的经济社会形势，与我国日益提高的国际地位，与全面建设小康社会的客观要求，不相适应。必须采取有力措施认真加以解决。"这里所说的必须采取的"有力措施"，涉及各个方面，如民主政治建设、法制建设、党风建设、道德建设等，都有利于改变以上不良社会风气，其中道德建设显得尤其迫切，值得格外重视。

道德是协调人际关系的重要杠杆，是社会文明的核心内容。我们党的领导人，一贯重视道德建设，主张用道德教育提高人们的道德情操。毛泽东同志曾希望人们做"一个高尚的人，一个纯粹的人，一个有道德的人，一个脱离了低级趣味的人，一个有益于人民的人"①。他所强调的做五种高尚的"人"，可用一句话来概括，那就是做一个"有道德的人"；邓小平同志曾创造性地提出培育"四有新人"的理论，他指出：要"教育全国人民做到有理想、有道德、有文化、有纪律"②，明确把"有道德"作为社会主义新人不可缺少的重要素质来看待；江泽民同志在党的十六大报告中，特别强调"要建立与社会主义市场经济相适应、与社会主义法律规范相协调、与中华民族传统美德相承接的社会主义思想道德体系"，表达了对我国当前道德体系建设的宏观构想；胡锦涛同志于2006年提出了以"八荣八耻"为主要内容的社会主义荣辱观，把我国公民道德建设引向了一个新的境界。以上这些说明，我们党的历届领导人，都十分重视道德建设。之所以如此，是因为道德力量不仅是国家发展、时代进步、民风纯正、社会

① 《毛泽东选集》第2卷，人民出版社1991年版，第660页。

② 《邓小平文选》第3卷，人民出版社1993年版，第110页。

和谐的重要精神支撑，也是公民个体立身做人、明荣知耻、拒腐防变、自强不息的力量源泉。道德的力量，不仅可以震撼人们的心灵，陶冶人们的情操，铸造人们的优秀品格，还可以唤醒人们被迷失的道德良知，拯救一些人的精神失落，使其不坠入犯罪的深渊。正是从这个意义上说，道德建设可以帮助失足者悬崖勒马，改邪归正，从而改造社会的不正之风，实现移风易俗。

评选表彰全国道德模范，旨在激励全体公民，向道德模范学习，向道德模范看齐，从而在全社会树立起正面典型。正面典型的树立，使社会中的不良风气相形见绌，从而启迪人们明荣知耻，懂得什么是高尚的，什么是卑贱的；应当坚持什么，反对什么；倡导什么，抵制什么，从而在面对社会纷繁复杂的事物时，能心明眼亮，分得清是非、善恶、美丑，自觉地维护社会正义，抵制精神污染，扫除妄念邪思，使社会风清气正，从根本上堵住一些社会丑恶现象的发生和漫延，让社会主义新道德大放光彩。

（原载《思想政治教育研究》2009 年第 3 期）

六　当代职业道德建设应从中华传统美德中吸取营养

《中共中央关于制定国民经济和社会发展第十三个五年规划的建议》明确提出了“建设社会主义文化强国”的伟大战略任务。这一任务的实施，对于深化社会主义精神文明建设、践行社会主义核心价值观、弘扬中华传统美德、增强人们的文化自信与文化自觉，均有无比重大的现实意义，值得我们好好学习，努力付诸实践。

“建设社会主义文化强国”，有许多工作等待我们去做，其中加强社会主义道德建设，尤其紧迫。党的总书记习近平同志 2013 年在视察曲阜孔子故里时，曾明确指出：要“引导人们向往和追求讲道德、尊道德、守道德的生活，形成向上的力量、向善的力量。只要中华民族一代接着一代追求美好崇高的道德境界，我们的民族就永远充满希望”。在道德建设方面，职业道德建设更加值得重视。职业道德是伴随人类社会劳动分工的深化而产生和发展起来的高度社会化的角色道德。它是与社会公德、家庭美德、个人品德等不同名称的道德类型相对应的道德理念。国家颁发的《公民道德建设实施纲要》（下面简称《道德纲要》），明确把“爱岗敬业、诚实守信、办事公道、服务群众、奉献社会”五句话二十个字，作为当代职业道德行为基本规范。这些规范从职业角色和职业内在发展要求的角度，对从业人员提出了相应的道德要求，既体现了当今的时代精神，也同我国社会主义核心价值观相吻合，是实现企事业文明发展的思想灵魂。因而，它对从业者个体和群体的道德生活，有着无比重要的指导作用。从业人员只有遵循和践履职业道德基本准则，才能在本行业内，立身做人，发展事业，承担起社会所赋予的相应重任。

职业道德建设，总是随着社会文明的进步和行业发展的状况向前发展。因此，它总是处于动态演进之中，这就决定了不同时代、不同行业有着不同的职业道德内容和行为规范。同时，就一个具体民族而言，职业道德的发展，又具有承前启后、继往开来的特征，后来者总是要吸取先民们创造的优秀道德成果，以充实和发展自己所处时代的职业道德内容和行为规范。所以，职业道德的建设和发展，同社会整体道德一样，总是具有历史继承性和时代开拓性，总要从本民族优秀道德传统中吸取营养。尽管《道德纲要》已经明文规定了我国公民职业道德基本规范，但这并非是限制人们对传统美德的不断吸纳与继承。恰恰相反，我们只有不断学习与发扬传统美德中的真精神，才能更好地充实与丰富《道德纲要》的基本内容，从而不断优化职业道德建设。

中国传统美德源远流长、博大精深，既在内容方面涵盖面宽，又在道德价值取向方面独具个性，完全体现了中华民族追求文明进步的特质。其中许多优秀成果，不仅在历史上的行业文明中发挥过积极作用，而且到了今天，对于我们深化与完善当代职业道德建设，仍具有不可估量的现实价值。如习近平总书记所指出的：“中华传统美德是中华文化精髓，蕴含着丰富的思想道德资源。不忘本来才能开辟未来，善于继承才能更好创新。”[①] 因此，我们一定要以胸怀全局、高

① 《习近平谈治国理政》，外文出版社 2014 年版，第 164 页。

瞻远瞩的雄伟气魄，站在新时代的高度，认真发掘、努力继承我们的祖先所传承下来的这份宝贵精神财富，使之在当今职业道德建设中重放异彩，再造辉煌。

如前文所述，中华传统美德的内容十分丰富，涵盖面极为宽阔。那么，我们在继承与弘扬传统美德的过程中，应当选择哪些内容来丰富职业道德建设呢？这的确是一个值得深入思考、认真探析的重要问题。笔者拟在此试从五个方面，谈一点个人的肤浅体会，旨在抛砖引玉，并就教于海内同仁。

（一）要注重吸纳传统美德中“廉洁奉公”理念

“廉洁奉公”是我国古代先贤对为官者的高尚道德要求，它包含两种美德：一是“廉洁”的美德，二是“奉公”的美德。这两项美德，实际上构成了古代“清官”“贤达”的高尚形象，为历代进步人士所大力提倡与推崇。

先说“廉洁”。所谓“廉洁”，指的是为官清廉纯洁，公正不贪。其中，关键在一个“廉”字。何谓“廉”？关于“廉”，古代典籍有几种解释：一是指“清廉”。《广雅释诂》言：“廉，清也。”此“清”与“浊”相对立。故《周礼·小宰》注曰：“廉者，清不滥浊也。”就是要求做官之人洁身自好，为政清明。二是指“不苟取”“不妄得”。《孟子》言：“可以取，可以无取，取伤廉。”① 这是说，对于财利，在可以取、也可以不取的情况下，你去“取”，就属“苟取”，那会损害“廉”德，故曰：廉者“不苟取”。所以汉代学者刘向明确提出：“廉士不妄取。”② 此外，“廉”还有“公正”“节俭”等内涵，兹不一一解释。以上诸说，都从不同角度阐释了“廉”的道德属性，对于引导人们清廉自守、洁身自爱至关重要。

再看“奉公”一语。强调“奉公”，旨在要求掌权者以公正自律，处事不徇私情。对此，古代先贤亦多有论述。韩非曰：“古者苍

① 《孟子·离娄下》。
② 刘向：《说苑·说丛》。

颉之作书也，自环者谓之私，背私之谓公。”[①] 可见，“公”的对立面是“私”。故荀子曰：“志忍私，然后能公。”[②] 其意是说，只有立志去私，然后才合公道。《忠经》曰：“至公无私。天无私，四时行；地无私，万物生；人无私，大亨贞。”[③]“奉公”的最高境界，就是要以天下为己任。正是基于这一宗旨，儒家学者早就提出了“天下为公”的理念。《礼记·礼运篇》曰：“大道之行也，天下为公。选贤与能，讲信修睦。故人不独亲其亲，不独子其子。使老有所终，壮有所用，幼有所长，鳏、寡、孤、独、废、疾者皆有所养。……是谓大同。”“奉公”的积极意义，在于强调要以公义战胜私欲，坚持去私立公，关心整体利益，献身于国家、民族的共同事业。而这一切，已成为我们民族奉行爱国主义的思想基础。对于激励中华儿女，挺起脊梁，维护国家、民族大利，意义十分重大。

先贤“廉洁奉公”的道德理念，不仅对我国古代政治文明产生过无比积极的影响，而且对于我们今天加强廉政建设、坚持反贪拥廉、提高国家公务员和全体从业人员的职业道德情操，亦有十分重要的价值：一是可以启迪公务人员和一切从业者在自己的工作中，做到廉洁自律，洁身自爱，不徇私情，不谋私利；二是可以启迪公务人员和一切从业者坚持勤政爱民，办事公道，服务群众，使自己成为真正的社会公仆；三是可以启迪公务人员和一切从业者胸怀天下，以国家、民族为己任，全心全意为建设小康社会无私奉献。当前，全党正在制定“十三五规划”，我们应当积极提高自身的道德素养，为建设“社会主义文化强国”做出无愧于时代的新贡献。

（二）要注重吸纳传统美德中“敬业、勤业”理念

“敬业、勤业”理念，旨在倡导慎重对待事业发展，并自觉地为事业发展勤奋开拓的创业精神。它体现了我们民族先贤“崇德广

① 《韩非子·五蠹》。
② 《荀子·儒效》。
③ 《忠经·天地神明章》。

业”[①]“自强不息”[②]的高尚追求。早在春秋末期，儒家创始人孔子就强调“敬事而信”[③]，后来《礼记·学记》更明确提出“敬业乐群”。以上所谓“敬事”“敬业”，关键在一个“敬”字，意在强调以“敬”的精神专心一意做好本职工作。宋代著名思想家朱熹曰：“凡人所以立身行己、应事接物，莫大乎诚敬。……敬者何？不怠慢、不放荡之谓也。”[④]这种“不怠慢、不放荡”的敬业精神，正是从业人员搞好本职工作所应具备的基本品格。故朱熹又曰：“敬字工夫，乃是圣门第一义……无事时，敬在里面；有事时，敬在事上。有事无事，吾之敬未尝间断。”[⑤]在儒家学者看来，只有坚持“敬业”，才能产生巨大的精神动力，才能真正做好自己的本职工作。

“勤业”，是“敬业”的逻辑必然。“勤”，是成就一切事业的前提，不勤，则什么事也办不好。因此，人们要做到“敬业”，就必须在“勤业”“精业”方面下功夫。“勤”，就要舍得花力气，不惜“劳其筋骨，饿其体肤”[⑥]；“勤”，就要百折不挠、勇往直前，以“人一能之，己百之；人十能之，己千之”[⑦]的拼搏精神，艰苦奋斗，自强不息。故荀子曾说：“良农不为水旱不耕，良贾不为折阅不市，士君子不为贫穷怠乎道。”[⑧]“勤业”乃是“精业”的先决条件。唐代韩愈曾指出：“业精于勤荒于嬉，行成于思毁于随。”[⑨]他认为只有做到“精勤不倦”，才能达到“精益求精”的境界。这种由敬业而勤业、精业的事业追求，的确可以大大提高从业人员的职业精神。这一精神，不仅在我国历史上起过文明进步的作用，而且到了今天仍有其不可磨灭的现实价值。人所共知，我国的“社会主义核心价值观”，已把“敬业”列为公民层面的核心价值取向，这更给当代的职业道德

---

① 《周易·系辞传》。
② 《周易·乾卦·象传》。
③ 《论语·学而》。
④ 《朱子语类》卷一一九。
⑤ 《朱子语类》卷十二。
⑥ 《孟子·告子下》。
⑦ 《礼记·中庸》。
⑧ 《荀子·修身》。
⑨ 《韩昌黎集·进学解》。

建设指明了方向。因此，在当代职业道德建设方面，我们一定要引导从业人员发扬先贤“敬业”“勤业”的理念，不断升华自己的道德境界，为开拓社会主义各项事业、推动全社会经济文化大发展，做出自己应有的贡献。

（三）要注重吸纳传统美德中“诚实守信”理念

“诚实守信”是我们民族代代相传的交际美德，对于指导从业人员修身立德尤其重要。“诚实”，即真诚实在，无有欺瞒；“守信”，指的是信守诺言，说到做到。“诚实”与“守信”合起来，就是要求人们在相互交往中，做到真诚相待，不失信誉。“诚实守信”，关键在于“诚”与“信”二字。

中国古代思想家对于“诚”与“信”多有论及。我们先说“诚”。孟子曰：“诚者，天之道也；思诚者，人之道也。”① 在这里，孟子把“诚”的客观实在性，称为“天之道”，而把对诚德的向往与追求，称为“人之道”。在他看来，践履诚德是做人的基本准则。庄子曾把“诚”与“真”贯通起来，指出：“真者，精诚之至也。不精不诚，不能动人。”② 荀子也说：“君子养心莫善于诚，致诚则无它事矣。唯仁之为守，唯义之为行。”③ 这是说，“诚”是养心修身的重要一环，而一旦具备诚德，就能成就一切，并可守仁行义了。宋代周敦颐更是把“诚”提到了“五常之本、百行之源”的地位。他指出：“学者不可以不诚。不诚，无以为善；不诚，无以为君子。修学不以诚，则学杂；为事不以诚，则事败；自谋不以诚，则是欺其心而自弃其忠；与人不以诚，则是丧其德而增人之怨。”④ 可见，立身做人不可不在“诚”上下功夫。故《管子》曰：“是故非诚贾，不得食于贾；非诚工，不得食于工；非诚农，不得食于农；非信（诚）士，不得立于朝。”⑤ 这就告诉人们，一个人若丧失诚德，就很难立身从

① 《孟子·离娄上》。
② 《庄子·渔父》。
③ 《荀子·不苟》。
④ 周敦颐：《通书·诚》。
⑤ 《管子·乘马》。

业，终会被士、农、工、商等行业所淘汰，最终免不了砸饭碗。由此可知，立“诚”德，对于从业人员来说，是须臾不可缺的。

与“诚”密不可分的是“信”。关于“信”，历代思想家也有许多论述。老子说，“轻诺必寡信”① “信不足焉，有不信焉”②；孔子也说：“道千乘之国，敬事而信。”③ 又说：“与朋友交，言而有信。”④ 还说：“人而无信，不知其可也。大车无輗，小车无軏，其何以行之哉！”⑤ 晋人杨泉曾对“信”的价值作了这样的概括：“以信接人，天下信之；不以信接人，妻子疑之。”⑥ 这是说立信德在人们的社会交往中无比重要：一个人若不能守信，连妻子也对你持怀疑态度，则外人谁会相信你呢？故宋代学者陆九渊把立“信”德与“忠”德结合起来，指出：“忠者何？不欺之谓也；信者何？不妄之谓也。人而不欺，何往而非忠？人而不妄，何往而非信？……诚实无伪，斯可谓之忠信。”⑦ 陆氏以“忠”来喻“信”，可谓抓住了信德的本质。

以上所论，均告诉我们，历代的诚实守信理念，是我们民族先贤的高尚追求。这一美德，不仅在我们民族文化史上产生过深远影响，而且到了今天仍有不可忽略的重大价值，因而已成为我国“社会主义核心价值观”的重要理念之一，被大力提倡。毫无疑问，“诚实守信”乃是职业道德的题中应有之义，值得大加发扬。令人遗憾的是，在我国现实的市场交往中，时常出现破坏诚信的邪风。特别是一些无良商人，出于个人谋利的需要，见利忘义，不讲诚信，竟然用假冒伪劣的商品，来损害公民与消费者的利益。在这样的情况下，人们很自然地呼唤诚信之德的复归。因此，当代职业道德建设，应当注重借鉴传统美德中的“诚实守信”理念，以弥补社会现实中诚信之德的缺失。

---

① 《老子》第六十三章。
② 《老子》第十七章。
③ 《论语·学而》。
④ 同上。
⑤ 《论语·为政》。
⑥ 杨泉：《物理论》。
⑦ 《陆九渊集》卷三十二《主忠信》。

（四）要注重吸纳传统美德中"以义制利"理念

"以义制利"一语，出自《荀子》之《正论》。它实质上是对孔子"见利思义"[①]思想的进一步阐发。孔子倡导"见利思义"或曰"见得思义"[②]，旨在提示人们要用道义来指导财利的获得。合乎道义的财利则取，不合乎道义的财利则不取。这也就是"以义制利"或曰"以道制欲"。基于这一主张，孔子明确强调："富与贵是人之所欲也，不以其道得之，不处也；贫与贱是人之所恶也，不以其道得（按：'得'，疑为'去'之误）之，则不去也。"[③]这就告诉人们，对于"利"要有一种理性的约制，不苟取，不妄得，不受不义之财。正是基于这一主张，孔子明确强调："不义而富且贵，于我如浮云。"[④]后儒根据孔子的这一思想，提炼出"君子爱财，取之有道"的理念，提醒人们取得财利不要违背道义。从而，较好地体现了"以义制利"的精神。"以义制利"，突出的是一个"义"字。"义"，古人释为"宜"，指行为适宜。要做到行为适宜，就要处理好各方面的人际关系。古代的从业人员，人际关系较复杂，既有师徒关系，又有同门关系，还有与作坊管理者的关系，更有与广大顾客的交往关系。要处理好这些关系，需要从多方面努力，而关键环节就在于坚持"以义制利"。所以古代的从业人员特别敬奉"义"德，主张"义以为上"，他们信奉"钱财如粪土，仁义值千金"的价值取向，认为做到"以义制利"，就可赢得"五湖四海皆兄弟"的交往效果。这些传统精神，对于当代的职业道德建设，均具有十分积极的指导意义。它可以启示全体从业人员，在自己的工作与生活实践中，要正确地处理道德与金钱的关系，高扬清正廉洁精神，坚决做到既不伸手谋取那些违背社会正义的私利，更要自觉地同那些损害民众利益的不义之财划清界限，使自己真正成为"拒腐蚀，永不沾"的人民公仆。

---

① 《论语·宪问》。
② 《论语·季氏》。
③ 《论语·里仁》。
④ 《论语·述而》。

（五）要注重吸纳传统美德中“博爱大众”理念

“博爱大众”，指的是对劳苦大众奉献爱心的道德情怀。我们民族的先贤，非常推崇“博爱大众”理念。例如，儒家倡导的“仁爱”、墨家主张的“兼爱”、道家赞美的“慈爱”等等，实质上都从不同角度表达了博爱大众的思想追求。下面试分别对儒、墨、道的博爱情怀作简要阐释。

先说儒家。儒家创始人孔子，明确把“仁”释义为“爱人”，并提出“泛爱众，而亲仁”的思想。后来，孟子据孔子之说，直接提出了“仁者爱人”[①] 的理念。毫无疑问，“爱人”，就是强调对人类的关爱。孔子所谓“己欲立而立人，己欲达而达人”[②]“己所不欲，勿施于人”[③]，孟子所谓“老吾老以及人之老，幼吾幼以及人之幼”[④] 等等，都表达了儒家学者对“人”的关爱之情。到了唐代，著名学者韩愈，对儒家的仁爱作了重要阐释，他明确提出了“博爱之谓仁”[⑤]的命题，把儒家的“仁爱”升华到“博爱”的高度，对后世产生了深远影响。

再谈墨家。墨家创始人墨子，明确把“兼爱”作为“上说下教”的核心内容。墨子所说的“兼爱”，就是主张用没有差别的爱来代替儒家“亲亲有术，尊贤有等”式的有差别的爱。具体地说，就是主张爱他人与爱自己一样，没有差别。他说：“视人之国若视其国，视人之家若视其家，视人之身若视其身。”[⑥] 又说：“诸侯相爱则不野战，家主相爱则不相篡，人与人相爱则不相贼，君臣相爱则惠忠，父子相爱则慈孝，兄弟相爱则和调。天下之人皆相爱，强不执弱，众不劫寡，富不侮贫，贵不傲贱，诈不欺愚。凡天下祸篡怨恨可使毋起者，以相爱生也，是以仁者誉之。”[⑦] 这些论述，都深刻显示了墨家

① 《孟子·离娄下》。
② 《论语·雍也》。
③ 《论语·颜渊》。
④ 《孟子·梁惠王上》。
⑤ 韩愈：《原道》。
⑥ 《墨子·兼爱中》。
⑦ 同上。

对人类之爱的真切追求。从某种意义上说，墨家的“兼爱”似乎比儒家的“仁爱”范围更广，它从一定层面表达了劳动者对社会推行平等之爱的渴求。

与儒、墨并世而立的道家，也有丰富的博爱之情。老子曾说：“吾有三宝，持而宝之：一曰慈，二曰俭，三曰不敢为天下先。”[①] 在这里，老子把“慈”作为“三宝”中之第一“宝”来看待，其所谓“慈”，据历代注家所释，指的是慈柔之爱，即“慈爱”是也。此外，老子还明确提出“圣人无常心，以百姓心为心”[②] 的理念。其“以百姓心为心”，用今天的话说，就是想百姓之所想，急百姓之所急，忧百姓之所忧，这无疑寄托着对天下“百姓”的真诚关爱。

总之，中国古代儒、墨、道诸家都富有“博爱大众”的道德情怀。“博爱大众”，指的是对以劳苦大众为主体的人类的真诚之爱，它既同传统的“民为邦本”的理念相吻合，又同今天我国推行的“以人为本”的大政方针相一致，值得我们好好继承、发扬。当前，我们要优化职业道德建设，必须认真吸取、借鉴传统美德中博爱大众的理念。因为从业人员只有懂得博爱大众，才能在自己生产和销售的经营实践中，落实民生至上、质量第一的经营宗旨，使之同社会主义职业道德所大力倡导的“服务群众，奉献社会”的基本规范相承接，从而使道德建设同社会文明相协调，使企业发展更加人性化、人本化，真正杜绝行业中的种种不正之风，扎扎实实做到为人类造福，为推进小康社会建设以及践行“中国梦”，做出应有的贡献。

以上，我们从“廉洁奉公”“敬业勤业”“诚实守信”“以义制利”“博爱大众”五个层面，简要阐述了我们民族的先贤在道德建设方面留给我们的一些重要优秀成果。这些成果，不仅在我国古代文明进步方面产生过十分积极的历史作用，而且到了今天对于丰富、优化当代的职业道德建设，亦有不可估量的现实价值。中国传统美德的内容无比丰富，我们从职业道德建设的现实需要，列举出以上五种道德理念，只涉及其中十分有限的部分内容。除这些内容外，中国古代还

① 《老子》第六十七章。
② 《老子》第四十九章。

有许多优秀的道德成果，如忠实朴厚、勤奋节俭、宽厚为怀、利民济世、谦虚谨慎、同舟共济等等，都可让我们从中提炼出与职业道德相吻合的道德理念，并可为当代的职业道德建设所利用、借鉴。因此，面对多姿多彩、源远流长的传统美德，我们一定要以热爱民族文化的宽阔胸怀，去总结、发掘、解读其中的优秀成果，使它们在当代“建设社会主义文化强国”的伟大实践中，显示出自己应有的时代价值！

（原载《思想理论教育》2016 年第 5 期）

七　论加强当代公民礼仪规范建设的重要性与紧迫性

公民礼仪规范建设，是公民整体道德建设的重要组成部分。国家《公民道德建设实施纲要》（下面引用此文简称《道德纲要》）指出：“开展必要的礼仪、礼节、礼貌活动，对规范人们的言行举止，有着重要的作用。”礼仪、礼节、礼貌等概念，都是从传统的“礼”中生发出来的。“礼”，起源于我们民族的远古时代，在我国古代具有极为重要的安民治国功能，古人将之视为“礼治”，基本属于德治的范畴。“礼仪”，指的是关于礼的仪式或范式，它是社会约定俗成的产物，是人们基于某种需要而开展的体现礼节、礼貌宗旨的特定方式。例如，国庆典礼、校庆典礼、阅兵典礼、祭孔典礼、迎宾礼、送客礼、重大建筑落成典礼，以及民间的婚礼、丧礼、寿礼、生日礼、升学礼、婴儿周岁礼，等等，都离不开相应的礼仪活动。礼仪、礼节、礼貌等，往往渗入到人们与他人交往的言行举止之中，旨在体现社会中人们相互尊重、相互关心、相互支持的友谊与情感，因而它比道德规范更具体、更细腻、更带有人情味，已成为社会主义制度下人们联络感情、增进友谊的特定方式。比如，与友人见面时，人们总会用一定的动作表达友情，或点头，或鞠躬，或握手，或问安，或相互拥抱，或邀对方茶叙、就餐，等等，这些都属友情的表达。究竟怎样行动，还需要视具体情况而定。

随着我国改革开放日益深入，市场经济体制逐步完善，人们的物质文化生活不断提高，社会中的人际交往关系更加频繁、更加文明。

面对这样的新时代，我们既要继承、弘扬传统礼仪文化的优秀成果，又要结合时代发展的需要，以改革创新的精神，创建体现时代要求的新型礼仪规范。这是历史赋予我们这代人的光荣使命。具体来说，加强公民礼仪规范建设，有如下一些重要性和紧迫性，值得我们认真对待，深入思考。

（一）是维系人们亲情与友情关系，引领社会风尚，促进社会文明与和谐的迫切需要

随着中国特色社会主义理论的深化，和谐社会建设早已作为重大战略决策，被提上重要日程。《中共中央关于构建社会主义和谐社会若干重大问题的决定》明确指出："社会和谐是中国特色社会主义的本质属性，是国家富强、民族振兴、人民幸福的重要保证。"认真贯彻这一重要决策，对于调动人民群众投身社会主义建设的积极性，不断化解社会矛盾，推进民主政治和社会公平正义，提高全社会文明程度，均有着无比重大的现实意义。礼仪规范，直接涉及人与人之间的亲情与友情关系，是人们立身社会、联络感情、相互支持的精神支撑。它对于和谐社会的建设极端重要。人之所以作为人，其与禽兽的本质区别在于人与人之间有着特定的情义。战国末年进步思想家荀子曾指出："水火有气而无生，草木有生而无知，禽兽有知而无义；人，有气、有生、有知，亦且有义，故最为天下贵也。"[①] 人生活在世间，总是免不了要同情义打交道。它不仅与家庭之内的父母子女、兄弟姐妹间存在骨肉深情，而且，还与三亲六戚之间保持亲密的纯情，同时，也与师徒、同门、邻里、朋友间维持着真挚的友情。对于这些情结，人们都应本着"礼尚往来"的古训，尽自己应尽的礼仪、礼节、礼貌义务，以保持彼此间的真情厚谊。因此，大家不仅在平日相处之时，要以礼相待，坚持互相体贴关爱，而且，在关键时刻，能乐对方之所乐、忧对方之所忧，真正做到互相支持、互相帮助。当对方遇到吉庆之时，你也表示同喜，并借助礼赠方式，与之共同庆贺；当对方遭到灾难之时，你也表示共忧，并伸出援助的手，与之"同舟共

① 《荀子·王制》。

济”，为对方分忧解难。似这样的以礼仪或礼节为标志的亲情往来，真诚而实在，对于任何一个立身社会的人来说，都是不可少的。否则，如果不顾亲情间的礼义往来，就会落得“六亲俱断”、孤家寡人的下场，难以处世做人。因此，加强礼仪规范建设，引导公民学会运用礼仪文化去协调各方面的人际关系，这既可帮助公民适应人生、维系亲情、获得幸福、克服困难，又可提高公民的生活质量，谋求人际关系协调，优化社会文明，将和谐社会建设落到实处，的确应予以高度重视。

值得指出的是，近年来随着改革开放的深入和公民道德教育的普及，我国的礼仪规范建设，既取得了一定成绩，也存在着某些现实问题。其中最突出的问题，是在送礼方面过度攀比，存在着礼金标准越来越高的现象，致使许多平民百姓，无力负担。特别是在婚礼方面，男方给女方“送彩礼”，礼金愈来愈高，有的高达 10 万至 20 万元之巨。这让一些贫困家庭难以应付，有的家庭因出不起彩礼钱，而导致解除婚约。这些问题，也需要通过礼仪规范建设，帮助公民提高认识，改进传统风习，倡导节俭办婚事，树立社会礼节新风，为和谐社会建设做出贡献。

（二）是落实公民道德规范教育，提高公民道德素养的迫切需要

我国传统之“礼”的功能，到了今天多已分别渗入到社会道德规范或法制规范中。特别是今天的道德规范，已从不同视角分担了古“礼”中的许多义务。人所共知，我们今天的公民道德体系，包括“社会公德”“职业道德”“家庭美德”三大领域。只要我们认真体味《道德纲要》，就不难看出，当代的“三德”教育，对公民的行为举止，提出了以“礼”待人的严格要求，以体现社会主义制度下人与人之间相互尊重、相互关心、相互帮助、相互理解的真挚情谊。

首先，在“社会公德”方面，《道德纲要》明确要求公民以“文明礼貌”作为行为准则，在公共场合与他人交往，要做到举止端庄，仪表整洁，语言文明，彬彬有礼。这样做，既是尊重他人的表示，又是自我尊重的体现。在公共生活场所，遇到不同的人，应待之以不同的礼，具体地说，就是要做到“贵者敬焉，老者孝焉，长者弟焉，幼

者慈焉，贱者惠焉”①。在一些公共场所，你也许和对方不相识，但从外表上可以分辨出对方是“贵者”“老者”“长者”“幼者”“贱者”，于是分别待之以“敬”“孝”“弟”“慈”“惠”等不同内容的“礼”。一个人在公共场合能不能依“礼”而行，不是小问题，而是关系到他自身道德素养高低的大问题。比如，按“礼”的要求，在公共汽车上，要自觉给老、残、孕、幼让座位，在剧场要保持安静、不高声喧哗、不随地吐痰、不乱扔废物，等等。这些，本都属于礼貌待人的举止，并不难做到。但是，有的人却不愿去做，甚至无理取闹。这种行为，既表现出对他人的不礼貌、不尊重，也表现出这个人自身道德低下，缺乏人格素养，因而为人所不齿。所以遵“礼”以行，是公民遵守“社会公德”的应尽义务，必须认真对待。

其次，在“职业道德”方面，按《道德纲要》的要求，从业人员必须做到“爱岗敬业，诚实守信，办事公道，服务群众，奉献社会”，这里的五句话二十个字，概括了职业道德的核心价值取向。其中，虽未直接提到“礼”字，但尚礼的基本精神，却像一股红线贯穿于五句话之中。无论是“爱岗敬业，诚实守信”，还是“办事公道，服务群众，奉献社会”，都需要礼貌待人为之开路。这是因为，从业人员活动范围宽、人际关系广，他们既涉及师徒关系、同门关系，亦涉及与行业管理者的关系以及与广大顾客的关系。要处理好这些关系，就必须坚持以“礼”待人，用“礼”来维持各方面的情义，以体现“四海之内皆兄弟”的人际交往原则。所以，在职业领域中，我们民族自古讲义气，强调“以义制利”，信奉“钱财如粪土，仁义值千金”的价值取向。“义”，古人释为“宜”，指行为适宜。而要做到行为“适宜”，就必须依“礼”而行。故孔子曰：“君子义以为质，礼以行之。”② 就是说，要体现“义”，必须从“礼”做起。故荀子强调：“遇君则修臣下之义，遇乡（指乡党之属）则修长幼之义，遇长则修子弟之义，遇友则修礼节辞让之义，遇贱而少者则修告导宽容之

① 《荀子·大略》。

② 《左传·宣公二十年》。

义。"[①] 这段话中的"义"，与"礼"完全相通。从业人员根据这一精神，就可处理行业内所涉及的种种关系。所以，以礼待人，亦是职业道德规范的题中应有之义，必须认真落到实处。

最后，在"家庭美德"方面，照"礼"办事，更是理所当然。人所共知，我们民族自古就建立了以血缘关系为纽带的宗族制度。在宗族内部，人伦关系历史悠久，它不仅直接孕育了具有我们民族特色的"礼治"，亦直接孕育了我们民族的"家庭道德"。家庭道德的核心内容就是"五伦"，即"父子有亲，君臣有义、夫妇有别，长幼有序，朋友有信"[②]。这里所涉及的"亲""义""别""序""信"，实际上就是古代中国家庭道德所奉行的"礼"。这些伦理关系，到了今天已有变化，具体地说，就是"君臣关系"已不存在了。如果我们用"干民关系"来代替它，则五伦所体现的家庭道德之"礼"，仍然有可供借鉴的现实意义。今天的公民《道德纲要》，已将家庭道德概括为："尊老爱幼，男女平等，夫妻和睦，勤俭持家，邻里团结。"这些内容，既吸取了传统家庭道德的优秀成果，又渗入了当今的时代精神，其中亦贯穿着遵"礼"以行的原则。家庭道德是社会道德的基础。只有在家庭内部首先养成孝顺父母、尊敬兄长、关爱儿女、夫妻互爱、和睦友邻等道德品格，才能使自己进入社会之后，做好处理各方面人际关系的工作，带头实施"老吾老以及人之老，幼吾幼以及人之幼""兄吾兄以及人之兄，弟吾弟以及人之弟"的高尚道德风习。可见，遵礼以行，乃是家庭道德的核心内容。

以上说明，加强礼仪规范教育，对于深入贯彻"社会公德""职业道德""家庭美德"，全面提高公民道德素养，具有不可忽视的现实意义，必须给予高度重视。

（三）是实现中华民族伟大复兴、建设和谐世界的迫切需要

实现民族复兴，是历史赋予我们的伟大使命。习近平主席指出："近代以来，中华民族始终有一个梦想，这就是实现中华民族伟大复

① 《荀子·非十二子》。
② 《孟子·滕文公上》。

兴，为人类做出更大贡献。今天，……我国改革开放和现代化建设取得了举世瞩目的成就，我们比历史上任何时候都更接近中华民族伟大复兴的目标。”① 为实现民族复兴，有许多工作等待我们去做，其中最为迫切的工作，就是建设“和谐世界”，为人类文明做出贡献。建设“和谐世界”理念，是2005年9月时任国家主席胡锦涛在联合国成立60周年首脑会议上发表讲话时提出来的，他主张：“协力构建各种文明兼容并蓄的和谐世界。”最近，习近平主席访问英国，在伦敦金融城发表重要讲话时，发挥了胡锦涛同志的这一思想，指出：“当今世界开放包容、多元互鉴是主基调，相互联系、相互依存是大潮流，和平、发展、合作、共赢是主旋律。各国应该和谐相处、平等相待、互尊互鉴，互相学习。冷战思维、阵营对抗已不符合时代要求。世界各国需要以负责任的精神同舟共济、协调行动。”② 习近平主席的这段论述，将胡锦涛同志关于建设“和谐世界”的理念阐释得更加炫丽鲜明，表明了我们党向往世界各国友好相处、和平发展的美好愿景。因此，建设“和谐世界”的意义无比重大，它既可以为人类求和平、谋发展创造条件，也可以为中华民族实现伟大复兴提供机遇。而要达到这一目的，我们必须进一步加强国家间的友好合作。这就必须发掘、继承我们民族传统的“礼仪”财富，建设新型礼仪文明，以适应国家间相互尊重、礼貌交往的现实需要。

高尚的礼仪活动，是人类友好合作的象征，是精神文明的体现。它不仅是本国之内人民群众间相互交往、增进友谊、联络情感的有效方式，也是不同民族、不同地区、不同国家相互合作、共谋发展、推进和平的重要价值追求。随着世界经济一体化的到来和科学技术的迅猛发展，民族与民族、国家与国家间的交往越来越密切。在这样的新形势下，礼仪建设显得愈来愈重要。

近年来，随着国际地位的提升，我国外交事业不断发展，国家间的互访日益频繁。在国家交往中，无论是出访还是迎访，都需要以

① 见习近平《在纪念毛泽东同志诞辰120周年座谈会上的讲话》，载《中国妇女报》2013年12月27日第二版。

② 《习近平在伦敦金融城发表重要演讲》，载《中国妇女报》2015年10月23日第一版。

"礼"开道，借"礼"增进友谊。最近，习近平主席出访一系列国家，均享受到最高规格的礼遇。例如，习主席在俄参加阅兵式时，被安排坐在普京右侧。据专家解释，按照俄罗斯的国际礼仪，东道主右手边的位置最受重视，专门留给最尊贵的客人；习主席访美时，美国华盛顿州州长专门成立了一个欢迎委员会①来安排接待活动。据专家说，这一委员会的成立，乃是给客人的极高礼遇；习主席访印时，印度总理莫迪在自己的家乡古吉拉特邦，隆重接待了习主席。之所以如此，是因为印度首脑以在家乡接待客人为最高礼遇；习主席访英时，英国女王以最高规格迎接，按英国皇家最高规仪，伦敦塔桥和格林公园分别鸣放62响与41响（两处共103响）礼炮，并在白金汉宫举行隆重晚宴，招待习主席及其夫人。这些都表明习主席出访，均受到被访国家的极高礼节待遇。这种礼遇，既是对习主席的尊重，也是对中国人民的友好，我们必须本着"礼尚往来"的原则，予以回报。所以，我国在迎接俄、美、印、英等国元首时，也相应安排极高规格的礼遇。例如，当俄罗斯总统普京参加中国阅兵式时，也被安排站在习近平主席右侧，以示回报；印度总理莫迪访问中国时，习主席也在自己家乡陕西接待他，意在还礼，等等。可见，以"礼"相待，是增进国家间友谊的重要环节。在当今，礼节待遇，实际上已成为国与国之间友好交往的文化软实力，它在一定条件下可以带来合作双赢的政治、经济、文化成果。例如，习主席访俄之旅，已把中俄"全面战略协作关系"，推向更高水平；访美之旅，已为构建"中美新型大国关系"树立了"里程碑"；访印之旅，已使中印关系实现了"从英寸到英里"的飞跃；访英之旅，更使中英关系进入"黄金时代"。这些都说明，国家之间以礼交往，对于推进互信、扩宽友谊、实现合作共赢无比重要，是"和谐世界"建设中十分有益的加油站。

不仅国家间的首脑交往需要礼仪支撑，而且普通公民出国经商、求学、旅游等个体活动，也需要借助礼仪的帮助，与外国友人交流情感、协调关系、互相支持、共享文明。随着我国人民生活质量的提升，我国的出国旅游热正在到来。例如国庆长假期间，人们争相走出

① 其中共30名委员，包括当地政要、企业家及友好人士。

去，欣赏异国他乡的景物风情。旨在扩大眼界、增长见识、获得精神享受。这无疑是值得肯定的好事。但是，据有关报道，旅游中也出现了一些问题。最引人注目的问题，是一些人在游乐中缺乏文明素养，他们或高声喧哗，或乱丢脏物，或吵架闹事，或损害景区自然景观乃至人文景观，等等。这些不文明行为，既表现出对他人的不礼貌，也显示出自己缺乏自尊。因而不仅有损于自己的人格，也有损于我们国家的国格。从本质上说，就是不懂得起码的礼仪文明。所以，我们要实现民族振兴，要自觉推进和谐世界建设的进程，就必须在加强礼仪文明方面从我做起，在国内或国外的与人交往活动中，坚持严以律己，处处以礼待人，做到既不丧失人格，也能为国争光。

以上，我们从三个方面阐明了礼仪规范建设的重要性与迫切性，肯定了礼仪规范建设，既是维系人们亲情与友情关系、引领社会风尚、促进和谐社会建设的迫切需要，也是落实公民道德规范教育，提高公民道德素养的迫切需要，还是实现中华民族伟大复兴、建设和谐世界的迫切需要。所以，加强当代公民礼仪规范建设，是历史赋予当代公民的光荣重任，我们一定要在继承与弘扬传统礼仪文化的基础上，密切联系当今实际，扎扎实实抓好这一工作，为新时期礼仪文明的全面推进，做出自己无愧于时代的新贡献。

（原载《学校党建与思想教育》2016 年第 2 期，收入本书时，文字稍有修改）

八　论道德建设在文化软实力建设中的重要地位

文化软实力建设是社会综合国力建设的重要组成部分。软实力是与硬实力相对应的概念。如果说硬实力指的是经济、科技、军事等所产生的强制性力量；那么，文化软实力，则指的是哲学智慧、人文理念、道德精神、民俗文化等对人们所产生的特殊的非强制性力量，其中也包括“价值观念、社会制度、发展模式的国际影响力与感召力”。随着我国社会主义文化建设的深入发展，文化软实力建设被提上了重要日程。胡锦涛同志在党的十七大报告中明确强调要“提高国家文化软实力”，这给我国的社会主义文化建设指明了方向。本节拟就道德建设在文化软实力建设中的重要地位，谈一点粗浅的想法，以就教于研究文化软实力的专家们。

“道德建设”，指的是用道德理念来协调社会成员相互关系的思想建设。道德是协调人际关系的重要杠杆，是社会文明的核心内容。道德力量，不仅是国家发展、时代进步、民风纯正、社会和谐的精神支撑，也是公民个体立身做人、明荣知耻、拒斥腐败、持守气节的力量源泉。道德精神可以引导人们追求真、善、美，贬抑假、恶、丑，以净化社会风气，陶冶人们情操，塑造高尚品格，因而在文化软实力中的作用尤其突出。有的学者将“文化软实力”的作用，概括为“文化吸引力，文化亲和力，文化规约力”，这较为贴切。用这个标尺来衡量道德文化的力量，可以说这“三力”在道德文化中不仅完全具备，而且十分典型。下面试分别作具体论证。

（一）道德精神最能体现文化软实力所具有的“凝聚力”

这里说的“凝聚力”，亦即“吸引力”，指道德具有凝聚人心的作用。道德之所以能凝聚人心，就在于它所倡导的道德精神，向人们宣示了高尚的价值取向，为人们所认同、所吸纳，并内化为个体的自觉行动。这里以民族精神和时代精神所彰显的道德精神为例，说明道德精神最能体现文化软实力所具有的强烈“凝聚力”。

近年来，我们党的领导人特别重视中华民族精神和时代精神在凝聚人心方面的作用。江泽民同志在党的十六大报告中指出：“民族精神是一个民族赖以生存和发展的精神支撑。一个民族，没有振奋的精神和高尚的品格，不可能自立于世界民族之林。在五千多年的发展中，中华民族形成了以爱国主义为核心的团结统一、爱好和平、勤劳勇敢、自强不息的伟大民族精神。我们党领导人民在长期实践中不断结合时代和社会的发展要求，丰富着这个民族精神。面对世界范围各种思想文化的相互激荡，必须把弘扬和培育民族精神作为文化建设极为重要的任务，纳入国民教育的全过程，纳入精神文明建设全过程，使全体人民始终保持昂扬向上的精神状态。”江泽民同志在这里不仅阐明了中华民族精神的基本内容、阐明了继承与弘扬民族精神的重要性和必要性，而且特别强调了民族精神所具有的特殊凝聚力，指出了

“民族精神是一个民族赖以生存和发展的精神支撑”，它可以“使全体人民始终保持昂扬向上的精神状态”。这都揭示了民族精神所特有的精神凝聚力或曰支撑力。

民族精神之所以具有如此强烈的凝聚力，就在于它是道德精神的升华，也就是说道德精神是民族精神之魂。江泽民同志所概括的“以爱国主义为核心的团结统一、爱好和平、勤劳勇敢、自强不息”这一关于中华民族精神的基本内容，可以说抓住了民族精神的本质特征。分析其所包含的内容，不难看出它们都属于道德精神的升华。笔者在《论儒家对构建中华民族精神的重大贡献》一文中，曾对儒家所倡导的民族精神作了如下概括：“儒家先哲所倡导的‘天下为公’的无私奉献精神、‘仁者爱人’的博爱大众精神、‘自强不息’的积极进取精神、‘厚德载物’的宽厚包容精神、‘居安思危’的民族忧患精神、‘革故鼎新’的改革变通精神、‘见利思义’的以义制利精神、‘克勤克俭’的勤劳俭朴精神，以及‘致中和’的尚中贵和精神、‘杀身成仁’、‘舍生取义’的英勇献身精神，‘富贵不能淫、贫贱不能移、威武不能屈’的人格独立精神等，都是儒家先哲创造出来的高尚道德精神。”① 透视以上儒家所倡导的民族精神，不难看出，它也都是道德精神的升华。所以，民族精神所彰显的凝聚力，从本质上说，是道德凝聚力的特殊表现形式，表明道德确有其不可低估的精神凝聚力或曰精神支撑力。

不仅民族精神是道德精神的体现，而且我们党领导人民在长期实践中不断结合时代和社会的发展要求所创造出来的时代精神，亦是道德精神的体现。例如，近年来形成的“抗洪救灾精神”“抗击非典精神”“抗震救灾精神”等，都从一定层面反映了我们的时代精神。人们将“抗洪精神”概括为“万众一心，众志成城，不怕困难，顽强拼搏，坚忍不拔，敢于胜利”；将“抗击非典精神”概括为“万众一心，众志成城，团结互助，和衷共济，迎难而上，敢于胜利”；将“抗震救灾精神”概括为“万众一心，众志成城，不畏艰险，百折不

① 黄钊：《论儒家对构建中华民族精神的重大贡献》，载《国际儒学研究》第十三辑，成都时代出版社 2004 年版，第 16 页。

挠，以人为本，尊重科学”等。综观以上“抗洪精神”“抗击非典精神”和“抗震救灾精神”等，有许多相互贯通之处，那就是万众一心，众志成城，不怕困难，团结互助，和衷共济，以人为本，尊重科学，等等。这一切，无疑也都是道德精神的体现。它们之所以能动员千百万人民和解放军战士临危不惧、勇于奉献，就是由于有道德精神的支撑在发挥作用。所以，道德精神的凝聚力是客观存在的。如果说文化软实力具有“凝聚力”的功能，那么这一功能在道德中的体现尤为突出。所以，我们重视文化软实力建设，尤其需要高度重视思想道德建设。离开思想道德建设，文化软实力建设就很可能失去重心，难以承担重任。

（二）道德精神最能体现文化软实力所具有的“亲和力”

“亲和力”，指文化精神具有“和众乐群”的特殊力量。道德的“亲和力”，在文化软实力中，尤其出类拔萃，十分典型。道德之所以能产生亲和的特殊力量，是因为道德精神具有“利他”的优秀品格。“利他”，就是为他人谋利，亦即提倡对他人做出奉献。正是这种“利他”精神，能感召人心，和衷共济，因而具有强烈的“亲和力”。无论是中国的优秀传统道德，还是当今的社会主义新道德，都是由于以“利他”为灵魂，因而彰显出强烈的“亲和力”。

中国优秀的传统道德，从儒家伦理，到墨家、道家伦理，都有鲜明的“利他”品格。以儒家为例，孔子把“仁”释为“爱人”，从而赋予仁德以“利他”的本质内涵。正是从“仁者爱人”的思想出发，孔子强调“己欲立而立人，己欲达而达人”①，“己所不欲，勿施于人”②；孟子强调“老吾老以及人之老，幼吾幼以及人之幼”；《礼记·礼运篇》强调：“大道之行也，天下为公，选贤与能，讲信修睦，故人不独亲其亲，不独子其子，使老有所终，壮有所用，幼有所长，鳏、寡、孤、独、废疾者，皆有所养……”儒家先哲的这些论述，内容极其丰富，其基本精神，都体现了“利他”的人文意识，

① 《论语·雍也》。
② 《论语·颜渊》。

因而古往今来，为炎黄子孙所认同。正是在“利他”品德的推动下，儒家的“五常”（即“仁义礼智信”）道德取向，在古代社会产生了特殊的“亲和力”，成为推动民族团结的重要精神力量。

次说墨家伦理。墨子提出“兼爱”的道德理念。其所谓“兼爱”，就是强调“爱”没有等级差别，亦即爱人如爱己。他说：“若使天下人兼相爱，爱人若爱其身，犹有不孝者乎？视父兄与君若其身，恶（‘恶’，犹‘怎’也。下同）施不孝？犹有不慈者乎？视弟子与臣若其身，恶施不慈？故不孝不慈亡有。”[①] 这里把“兼相爱”释为“爱人若爱其身”，毫无疑问，其本意亦在于强调“利他”。正是从“利他”的道德追求出发，墨子反对“众之暴寡，诈之谋愚，贵之傲贱”[②]，主张“有力相营，有道相教，有财相分”[③]，提出“仁人之所以为事者，必兴天下之利，除天下之害”[④]。这都表达了墨家的“利他”意识，因而在当时也产生了强烈的“亲和力”，受到社会的重视，以致许多人信奉墨子学说。相传，“墨子服役者百八十人，皆可使赴火蹈刃，死不还踵”。这种情况，说明了墨家的伦理追求，在当时的历史条件下，产生了十分强烈的“亲和力”，以至能使徒众为之“赴火蹈刃，死不还踵”。

再说道家伦理。道家提倡“清虚自守，卑弱自持”，似乎是“明哲保身”，没有“利他”追求。但这只是表面现象。事实上，道家也有自己的“利他”意识。例如，老子崇尚软弱，反对刚强，与世无争，其中就包含着“利他”意蕴。他说：“上善若水，水善利万物而不争。”强调像“水”那样，“利万物而不争”，毫无疑义，这里已透露了“利他”思想。老子强调“无为”，他的“无为”哲学也带有为民众谋利益的倾向。他说：“我无为而民自化，我好静而民自正，我无事而民自富，我无欲而民自朴。”[⑤] 文中的“我”，指的是最高统治者（君王），“无事”“好静”“无欲”等，都是“无为”的代名词。

---

① 《墨子·兼爱上》。
② 《墨子·天志中》。
③ 同上。
④ 《墨子·兼爱中》。
⑤ 《老子》第五十七章。

意在告诉人们，只要君王坚持无为之道，老百姓就可以实现“自化”“自正”“自富”“自朴”，显然，老子的无为之道，亦旨在为老百姓谋利益，这同“利他”的原则也是一致的。正是基于这一考虑，老子反对以强凌弱，痛斥“强梁者不得其死”①。老子还明确提倡“损有余以奉天下”，他说：“孰能有余以奉天下？唯有道者。”② 把“有余以奉天下”作为“道者”的本质特征，这是清楚明白的“利他”意识。正因为如此，道家伦理，也有其独特的亲和力，以至后来《老子》一书被道教徒奉为经典，朝夕对之顶礼膜拜。

综上所述，中国古代的优秀传统道德，从儒家伦理到墨家、道家伦理，都有鲜明的“利他”意识，因而曾在我国文化史上，产生过强烈的亲和力。

不仅传统道德有其亲和力，社会主义新道德也有很强的亲和力。按照国家颁发的《公民道德建设实施纲要》等相关文件的规定，我国公民道德建设必须坚持“以为人民服务为核心，以集体主义为原则，以爱祖国、爱人民、爱劳动、爱科学、爱社会主义为基本要求”，强调公民要自觉遵守“社会公德”“职业道德”“家庭美德”。例如，在“社会公德”方面，要求做到“文明礼貌，助人为乐，爱护公物，保护环境，遵纪守法”；在“职业道德”方面，要求做到“爱岗敬业，诚实守信，办事公道，服务群众，奉献社会”；在“家庭美德”方面，要求做到“尊老爱幼，男女平等，夫妻和睦，勤俭持家、邻里团结”等等。综观这些道德规范，内容十分丰富，其中所彰显的“利他”原则，亦非常突出，如：强调“以为人民服务为核心，以集体主义为原则”，强调“爱祖国”“爱人民”，强调“助人为乐”“服务群众”“奉献社会”，强调“尊老爱幼”“诚实守信”等，都显示了浓郁的“利他”意识，因而亦具有很强的亲和力。将之付诸实践，无疑会对社会主义和谐社会建设产生十分积极的影响。

总之，无论是中国优秀传统道德，还是今天的社会主义新道德，都客观存在着强烈的亲和力。这种亲和力，是文化软实力的重要组成

① 《老子》第四十二章。
② 《老子》第七十七章。

部分。因此，要加强文化软实力建设，必须高度重视道德建设，借以发掘道德中潜在的文化亲和力。

（三）道德精神最能体现文化软实力所具有的“规约力”

“规约力”，指文化精神对人们具有规范约制的特殊力量。这里说的“规约力”，并非“强制”性的产物（如法律规范就具有强制性），而是主体在文化精神的激励下，自觉形成的自我规约力量。在文化软实力中，道德的“规约力”尤为突出。之所以如此，是因为道德所追求的高尚价值，能激励人们向上、向善。正是这种“向上、向善”的道德追求，推动人们照道德规范去做，从而产生出相应的“规约力”。

人类社会从调节人际关系的需要出发，总要向人们提出一些最基本的道德规范。这些最基本的道德规范，是社会成员立身做人的基本准则，因而要求道德主体自觉践行。例如，中国古代社会明确把“五常之教”，即“父义、母慈、兄友、弟共（恭）、子孝”①，作为当时家庭内最基本的道德规范，要求为父者行“义”德，为母者行“慈”德，为兄者行“友”德，为弟者行“恭”德，为子者行“孝”德。应当说，这都表达了当时社会对家庭成员最基本的道德要求。家庭成员必须按照这些要求自我规约。但是，这个自我规约的形成，并非从天上掉下来的，而是社会通过道德教育的环节，帮助主体完成内化，使之认可并自觉付诸行动的结果。就以上所说的“孝”道而言，在当时之所以能为人们所奉行，是因为当时的道德教育使人们对“孝”的价值有了认同感。今存的《孝经》，就是当时宣传孝道的重要著作。《孝经》曰，“夫孝，天之经也，地之义也，民之行也”；“天地之性人为贵，人之行莫大于孝”。这些都讲明了“孝”的合理性。反之，“不孝”，则是最大的罪过，故《孝经》又曰：“五刑之属三千，而罪莫大于不孝。要君者无上，非圣人者无法，非孝者无亲，此大乱之道也。”说明“不孝”，是社会动乱的根源。可见，“孝”，符合人伦；“不孝”，为人所不齿。由此，人们产生了行孝的自我规约力。在《论语》中，记载了许多有关孔门弟子向老师问道的故事，其中

① 参见《十三经注疏》下册，中华书局影印1980年版，第1862页。

关于孝道的提问就有四次，分别为孟懿子、孟武伯、子游、子夏四人。这说明行孝道是当时弟子们普遍关心的问题。他们之所以反复提问，意在弄懂行孝的基本规范，以便落实到自己的行动上。这正是道德精神的规约力在起作用。“孝”，早已成为中华民族的传统美德，历代经久不衰，并留下了许多脍炙人口的故事。近年，齐鲁书社出版的《新编二十四孝图》，收集了从先秦到清末的二十四位孝子行孝的事迹，他们都是中国古代孝子的优秀典型。其中有董永“卖身葬父”、王祥“卧冰求鲤”以及花木兰“代父从军”，等等。这些高尚的孝行，无疑都是道德规约力在孝子们身上的体现。可见，社会的基本道德规范之所以能顺利推行，乃是由于道德的“规约力”在起支撑作用。

今天，党和国家十分重视公民道德建设，早在 1996 年十四届六中全会上就通过了《中共中央关于加强社会主义精神文明建设若干重要问题的决议》，向全国人民提出了“全面加强社会主义道德建设”的伟大战略任务；接着，2001 年 9 月，党和国家又颁布了《公民道德建设实施纲要》，对公民道德建设的指导思想和具体内容，提出了系统要求，使“社会公德、职业道德、家庭美德”等“成为全体公民普遍认同和自觉遵守的行为准则”。此后，中央精神文明建设指导委员会又于 2003 年发布了《关于深入贯彻党的十六大精神，进一步加强公民道德建设的意见》，对公民提出了“爱国守法、明礼诚信、团结友善、勤俭自强、敬业奉献”20 字基本道德规范，要求公民自觉遵守。正是在以上一系列文件的指导下，通过多年教育，广大公民对上述一些基本道德规范，已产生了普遍认同感，自觉将之作为自己的行为准则，并付诸实践。其中不少公民已成为遵守新道德规范的先进典型。2007 年，国家组织了第一次全国道德模范评选工作，共评选出全国道德模范 53 人，其中有“助人为乐模范”李明素、林秀珍等 10 人；有“见义勇为模范”王树先、殷雪梅等 11 人；有“诚实守信模范”文花枝、曹道云等 11 人；有“敬业奉献模范”袁隆平、钟南山等 10 人；有“孝老爱亲模范”曹于亚、罗映珍等 11 人。这些道德模范的评出，从不同侧面反映了新时代的中国公民所表现出的道德精神风貌，他们的“助人为乐”“见义勇为”“诚实守信”“敬业奉献”“孝老爱亲”的高尚品格，被广泛传颂，成为我国公民践履社会主义新道德的好榜样。全国道德模范的成功之处，虽各有所别，但有一点是共同的，那就是他们都受到了道德规约力的激励和启迪。这就生动地说明，道德精神最能体现文化软实力的规约力。

以上，我们分别论证了道德精神最能体现文化软实力的凝聚力、亲和力、规约力。这就告诉我们，道德建设在文化软实力建设中，占有十分重要的地位。为此，我们应当高度重视道德建设，努力把《公民道德建设实施纲要》对公民提出的道德要求，落到实处。

（原载《武汉科技大学学报》2010 年第 5 期）

第三章　当代政治文化评述

政治文化，顾名思义，就是以政治为中心内容的文化系列。社会主义政治文化，乃是社会主义整体文化的重要组成部分。它与社会主义道德文化、哲理文化、艺术文化、科技文化、民俗文化等并列而立，又有自己特定的内容和功能，在社会主义文化建设中享有不可低估的重要地位，值得予以高度重视。

一　论德治与法治相结合的治国方略的创造性贡献

江泽民同志 2001 年 1 月在全国宣传部长会议上的讲话中指出："我们在建设有中国特色社会主义、发展社会主义市场经济的过程中，要坚持不懈地加强社会主义法制建设，依法治国；同时，也要坚持不懈地加强社会主义道德建设，以德治国。"要"把依法治国与以德治国紧密结合起来"。江泽民同志在这里提出的关于法治与德治相结合的治国方略思想，极其深刻。它既是对我国古代治国方略的批判继承和推陈出新，又是对我党在新中国成立后半个世纪以来治国方略的深刻反思和重大革新，是对毛泽东思想和邓小平理论的丰富发展，完全符合马克思主义基本原则和我国的国情。可以预见，随着这一治国方略的付诸实践，我们伟大的祖国必将日益走向繁荣昌盛，有中国特色的社会主义必将更加欣欣向荣。因此，我们应当好好学习，深刻领会这一治国方略的科学内涵和深远意义，并身体力行地为之全面实施贡献力量。

（一）对传统治国方略的批判继承和推陈出新

我国古代思想家们一贯重视治国方略的理论思考，特别在德治和法治论述方面，留下了无比丰富的历史遗产。我们知道，早在先秦时期，儒、法两大学派就曾围绕德治与法治孰优孰劣的问题，进行过长期而激烈的论辩。在这个论辩中，儒家强调德治优于法治，主张“为政以德”；法家则站在对立面，强调法治优于德治，主张“严刑峻法”。儒、法两家的论辩各有短长，值得我们认真加以总结。

我们先说儒家的主张。儒家的创始人孔子及其追随者孟子等，都奉行重德轻法的德治主张。孔子曾把法治同德治加以比较，得出结论性的认识，他说：“道之以政，齐之以刑，民免而无耻；道之以德，齐之以礼，有耻且格。”① 这里所谓“道之以政，齐之以刑”，属于法制约束；所谓“道之以德，齐之以礼”，则属于道德教化。在孔子看来，法制约束的结果，可以使老百姓免于犯罪，但却会留下后遗症：“无耻”。“无耻”也就是缺乏起码的道德觉醒，这是最可怕的。相反，道德教化的结果，既使老百姓有羞耻感（“有耻”）又使他们不超越社会规范（“有格”）。显然，孔子的主张是认为德治优于法治。继孔子之后，孟子也说：“善政不如善教之得民也，善政民畏之，善教民爱之；善政得民财，善教得民心。”② 其所谓“善政”，指的是善于推行政策法令，这属于法治范畴；“善教”指的是善于进行道德教化，这属于德治范畴。“善政不如善教之得民也”，强调的也是德治优于法治。正是基于这些认识，孔、孟等儒家学者力主实行德治。孔子指出：“为政以德，譬如北辰，居其所而众星共之。”③ 主张通过实行德政，实现“修己以安人”“修己以安百姓”的政治抱负。孟子则把孔子的“德政”具体化为“仁政”，要求统治者“施仁政于民”。他劝导君王说：“以不忍人之心，行不忍人之政，治天下可运之于掌上。”④ 其意是说，以仁爱之心，行仁爱之政，治天下不难办到。为

① 《论语·为政》。
② 《孟子·尽心上》。
③ 《论语·为政》。
④ 《孟子·公孙丑上》。

了实现德治，先秦儒家进行了一系列理论构想，他们从以德教劝导君王，到以德教化民成俗，再到以德教修身正心等方面，提出了一系列学术见解，对后世产生了十分深远的影响。

与儒家的德治路线相抗衡的，是法家的法治路线。法家的奠基人商鞅明确认为儒家的仁义道德不能治天下，只有法家的法治才能给社会带来安宁。他说："仁者能仁于人，而不能使人仁；义者能爱于人，而不能使人爱，是以知仁义不足以治天下也。……圣王者，不贵义而贵法，法必明、令必行则已矣。"[①] 又说："吾所谓刑者，义之本也；而世所谓义者，暴之道也。"[②] 这些都表明，商鞅持的是法治优于德治的观点。继商鞅而起，战国末年法家学说的集大成者韩非也明确指出："仁义爱惠之不足用，而严刑重罚可以治国也"。又说："今世皆曰'尊主安国者，必以仁义智能。'而不知卑主安国者，之必以仁义智能也。故有道之主，远仁义、去智能，服之以法。"[③] 其重法轻德的思想亦十分鲜明。基于这些认识，商、韩等法家学者力主实行法治。商鞅强调"任其力不任其德"，"主张藉刑以去刑"；韩非则提出"不务德而务法"，强调"以法为教"，"以吏为师"，推行"奉公法，废私术"，全面实施法治。

以上儒家重德轻法的路线和法家重法轻德的路线各有所长，又各有所短。儒家较为透彻地阐明了德治的重要性及其理论体系，其中有不可忽视的合理内核，值得重视；法家则较为透彻地阐明了法治的必要性及其理论建构，其中亦包含了可贵的合理内核，值得予以总结。

但是，我们又必须看到，无论是儒家的德治还是法家的法治，都有其无可否认的片面性失误。他们似乎都不懂得德治和法治各有自己独特的社会功能。所谓德治，指的是用道德精神武装人们的头脑，推动人们用道德规范来协调自己与他人的关系，以实现社会的安定团结。这是法治所不能代替的；而所谓法治，则指的是运用法律制度来约束人们的行为，使人们自觉遵法、守法，借以维护社会的稳定和安

① 《商君书·画策》。
② 《商君书·开塞》。
③ 《韩非子·说疑》。

宁。这是德治所无法代替的。完善的社会规范，既包括道德规范，也包括法制规范。道德主自律，法制主他律。同时，任何社会的治理，总是要把“除恶”与“扬善”结合起来。法治的功能在于除恶，德治的功能则在于扬善。除恶旨在治标，扬善旨在治本。所以法治和德治只有结合起来，相辅为用，才能给整个社会带来稳定和安宁。而儒、法两家在德治与法治问题上各执一偏，把二者绝对地对立起来，因而都犯了片面性的错误。对此，我们应当有清醒的认识。

需要指出的是，对于儒法两家的失误，较早有所认识的，当推战国末年的进步思想家荀子。他尝试性地把儒家的德治思想与法家的法治思想结合起来，提出了“隆礼重法”的政治主张。其所谓“隆礼”，突出的是“礼治”，亦即德治；“重法”，强调的是法治。这无疑是总结儒法论辩而得出的一个突破性的理论成果。荀子还有一句名言，叫作“治之经，礼与刑，君子以修，百姓（以）宁。”① 在这里，他明确把德治与法治看作是治国安民的两大法宝。由此可知荀子关于德治与法治相结合的思想十分鲜明。可惜，荀子的思想未能被当时的正统儒家所接受，他的著作也未被列入儒家经典。这确实是一件憾事。荀子之后亦有学者提出过“文武并用”“刑德相养”的治国主张。但是由于从汉代起，统治者推行“独尊儒术”的思想路线，儒家学术一直居于统治地位。与此相一致，儒家重德轻法的治国方略，也一直占统治地位。以致在两千多年的中国封建社会，法家思想没有立足之地，法治主张也未能真正实行过。换句话说，在漫长的封建社会，中国只有人治，没有法治。所谓人治，是指把国家治理的大任寄托于贤明的领导者。持人治理论者并不完全否认法治的作用，但却把领导者的意志置于法律之上，使法律成为领导者维护个人权力的工具。人治的弊端在于人存政兴，人亡政息，难以实现国家的长治久安。我国古代长期人治的历史性失误，给我们的教训无比深刻。

当今，江泽民同志提出的法治与德治相结合的治国方略，既是对传统治国方略的深刻批判，也是对它的合理继承。传统的治国方略，要么强调单一的德治，要么突出单一的法治，都陷入片面性失误。江

① 《荀子·成相》。

泽民同志正是针对这一历史教训，明确指出德治和法治“二者缺一不可，也不可偏废”，“我们应当始终注意把依法治国与以德治国紧密结合起来”这既从理论上批判了儒家片面突出德治的失误，也从理论上清算了法家片面强调法治的失误。这一批判与清算，将使传统的治国方略长期存在的片面性缺陷走向终结。同时，还应当看到，德治和法治作为两种治国的思维模式，它不是从天上掉下来的，而是从我们民族的历史遗产中筛选出来的。将两者结合起来是我国古代治国模式在新的历史条件下的再创造。而这个创造是以继承为基础的，没有对传统的继承，就不可能有法治与德治相结合的治国方略之创新。对此，我们应当有清醒的认识。

时下，有的论者认为，江泽民同志提出的“依法治国”与“以德治国”相结合的治国方略，与传统的法治和德治毫无共同之处。这个见解是值得商榷的。诚然，从阶级属性和时代属性上来看，江泽民同志提出的治国方略同传统的治国方略有质的差别，不承认这一点，将二者画等号，显然是错误的。但是，从客观上讲，江泽民同志提出的治国方略同中国传统的治国方略又保存着思想上的渊源关系。不承认这一点，将二者完全对立起来，也是错误的，它直接否认了江泽民同志思想产生的民族根基和它的中国特色。如江泽民同志所言：“法治属于政治建设，属于政治文明；德治属于思想建设，属于精神文明。”这个概括，抓住了德治和法治的本质特征。这一本质特征放之四海而皆准，古今中外，概莫能外。“今天的中国是历史的中国的一个发展”，从这个意义上说，江泽民同志的治国方略又同中国传统的德治和法治有相通之处。我们没有理由否认二者的客观联系性。

（二）对新中国成立初期我党领导人治国方略作深刻反思的理论成果

新中国成立五十多年来，我党在确立治国方略方面，经历了漫长而艰难的探索路程。回顾这段路程，我们会更深刻地感受到江泽民同志提出的“把依法治国与以德治国紧密结合起来”的治国方略得来不易。它既是对我党在新中国成立后半个世纪以来治国方略的深刻反思和重大革新，又是对毛泽东治国方略的反思和对邓小平理论的丰富发展，其在理论上和实践上都具有划时代的意义。

新中国成立以来，我党在对国家的领导方面，经历了三代领导集体，即以毛泽东为首的第一代领导集体，以邓小平为首的第二代领导集体和以江泽民同志为首的第三代领导集体。这三代领导集体在治国方略的探索方面，各有特色，从总的发展趋势上看，是我党的治国方略由不太成熟到比较成熟，再到全面走向成熟。

新中国成立初期，毛泽东作为我党主要领导人，也曾在关于国家治理方面，作过多方面的努力。可惜，由于历史的局限性，他对于法治和德治在国家治理中的重要作用缺乏足够的认识，以至于在他执政期间，不仅法制建设相当薄弱，道德建设也未有重大进展。他的治国模式，实际上属于传统的人治方法，一切以他个人说了算。造成这种情况，有客观原因，也有主观原因。从客观上说，是由于我党和毛泽东本人都没有治理一个社会主义大国的经验。关于这一点，毛泽东在同美国进步作家斯诺谈话时曾说过："对于政治、军事，对于阶级斗争，我们有一套经验，有一套方针、政策和办法；至于社会主义建设，过去没有干过，还没有经验。"这是毛泽东推心置腹的一段谈话。他在这里所说的"在社会主义建设"方面"没有经验"的情况，也完全适用于在治理社会主义国家方面，就是说我们党在对社会主义国家的治理方面，也没有经验，因而需要有一个艰苦的探索过程。从主观上说，是毛泽东在新中国成立后作为国家最高领导人，逐渐产生了骄傲自满和"个人专断"作风，以致在思想上没有完成由民主革命向社会主义革命的转变。当时，历史已前进了，而他的思想还处在民主革命阶段。从一定意义上说，毛泽东在新中国成立后所采取的有关治理国家的方略，基本上是我党在民主革命时期所创造的有关治党和治理革命根据地的一套成功做法的延续，是过去搞政治、军事和阶级斗争所取得的一套经验的再运用，这就很难适应变化了的新形势，以致我党在治国方略的探索方面走了一段十分曲折的路程。

应当指出，我党在民主革命时期，在根据地的建设和党的建设方面，确实积累了许多宝贵的历史经验，形成了许多优良传统。这些经验和传统，对于新中国成立后党的建设和政权建设，无疑具有借鉴意义，值得我们百倍珍惜，发扬光大。但是，我们又不能不看到，新中国成立后我党面临的国家治理、政权建设和民风淳化，要比过去根据地时期面临的各种任务复杂千百倍。因此，我们又不能把过去的经验当成包医百病的“灵丹圣药”，而必须面对变化了的实际，因时变革，改弦更张，提出新的治国方略。这是历史赋予我党伟大的使命。令人惋惜的是，毛泽东恰恰在治国方略方面，未有新的创造性举措。在治国实践中，他反复运用的是过去民主革命中若干有限的经验，其中包括夸大个人作用、搞个人崇拜，最终陷入人治的境地。

毛泽东早在1957年就已向全党提出了“正确处理人民内部矛盾”和“造成一个又有集中又有民主、又有纪律又有自由、又有统一意志、又有个人心情舒畅、生动活泼那样一种政治局面”的治国任务，这无疑是十分正确的，它反映了广大人民的政治愿望。那么怎样才能完成这一历史任务呢？毛泽东的方法就是“团结——批评——团结”即“批评和自我批评”。他指出：“‘团结——批评——团结’……是解决人民内部矛盾的一个正确的方法。……我们现在的任务，就是要在整个人民内部继续推广和更好地运用这个方法，要求所有的工厂、合作社、商店、学校、机关、团体，总之，六亿人口，都采用这个方法去解决他们内部的矛盾。”[①] 1962年，毛泽东在《在扩大的中央工作会议上的讲话》中，进一步强调“批评和自我批评”是解决人民内部矛盾“唯一的方法，除此之外，没有别的方法”。由此可见，毛泽东解决人民内部矛盾的方法，只有一个，那就是延安整风时我党创造的“批评和自我批评”的方法。毋庸讳言，他的这一见解，实际上是把延安经验窒息化、凝固化了，显然不能适应形势发展的需要。我们知道批评和自我批评，作为党内斗争的思想武器，对党的建设确曾有过十分积极的作用，至今仍有不可忽视的现实意义。但是，毛泽东把“批评和自我批评”作为治理国家、解决人民内部矛盾的唯一方法，则显然是夸大了“批评和自我批评”这一方法的社会功能，这在客观上必然会导致堵塞全党对解决人民

① 《毛泽东选集》第5卷，人民出版社1977年版，第369—370页。

内部矛盾其他方法的思考、创造和运用，包括对法治与德治相辅为用的思考与借鉴。

正确处理人民内部矛盾，说到底是正确协调人民内部人与人的关系。我们知道，协调社会中人与人的关系，必须依靠正确的社会规范。而社会规范，包括道德规范和法制规范，因此，对于处理人民内部矛盾，既要依靠道德教育，又要依靠法制约束。通过道德教育，引导人们在社会生活中实现“自律”；通过法制约束，促进人们在社会生活中实现“他律”。只有“自律”和“他律”的完美结合，才能使人民的内部矛盾得到正确解决。“批评和自我批评”是介于道德和法制之间的东西，它也有“自律”和“他律”的某些功能，但它无论如何也代替不了法制约束和道德自律的功能。而且，“批评和自我批评”是党内思想斗争的方法。党内进行思想斗争面对的是“先锋战士”。广大共产党员作为无产阶级的先锋战士，通过批评和自我批评，确能纠正思想上的某些错误认识，实现党内团结。而正确处理人民内部矛盾，面对的是广大人民群众。普通老百姓的觉悟不可能同共产党员的觉悟相提并论，所以在党内运用的思想斗争方法，未必能完全适应党外。毛泽东作为一位善于具体情况具体分析的思想家，恰在这个问题上，没有运用具体情况具体分析的方法，这不能不说是他的“千虑一失”。

诚如毛泽东自己所言，搞政治、军事和阶级斗争，他有经验。这些经验，也是民主革命时期的经验。他把这些经验抱住不放，以致在社会主义建设时期抓阶级斗争，用的也是民主革命时期的一些方法，例如，用搞群众运动的方法来推动阶级斗争就是其一。在民主革命时期，由于你死我活的阶级斗争的需要，必须发动群众，组织力量，集中优势兵力，打歼灭战。所以在那时搞群众运动，确实是推动阶级斗争、夺取胜利的有效方法。实践证明，我党通过在解放区搞减租退押、清匪反霸、土地改革等群众运动，有效地调动了广大群众的积极性，保证了革命斗争的胜利。但是，在生产资料所有制的社会主义革命完成以后，在“国内急风暴雨式的群众性的阶级斗争已经过去”的条件下，再用搞群众运动的办法来解决人民内部矛盾问题，则显然是不适宜的。它不仅违背了人心思安、人心思治的社会心理，而且有可能导致阶级斗争扩大化。其实，在社会主义建设时期的阶级斗争问题，完全可以借助法制来解决。社会主义时期，人民已经当家作主，掌握了国家政权。完全可以利用国家机器和法制工具来解决敌对阶级的破坏和人民内部违法犯罪的社会问题。邓小平在总结过去搞政治运动的教训时，就曾指明了这一点，他说："不能采取过去搞政治运动的办法，而要遵循社会主义法制的原则。"实践证明，在社会主义时期用搞群众运动的办法，来推动阶级斗争，只能导致社会动乱，而不可能实现社会的长治久安。我国从 1957 年起以阶级斗争为中心的群众运动接二连三，如反右派运动，"插红旗、拔白旗"运动，"反右倾"运动及以后长达十年之久的"文化大革命"运动，等等。这些运动既不符合我国的国情，也完全违背了党的八大宗旨。特别是"文化大革命"运动，造成了漫长的内乱和浩劫。这一错误，显然又同毛泽东片面运用民主革命的经验分不开。

我们知道，民主革命同社会主义时期的国家治理相比，在形势、任务和目标方面，都有本质的不同，前者重在夺取政权，后者重在巩固和建设政权。这就决定二者在策略方法上，必须有所区别。西汉前期思想家贾谊在总结秦朝败亡的历史教训时，曾提出了"取与守不同术"的著名论断，这个论断旨在强调夺取政权和保卫政权在策略上应有所区别。他认为，秦王朝之所以败亡，在于其"所取所守未异也"①，即夺取政权和保卫政权在策略方法上没有什么差异。贾谊的这一见解，包含着深刻的政治哲理，对于我们认识毛泽东的失误，是有启迪意义的。

毛泽东的失误，使我党丧失了法制建设和道德建设的大好时机。"文化大革命"前十七年，我国虽然也制定了宪法和若干相关的法律，但都还极不成熟，缺乏法的应有权威，导致领导者的"个人专断"可以凌驾于法律之上，这实际上搞的不是法治，而是人治。到了"文化大革命"时期，林彪、"四人帮"等搞所谓的"抓纲治国"，更使法律几乎完全丧失了约束力，社会上无法无天的"造反"行为，铺天盖地；许多老干部、老专家、老模范被揪斗、挂黑牌、游街、蹲牛棚，完全没

---

① 贾谊:《新书·过秦论上》。

有人身保障。这些虽然不能完全归咎于毛泽东同志，但也与毛泽东不重视法制建设和道德建设有一定关系。回顾这段历史，我们更感到江泽民同志明确地提出法治与德治结合的治国方略的无比正确。它的提出是对过去我国缺乏德治和法治历史情况深刻反思的产物，必将对彻底纠正“文化大革命”的错误，建设和完善社会主义文明，产生无比深远的影响。

（三）对以邓小平为首的我党第二代领导人治国方略的继承与发展

在毛泽东之后，以邓小平为首的我党第二代领导人，肩负起了治理国家的重任。邓小平以无产阶级革命家的胆识和气魄，领导全党深入总结“文化大革命”及以前的失误和教训，肃清“左”的流毒，正本清源，大胆探索有中国特色的社会主义道路和治国方略。他领导制定的《中国共产党中央委员会关于建国以来党的若干历史问题的决议》（以下简称《决议》），明确提出了法制建设和道德建设的任务。《决议》指出：“必须巩固人民民主专政，完善国家的宪法和法律，并使之成为任何人都必须严格遵守的不可侵犯的力量，使社会主义法制成为维护人民权利，保障生产秩序、工作秩序、生活秩序，制裁犯罪行为，打击阶级敌人破坏活动的强大武器，决不能让类似‘文化大革命’的混乱局面在任何范围内重演。”这实际上突出的是法治。《决议》还指出：“社会主义必须有高度的精神文明……要加强和改善思想政治工作，用马克思主义世界观和共产主义道德教育人民和青年……抵制腐朽的资产阶级思想的影响，发扬祖国利益高于一切的爱国主义精神和为现代化建设贡献一切的艰苦创业精神。”这里实际上是突出了德治主张。毫无疑义，《决议》的这些思想，是邓小平治国方略的集中体现。

邓小平主持党和国家的工作以后，一贯重视法制建设和精神文明建设。

首先，关于法制建设他提出了一系列指导性意见。这些意见归纳起来，一是突出法制建设的重要性，他指出：“旧中国留给我们的，封建专制传统比较多，民主法制传统很少。解放以后，我们也没有自觉地、系统地建立保障人民民主权利的各项制度，法制很不完备，也很不受重视，特权现象有时受到限制、批评和打击，有时又重新滋长。克服特权现象，要解决思想问题，也要解决制度问题。公民在法律和制度面前人人平等……”[①] 又说：“民主和法制，这两个方面都应该加强，过去我们都不足。要加强民主就要加强法制。没有广泛的民主是不行的，没有健全的法制也是不行的。”[②] 主张把法制建设提上重要日程。二是强调抓紧制定有关法律。一九七九年六月，他强调说：“我们好多年实际上没有法，没有可遵循的东西。……这次会议以后，要接着制定一系列的法律。我们的民法还没有，要制定；经济方面的很多法律，比如工厂法等等，也要制定。我们的法律是太少了，成百个法律总要有的，这方面有很多工作要做，现在只是开端。”[③] 这些指示，对于完善我国法律法规的制定具有重要指导意义。三是强调要做到“有法必依”。邓小平认为，有了法律，必须坚决依法办事，我们要在全国坚决实行这样一些原则：“有法必依，执法必严，违法必究，在法律面前人人平等。”[④] 这里所谓的“有法必依”，就是主张突出法制的权威，依法而治，而不能因人废法，搞封建时代的“人治”；所谓的执法必严，就是要对犯罪分子依法严惩，不能手软；所谓的违法必究，就是不管是谁，只要触犯法律，就必须追究法律责任，真正做到在法律面前人人平等。四是要抓好法制的宣传工作，提高人们的法制观念，自觉遵法、守法。他指出：“要讲法制，真正使人人懂得法律，使越来越多的人不仅不犯法，而且能积极维护法律。”[⑤] 他强调要对青年进行法制教育，指出：“现在这么多青年人犯罪，无法无天，没有顾忌，一个原因是文化素质太低。所以，加强法制，重要的是要进行教育，根本问题是教育人。法制教育，要从娃娃开始，小学、中学要进行这个教育，社会上也要进行这个教育。”以上，邓小平关于法制建设的重要意见，对于推进我国实行法治，无疑是很重要的。

---

① 《邓小平文选》第 2 卷，人民出版社 1994 年版，第 332 页。
② 同上书，第 189 页。
③ 同上。
④ 同上书，第 254 页。
⑤ 同上。

其次，关于道德建设，邓小平也提出了一系列指导性的重要意见。一是强调加强精神文明建设的重要性。他指出："毛泽东同志说过，人是要有一点精神的。在长期革命战争中，我们在正确的政治方向指导下，从分析实际情况出发，发扬革命和拚命精神……压倒一切敌人、压倒一切困难的精神，坚持革命乐观主义、排除万难去争取胜利的精神，取得了伟大的胜利。搞社会主义建设，实现四个现代化，同样要在党中央的正确领导下，大大发扬这些精神。"① 又说："从延安到新中国，除了靠正确的政治方向以外，不是靠这些宝贵的革命精神吸引了全国人民和国外友好人士吗？没有这种精神文明，没有共产主义思想，没有共产主义道德，怎么能建设社会主义？"② 他还认为，精神文明建设是物质文明建设顺利进行的重要条件，指出："不加强精神文明的建设，物质文明的建设也要受破坏，走弯路。光靠物质条件，我们的革命和建设都不可能胜利。"③ 正是基于这些认识，邓小平特别强调两手抓，即：一手抓物质文明建设，一手抓精神文明建设。二是强调培养"四有新人"，他所说的"四有"，即"有理想，有道德，有文化，有纪律"。这"四有"，都同道德建设有关。"有理想"是关于政治目标上的道德取向，它有利于激励人们为崇高理想的实现而英勇献身的道德精神；"有道德"，重点在于强调把道德规范内化为青少年的道德素质；"有文化"是道德教育的重要基础条件；"有纪律"则同遵守社会公德、职业道德紧密相关。所以，培育"四有新人"，从根本上说，就是培养有社会主义高尚道德的接班人，这是为实行德治打基础。三是突出精神文明建设的内容，指出："要教育全党同志发扬大公无私、服从大局、艰苦奋斗、廉洁奉公的精神，坚持共产主义思想和共产主义道德。""所谓精神文明，不但是指教育、科学、文化（这是完全必要的），而且是指共产主义的思想、理想、信念、道德、纪律，革命的立场和原则，人与人的同志式关系，等等。""我们在新民主主义革命时期，

① 《邓小平文选》第2卷，人民出版社1994年版，第367—368页。

② 同上书，第367页。

③ 《邓小平文选》第3卷，人民出版社1993年版，第144页。

就已经坚持用共产主义的思想体系指导整个工作；用共产主义道德约束共产党员和先进分子的言行；提倡和表彰‘全心全意为人民服务’，‘个人服从组织’，‘大公无私’，‘毫不利己、专门利人’，‘一不怕苦、二不怕死’。”① 他认为，现在已经进入社会主义时期，更要用这些思想来教育我们的人民和青少年。“要努力使我们的青少年成为有理想、有道德、有知识、有体力的人，使他们立志为人民作贡献，为祖国作贡献，为人类作贡献，从小养成守纪律、讲礼貌、维护公共利益的良好习惯。”②

以上，邓小平关于法制建设和精神文明建设，亦即道德建设的系统论述，都为江泽民同志提出法治与德治相结合的治国方略奠定了思想基础。如果说邓小平关于法制建设和精神文明建设的论述已经勾画出法德并用的思想轮廓，那么江泽民同志则把这个轮廓加工得更为清晰，使之更鲜明地显露出来了。

江泽民同志作为我党第三代领导集体的最高负责人，在主持工作以后，就带领全党高举邓小平理论旗帜，沿着邓小平开辟的有中国特色的社会主义事业奋勇前进，特别是在法制建设和道德建设方面下了很大的功夫。

在法制建设方面，早在1992年召开的党的十四大报告中，江泽民同志就强调指出：要“高度重视法制建设，加强立法工作，特别要抓紧制定与完善保障改革开放、加强宏观经济管理、规范微观经济行为的法律和法规，这是建立社会主义市场经济体制的迫切要求”。不仅如此，他还认为，“要严格执行宪法和法律，加强执法监督，坚决纠正以言代法、以罚代刑等现象，保障人民法院和检察院依法独立进行审判和检查。加强政法部门自身建设，提高人员素质和执法水平”。1997年9月，在党的十五大报告中，江泽民同志进一步指出：“加强法制建设，坚持有法可依、有法必依、执法必严、违法必究，是党和国家事业顺利发展的必然要求。加强立法工作，提高立法质量，到2010年，形成有中国特色社会主义法律体系。维护宪法和法律的尊

① 《邓小平文选》第2卷，人民出版社1994年版，第367页。

② 同上书，第369页。

严，坚持法律面前人人平等，任何人、任何组织都没有超越法律的特权。”他还指出：“一切政府机关都必须依法行政，切实保障公民权利，实行执法责任制和评议考核制。推进司法改革，从制度上保证司法机关依法独立公正行使审判权和检查权，建立冤案、错案责任追究制度，加强执法和司法队伍建设。”这些论述，既同邓小平同志关于法制建设的思想一脉相通，又在一些重要环节上，阐述得更具体、更深入。

在精神文明建设方面，江泽民同志亦有许多独立创见。他在党的十四大报告中，就强调指出：“精神文明必须紧紧围绕经济建设这个中心，为经济建设和改革开放提供强大的精神动力和智力支持。”要“在全国各族人民特别是青少年中，进一步加强党的基本路线教育、爱国主义、集体主义和社会主义思想教育，近代史、现代史教育和国情教育，增强民族自尊、自信和自强精神，抵制资本主义和封建主义腐朽思想的侵蚀，树立正确理想、信念和价值观。各行各业都要重视职业道德建设……加强社会公德教育……搞好社区文化、村镇文化、企业文化、校园文化的建设……把精神文明建设落实到城乡的基层……”在江泽民同志的直接领导下，党的十四届六中全会特别通过了《中共中央关于加强社会主义精神文明建设若干重要问题的决议》，在这一重要的历史文献中，明确提出了“加强社会主义精神文明建设是一项重大战略任务”的指导思想，并系统阐明了我党关于精神文明建设“总的指导思想”或“总的要求”，指出：“加强思想道德建设，发展教育科学文化，……培育有理想、有道德、有文化、有纪律的社会主义公民，提高全民族的思想道德素质和科学文化素质，团结和动员全国各族人民把我国建设成为富强、民主、文明的社会主义现代化国家。”在这一《决议》中，还明确提出了社会主义道德建设的总目标，即：“社会主义道德建设要以为人民服务为核心，以集体主义为原则，以爱祖国、爱人民、爱劳动、爱科学、爱社会主义为基本要求，开展社会公德、职业道德、家庭美德教育，在全社会形成团结互助、平等友爱、共同前进的人际关系。”在党的十五大报告中，江泽民同志又就“有中国特色社会主义文化建设”作了专门阐述，特别是重申了党的十四届六中全会《决议》所规定的有关精神文明建设的重要内容。2001 年 6 月在中央思想政治工作会议上的讲话中又进一步指出："要紧密结合发展社会主义市场经济的新要求，努力加强社会主义道德教育，不断提高全体人民的思想道德素质。"其重视德治的思想十分鲜明。

以上江泽民同志关于法制建设和道德建设的一系列重要论述，都从特定的角度丰富和深化了邓小平理论，特别是在党的十五大报告中提出的"法制建设必须同精神文明建设紧密结合，同步推进"的思想，已经初步显露出他的法治与德治相结合的治国方略的基本思路。这一思想，2001 年他在党中央思想政治工作会议上的《讲话》中，又有所发展，指出："法律和道德作为上层建筑的组成部分，都是维护社会秩序、规范人们思想和行为的重要手段。它们相互联系，相互补充。道德规范与法律规范应该相互结合，统一发挥作用。"可以说，至此时江泽民同志关于德治与法治相结合的治国方略已经初步定型。而到了 2001 年 1 月在全国宣传部长会议上的讲话，则更明确强调"把依法治国与以德治国紧密结合起来"，从而集中体现了江泽民同志关于治国方略的完整构想。

综上所述，江泽民同志提出的法治与德治相互结合的治国方略，既是对我国古代治国方略的批判继承和推陈出新的产物，又是对我党新中国成立后半个世纪以来治国方略深刻反思和重要变革的新成果，是对毛泽东思想和邓小平理论在新的条件下的继承和发展，完全符合马克思主义关于国家治理的基本原则。可以预见，在江泽民同志提出的新的治国方略的指导下，我国社会主义的繁荣发展和文明进步必将出现一个无比灿烂的光明前景。

（原载《东方道德研究》，第 6 辑，中华工商联合出版社 2002 年 5 月版。收入本书时，文字略有修改）

二　牢记"四个坚定不移"，推进中国特色社会主义事业

胡锦涛同志 2007 年 6 月 25 日在中央党校省部级干部进修班上发表的重要讲话（以下简称《六·二五讲话》）指出："面对新形势、

新任务，我们要坚持以邓小平理论和‘三个代表’重要思想为指导，深入贯彻落实科学发展观，继续解放思想，坚持改革开放，推动科学发展，促进社会和谐，为夺取全面建设小康社会新胜利而奋斗！”这一重要讲话，深刻阐述了事关党和国家全局的若干重大问题，通篇贯穿着解放思想、实事求是、与时俱进的时代精神，是在新的历史条件下对马克思主义的科学社会主义的丰富和发展，是我党全面推进中国特色社会主义的又一篇纲领性文献，值得我们好好学习，深入领会，并努力将之付诸实践。胡锦涛同志在讲话中，特别强调了“四个坚定不移”，并指出：“做到这‘四个坚定不移’，对保持党和国家事业发展的大局，至关重要。”这里拟就学习和领会“四个坚定不移”，谈点个人的粗浅体会，以就教于学界从事政治文化研究的专家们。

（一）要“坚定不移”地推进“解放思想”

胡锦涛同志在《六·二五讲话》中指出：“解放思想，是党的思想路线的本质要求，是我们应对前进道路上各种新情况新问题、不断开创事业新局面的一大法宝，必须坚定不移地加以坚持。”胡锦涛同志的这一论述，是对我党历史经验的高度概括和精辟总结。

早在改革开放初期，邓小平就针对当时党内存在的思想“僵化或半僵化”问题，明确提出了“解放思想，开动脑筋，实事求是，团结一致向前看”的指示精神，指出：“只有思想解放了，我们才能正确地以马列主义、毛泽东思想为指导，解决过去遗留的问题，解决新出现的一系列问题，正确地改革同生产力迅速发展不相适应的生产关系和上层建筑，根据我国的实际情况，确定实现四个现代化的具体道路、方针、方法和措施。”① 正是在邓小平这一思想指导下，全党在思想解放方面登上了新的台阶，从而有力地清算了“两个凡是”这一“左”的思维模式，平反了“文化大革命”时期遗留下来的冤假错案，促进了全党把“工作重心”转移到经济建设上来。毫无疑问，这是坚持“解放思想”的重大成果。

---

① 《邓小平文选》第2卷，人民出版社1994年版，第141页。

九十年代初期，我国的改革开放，又面临着新的阻力。问题在于一些人“怕资本主义的东西多了，走了资本主义道路”，“有的人认为，多一分外资，就多一分资本主义，‘三资’企业多了，就是资本主义的东西多了，就是发展了资本主义”。这些思想，严重束缚了人们的头脑，以致一些人像“小脚女人”，“迈不开步子，不敢闯”。针对这一现象，邓小平于1992年1月18日至2月22日，在武昌、深圳、珠海、上海等地巡视期间，发表了重要谈话。[①] 其《谈话》的基本精神，就是再次突出“解放思想”。他希望人们不要“谨小慎微”，指出：“不敢解放思想，不敢放开手脚，结果是丧失时机，犹如逆水行舟，不进则退。”邓小平明确要求人们，“改革开放，胆子要大一些，敢于试验，不能像小脚女人一样。看准了的，就大胆地试，大胆地闯”。为了帮助人们“解放思想”，邓小平在《谈话》中讲了“三个有利于”，作为判断姓“社”还是姓“资”的标准，揭明了“三资企业”的社会主义性质，从而帮助人们擦亮了眼睛，提高了觉悟，再一次促进了全党和全国人民的思想解放。如江泽民同志在十六大报告中所指出的：“邓小平同志南方谈话以后，十四大确立社会主义市场经济体制的改革目标，改革开放和现代化建设进入新的阶段。”

在旧世纪向新世纪转变的关键时刻，“我国社会生活发生了广泛而深刻的变化，社会经济成分、组织形式、利益分配和就业方式等的多样化还将进一步发展。这必然会给我国政治、经济、社会、文化生活，带来深刻影响，给我们党执政和领导各项事业，提出新的更高要求”[②]。这就给党的建设提出了新的问题：在新的历史条件下，我们应当建设一个什么样的党？怎样建设党？要对这些问题做出正确回答，首先必须解放思想，摆脱一些“僵化或半僵化”的思维方式，以便一切从实际出发，将中国特色的建党理论推向新的高度。正是在这样的历史条件下，江泽民同志带头解放思想，冲破某些禁区，于

---

① 简称《南方谈话》。

② 《江泽民论有中国特色社会主义（专题摘编）》，中央文献出版社2002年版，第573页。

2000年5月14日提出了《“三个代表”是我们党的立党之本、执政之基、力量之源》[①] 的重要论断，明确认为中国共产党应当代表中国先进生产力的发展要求，代表中国先进文化的前进方向，代表中国最广大人民的根本利益。2001年7月1日江泽民同志又《在庆祝中国共产党成立八十周年大会上的讲话》中，全面系统地阐明了“三个代表”重要思想。这是对马克思主义中国化的又一重大理论贡献。坚持“三个代表”，就能集中体现我们党的工人阶级先锋队的性质、根本宗旨、根本任务，就能在新的历史条件下搞好党的建设，优化党的领导，推进中国特色社会主义建设伟大事业。无须多作解释，江泽民同志“三个代表”思想的提出，是中国共产党人以“解放思想”为动力的重大理论创造。

此外，党的十六大以来，以胡锦涛同志为总书记的党中央，洞察形势，高瞻远瞩，顺应时代潮流，提出了坚持“科学发展观”和“构建社会主义和谐社会”的伟大战略决策。毫无疑问，这也是解放思想的积极成果。

总之，回顾我国改革开放的历史，“解放思想”的确是不断开创我国社会主义事业新局面的“一大法宝”。坚持了“解放思想”，我们的事业就有所发展，有所创新，有所前进。因此，我们要全面推进中国特色社会主义伟大事业，就必须坚定不移地坚持“解放思想”，这是保证我们的事业从胜利走向胜利的重要一环，千万不能忽视。

（二）要“坚定不移”地实行“改革开放”

胡锦涛同志又指出：“改革开放，是解放和发展社会生产力、不断创新充满活力的体制机制的必然要求，是发展中国特色社会主义的强大动力，必须坚定不移地加以推进。”（此下凡引胡锦涛语而未注明出处者，均为《六·二五讲话》中的文字）胡锦涛同志的这一论述，深刻揭示了“改革开放”的深远意义，是对党的十一届三中全会以来我们党领导全国人民坚持改革开放历史经验的深刻总结，值得

① 《江泽民论有中国特色社会主义（专题摘编）》，中央文献出版社2002年版，第578页。

我们好好回味。对于胡锦涛同志的这段讲话，我们应当从以下几个方面加深理解。

一是要清醒地认识到“改革开放”对于“解放和发展社会生产力”的重大意义。邓小平曾指出：“革命是解放生产力，改革也是解放生产力。”“过去，只讲在社会主义条件下发展生产力，没有讲还要通过改革解放生产力，不完全。应该把解放生产力和发展生产力两个讲全了。”① 邓小平的这段讲话，深刻说明了改革开放对于解放和发展社会生产力的重大作用，我们应当对此有深刻的认识。

二是要清醒地认识到“改革开放”在“不断创新充满活力的体制机制”方面的重大作用。改革开放以来，我们党适应经济发展的客观需要，制定了一系列有利于改革开放、有利于搞活经济的方针政策，如农村搞“联产承包制”、城市搞“经济特区”、允许开设“三资企业”等等，都有利于“创新充满活力的体制机制”的建立。如邓小平所指出的：“改革开放以来，我们立的章程并不少，而且是全方位的。经济、政治、科技、教育、文化、军事、外交等各个方面都有明确的方针和政策，而且有准确的表述语言。”② 邓小平在这里所说的“我们立的章程”的情况，正是指我国在改革开放中所进行的“体制机制”方面的诸多创新及其重大作用。

三是要清醒地认识到“改革开放”是“发展中国特色社会主义的强大动力”。如胡锦涛同志所指出的：“新时期29年来，我国改革开放和现代化建设的成就举世瞩目。事实雄辩地证明，改革开放是发展中国特色社会主义、实现中华民族伟大复兴的必由之路。改革开放以来，我们党带领人民开辟了中国特色社会主义道路。这条道路，之所以正确，之所以能够引领中国发展进步，关键在于我们既坚持了科学社会主义的基本原则，又根据我国实际赋予其鲜明的中国特色。我们要继续深化对中国特色社会主义的研究和探索，努力使中国特色社会主义道路越走越宽广。”胡锦涛同志的讲话，既强调了改革开放的重大作用，也阐明了我党对发展科学社会主义理论的

---

① 《邓小平文选》第3卷，人民出版社1993年版，第370页。
② 同上书，第371页。

卓越贡献。

以上三个方面，从不同侧面说明了“改革开放”是“发展中国特色社会主义的强大动力”。因此，为了全面推进中国特色社会主义的伟大事业，我们应当坚定不移地把我国的改革开放推向前进。

（三）要“坚定不移”地推进“科学发展与社会和谐”

胡锦涛同志指出：“科学发展，社会和谐，是发展中国特色社会主义的基本要求，是实现经济社会又好又快发展的内在需求，必须坚定不移地加以落实。”胡锦涛同志的这段论述，深刻揭示了科学发展观与构建和谐社会同中国特色社会主义的本质联系，值得我们好好体会，自觉践行。为此，我们必须抓好以下两点：

一是要落实“科学发展观”。“科学发展观”是我党在新的历史条件下适应经济社会全面发展的新形势提出来的一项重大的战略决策。党的十六届三中全会站在时代高度，对科学发展观作了完整表述。2003 年 12 月胡锦涛同志《在纪念毛泽东同志诞辰 110 周年座谈会上的讲话》中，再一次强调指出：“实现全面建设小康社会的奋斗目标，不断开创中国特色社会主义事业新局面，关键是要抓好发展这个党执政兴国的第一要务，聚精会神搞建设，一心一意谋发展。……我们要坚持以经济建设为中心，坚持以人为本，树立全面、协调、可持续的发展观，统筹城乡发展、统筹区域发展、统筹经济社会发展、统筹人与自然和谐发展、统筹国内发展和对外开放，坚持走新型工业化道路……”2004 年 2 月温家宝同志《在省部级主要领导干部“树立和落实科学发展观”专题研讨班结业式上的讲话》中，亦指出：“发展观的第一要义是发展。离开发展，就无所谓发展观。坚持科学发展观，其根本着眼点是要用新的发展思路实现更快更好的发展。发展是硬道理，这是我们必须始终坚持的重要战略思想。”胡锦涛同志这次在《六·二五讲话》中还指出：我们要“深入贯彻落实科学发展观，更加自觉地促进科学发展，奋力开拓中国特色社会主义更为广阔的发展前景”；“科学发展观第一要义是发展，核心是以人为本，基本要求是全面协调可持续，根本方法是统筹兼顾。发展对于全面建设小康社会、加快推进社会主义现代化，具有决定性意义”。这些论述，对于引导我们正确理解和践行“科学发展观”，都有着无比重要的现实意义。

二是要坚定不移地落实“构建和谐社会”的重大战略任务。党的十六届六中全会通过了《中共中央关于构建社会主义和谐社会若干重大问题的决定》（以下简称《决定》），明确做出了“构建社会主义和谐社会”的伟大战略决策。《决定》指出：“社会和谐是中国特色社会主义的本质属性，是国家富强、民族振兴、人民幸福的重要保证。构建社会主义和谐社会，是我们党以马克思列宁主义、毛泽东思想、邓小平理论和‘三个代表’重要思想为指导，全面贯彻落实科学发展观，从中国特色社会主义总体布局和全面建设小康社会全局出发提出的重大战略任务，反映了建设富强民主文明和谐的社会主义现代化国家的内在要求，体现了全党全国各族人民的共同愿望。”《决定》从八个方面论述了构建社会主义和谐社会所涉的一些重大理论问题，其中特别强调了“构建社会主义和谐社会的重要性和紧迫性”，深刻论述了“构建社会主义和谐社会的指导思想、目标任务和原则”，提出了建设“和谐文化”的战略任务。《决定》指出：“建设和谐文化，是构建社会主义和谐社会的重要任务。社会主义核心价值体系是建设和谐文化的根本”，并对“社会主义核心价值体系”的基本内容作了高度概括，指出：“马克思主义指导思想，中国特色社会主义共同理想，以爱国主义为核心的民族精神和以改革创新为核心的时代精神，社会主义荣辱观，构成社会主义核心价值体系的基本内容。”这些论述，帮助我们从理论上弄清了为什么要“构建社会主义和谐社会”以及如何“构建社会主义和谐社会”等重大问题。理论是行动的指南，我们应当把理论上的认识转变为自己的实际行动，坚定不移地为“构建社会主义和谐社会”贡献力量！

（四）要“坚定不移”地“全面建设小康社会”

胡锦涛同志还指出：“全面建设小康社会，是我们党和国家到2020年的奋斗目标，是全国各族人民根本利益所在，必须坚定不移地为之奋斗。”这里所说的“全面建设小康社会”，是党的十六大确定的战略方针。这一方针的确立，是以邓小平理论为依据的。“小康”一语，出之于我国古文献《礼记·礼运篇》，其意在于表达作者向往禹、汤、文、武、成王、周公“六君子”所开创的太平盛世。邓小平同志将之借用过来，用“小康社会”作为我党经济建设所应达到的一个目标：即让人民过上比较殷实的富裕生活。邓小平同志曾提出我国经济建设“分三步走”的指导思想，并多次就此作过表述。1987 年 4 月 13 日他在会见西班牙工人社会党副总书记、政府副首相格拉时说：“我们原定的目标是，第一步在八十年代翻一番。以一九八〇年为基数，当时国民生产总值人均只有二百五十美元，翻一番，达到五百美元。第二步是到本世纪末，再翻一番，人均达到一千美元。实现这个目标意味着我们进入小康社会，把贫困的中国变成小康的中国。那时国民生产总值超过一万亿美元，虽然人均数还很低，但是国家的力量有很大增加。我们制定的目标更重要的还是第三步，在下世纪用三十年到五十年再翻两番，大体上达到人均四千美元。做到这一步，中国就达到中等发达的水平。”① 邓小平的这一经济发展战略设想，为我国的经济建设指明了方向，党的十三大明确地把这一战略设想确定为党的经济建设指导思想，并对之作了明确概括和阐述。党的十四大、十五大又根据形势的发展，不断丰富其内容。到了党的十六大，江泽民同志明确把《全面建设小康社会，开创中国特色社会主义事业新局面》② 作为《报告》的主题，对之展开了系统的阐述。

一是肯定了我党“三步走”战略已取得重大胜利。江泽民同志说：“2001 年，我国国内生产总值达到九万五千九百三十三亿元，比1989 年增长近两倍，年均增长百分之九点三，经济总量已居世界第六位。人民生活总体上实现了由温饱到小康的历史性跨越。”这同邓小平所设想的“小康社会”目标基本吻合。故江泽民同志又指出：“我们胜利实现了三步走战略的第一步、第二步目标，人民生活总体上达到了小康水平。”

二是明确提出了“全面建设小康社会”的奋斗目标。既然我国人

① 《邓小平文选》第 3 卷，人民出版社 1993 年版，第 226 页。
② 简称《十六大报告》，以下凡引自《十六大报告》，均不再注。

民生活“总体上达到小康水平”，那为什么还要提出“全面建设小康社会”的奋斗目标呢？江泽民同志告诉我们：“必须看到，我国正处于并将长期处于社会主义初级阶段，现在达到的小康还是低水平的、不全面的、发展很不平衡的小康，人民日益增长的物质文化需要同落后的社会生产之间的矛盾仍然是我国社会的主要矛盾。”所以，我们不能满足于既得的成就，“还需要进行长期的艰苦奋斗”，使“小康社会”更加完善，逐步达到高水平，这就很有必要提出“全面建设小康社会”的战略任务。

三是突出了“全面建设小康社会”的基本目标。江泽民同志说：“根据十五大提出的到2010年、建党一百年和新中国成立一百年的发展目标，我们要在本世纪头二十年，集中力量，全面建设惠及十几亿人口的更高水平的小康社会，使经济更加发展，民主更加健全、科教更加进步、文化更加繁荣、社会更加和谐、人民生活更加殷实。这是实现现代化建设第三步战略目标必经的承上启下的发展阶段，也是完善社会主义市场经济体制和扩大对外开放的关键阶段。经过这个阶段的建设，再继续奋斗几十年，到本世纪中叶，基本实现现代化，把我国建成富强民主文明的社会主义国家。”这段讲话，对全面建设小康社会的基本目标作了集中阐述，的确鼓舞人心，催人奋发。

四是对党的十六大确立的全面建设小康社会所要达到的目标的性质作了评述。江泽民同志指出：“这次大会确立的全面建设小康社会的目标，是中国特色社会主义经济、政治、文化全面发展的目标，是与加快推进现代化相统一的目标，符合我国国情和现代化建设的实际，符合人民的愿望，意义十分重大。”

以上江泽民同志就“全面建设小康社会”所作的系统论述，深刻阐明了“全面建设小康社会”的重要性和必要性，为我们又好又快地建设中国特色社会主义指明了方向、道路。因此，我们要坚定不移地为“全面建设小康社会”努力奋斗！

综上所述，胡锦涛同志在《六·二五讲话》中所提出的“四个坚定不移”，非常及时，无比正确。它们既各有其特定内容，又相互联系，相辅相成，构成了一个完整的统一体，且都服务于发展中国特色社会主义伟大事业。其中，坚定不移地坚持“解放思想”，“是不断开创事业新局面的一大法宝”；坚定不移地实行“改革开放”，“是发展中国特色社会主义的强大动力”；坚定不移地推进“科学发展与社会和谐”，“是实现经济社会又好又快发展的内在需求”；坚定不移地“全面建设小康社会”，“是党和国家到二〇二〇年的奋斗目标”。这“四个坚定不移”，在中国特色社会主义建设中都占有极端重要的地位，我们应当给予高度重视。在今后的现实生活中，要坚决按“四个坚定不移”想问题、办事情，要更加自觉地为推进中国特色社会主义伟大事业，做出无愧于新时代的贡献！

2007 年 7 月撰于珞珈山勤补书斋

三　论儒家的廉政学说及其在当代的现实价值

我们中华民族是一个追求清廉政治的民族，我们的祖先一贯重视廉政理论建设。早在先秦时期，儒、墨、道、法各家学者，就开始思考政治领域中的道德规范问题，为我国古代廉政传统的逐步形成，奠定了理论基础。其中，儒家的理论贡献尤为卓越，对后世影响很大。无论是孔子强调的“德政”，还是孟子提倡的“仁政”，从理论上说，都逻辑地蕴含着“廉政”。儒家的廉政学说，不仅对我国古代的政治文明产生过十分积极的影响，而且到了今天，也仍有其不可估量的现实价值，值得我们好好发掘、总结，并加以发扬光大。

（一）“以廉为本”：儒家廉政学说的中心内容

“廉政”是儒家对清明的政治生活的集中概括，其中心内容是提倡“以廉为本”，主张把廉德同政治管理结合起来，要求为官之人在执掌政权过程中，坚持做到清正廉明，克己奉公，平政爱民，光明磊落。“廉”的含义极其丰富，人们往往从不同的角度对之做出种种阐释。《周礼·天官冢宰·小宰》曾从六个方面阐明“廉”的内涵：“一曰廉善（指善于其事——引者注，下同），二曰廉能（指能行政令），三曰廉敬（指敬业爱岗），四曰廉正（指作风正派），五曰廉法（指守法不失），六曰廉辨（指明辨是非）。”这六个方面，讲的都是为官之人的道德素质和办事能力，它从特定的角度体现了儒家“以廉为本”的观念。随着时代的发展，人们对“廉”的概念的认识日益深化，多从清廉、公正、不贪、俭约、节操等方面去揭示其中心内容。表达了我们祖先对于廉政的理想追求。

儒家学者之所以如此重“廉”，是因为他们看到了“廉”的社会价值。他们认为，“廉为政本”，“廉为官宝”。《汉书》作者班固说：“吏不廉平则治道衰。”① 说明为官不能不具备廉德。《晋书·阮种传》云：“夫廉耻之于政，犹树艺之有丰壤，良岁之有膏泽，其生物必油然茂矣。”深刻揭示了“廉”在政权建设中的作用。清代王永吉更深刻地指出：“大臣不廉，无以率下，则小臣必污；小臣不廉，无以治民，则风俗必败。”② 从上行下效的角度，说明官员能否清廉，直接关系社会风俗的优劣。正是在这些价值观的指导下，儒家学者中的许多进步人士，代代相承，站在同情人民的立场上，呼唤廉政，抨击暴政；颂扬清官，鞭挞贪官。“廉”与“贪”仅一字之差，却反映了两种截然不同的人格形象。那些清正廉明之士，高官不能变其节，重利不能易其行，公正无私，光明磊落，深受人们的爱戴，流芳千古；而那些贪官污吏，“率兽食人”，见利忘义，临财变节，终遭万民唾骂，被钉上历史的耻辱柱，遗臭万年。这两种人格在历史上产生的两种不同反响，表明了历史的公正评判，反映了我们民族反贪拥廉的价值选择，值得我们大加发扬。

今天，我国广大干部正在遵照邓小平理论和江泽民“三个代表”重要思想，以及科学发展观的基本精神，进一步加强思想作风建设，以新的姿态投身于经济体制和政治体制改革，加大反腐倡廉工作的力度，推进社会和谐。在这样的历史背景下，我们重温我国古代儒家学者的廉政学说，认真总结历史经验，使古为今用，让我国优秀的廉政文化，在当代干部队伍建设中再显光辉。这一切，无疑有着不可估量的现实意义。

（二）儒家“廉政”学说的理论贡献

儒家在体现“内圣外王”之道的思想指导下，提出了一系列有关

① 《汉书·宣帝纪》。

② 王永吉：《御定人臣儆心灵·循利论》。

"德政""仁政"的系统理论。这些理论，对于指导廉政建设仍可适用。可以说，我国古代廉政学说的构建，从基本框架到基本内容，主要是由儒家创造出来的。廉政能否实现，关键是执政者即廉政主体如何立身处事。正是在这一方面，儒家为之设计了一系列道德原则。这些原则从不同角度给予廉政主体以立身处事的理论导向，使之在廉政建设中发挥重要的作用。

第一，儒家的"奉公尚忠"原则，赋予廉政主体以廉洁奉公、忠于职守的道德取向。

我们讲"廉政"，必然要求执政者廉洁奉公，忠于职守，不徇私情，办事持平。这就必须正确处理两个矛盾：一是公与私的矛盾；二是忠与奸的矛盾。在公与私的问题上，提倡立公废私；在忠与奸的问题上，提倡立忠废奸，这就必须有正确的思想指导。儒家的"奉公尚忠"原则恰恰在这方面给予了正确导向。它实际上是古代廉政学说的理论基石。

我们知道，儒家讲"天下为公"，《礼记·礼运篇》说："大道之行也，天下为公，选贤与能，讲信修睦。故人不独亲其亲，不独子其子；使老有所终，壮有所用，幼有所长，鳏、寡、孤、独、废、疾者皆有所养，……是谓大同。""天下为公"，贵在一个"公"字，其旨意在于提倡以公义战胜私欲，强调人们对社会、对国家、对民族的义务。儒家又非常重视"忠"，孔子曾提出"主忠信"[①]，朱熹释曰："人不忠信，则事皆无实，为恶则易，为善则难，故学者以是为主焉。"[②]"忠"，含有忠于国家、忠于民族、忠于职守等积极意义。把"公"与"忠"结合起来，就形成了儒家的"奉公尚忠"原则，其基本含义，就是强调对公共事业和整体利益的献身和尽忠精神，这也就是历代贤哲所倡导的对社会、对民族"鞠躬尽瘁，死而后已"[③]的高尚精神。正是这一思想灵魂，给我国古代廉政奠定了思想根基。它从政治道德和理想人格的高度，把廉洁奉公、忠于职守等作为执政者的

① 《论语·学而》。

② 朱熹：《四书集注〈论语·学而〉注》。

③ 《三国志·蜀书·诸葛亮传》。

高尚道德追求，并给历代一些追求清廉政治的官吏以精神支柱。尽管在阶级社会，一切官吏都代表统治阶级的利益，很少有真正的廉洁奉公之士。但是，也不排除一些进步人士在一定条件下尚能以“奉公尚忠”原则来约束自己，这对于缓和社会的阶级矛盾，减轻劳动人民的痛苦，还是有一定的积极意义的。

“奉公尚忠”原则是廉政的灵魂。这一点，对于我们今天的道德建设仍有启迪意义。我们今天各级干部的作风建设，应当借鉴这一思想成果，努力高扬“公”“忠”精神。我们常说要“全心全意为人民服务”、要“做无产阶级和人民大众的牛”、要心甘情愿地“做人民公仆”，这一切说到底，都必须落实到廉洁奉公、忠于职守这一基本点上来。离开了“公”与“忠”，让私欲膨胀，奸邪横行，不仅开辟不了“廉政”的新局面，甚至还要导致社会大乱，民无宁日。

第二，儒家的“以义制利”原则，为廉政主体正确处理义与利的关系指明了方向。

我们讲廉政，必须要求为官之人品行端正，做到不贪赃枉法，不行贿受贿，不假公济私。这就必须正确处理金钱与道德的关系。正是这一点，儒家的“以义制利”原则，恰好派上用场。

我们知道，在“义”与“利”的关系上，儒家提倡“见利思义”。孔子说：“见利思义，见危受命，……亦可以为成人矣。”[①] 孔子讲的“见利思义”，实质上就是主张“以义制利”或“以道制欲”。孔子曾说：“富与贵，是人之所欲也，不化其道得之，不处也；贫与贱是人之所恶也，不以其道得（‘得’，应为‘去’之误）之，不去也。”[②] 这里讲的正是“以道制欲”。这一思想，后来为孟子所继承与发扬。孟子说：“非其道，则一箪食不可受于人；如其道，则舜受尧之天下，不以为泰。”[③] 孟子还说：“万钟则不辨礼义而受之，万钟于我何加焉？”[④] 这些都体现了“以道制欲”的观念。依据这一基本原则，孟子主张对于可取可不取的物质利益宁可不取，说：“可以取，

① 《论语·宪问》。
② 《论语·里仁》。
③ 《孟子·滕文公下》。
④ 《孟子·告子上》。

可以无取，取伤廉。”① 认为如果对可得可不得的物质利益伸手，就有可能伤害廉德。这表现了孟子廉洁奉公的道德取向。到了荀子，又进一步发挥了孔孟的思想，他在《正论》中明确提出了“以义制利”的口号。“以义制利”，作为一种指导原则，对于人们正确处理“义”与“利”的关系具有方法论指导意义。正确处理“义”与“利”的关系问题，对于为政者来说尤其重要。为政者在执行公务过程中，不可避免地会遇到形形色色的金钱与道义的关系问题。一些人常常出于个人私利，千方百计用财物诱惑拉拢执政的官员们，以实现其不可告人的种种目的。处于这种环境下，官员们怎样才能经受得住金钱诱惑的考验？毫无疑义，儒家的“以义制利”原则给了人们思考问题的价值取向。它教导为官者，对于“利”要有一种理性的约制，不苟取，不妄得，不受不义之财。这种道德意识，给了为政者拒腐防变的精神支柱，使为官者养成“两袖清风，一身正气”的高尚人格。正是从这个意义上，我们说儒家的“以义制利”原则，对于保证廉政的实施，具有极大的指导意义。

今天，在市场经济条件下搞廉政建设，尤其要认真处理金钱与道德的关系。一些干部由于不能抵制金钱的诱惑，变节失贞，走上了经济犯罪的道路。在这样的背景下，我们重温儒家的“以义制利”原则，具有特殊的现实意义。我们党在干部队伍建设中，非常强调反腐倡廉。如何才能真正抵制腐败？如何才能真正开创廉政局面？这之中，虽有许多工作要做，但最基本的、最紧迫的问题，是必须引导干部正确处理金钱与道德的关系。在这方面，儒家的“以义制利”原则，完全可以作为有益的借鉴。

第三，儒家的“正人先正己”原则，可推动廉政主体在立身处事方面严以律己。

我们讲廉政，就需要通过官吏的严以律己、率先垂范，给人民群众树立学习的榜样。凡是禁止百姓做的，自己先带头不做；凡是要求百姓做的，自己带头先做。只有这样，才能产生上行下效、熏蒸渐渍的积极影响，在全社会带出一个好的风气。在这方面，儒家设计的

① 《孟子·离娄下》。

“正人先正己”原则，又完全可以适用。

人所共知，儒家非常重视“正身”。孔子说：“其身正，不令而行；其身不正，虽令不从。”[①] 又说：“政者，正也。子率以正，孰敢不正？”[②]“苟正其身矣，于从政乎何有？不能正其身，于正人何？”[③]孔子的这些话，都非常清晰地说明了“正人先正己”的重要性。孟子继承了这一思想，他说：“有大人者，正己而物正者也。”[④]“吾未闻枉己而正人者也。”[⑤] 到了战国末年，荀子又进一步深化了孔孟的思想，他说：“君子洁其身而同焉者合矣。”[⑥] 又说：“君者仪也，民者景也，仪正而景正；君者盆也，民者水也，盆圆而水圆。”“君者民之源也，源清则流清，源浊则流浊。”[⑦] 这些都说明了领导者自身端正可以产生上行下效的积极影响，对于保证廉政的实现无疑至关重要。

今天，我们党在抓干部队伍建设过程中，特别强调各级干部以身作则的重要性。党的十四届六中全会《决议》指出：“领导干部要自重、自省、自警、自励，以身作则，言行一致。要求别人做的，自己首先做到；禁止别人做的，自己坚决不做，自觉接受党和人民的监督，经受住权力、金钱、美色的考验。”处在这样的背景下，我们重温儒家“正人先正己”的理论成果，对于各级干部转变作风，无疑具有十分积极的现实意义。

第四，儒家的“平政爱民”原则，有助于正确处理官民关系，以促进为民兴利除害。

我们讲廉政，必须要求为政者正确处理官民关系，关心民生，为民作主，帮百姓平冤狱，伸正义，斥邪恶，谋利益，力戒苛政。要做到这一切，又必须落实儒家“平政爱民”的基本原则。

儒家的“平政爱民”原则，是以“民本”观念和“仁爱”思想

① 《论语·子路》。
② 《论语·颜渊》。
③ 《论语·子路》。
④ 《孟子·尽心上》。
⑤ 《孟子·万章上》。
⑥ 《荀子·不苟》。
⑦ 《荀子·君道》。

作为其理论基础的。

儒家一贯强调“民惟邦本”。孔子曾明确提倡“得众”，主张“修己以安百姓”，要求对老百姓的“食、丧、祭”等基本生活问题予以关心。这些都反映了孔子重民的思想观念。孟子的民本思想更为系统，他曾明确提出“民为贵，社稷次之，君为轻”[①]，要求统治者办事必须“得民心”，以期“保民而王”。孟子还对当时“庖有肥肉，厩有肥马，民有饥色，野有饿莩”[②]的黑暗现实予以猛烈抨击，指出那是“率兽食人”，表明他对清明政治的向往。荀子的“民本”思想更有独到之处，他说：“故君人者欲安，则莫若平政爱民矣。”“庶人安政，然后君子安位。《传》曰：君者舟也，民者水也，水则载舟，水则覆舟。此之谓也。”[③]又说：“用国者，得百姓之力者富，得百姓之死者强，得百姓之誉者荣。三得者具，而天下归之；三得者亡，而天下去之。”[④]这些都表明了儒家学者对“民惟邦本”思想的深刻认识。

儒家还非常推崇“仁爱”。《论语·颜渊》载：“樊迟问仁，子曰‘爱人’。”这是明确赋予“仁”以“爱人”的内涵。孟子继承了孔子的思想，直接提出“仁者爱人”[⑤]的命题。儒家讲的“爱人”，具体说来，就是要“推己及人”，孔子所谓“己欲立而立人，己欲达而达人”[⑥]，“己所不欲，勿施于人”[⑦]，孟子所谓“老吾老，以及人之老；幼吾幼，以及人之幼”[⑧]。都是儒家爱人思想的具体表现。

儒家一方面强调“民惟邦本”，另一方面又强调“仁者爱人”，这两种思想结合起来，便很自然地形成了“平政爱民”的指导原则。“平政”就是要求为政者处事持平，出以公心，不偏护邪恶势力，为民伸张正义；“爱民”，就是要求为政者对老百姓奉献爱心，做到济

---

① 《孟子·尽心下》。
② 《孟子·梁惠王上》。
③ 《荀子·王制》。
④ 《荀子·王霸》。
⑤ 《孟子·离娄下》。
⑥ 《论语·雍也》。
⑦ 《论语·颜渊》。
⑧ 《孟子·梁惠王上》。

困扶贫，兴利除害，轻徭薄赋，关心民生。这些对于廉政的推行，无疑具有十分积极的意义。

今天，我们正处在经济体制和政治体制改革的关键时刻，各级领导正在贯彻“三个代表”的指示精神，努力转变作风。在这样的条件下，我们重提儒家的“平政爱民”原则，也有不可忽视的积极意义。它可以启迪各级干部在工作中不负人民的重托，自觉地体现民意，为百姓分忧愁，解疑难，办实事，真正做到胡锦涛同志提出的“情为民所系，利为民所谋”。只有这样，才能真正地转变作风，成为名副其实的“人民公仆”。

第五，儒家重“气节”、贵“操守”的道德追求，可推动廉政主体严以律己，永保人间正气。

我们讲廉政，就必须要求为官者光明磊落，真正做到临危而不易其节，见利而不忘其义，永保人间正气。在这方面，儒家的气节观，又给予了强烈的理论支持。我们知道，儒家非常重“气节”。“气节”，包括志气与节操两层含义。“志气”，由“志”与“气”组成。儒家先哲，既重“志”，亦重“气”。孔子说：“三军可夺帅也，匹夫不可夺志也。”[①] 强调立志的重要性，认为即使是平凡的“匹夫”，也不能无志。孟子说：“我善养吾浩然之气。”[②] 这“浩然之气”，即是正气，它是做人须臾不可缺的。“志”与“气”，关系密切，《左传·昭公九年》有“气以实志”一语，认为“气”可以充实“志”，如果没“气”，则“志”也是鼓不起来的，可见“气”是“志”之本。所以，我们的先民围绕“气”创造出许多词语，如：“气概”“气魄”“气质”“浩气长存”“正气凛然”“气冲斗牛”“气贯长虹”“一鼓作气”“气可鼓，不可泄”等，都表明了重视养“气”的思想观念。

“节操”，包括名节与操守两个方面。“名节”，指与忠义大节相关的名誉；“操守”，则指在志行方面的所行所守。“节操”一语，旨在提倡人格独立，主张为真理和正义而斗争。孔子曾说：“岁寒，然

① 《论语·子罕》。
② 《孟子·公孙丑上》。

后知松柏之后凋也。”孔子的学生曾子更明确地指出：“可以托六尺之孤，可以寄百里之命，临大节而不可夺，……君子也。”[①]后来孟子在“气节”方面，更有惊人之语，指出：“士，穷不失义，达不离道”。“穷则独善其身，达则兼善天下。”[②]表达了为真理和正义而斗争的人格取向。同时孟子又说：“居天下之广居，立天下之正位，行天下之大道。得志与民由之，不得志独行其道。富贵不能淫，贫贱不能移，威武不能屈，此之谓大丈夫。”[③]孟子这种“大丈夫”式的气节观，对后世影响很大。荀子直接继承了这一思想，提出“士君子不为贫穷怠乎道”[④]，并明确提出“德操”的概念，说：“权利不能倾也，群众不能移也，天下不能荡也，生乎由是，死乎由是，夫是之谓德操。”[⑤]这种永不变节的气节观，对于当政者来说，的确无比宝贵。有了这种大义凛然的气节，为政者就能冲破一切压力，排除一切干扰，追求真理和正义，以自己的人格尊严来维护国家的政策法令，抵制一切腐败风气。若能如此，则廉政的实现就指日可待了。

儒家的气节观，到了今天仍有不可忽视的价值。我们的各级干部，应当有气节意识，注意维护自己的人格和节操，这也就是“讲正气”的表现。有了这种正气，我们就可以在执政过程中，做到廉洁奉公，忠于职守，不搞权钱交易，不向恶势力低头，从而真正能够拒腐防变，保持人民公仆应有的高风亮节。

（三）儒家“廉政”学说的现代价值

以上我们从五个方面，简要揭示了儒家的一些重要修身原则对于廉政主体，亦即为官之人的积极影响。这些修身原则，从道德价值取向的角度，赋予了廉政主体以应有的道德义务，而这一切，也正是儒家学者对我国古代廉政学说的主要理论贡献。将它们付诸实践，不仅有利于为官之人的自我修身，而且有利于廉政目标的逐步实现。尽管

① 《论语·子罕》。
② 《孟子·尽心下》。
③ 《孟子·滕文公下》。
④ 《荀子·修身》。
⑤ 《荀子·劝学》。

由于历史条件的限制，儒家的廉政学说在封建时代不可能完全变为现实，但他们所设计出的许多保证廉政实现的思想原则，却并未因此而丧失其应有的光辉。它为后人探索廉政的道路开了理论先河，对于我们今天的廉政建设，仍有其不可估量的现实价值。我们应当本着“古为今用”的原则，对之大加发掘，促其向现代转换，为当代的干部队伍建设提供有益借鉴。

（原载《纪念孔子诞辰2550周年国际学术讨论会论文集》1996年版）

四　坚持反腐倡廉，自觉捍卫党的纯洁性

中国共产党自1921年建党，到今天已跨越了九十年的光辉历程。九十年来，我们党从小到大，从弱到强，已经发展成为拥有近7800万名共产党员、领导着十几亿人口的大国、朝着中国特色社会主义奋勇前进的大党。自中国共产党成立以来，几代中国共产党人始终以实现中华民族伟大复兴为己任，把坚持马克思主义基本原理同中国具体实践结合起来，团结带领全国各族人民不懈奋斗，战胜千难万险，终于取得革命、建设、改革的伟大胜利。如《中国共产党第十七届四中全会公报》所指出的，回顾九十年的光辉历程，“我国相继实现了从半封建半殖民地社会到民族独立、人民当家作主新社会的历史性转变，从新民主主义革命到社会主义革命和建设的历史性转变，从高度集中的计划经济体制到充满活力的社会主义市场经济体制、从封闭半封闭到全方位开放的历史性转变，中华民族巍然屹立于世界民族之林”。（下引此《公报》不再注）这三个大的历史转变，从不同层面反映了“中国共产党人认识世界、改造世界的伟大创举”，它“是根本改变中华民族命运、深刻影响人类历史进程的伟大变革。实践证明，没有中国共产党，就没有新中国，就没有中国特色的社会主义”。

回顾过去，我们取得了举世瞩目的伟大胜利；展望未来，党和国家的前程无比灿烂光明。办好中国的事情，靠的是党的战斗力。在迈向未来的伟大进程中，中国共产党人的职责更加崇高，担子更加繁

重，使命更加紧迫。这就必须加强党的自身建设，捍卫党的纯洁性。为此，我们必须继续高举反腐倡廉的旗帜，激励中国共产党人树立立党为公、执政为民、清正廉洁、无私奉献的高尚情操，努力使自己成长为拒腐防变、永不褪色的坚强战士。党中央号召指出："要加强反腐倡廉建设，大力弘扬党的光荣传统和优良作风，凝聚党心、民心，形成推进中国特色社会主义事业的强大力量。"我们应当自觉地响应这一伟大号召，把反腐倡廉建设落到实处。

（一）坚持反腐倡廉是我们党一贯的优良传统

坚持反腐倡廉是我们党一贯的优良传统。早在新中国成立初期，毛泽东同志就告诫全党说："因为胜利，党内的骄傲情绪，以功臣自居的情绪，停顿起来不求进步的情绪，贪图享乐不愿再过艰苦生活的情绪，可能生长。因为胜利，人民感谢我们，资产阶级也会出来捧场。敌人的武力是不能征服我们的，这点已经得到证明了。资产阶级的捧场则可能征服我们队伍中的意志薄弱者。可能有这样一些共产党人，他们是不曾被拿枪的敌人征服过的，他们在这些敌人面前不愧英雄的称号；但是经不起人们用糖衣裹着的炮弹的攻击，他们在糖弹面前要打败仗。我们必须预防这种情况。"① 毛泽东同志的这一告诫，成为我们党在新中国成立后坚持反腐倡廉的理论依据。实践证明，毛泽东的预见，无比英明。新中国成立后，在我们党内，的确有那样一些共产党人，被敌人"用糖衣裹着的炮弹"打中，堕落为腐败分子或反人民的罪人。其中，刘青山、张子善就是典型代表。刘、张是在新中国成立初期我党开展的"三反"运动中被揭露出来的身为地、市级领导干部的蜕化变质分子，他们犯有严重的贪污盗窃罪，于1952年2月被判处死刑。此后，我国的"三反"运动进一步掀起高潮。据相关资料介绍，1952年全国县以上参加"三反"运动的总人数为383万人（未包括军队数字），其中被查出贪污旧币1000万元（一万元旧币为新币一元）的贪污犯10万余人（贪污的总金额达6万亿元），其中犯罪分子被判处有期徒刑的达9942人，被判处无期徒刑

① 《毛泽东选集》第4卷，人民出版社1991年版，第1438页。

的67人，被判处死刑的42人。这次“三反”运动，使全党各级干部受到了一次极其深刻的廉政教育，此后党内和政府内清正廉洁的风气逐渐形成，并保持长达三十余年之久，即使处于“文化大革命”的动乱之中，也很少有人犯贪腐之罪。所以，在那个年月，党在人民群众中的形象是崇高的。

（二）反腐倡廉具有长期性、艰巨性和复杂性

1992年在党的十四大上，江泽民同志提出了建设社会主义市场经济体制的奋斗目标。此后，市场经济的发展逐步深入。市场经济是一把双刃剑：一方面，它有利于实现社会物质资源的合理调配，推进产供销各环节正常地运行，从而成为繁荣和发展社会经济的强有力的杠杆；另一方面，由于它以“追求最大利润”为目标，易于滋生拜金主义、利己主义和极端个人主义。一些不法商人，出于谋利的需要，瞄准领导干部手中的权力，用贿赂、收买等手段，搞权钱交易、权物交易，拉领导干部下水。在这一新的社会背景下，我们党内某些干部，由于思想蜕化，顶不住“糖衣炮弹”的侵袭，最终滑向贪腐的深渊。所以，在市场经济条件下，我们党内反腐倡廉的紧迫性再一次凸显出来了。据有关资料统计，1993年1月至7月，我国检察机关共受理领导干部犯罪案件2.79万件，立案1.34万件，查办万元以上的经济大案共计5971件。到8月份，共有177名县处级以上干部因贪污受贿罪被立案侦查。同年10月29日，国家动用重典，将三名贪腐官员绑赴刑场，执行枪决。他们分别是河南省原汝州市市长徐中和、广东省惠州市原公安局局长洪永林、广东省深圳市原房产管理局局长陈炳银。[①] 三人之所以被判处死刑，都是由于犯有巨额贪污、受贿罪。如前文所述，新中国成立初期的“三反”运动，党和国家动用重典，杀了刘青山、张子善两人，党内的正气很快树立起来；而这一次一下杀了三名大官，但邪气却仍未压住，且出现了“前腐后继”、愈演愈烈之势。据《人民日报》2007年10月10日《全国检察机关推进检查改革，提高执法能力》一文所统计的相关资料，2003

① 见张耀灿主编《中国共产党思想政治工作史》，红旗出版社1995年版，第516页。

年至2007年7月，全国检察机关共立案查处贪污贿赂犯罪案件计136570件，涉及157569人，其中5万元以上的大案达82162件，县处级以上的要案涉案人员达11557人，分别占立案总数的60.2%和7.3%，其中查处司局级干部791人，省部级干部32人。自2000年至2007年，仅将省部级犯有贪腐大罪的人员送上断头台的，就达六人之多。他们分别是原江西省副省长胡长清、原全国九届人大常委会副委员长成克杰、原安徽省副省长王怀忠、原国家药检局局长郑筱萸、原河南省副省长吕德彬、原济南市人大常委会主任段义和。这些都说明了党和国家对贪官坚决惩处的决心。尽管如此，似乎还是未能煞住贪腐滋生的漫延之势。可见，我们党所进行的反腐倡廉，确实具有长期性、艰巨性、复杂性的特色，我们决不能松懈自己的意志，必须继续将“反腐倡廉”的旗帜高高举起。

（三）推进反腐倡廉的几项有力措施

如党的十七届四中全会《公报》所指出的：“当今世界正处在大发展大变革大调整时期。世界多极化、经济全球化深入发展，科技进步日新月异，国际金融危机影响深远，世界经济格局发生新变化，国际力量对比出现新态势，全球思想文化交流交融交锋呈现新特点，综合国力竞争和各种力量较量更趋激烈，给我国发展带来新的机遇和挑战。”“世情、国情、党情的深刻变化对党的建设提出了新的要求，党面临的执政考验、改革开放考验、市场经济考验、外部环境考验是长期的、复杂的、严峻的，落实党要管党、从严治党的任务比过去任何时候都更为繁重和紧迫。”面对这样的新形势，我们党内的反腐倡廉不能削弱，必须加强。那么，我们应当怎样把党内的反腐倡廉推向新的境界？笔者以为必须努力抓好以下几件大事：

第一，必须完善法制约束。法制约束本是减少犯罪的重要途径，依法办事，使违法者及时受到惩处，从而杀一儆百，使一些人由畏法而走向自觉守法，实现清正廉洁。有人说，近些年来，我们依法处理了一批批贪腐官员，但贪腐之风并未煞住。是的，这种情况确实存在。而这种情况的存在，其根子在于我们的法制约束还不完善。由于法制约束不完善，使那些犯有贪腐之罪的人往往能逃避法律的制裁。这就使一些人存有侥幸心理，以为自己犯罪之后，可以蒙混过关。因而他们的胆子越来越大，不惜以身试法。而要堵塞这一漏洞，就必须在法制的完善上下功夫。试想一下：假如某位官员犯有贪腐罪，很快就会被相关制度所揭露，并及时受到相应的惩处，那么，谁还会抱侥幸心理去以身试法呢？可见，完善法制约束，势在必行。这就需要加强民主政治建设和财务制度建设，努力完善监督机制，杜绝以权谋私的种种可能性，真正发挥人民群众在财务制度方面的监督管理作用。使制度约束成为干部走向清廉的有力保证。

第二，必须加强思想道德教育。法制约束作为一种手段，它可以限制与减少犯罪，但只是治标，却不能治本。而思想道德教育则不同，它可以引导人们向往高尚的道德追求，激励人们自觉的献身精神，而永不越轨。这属于一种治本之功，比法制约束更高出一筹。因此，我们应当坚持对党员干部进行思想道德教育，使他们自觉地树立起立党为公、执政为民、甘作人民公仆，把全心全意为人民服务变为自己的自觉行动。毛泽东同志曾说，人总是要有点精神的。没有精神支撑，我们就不可能成就伟大的事业。在过去的革命战争年代，生活那样艰苦，斗争那样激烈，成千上万的共产党员，总是抱着“一不怕苦，二不怕死”的献身精神，冲锋陷阵，永不退却。而他们之所以能如此，正是由于有革命精神的支撑。今天，我们正在建设的中国特色的社会主义事业，也是前无古人的伟大事业，我们应当鼓励当今的共产党员积极投身这一事业，以献身这一事业为最大光荣，以背叛这一事业为最大耻辱。这样，我们党就可以树立起一股正气，自觉地同贪污腐败划清界限。有了这股精神，我们就可以抵制贪腐，就可以赢得人民的赞誉！

第三，要慎重选拔干部，让那些真正德才兼备的人走上领导岗位。近些年来，由于贪腐之风盛行，一些人出于个人私利，搞“买官卖官”“跑官要官”，这种情况的存在，使党和国家的干部队伍严重不纯。一些人之所以不惜花大钱去买官，其目的在于以“买官”作资本，去谋取更大的私利。这样的人，一旦得逞，又怎么能抑制住自己的贪欲，而不向国库伸手、不向人民要利呢？所以，要从源头上治腐，就必须把好选拔干部的重要环节。要把那些真正有清廉政绩的人，推举到合适的岗位，让他们挑重担，担大任。一旦发现干部中的以权谋私现象，就应及时教育、处理，并将之调离现任，以便防患于未然。对于任免干部，党内应有纪律约束，做到举贤有功，任不肖有责。凡由领导干部推荐而被任用的人，一旦发现不合格，必须追究责任。只有这样，才能保证把选贤任能落到实处。

第四，要注意改变社会不良风气。随着我国经济发展形势的好转，人民的物质生活和精神生活的需求不断提高，这是正常的，无可厚非。但是，也应当看到，由于门户开放，西方人的生活方式和价值追求，直接给当代中国带来了深刻的影响和重大的冲击。一些部门领导干部，丢掉勤俭办事的优良作风，大吃大喝，铺张浪费，一掷千金。有些人，工资不算高，但为了购买豪华住宅、开高档小车、用巨款赌博、迎合包二奶需要，便不择手段地贪污受贿，千方百计地抓钱捞钱，以致陷入腐败深渊而不能自拔。这股风气，如同瘟疫，使一些人放弃了共产党人的价值观和人生观。因此，我们要把反腐倡廉坚持下去，必须努力改变当代中国不良风气，建设一个有利于清廉政治形成的文化环境。

总之，在纪念中国共产党建党九十周年之际，作为中国共产党党员，任重道远，我们要做的事情还很多，而抓好“反腐倡廉”，则是十分紧迫、不容搁置的大事。我们应当自觉响应党中央的号召，高举“反腐倡廉”的旗帜，坚决同贪腐行为作无情的斗争，以捍卫党的纯洁性，提高党的战斗力。

（原载《学校党建与思想教育》2011 年第 6 期）

五　论我党三十年来在观念大变革方面所取得的巨大成就及其深远意义

自 1978 年党的十一届三中全会确立改革开放的伟大方针以来，已经历了整整三十年。这三十年，是我党和我国历史上极不平凡的三十年。三十年来，在党的正确领导下，坚持马列主义、毛泽东思想和邓小平理论的指导，在政治、经济、文化、教育、外交等各个领域，都取得了史无前例的巨大成就，我国的综合国力发生了天翻地覆的根本变化，人民的生活水平得到了非常显著的提高，我国的国际地位与日俱增。最近，两大奥运会的主办，更使世界对中国刮目相看。本文拟就三十年来，我党和我国人民在观念变革方面所取得的巨大成就，谈点个人的点滴感受，就教于海内大方之家。

社会意识是社会存在的反映。我国的观念变革，不是从天上掉下来的，它是我国人民在中国共产党的领导下，坚持“解放思想”的必然结果。思想观念的变革，从特定角度反映了我们时代在政治经济领域方面的大变革。

早在改革开放初期，邓小平就针对当时党内存在的思想“僵化或半僵化”问题，明确提出“解放思想，开动脑筋，实事求是，团结一致向前看”的指示精神，指出：“只有思想解放了，我们才能正确地以马列主义、毛泽东思想为指导，解决过去遗留的问题，解决新出现的一系列问题，正确地改革同生产力迅速发展不相适应的生产关系和上层建筑，根据我国的实际情况，确定实现四个现代化的具体道路、方针、方法和措施。”① 正是在邓小平这一思想指导下，全党在思想解放方面，登上了一个又一个新台阶，从而促进了观念更新，推动了思想观念大变革。这一变革，涉及思想领域的是是非非，触及社会神经的各个方面。透过三十年的观念变革，考察三十年出现的新观念，我们可以听得见我党和我国人民前进的脚步声。

三十年来，我国人民在改革开放中，创造了一系列新观念，如：关于“实践是检验真理的唯一标准”的观念、关于“三个有利于”的观念、关于“科学是第一生产力”的观念、关于“三个代表”的观念、关于“全面建设小康社会”的观念、关于“科学发展”的观念、关于“构建和谐社会”的观念，等等，都是近三十年来出现的新观念。这些新观念，既丰富了我国思想文化建设的成果，又对我国的改革开放和政治经济建设，起到了思想先导的重要作用，成为改革开放过程中不可缺少的精神动力和思想支撑。这里，试对这些新观念的确立及其重大价值，作提纲挈领的简要回顾，借以阐明这些新观念

---

① 《邓小平文选》第2卷，人民出版社1994年版，第141页。

确立的深远意义。

（一）关于“实践是检验真理的唯一标准”新观念的确立及其重大意义

“实践是检验真理的唯一标准”，作为一种新观念的确立，经历了一个发展过程。粉碎“四人帮”以后，随着拨乱反正、正本清源的时代需要，什么是“检验真理的标准”的问题，尖锐地提到了人们面前，当时有人认为“领袖语录”或“红头文件”是检验真理的标准，认为只要是领袖说的、“红头文件”写的，就是正确的，就必须执行、照办。其中最典型的，就是“两个凡是”的说法：“凡是毛主席做出的决策，我们都坚决拥护；凡是毛主席的指示，我们都始终不渝地遵循。”“两个凡是”表面上是维护领袖的权威，实际上却搞思想僵化，搞“语录标准”，严重影响在思想领域的拨乱反正。针对“两个凡是”，邓小平同志尖锐地指出：“我是不赞成‘两个凡是’的。‘两个凡是’不是马列主义、毛泽东思想。”① 为了纠正“两个凡是”的错误，邓小平同志大讲“实事求是”，认为“实事求是，是毛泽东思想的出发点、根本点”②。在邓小平同志的带动下，1977 年 8 月召开了党的十一大通过了《政治报告》，停止了使用“两个凡是”的提法，并在全国理论界开展“真理标准”大讨论。1978 年 5 月 9 日，中央党校《理论动态》在胡耀邦同志的支持下，首先发表了由南京大学胡福明同志撰写的《实践是检验真理的唯一标准》一文，接着，该文又以“特约评论员”的名义，于同月 11 日在《光明日报》上发表，第二天，《人民日报》《解放军报》同时转载。从此，“真理标准”问题的讨论，由理论界扩向全社会，并使“实践是检验真理的唯一标准”的基本观点和“实事求是”的基本原则，逐渐为人民群众所掌握，并产生了强烈反响。1978 年 12 月 18 日至 22 日，中国共产党具有伟大历史意义的十一届三中全会在北京召开。全会除了做出改革开放的重大决策之外，还坚决否定了“两个凡是”的错

① 《邓小平文选》第 2 卷，人民出版社 1994 年版，第 190 页。
② 同上书，第 114 页。

误方针，高度评价了“实践是检验真理的唯一标准”的哲学见解，从而进一步确立了党的辩证唯物主义的思想路线。

真理标准问题的讨论，以“实践是检验真理的唯一标准”的结论而告终，帮助人们完成了思想观念上的大更新。这一观念更新引起的社会反响无比巨大，它不仅在理论上有效地加强了对“文化大革命”时期林彪、“四人帮”所制造的“左”倾思潮的拨乱反正，而且为党在新时期确立建设中国特色社会主义道路奠定了思想路线的基础。我们可以说，我国后来在改革开放中所取得的伟大成果，都同“实践标准”和“实事求是”思想路线的确立不可分割。

（二）关于“三个有利于”新观念的确立及其重大意义

邓小平同志于1992年1月18日至2月22日，在武昌、深圳、珠海、上海等地巡视期间，发表了重要谈话（简称《南方谈话》）。其基本精神，就是再次突出“解放思想”，鼓励人们放开手脚，大胆干，大胆闯。当时，一些人由于对“三资企业”究竟是“姓社”还是“姓资”，分不清性质，害怕滑入“资本主义”邪道，因而谨小慎微，顾虑重重。针对这一情况，邓小平在《南方谈话》中，提出了“三个有利于”：即“是否有利于发展社会主义社会的生产力，是否有利于增强社会主义国家的综合国力，是否有利于提高人民的生活水平”。这“三个有利于”，是在理论上对“实践标准”的具体运用，成为人们判断姓“社”还是姓“资”的重要标准。这个标准具有三大特征：其一，它把生产力标准、综合国力标准同人民生活水平标准有机结合起来，成为一个完整而又统一的标准；其二，生产力标准、综合国力标准以及人民生活水平标准相互联系，其中生产力标准居于主导地位，是三个标准中具有根本性质的标准；其三，“三个有利于”判断标准，是衡量改革开放过程中各项工作姓“社”、姓“资”的共同标准、根本标准，而不是具体标准，但它对具体标准的制定有指导作用。“三个有利于”判断标准的确立，在当时也是观念上的一次大变革。它帮助人们在实践中能够分清“三资企业”或其他事业的社会主义性质，从而擦亮了眼睛，提高了觉悟，鼓足了勇气，在实践中放手大干，将改革开放不断推向深入。

（三）关于“科学是第一生产力”新观念的确立及其重大意义

“科学是生产力”，本是马克思主义的基本观点。马克思曾明确指出：“生产力中也包括科学。”[①] 但是，马克思的这一观点，长期被人遗忘。特别是在“文化大革命”中，“左”的思潮泛滥，知识贬值到了无以复加的地步，知识分子被视为“臭老九”，被关进牛棚，或遣去扫厕所。改革开放以后，尊重知识、尊重人才被提上了重要日程，于是承认“科学是生产力”势在必行。邓小平最先关注了这一问题。他早在1975年主持中央工作期间，在听取中科院负责人汇报时，就指出：“科学技术叫生产力。”[②] 粉碎“四人帮”后，邓小平再次出山，并主抓文化教育，在1978年全国科学大会开幕式上的讲话中再次强调了“科学技术作为生产力，越来越显示出巨大的作用”[③] 的观点。他说：“当代的自然科学正以空前的规模和速度，应用于生产，使社会物质生产的各个领域面貌一新。特别是由于电子计算机、控制论和自动化技术的发展，正在迅速提高生产自动化的程度。同样数量的劳动力，在同样的劳动时间里，可以生产出比过去多几十倍几百倍的产品。社会生产力有这样巨大的发展……最主要的是靠科学的力量、技术的力量。”[④] 在此基础上，1988年9月5日，他进一步指出：“马克思说过，科学技术是生产力，事实证明这话讲得很对。依我看，科学技术是第一生产力。”[⑤] 明确肯定了“科学技术是第一生产力”。1992年，他在《南方谈话》中再次申述了这一观点，指出：“经济发展得快一点，必须依靠科技和教育。我说科学技术是第一生产力。……要提倡科学，靠科学才有希望。”[⑥] 正是在邓小平一再强调下，“科学是第一生产力”的新观念，逐步为人们所认同，并产生了广泛影响。这一新观念，深刻揭示了科学技术在生产力发展中的巨

① 《马克思恩格斯全集》第46卷下册，人民出版社1980年版，第211页。

② 《邓小平文选》第2卷，人民出版社1994年版，第34页。

③ 同上书，第87页。

④ 同上。

⑤ 《邓小平文选》第3卷，人民出版社1993年版，第274页。

⑥ 同上书，第377—378页。

大作用。它的确立，既是对当代科学技术同生产力发展的关系的科学总结，又为我们党和政府实施科教兴国基本国策、坚持尊重知识、尊重人才提供了理论依据。

（四）关于“三个代表”新观念的确立及其重大意义

在旧世纪向新世纪转变的关键时刻，“我国社会生活发生了广泛而深刻的变化，社会经济成分、组织形式、利益分配和就业方式等的多样化还将进一步发展。这必然会给我国政治、经济、社会文化生活，带来深刻影响，给我们党执政和领导各项事业，提出新的更高要求。”① 这就使党的建设面临着严峻的挑战和考验：在新的历史条件下，我们应当建设一个什么样的党？怎样建设党？要对这些问题做出正确的回答，首先必须解放思想，摆脱一些“僵化或半僵化”的思维方式，以便一切从实际出发，将中国特色的建党理论推向新的高度。正是在这样的历史条件下，江泽民同志带头解放思想，冲破某些禁区，于2000年5月14日提出了“‘三个代表’是我们党的立党之本、执政之基、力量之源”② 的重要论断，明确认为中国共产党应当代表中国先进生产力的发展要求，代表中国先进文化的前进方向，代表中国最广大人民的根本利益。2001年7月1日江泽民同志又《在庆祝中国共产党成立八十周年大会上的讲话》中，全面系统地阐明了“三个代表”重要思想。把“三个代表”作为“我们党的立党之本、执政之基、力量之源”，这无疑是党的指导思想上的重大突破，是带有战略转折性的观念更新，是对马克思主义中国化的又一重大贡献。坚持按“三个代表”的要求建设党，就能集中体现我们党的工人阶级先锋队的性质、根本宗旨、根本任务，就能在新的历史条件下搞好党的建设，优化党的领导，推进中国特色社会主义建设伟大事业。无须多作解释，江泽民同志“三个代表”思想的提出，是中国共产党人以“解放思想”为动力的重大理论创造和观念更新。

---

① 《江泽民论有中国特色社会主义（专题摘编）》，中央文献出版社2002年版，第573页。

② 同上书，第576—578页。

（五）关于"全面建设小康社会"新观念的确立及其重大意义

"全面建设小康社会"，是党的十六大确定的战略方针。这一方针的确立，是以邓小平理论为依据的。"小康"一语，出之于我国古文献《礼记·礼运篇》，其意在于表达作者向往禹、汤、文、武、成王、周公"六君子"所开创的太平盛世。邓小平同志将"小康社会"借用过来，作为我党经济建设所应达到的一个目标，并用"三步走"对之作了具体规划，认为"实现这个目标意味着我们进入小康社会，把贫困的中国变成小康的中国"①。后来，党的十四大、十五大又根据形势的发展，不断丰富"小康社会"的内容。到了党的十六大，江泽民同志明确把"全面建设小康社会，开创中国特色社会主义事业新局面"作为《报告》的主题，对之展开了系统地阐述。

一是肯定了我党"三步走"战略已取得重大胜利。江泽民同志说："2001 年，我国国内生产总值达到九万五千九百三十三亿元，比 1989 年增长近两倍，年均增长百分之九点三，经济总量已居世界第六位。人民生活总体上实现了由温饱到小康的历史性跨越。"这同邓小平所设想的"小康社会"目标基本吻合。故江泽民同志又指出："我们胜利实现了三步走战略的第一步、第二步目标，人民生活总体上达到了小康水平。"

二是明确提出了"全面建设小康社会"的奋斗目标。江泽民同志指出："必须看到，我国正处于并将长期处于社会主义初级阶段，现在达到的小康还是低水平的、不全面的、发展很不平衡的小康，人民日益增长的物质文化需要同落后的社会生产之间的矛盾仍然是我国社会的主要矛盾。"所以，我们不能满足于既得的成就，"还需要进行长期的艰苦奋斗"，使"小康社会"更加完善，逐步达到高水平，这就很有必要提出"全面建设小康社会"的战略任务。

三是突出了"全面建设小康社会"的基本目标。江泽民同志说："根据十五大提出的到 2010 年、建党一百年和新中国成立一百

① 《邓小平文选》第 3 卷，人民出版社 1993 年版，第 226 页。

年的发展目标，我们要在本世纪头二十年，集中力量，全面建设惠及十几亿人口的更高水平的小康社会，使经济更加发展、民主更加健全、科教更加进步、文化更加繁荣、社会更加和谐、人民生活更加殷实。这是实现现代化建设第三步战略目标必经的承上启下的发展阶段，也是完善社会主义市场经济体制和扩大对外开放的关键阶段。经过这个阶段的建设，再继续奋斗几十年，到本世纪中叶，基本实现现代化，把我国建成富强民主文明的社会主义国家。”这段讲话，对全面建设小康社会的基本目标作了集中阐述，的确鼓舞人心，催人奋发。

四是对党的十六大确立的全面建设小康社会所要达到的目标的性质作了评述。江泽民同志指出：“这次大会确立的全面建设小康社会的目标，是中国特色社会主义经济、政治、文化全面发展的目标，是与加快推进现代化相统一的目标，符合我国国情和现代化建设的实际，符合人民的愿望，意义十分重大。”

以上江泽民同志就“全面建设小康社会”所作的系统论述，深刻阐明了“全面建设小康社会”的重要性和必要性，为我们又好又快地建设中国特色社会主义指明了方向、道路。如胡锦涛同志所指出的：“全面建设小康社会，是我们党和国家到2020年的奋斗目标，是全国各族人民根本利益所在，必须坚定不移地为之奋斗。”因此，“全面建设小康社会”新观念的确立，意义无比深远，它必将持久地激励人们为之努力奋斗。

（六）关于“科学发展观”新观念的确立及其重大意义

“科学发展观”是我党第三代领导集体在建设中国特色社会主义的伟大实践中创造出来的一个全新理念。胡锦涛同志在党的十七大报告中，对这一理念进行了深刻的理论阐述，他指出：“科学发展观，是对党的三代中央领导集体关于发展的世界观和方法论的集中体现，是同马克思列宁主义、毛泽东思想、邓小平理论和‘三个代表’重要思想既一脉相承又与时俱进的科学理论，是我国经济社会发展的重要指导方针，是发展中国特色社会主义必须坚持和贯彻的重大战略思想。”“科学发展观是立足社会主义初级阶段基本国情，总结我国发展实践，借鉴国外发展经验，适应新的发展要求提出来的”，旨在引导整个社会的发展。它把社会作为发展的对象，要求在实现社会发展的过程中，自觉遵循关于发展的客观规律，以促进全社会沿着正确的方向，全面、协调、持续地发展。胡锦涛同志指出：“全党同志要全面把握科学发展观的科学内涵和精神实质，增强贯彻落实科学发展观的自觉性和坚定性。”“科学发展观”的确立，对于统一全党关于“发展”的思想认识有着无比重大的意义。有了“科学发展观”的指导，必将帮助人们转变不适应、不符合科学发展观的思想理念，帮助人们努力解决影响和制约科学发展的突出问题，从而把全社会发展的积极性引导到科学发展上来，自觉地把“科学发展观”贯彻落实到经济社会发展的各个方面，使中国特色社会主义建设沿着正确的方向大步前进。

（七）关于“构建和谐社会”新观念的确立及其重大意义

“构建社会主义和谐社会”是我党在十六大之后逐步确立起来的新理念。特别是党的十六届六中全会通过了《中共中央关于构建社会主义和谐社会若干重大问题的决定》（以下简称《决定》），对“构建社会主义和谐社会”这个重大战略决策从理论到实践作了系统而深刻的阐述。《决定》指出：“社会和谐是中国特色社会主义的本质属性，是国家富强、民族振兴、人民幸福的重要保证。构建社会主义和谐社会，是我们党以马克思列宁主义、毛泽东思想、邓小平理论和‘三个代表’重要思想为指导，全面贯彻落实科学发展观，从中国特色社会主义总体布局和全面建设小康社会全局出发提出的重大战略任务，反映了建设富强民主文明和谐和社会主义现代化国家的内在要求，体现了全党全国各族人民的共同愿望。”《决定》回顾了我党关于和谐社会理论形成的过程，分析了我国社会在人际和谐方面的基本情况，论述了“构建社会主义和谐社会的指导思想、目标任务和原则”，从而统一了人们的认识，帮助人们明确了“构建社会主义和谐社会”的重要性和迫切性。党的十七大进一步指出：“构建社会主义和谐社会是贯穿中国特色社会主义事业全过程的长期历史任务。”“我们要紧紧依靠人民，调动一切积极因素，努力形成社会和谐人人有责、和谐社会人人共享的生动局面。"[①]"构建社会主义和谐社会"既是一项伟大的战略任务，又是一个全新的思想理念。它的确立，对于调动人民群众投身社会主义建设的积极性，不断化解社会矛盾，谋求人际关系和谐，深化社会道德规范，推进民主政治和社会公平正义，提高全社会文明程度，均有着无比重大的理论意义和现实意义。

除以上七大新观念外，还有一系列新观念，如："以人为本"的观念、"与时俱进"的观念、"共同富裕"的观念、"开拓创新"的观念、"环境保护"的观念，以及"继承与弘扬中华民族精神"的观念等，都是近三十年来我党总结人民群众创造出来的全新观念。这些新观念的确立，从特定视角反映了近三十年来我国人民在中国共产党的领导下建设中国特色社会主义的雄伟步伐，反映了近三十年来我国上层建筑在适应经济基础变革方面所取得的巨大成就，反映了中国特色社会主义理论在三十年的伟大变革实践中得到的巨大发展，反映了我党在思想文化建设方面所确立的一系列重大决策。这些新观念，从不同侧面深化和丰富了中国特色社会主义理论，成为中国特色社会主义理论的重要组成部分，不仅为广大人民群众所熟悉，而且多被纳入《中国共产党章程》，成为中国共产党人必须带头遵循的重要思想理念。所以，我们应对我党三十年来在思想观念变革方面所取得的巨大成就予以高度重视，这些成就与经济建设方面的巨大成就结合在一起，共同汇成了中国改革开放的交响曲，成为振兴中华的良好开端，值得我们大讲特讲，引以为豪。

（原载《思想教育研究》2008 年第 10 期）

六　论我党在抗日战争中开展思想政治工作的伟大成就

——纪念抗日战争胜利七十周年

抗日战争胜利七十周年纪念日来临了，这是中国人民和世界一切

① 胡锦涛：《在中国共产党第十七次全国代表大会上的报告》，载《中国共产党第十七次全国代表大会文件汇编》，人民出版社 2007 年版，第 40 页。

爱好和平的人民心中的大喜事，值得我们隆重纪念！中国人民的抗日战争，是世界反法西斯战争的重要组成部分，创造了世界反侵略战争的奇迹。如毛泽东同志所指出的："长期而又广大的抗日战争，……这是战争史上的奇观，中华民族的壮举，惊天动地的伟业。"[①] 这一伟大战争之所以能获得胜利，乃由多方面的原因所促成。其中，我党在抗日战争中开展得有声有色的思想政治工作，就是一个值得关注的重要方面，应当认真予以总结。总结抗日战争中开展思想政治工作的历史经验，对于充实和深化当代德育理论建设，有着不可估量的重大意义，值得予以高度重视。

（一）我党高度重视抗日战争中的思想政治工作

我党对抗日战争中的思想政治工作极端重视。毛泽东早在1937年10月25日在《和英国记者贝特兰的谈话》中，就明确指出："八路军更有一种极其重要和极其显著的东西，这就是它的政治工作。"并明确把"官兵一致""军民一致"以及"瓦解敌军和宽待俘虏"作为"八路军政治工作"的三项"基本原则"，为抗日战争中开展思想政治工作，指明了方向。1938年5月至6月，毛泽东发表了著名的《论持久战》一文，在该文中，他围绕战争与政治的关系，明确地指出："'战争是政治的继续'，在这点上说，战争就是政治，战争本身就是政治性质的行动，从古以来没有不带政治性质的战争。……一句话，战争一刻也离不了政治。"又指出："因此可以说，政治是不流血的战争，战争是流血的政治。"基于这些认识，毛泽东在该文中专门就"抗日的政治动员"一项，作了深刻而系统的论述，指出："如此伟大的民族革命战争，没有普遍和深入的政治动员，是不能胜利的。抗日以前没有抗日的政治动员，这是中国的一大缺陷，已经输了敌人一着。……决不可再输敌人一着，相反，要大大地发挥这一着去制胜敌人。这一着是关系绝大的；武器等等不如人，尚在其次，这一着实在是头等重要。"在这里，毛泽东明确地把"抗日的政

① 《毛泽东选集》第2卷，人民出版社1991年版，第439—515页，下引此书不再注页码。

治动员”放在“头等重要”的地位，表明他对抗战中的思想政治工作无比重视。所以，他又特别强调说：“这个政治上动员军民的问题，实在太重要了。我们之所以不惜反反复复地说到这一点，实在是没有这一点就没有胜利。没有许多别的必要的东西，固然也没有胜利，然而这是胜利的基本条件。”在毛泽东看来，抗日战争中的思想政治工作，不是小问题，而是关系到抗战成败的大问题，因而必须认真抓好。

与毛泽东一样，周恩来也十分重视抗日战争中的思想政治工作。他专门撰写了《抗战军队的政治工作》一文，该文的第一个标题，就明确肯定：“革命的政治工作是民族革命的生命线。”表明他把部队政治工作放在十分显著的高度。他明确地指出：“改造军队最重要的一环，就是建立革命的政治工作制度。”周恩来曾针对一些人非难思想政治工作的论调，指出：“有人说，政治工作是空谈，是‘卖狗皮膏药’的，……我们必须坦白诚恳地说，这些非难政治工作的理由，不是不了解政治工作的实际意义，就是故意反对军队中的革命政治工作，而不想军队革命化。政治工作之变为空谈，这决不是政治工作本身的错误，而是由于政治工作人员没有实行真正的革命的政治工作。”他进一步指出：“革命军队的政治工作的基本目的，是提高革命军队的战斗力，保证战争的胜利，是使军队本身团结起来，军队与人民联合起来。”他还告诉人们，我们要通过政治工作，“使每个指挥员、战斗员，每个人民懂得而且确信我们今天的抗战，是为国家、为民族、为自己、为子孙，为着争取民族解放、民生幸福、民权自由这三大目的而奋斗”。周恩来还运用国内外军队政治工作的历史经验，指出：“苏联红军所以能够团结全国工农在残破困苦之中击败白党（军）与外国的进攻，中国红军在过去十年所以能团结苏区人民进行残酷的战争，西班牙政府军所以能团结人民与法西斯德、意侵略军及佛朗哥叛军进行坚决持久的战斗，这些‘奇迹’的主要原因之一，就是由于革命军有坚强的革命政治工作。”可见“革命政治工作”，是推动革命战争走向胜利的可靠保证。据此，他得出结论说：“只有在抗战军队中把政治工作实际地建立起来，才能把民族抗战的战斗力提高，才能把官与兵、军与民联结成一条心，象一个人一样，为民族的独立自由而战斗到底。”[①] 从而，鲜明地突显出了思想政治工作在抗日战争中的核心作用。

正是在毛泽东、周恩来等革命领袖的大力倡导下，我党所领导的八路军、新四军，都自觉地在抗战中坚持、贯彻党的思想政治工作，并且取得了许多宝贵的经验，先后出版了一系列有关抗战方面的思想政治工作的论著。据考，从1938年11月到1939年10月，先后有罗瑞卿《抗日军队中的政治工作》、张际春《抗大政治工作及其经验》、傅钟《八路军抗战中政治工作的经验》以及谭政《论八路军政治工作的传统与作风》等重要著作公开出版。这些论著，以抗日战争中的思想政治工作为主线，对我党领导下的军队和相关单位的思想政治工作，作了不同侧面的探索性总结。特别是罗瑞卿和谭政的论著，在当时的军队政治工作中产生了强烈的反响。

罗瑞卿的论著，站在抗战时代的高度，对当时我军的思想政治工作，做了比较全面、系统、深刻的总结。他指出，“以政治工作的威力，提高军队的政治觉悟，加强其对于抗战胜利的坚固信心，加强军队的统一和团结，反对任何军阀传统的派系观念及各种有害的分裂倾向，以及切实建立军民之间的亲密关系和执行正确的敌军政策”等等，都是绝对必要的。他高度概括地指出：“‘政治工作是一切革命军队的生命线’，这个确切不移的真理，对于今天一切的抗日军队，我想同样也是适用的。”这个结论性的认识，无疑有助于将抗日战争中的思想政治工作引向深化。

谭政的论著，从“传统和作风”的视角，系统地回顾和总结了八路军思想政治工作的历史和现状，既明确肯定了八路军以往思想政治工作在激发部队上下团结、融洽官兵感情、改善军民关系、提高部队战斗力、培养军人刚毅作风等方面所取得的重要成绩，也指出了以往思想政治工作中存在的形式主义、表面化、简单化等缺点。这对于进一步改进和完善八路军在抗日战争中的思想政治工作，具有不可低估的重大指导意义。

随着党的事业的发展和抗日战争的深入，我党在军队内的思想政

① 《周恩来选集》上卷，人民出版社1980年版，第92页。

治工作不断改善，特别是经过延安整风、党内马克思主义水平得到全面提高之后，党的思想政治工作也日益趋向成熟。一个重要标志就是谭政同志受中央委托，于 1944 年 4 月 11 日在西北局高级干部会上所作的《关于军队政治工作问题的报告》。这个报告是由毛泽东、周恩来亲自审阅修改并经中央扩大的书记会议讨论通过的，可以说是当时党中央集体智慧的结晶，是我党我军思想政治工作发展史上最重要的文献之一。

该《报告》对军队政治工作的地位作用、基本原则、总方针与总目的以及相应的方法途径等等，作了全面而深刻的论述，指出：“政治工作的基本原则，是以民族民主革命的纲领教育军队，是以人民革命的精神教育军队，使革命军队内部趋于一致，使革命军队与革命人民、革命政府趋于一致，使革命军队完全服从革命政党的领导，提高军队的战斗力，并进行瓦解敌军、协和友军的工作，达到团结自己、战胜敌人、解放民族、解放人民的目的。这就是我们的军队和其他军队的原则区别。我们说，共产党领导的革命的政治工作是革命军队的生命线，就是指的这个意思。”这个概括，把我党在抗日战争中的思想政治工作，推到了新的高度，为抗日战争中加强和改进军队的思想政治工作、最终赢得战争的全面胜利，奠定了思想基础。

（二）抗日战争中的思想政治工作是战胜日寇的最锐利的武器

抗日战争中的思想政治工作是我党抗战精神和抗战宗旨的集中体现，是挽救民族危亡的进军号角，极大地推动了中国军民投身抗战的时代潮流。1937 年 7 月 7 日卢沟桥事变之后，中国人民进入了伟大的抗日战争历史新时期。在这救亡图存的关键时刻，中国共产党铁肩担重任，在事变的第二天（即 7 月 8 日），就向全国发表了号召抗战的《宣言》书，要求“全中国人民、政府和军队团结起来，筑成民族统一战线的坚固的长城，抵抗日寇的侵略”①。一个多月后，即 1937 年 8 月 25 日，我党又以“满腔的热忱向中国国民党、全国

① 《毛泽东选集》第 2 卷，人民出版社 1991 年版，第 344 页。

人民、全国各党各派各界各军提出彻底战胜日寇的《十大救国纲领》”。《纲领》包括“打倒日本帝国主义”“全国军事的总动员”“全国人民的总动员”等十个方面。中国共产党坚信，“在实现上述十大纲领的条件下，战胜日寇的目的是一定能达到的”[①]。以上有关抗战的《宣言》和《纲领》，从不同侧面表达了我党坚持抗战的决心和策略部署，为促成全国、全民投入抗战树起了光辉的旗帜！我党在抗日战争中的思想政治工作，正是围绕上述《宣言》和《纲领》广泛展开的，并且取得了伟大的成就。

那么，抗日战争中的思想政治工作，究竟取得了哪些主要成就呢？这的确是一个值得认真思考的问题。我党在抗日战争中的思想政治工作，可谓风风火火，如雷鸣电闪，影响广泛，涉及政府、军队、政党、群众及相关民众团体各个方面，留下了深远的思想影响，就其主要成就而言，可以概括为以下几点。

第一，认真贯彻党的思想政治工作三项“基本原则”，为增强我军、削弱敌军、吸引民众支持战争，创造了条件，奠定了思想基础。

关于三项“基本原则”，毛泽东曾指出：“八路军的政治工作的基本原则有三个，即：第一、官兵一致的原则，这就是在军队中肃清封建主义，废除打骂制度，建立自觉纪律，实行同甘共苦的生活，因此全军是团结一致的。第二、军民一致的原则，这就是秋毫无犯的民众纪律，宣传、组织和武装民众，减轻民众的经济负担，打击危害军民的汉奸卖国贼，因此军民团结一致，到处得到人民的欢迎。第三、瓦解敌军和宽待俘虏的原则。我们的胜利不但是依靠我军的作战，而且依靠敌军的瓦解。瓦解敌军和宽待俘虏的办法虽然目前收效尚未显著，但在将来必定会有成效的。”[②] 以上毛泽东所概括的三项“基本原则”，从总体上部署了我党思想政治工作的基本范围和目标宗旨。它的贯彻实施，有利于从各方面调动抗战的积极性，为抗日战争胜利创造条件。

---

① 《毛泽东选集》第2卷，人民出版社1991年版，第357页。

② 同上书，第379页。

三项基本原则，各有侧重，分别显示出自己的独特功能。首先，“官兵一致”，突出的是长官与士兵在政治上一律平等，革除封建主义的体罚制度，维护士兵的人格尊严，让他们懂得为谁打仗，从而充分发挥投身抗战的自觉性，用革命献身精神武装自己，在战场上英勇杀敌，自觉报效国家、民族。其次，“军民一致”，突出的是爱护老百姓的宗旨，让士兵在行军作战中，时时处处自觉遵守“三大纪律、八项注意”，做到对群众利益“秋毫无犯”，使部队真正成为人民的子弟兵，从而充分发挥群众支持战争、关怀部队发展的积极性，使军民合作成为不可战胜的钢铁长城。最后，“瓦解敌军和宽待俘虏”，其宗旨在于从思想上分化瓦解敌军、削弱敌军的战斗力，以达到“不战而屈人之兵的目的”。“瓦解敌军和宽待俘虏”，属于内含十分艰巨的思想政治工作，虽然初期难得见效，但只要坚持下去，就能发挥重要作用。据有关资料记载，抗日战争中，八路军政治部曾在延安建立了一所“日本工农学校”，这所学校的学员，乃以日军战俘或投诚人员为对象，接受我党的政治教育。他们学成后，提高了觉悟，其中有许多人正式参加了八路军，有的还加入到“觉醒联盟”或“反战联盟”进步组织中，配合我军对日军进行政治工作。他们了解情况，掌握日军心理动态，因而由他们出面对日军喊话或散发传单，常能收到意想不到的效果。例如，1942 年 11 月，“觉醒联盟”的成员在对原日军部队喊话时，曾出现双方“洒泪交流”的情景。又如，“反战同盟”冀鲁豫支部，曾与驻清丰县日军一个大队经常通信、宣传俘虏政策，造成该大队日军在与我军交战中，“大胆抛去武器，逃到八路军中来”① 的良好倾向。这些无疑都有利于削弱敌军、增强我军，使我军最终赢得战争胜利。

毫无疑问，以三项基本原则为标志的思想政治工作的广泛实施，成为我党赢得战争、战胜日寇的文化软实力，是抗日战争必将走向胜利的可靠保证。

第二，大力宣传抗日战争的正义性，动员人民群众用正义战争反对非正义战争，从而自觉为保卫祖国而战。

① 参见付鑫鑫《从“鬼子兵”到八路军》，载《文摘报》2015 年 7 月 9 日第八版。

在《论持久战》一文中，毛泽东还运用历史经验，阐明了正义战争与非正义战争的区别，指出："历史上的战争分为两类：一类是正义的，一类是非正义的。一切进步的战争都是正义的，一切阻碍进步的战争都是非正义的。我们共产党人反对一切阻碍进步的非正义的战争，但是不反对进步的正义的战争。对于后一种战争，我们共产党人不但不反对，而且积极地参加。"我党在抗日战争中的思想政治工作的一个重要方面，就是从启迪人们区分战争的性质入手，帮助人民群众提高觉悟，坚定抗战必胜的思想信念。

对于我国人民进行抗战的正义性，毛泽东早有清醒的认识，他指出："我们中国则从人民到政府，从共产党到国民党，一律举起了义旗，进行了反侵略的民族革命战争。我们的战争是神圣的、正义的，是进步的求和平的。……不但求一时的和平，而且求永久的和平。"又说："中国的战争是进步的，从这种进步性，就产生了中国战争的正义性。因为这个战争是正义的，就能唤起全国的团结，激起敌国人民的同情，争取世界多数国家的援助。"鲜明地突显出中国人民抗战的进步性、正义性；反之，同中国人民奋起抗战相比，日本入侵中国的战争，则是退步的、野蛮的非正义战争。亦如毛泽东所指出的："由于日本社会经济的帝国主义性，就产生了日本战争的帝国主义性，它的战争是退步的和野蛮的。……从社会行程来说，日本已不是兴旺的国家，战争不能达到日本统治阶级所期求的兴旺，而将达到它所期求的反面——日本帝国主义的死亡。这就是所谓日本战争的退步性，跟着这个退步性，加上日本又是一个带军事封建性的帝国主义这一特点，就产生了它的战争的特殊的野蛮性。"又说："日本的战争是阻碍进步的非正义的战争，全世界人民包括日本人民在内，都应该反对，也正在反对。"这些论述，可谓剃肤见骨，入木三分，深刻揭露了日本侵略战争的非正义性。

在伟大的抗日战争中，我党的思想政治工作，自始至终遵循着毛泽东同志的教导，向人民群众大讲抗战的正义性，大讲日本侵略的非正义性，从而有效地调动了人民群众投身抗战的积极性，激励举国同胞协力同心、一致抗日，这就保证了战争发展的正确方向，最终夺取了抗战的伟大胜利。

第三，大力宣传战争的持久性与艰苦性，动员人民群众在战争中发扬艰苦奋斗精神，坚韧不拔地同日寇斗争到底。

抗日战争初期，一些人对于抗战的前途，存在种种模糊认识，他们或持“速胜论”，或持“亡国论”，这给全民抗战蒙上了阴影。针对这种情况，毛泽东指出：“抗战十个月以来，一切经验都证明下述两种观点的不对：一种是中国必亡论，一种是中国速胜论。前者产生妥协倾向，后者产生轻敌倾向。他们看问题的方法都是主观的和片面的，一句话非科学的。”在毛泽东看来，“亡国论”和“速胜论”，“讲起来好像有道理，实际上是毫无根据，似是而非的空谈。扫除这些空谈，对于进行胜利的抗日战争，应该是有好处的。”基于这些见解，毛泽东明确地告诉人们：“中国会亡吗？答复：不会亡，最后胜利是中国的；中国能够速胜吗？答复：不能速胜，抗日战争是持久战。”这里用“抗日战争是持久战”一语，清楚明白地表达了我党的卓越见解。为什么“抗日战争是持久战”呢？毛泽东说：“我们说抗日战争是持久战，是从全部敌我因素的相互关系产生的结论。敌强我弱，我有灭亡的危险。但敌尚有其他缺点，我尚有其他优点。敌之优点可因我之努力而使之削弱；其缺点亦可因我之努力而使之扩大。我方反是，我之优点可因我之努力而加强；缺点则因我之努力而克服。所以我能最后胜利，避免灭亡；敌则将最后失败，而不能避免整个帝国主义的崩溃。”在这里，他把战争的前途，讲得多么透彻。毛泽东的这一理论，不是无根据的臆想，而是建立在对中日两国之优点与缺点作比较性与科学性的客观分析的基础之上，他曾指出：“加上日本是小国，地小、物少、人少、兵少；中国是大国，地大、物博、人多、兵多这一个条件，于是在强弱对比之外，就还有小国、退步、寡助和大国、进步、多助的对比，这就是中国决不会亡的根据。”在毛泽东看来，“强弱对比虽然规定了日本能够在中国有一定时期和一定程度的横行，中国不可避免地要走一段艰难的路程，抗日战争是持久战，而不是速决战；然而小国、退步、寡助和大国、进步、多助的对比，又规定了日本不能横行到底，必然要遭到失败，中国决不会亡，必然要取得最后胜利”。其所论，言之凿凿，令人信服，这是多么深刻而明晰的思想政治工作，它给予了抗日军民以“抗战必胜”的有力信念。

战争的持久性必然带来战争的艰苦性。持久战，指的是战争延续的时间较长。而战争延续的时间愈长，就愈会增加战争带来的负面影响。因为战争既破坏了人民群众的正常生产，又无情地消耗了大量的人力、物力、财力，这就不可避免地造成社会的动荡，人民的困苦。而我们所面对的日本鬼子兵，又是穷凶极恶，无比野蛮的强盗，他们为了赢得战争，不惜在沦陷区实施奸、虏、烧、杀，无恶不作。特别是当抗日战争进入相持阶段，日本侵略者几近疯狂，他们用“大扫荡”式的“围剿”，实行残酷的烧光、杀光、抢光的“三光”政策，给人民群众带来无穷的灾难。据毛泽东所言，“我党在一九四一年和一九四二年这两年内处于极端困难的地位。这一阶段内，我党根据地缩小了，人口降到五千万以下，八路军也缩小到三十多万，干部损失很多，财政经济极端困难”[①]。又说：“我们曾经弄到几乎没有衣穿，没有油吃，没有纸，没有菜，战士没有鞋袜，工作人员在冬天没有被盖。……我们的困难真是大极了。”[②] 这一切，无疑增加了抗日战争的艰苦性。面对这一情况，中国共产党人没有被困难吓倒，仍然斗志昂扬地坚持抗战。同时，为了克服困难，我党也采取了一些必要措施，如在解放区开展大生产运动，实行精兵简政、拥政爱民活动，以缓解经济上的困难。与此同时，我们党还通过积极的思想政治工作，激励军民发扬艰苦奋斗精神。毛泽东曾亲切地对大家说：“我们的同志在困难的时候，要看到成绩，要看到光明，要提高我们的勇气。中国人民正在受难，我们有责任解救他们，我们要努力奋斗。要奋斗就会有牺牲，死人的事是经常发生的。但是我们想到人民的利益，想到多数人民的痛苦，我们为人民而死，就是死得其所。”[③] 又说：“要使全党和全国人民建立起一个信心，即革命一定要胜利。首先要使先锋队觉悟，下定决心，不怕牺牲，排除万难，去争取胜利。”[④] 千千万万的共产党员和革命志士，坚决响

---

① 《毛泽东选集》第3卷，人民出版社1991年版，第943页。

② 同上书，第892页。

③ 同上书，第1005页。

④ 同上书，第1101页。

应党的号召，自觉克服战争中的重重困难，在战场上勇猛拼搏，随时准备“马革裹尸还”，决心为抗日奉献自己的最后一滴血。例如，1940 年 2 月前后，东北抗日联军在与日军进行游击战中，严重缺粮，指战员们都靠吃树皮、草根充饥。虽然如此，他们仍然坚持战斗。据相关资料记载，抗联领导人杨靖宇将军牺牲后，“日军解剖了他的尸体，胃里只有草根和棉絮，没有一点粮食，在场的日本人无不受到莫大震撼。日军头目岸谷隆一郎，流下了眼泪，长时间默默无语。……（后来）他在遗嘱中写道：‘天皇陛下发动这次侵华战争或许是不合适的。中国拥有杨靖宇这样的铁血军人，一定不会亡’”①。这或许是侵略者的良心发现。又如，1941 年 9 月晋察冀军区某团七连六班（共五人，即班长马宝玉和另外四名战士），奉命在狼牙山阻击三千余日寇实施的“围剿”。他们忘我战斗，曾取得毙敌 90 余人的战绩。但是，由于鬼子兵继续猛攻，在敌众我寡、弹尽路绝的情况下，他们为了迷惑敌人，主动把敌人吸引到悬崖绝路。子弹打光了，就用石头砸，最后宁死不屈，砸坏枪支，跳下悬崖，以身殉国，在我国抗战史上留下了“狼牙山五壮士”的英雄壮举。中国人民正因为有类似上述英雄儿女不畏艰难、英勇献身的精神，才能最终将万恶的鬼子兵赶出中国大地。

第四，大力宣传抗日战争的民族性与人民性，号召人民群众同仇敌忾，一致对外，陷敌于人民战争的汪洋大海。

抗日战争，从本质上说，是民族自卫战争。用毛泽东的话说，“这就是中华民族自求解放的战争形态，是半殖民地大国在二十世纪三十和四十年代举行的解放战争的特殊形态”。日寇的疯狂入侵，旨在亡我中华、奴我同胞、毁我家园、夺我财富，其矛头之所向，是针对整个中华民族的。因此，我们为了反侵略，就应该全民族团结起来，组成抗日民族统一战线，共赴国难，用“人民战争”的铁锤来回敬侵略者。为此，我党在抗日战争中的思想政治工作，特别注重向军民宣传开展人民战争的必要性、合理性、

① 参见刘亚洲《精神——纪念抗日战争胜利 70 周年》，载《参考消息》2015 年 7 月 1 日第 11—12 版。

迫切性。

战争一开始，毛泽东就代表中共中央起草了《为动员一切力量争取抗战胜利而斗争》的檄文，文章强调说："全中国人民动员起来，武装起来，参加抗战，实行有力出力，有钱出钱，有枪出枪，有知识出知识。……只要四亿五千万同胞一起努力，最后的胜利是属于中华民族的。"在《论持久战》中，毛泽东进一步指出："争取抗战胜利的中心关键，在使已经发动的抗战发展为全面的全民族的抗战。只有这种全面的全民族的抗战，才能使抗战得到最后胜利。""抗日战争是要赶走帝国主义，变旧中国为新中国，必须动员全中国人民，统统发扬其抗日的自觉的能动性，才能达到目的。"又说："动员了全国的老百姓，就造成了陷敌于灭顶之灾的汪洋大海，造成了弥补武器等缺陷的补救条件，造成了克服一切战争困难的前提。"还说："战争的伟力之最深厚的根源，存在于民众之中。日本敢于欺负我们，主要的原因在于中国民众的无组织状态。克服了这一缺点，就把日本侵略者置于我们数万万站起来了的人民面前，使它像一匹野牛冲入火阵，我们一声唤也要把它吓一大跳，这匹野牛就非烧死不可。"在《论联合政府》中，毛泽东又指出："总之，'一切为着前线！一切为着打倒日本侵略者和解放中国人民！'这就是中国解放区全体军民的总口号、总方针。这就是真正的人民战争。只有这种人民战争，才能战胜民族敌人。"正是在中国共产党人的大力呼吁和积极参与组织下，中国人民终于形成了坚强的抗日民族统一战线，大家携起手来，做到"地无分南北，人无分老幼"，肩负起"守土抗战之责任"，誓与日本侵略者进行殊死决斗。全民族参战人数之多，投入财力之巨，遭遇战争祸害之惨，与敌寇拼杀之勇猛顽强，在世界战争史上都是罕见的。

作恶者总是没有好下场的！随着这场波澜壮阔的人民战争的发展，中国人民和世界人民终于将以东条为代表的日本法西斯强盗送上了正义的审判台、推上了严肃的绞刑架！从而为中华民族赢得了解放与尊严！也为亚洲和世界赢得了安宁与和平！

人民战争之所以有如此巨大的威力，不仅是因为我们进行的战争是正义的民族自卫战争，还因为人民群众是历史的创造者，有了人民群众的参与，我们就没有克服不了的困难，就可以指到哪里，打到哪里，无往而不胜。

首先，由于人民群众的参与，为战争的顺利进行提供了急需的人力、物力、财力的支援。战争的胜负，最终取决于双方力量的对比。我方由于组成了抗日民族统一战线，从而在战争需要方面得到了人民群众的支持，有了保障。一是有了充足的兵源。由于群众支持战争，老百姓纷纷把子弟送入部队，这使抗战兵力源源不断。据统计，到1943年，我军已发展到“四十七万”，民兵已达“二百二十七万”①之众。二是有了合理的财源。抗日初期，财力严重不足。后来发动了群众，财政问题也得到解决。据有关资料记载，1940年至1942年间，由于日寇的“围剿”，我解放区遭遇极大的经济困难。在这一关键时刻，人民群众给边区政府伸出了援助之手，送来了必需的粮食，其中“一九四〇年的九万担，一九四一年的二十万担，一九四二年的十六万担”②，从而有力地支援了抗战。这一切，无疑都为战争的最后胜利，奠定了基础。

其次，由于人民群众的参与，我军在战争中充分发挥了群众的智慧，对敌实行机动灵活的战略战术，保证了战争的进程。如彭玉龙同志所言，“人民群众一旦被动员和组织起来，抗日的积极性就空前高涨，聪明才智便充分地发挥出来。他们以惊人的胆略和智慧，拿起各式各样的武器，依托高山密林、水网芦荡、平原地道、庄稼‘青纱’，因地制宜，开展空前活跃的人民战争”③，有效地在一系列奇特的战争中打击了敌人。特别是群众在战争中创造的“地道战”“地雷战”“麻雀战”“蜂窝战”“车轮战”“推磨战”等千奇百怪的战法，各显神通，均打得鬼子兵哇哇直叫，抱头鼠窜，充分显示了人民战争的威力。因此，我国抗日战争的胜利，说到底，乃是人民战争的胜利。

综上所述，抗日战争中的思想政治工作是战胜日寇的最锐利的

---

① 《毛泽东选集》第3卷，人民出版社1991年版，第944页。

② 同上书，第893页。

③ 参见彭玉龙《全民参与是抗战胜利的法宝》，载《参考消息》2015年5月25日第11版。

武器。由于我党在抗战中按照三项“基本原则”扎扎实实地开展思想政治工作，不仅在官兵一致、军民一致、瓦解敌军方面做出了成绩，而且在宣传抗战的正义性与进步性、宣传抗战的持久性与艰苦性、宣传开展人民战争的必要性与迫切性等方面做了大量工作，从而有效地调动了人民群众投身抗战的积极性与主动性，为抗日战争走向全面胜利，铺平了道路，创造了条件。从这个意义上说，我党在抗日战争中的思想政治工作，是保证抗日战争走向胜利的生命线。

（原载《思想理论教育》2015 年第 8 期）

七　论儒家优秀政治理念在当代治国理政中的现实价值

2013 年 11 月习近平总书记在参观考察山东曲阜孔府时，曾强调指出：“中华文化积淀着中华民族最深层的精神追求，包含着中华民族最根本的精神基因，代表着中华民族独特的精神标识，是中华民族生生不息、发展壮大的丰厚滋养。”① 2016 年 5 月，习近平总书记又在《在哲学社会科学工作座谈会上的讲话》中指出：“中国古代大量鸿篇巨制中，包含着丰富的哲学社会科学内容、治国理政智慧，为古人认识世界、改造世界提供了重要依据，也为中华文明提供了重要内容，为人类文明做出了重大贡献。”这些论述，客观而中肯，为我们正确认识和把握传统文化和传统道德的价值，提供了正确的理论导向。本节拟以儒家学术为切入点，集中探讨儒家优秀政治理念在当代治国理政中的现实价值。

儒家十分关注现实人生，关注国家民族的兴衰，关注黎民百姓的饱暖生存。这一切正是儒家的优势所在，它集中体现了儒家的人格追求和政治向往。我们知道儒家创始人孔子，曾明确提出“为政以德”的主张，认为若做到了“为政以德”，那就可以像北斗星那样，收到

① 参见《习近平总书记系列重要讲话读本》，学习出版社、人民出版社 2014 年版，第 100 页。

“居其所而众星共之”的良好效果。正是基于这一认识，儒家在政治理念的构建方面，把“民惟邦本”“天下为公”“举贤任能”“精忠报国”等重要理念作为核心内容，大加传扬。这些理念，既表达了儒家崇尚德政的价值取向，又给古代士人修身立德提供了重要启示。它们不仅对古代君臣制定大政方针、优化政权结构指明了方向，而且，也对于历代社会实施调节君民关系和吏民关系产生了积极效应，因而有效地推动了我国古代社会的文明进步。从一定意义上说，儒家的上述理念，对我国古代思维方式、价值取向、民族性格、道德建树、社会理想、人际关系等，均产生过无比深远的影响。同时，到了今天，它们对于推进中国特色社会主义的伟大进程，启迪各级干部搞好治国理政，也有不可低估的理论借鉴价值。

（一）儒家“民惟邦本”理念的演变发展及其现实价值

“民惟邦本”，意在强调民众是立国之本，突出的是民众在政权建设中的重要地位。这一地位，提醒统治者在政权建设中，要特别注重保民、爱民，否则就无法完成治国平天下的重任。“民惟邦本”一语，最初见于《尚书·夏书·五子之歌》[①]，原文为：“民惟邦本，本固邦宁。”这一思想虽未必出自夏代，但作为一种治道观，它即使是后人伪托，也从特定层面反映了古代思想家崇尚民本的政治主张。例如，早在西周时期，周公就明确提出过“敬德保民”的主张。那时，人们十分信奉“天命”。而周公则把保民放在与崇尚天命相并列的地位。在周公看来，天命和民意紧密相关，所谓“天视自我民视，天听自我民听”[②]；“人无于水监，当于民监”[③]；“惟王子子孙孙永保民”[④]等语，都是周公民本思想的写照。到了战国中期，孟子更明确地提出了“民为贵，社稷次之，君为轻”[⑤]的主张。他说：“得天下有道，得其民斯得天下矣。得其民有道，得其心斯得民矣。得其心有道，所

① 据学者考证，《五子之歌》，属伪孔传古文尚书篇目。
② 《孟子》引《周书·泰誓》。
③ 《尚书·酒诰》。
④ 《尚书·梓材》。
⑤ 《孟子·尽心下》。

欲与之聚之，所恶勿施尔也。”[①] 表达了孟子的民本理念。后来，战国末年的荀子对先儒的民本观念作了进一步发挥。荀子运用“舟水之喻”的著名论断，来阐明君民关系，指出：“传曰：‘君者，舟也；庶人者，水也。水则载舟，水则覆舟’。……故君人者，欲安，则莫若平政爱民矣。”[②] 这就从本质上论证了“平政爱民”的必要性。到了汉代，贾谊在总结秦朝覆灭的历史教训的基础上，对民本思想作了深刻总结，他说：“闻之于政也，民无不为本也。国以为本，君以为本，吏以为本。”[③] 这就对民本的内涵，作了最明确的概括。既然“民”是国家之本、君王之本、官吏之本，则当权者不能不正确处理好君民关系、吏民关系。而要处理好这些关系，统治者就必须减轻民众的负担。北齐学者刘昼围绕这一点，提出：“宽宥刑罚，以全人（‘人’，读为‘民’，下同）命；省彻徭役，以休民力；轻约赋敛，不匮人财。”[④] 毫无疑问，这些主张，有利于减轻统治者对于民众的压迫与剥削，因而具有进步意义。它可以启迪当权者改善自己的大政方针，缓和社会矛盾。

历史上一些开明的统治者，正是在民本思想的感召下，逐渐产生了对民众的敬畏感，由此而注重修身立德。例如，唐朝皇帝李世民，曾用荀子的“舟水之喻”教训太子李治，他说：“舟所以比人君，水所以比黎庶，水能载舟，亦能覆舟。尔方为人主，可不畏惧！”[⑤] 表明李世民确实对“民”具有敬畏感。据《贞观政要·君道》载：“贞观初，太宗谓侍臣曰：‘为君之道，必须先存百姓，若损百姓以奉其身，犹割股以啖腹，腹饱而身毙……朕每思此，不敢纵逸。’”这个记载，充分反映了李世民对“民本”之道，理解得相当透彻，并落实在他治国理政的实践中。他亲手开创的“贞观盛世”，在“爱民”“保民”方面，确有自己的独到之处，故在历史上传为美谈。

---

① 《孟子·离娄上》。
② 《荀子·王制》。
③ 《新书·大政上》。
④ 《刘子·爱民篇》。
⑤ 参见（唐）吴兢《贞观政要》，上海古籍出版社 1978 年版，第 125 页。

上述历史经验告诉我们，古代封建君臣在接受了“民惟邦本”的理念后，尚且能够注意改善治国理政的方略，在关心民生、尊重民力方面做出成绩。今天，我们的党作为无产阶级政党，我们的国家作为社会主义国家，我国的党政干部作为“社会公仆”，难道不能够在关心民生、尊重民力、坚持群众路线方面，比封建士人和封建君臣做得更好一些吗？毫无疑问，完全可以做得更好一些。因为我们的党和国家，以唯物史观为指导，深信人民群众是历史的创造者，并制定出“以人为本”的国策，因而为人民群众兴利除害，是广大干部应尽的职责。如习近平总书记所指出的：“我们党来自人民、植根人民、服务人民，党的根基在人民、血脉在人民、力量在人民。失去了人民拥护和支持，党的事业和工作就无从谈起。党要继续经受住执政考验、改革开放考验、市场经济考验、外部环境考验，就必须始终密切联系群众。在任何时候任何情况下，与人民同呼吸共命运的立场不能变，全心全意为人民服务的宗旨不能忘，群众是真正英雄的历史唯物主义观点不能丢，始终坚持立党为公、执政为民。”① 所以，古代思想家倡导的“民惟邦本”理念，完全可以借鉴过来，以丰富与充实当今党政干部们全心全意为人民服务的高尚追求，并为今天的治国理政贡献自己的力量。

（二）儒家“天下为公”理念的演变发展及其现实价值

“天下为公”一语，最早见于《礼记·礼运篇》：“大道之行也，天下为公。”其积极意义，在于强调以公义战胜私欲，要求人们去私尚公，关心整体利益，献身于国家民族的共同事业。它既是为政者的最高价值取向，也是修身立德者的关键环节。所以要践行“天下为公”理念，执政者必须在言行举止方面严格要求自己。

一是要践行“尚公”的品格：《吕氏春秋·贵公》言：“昔先圣王之治天下也，必先公，公则天下平矣。平得于公。尝试观于上志，有得天下者众矣，其得之以公，其失必以偏。凡主之立也，生（疑‘生’为‘立’之误）于公。”这是告诉人们，“公”是治国平天下

① 《习近平谈治国理政》，外文出版社2014年版，第367页。

的根本。做到了“公”，就可以得天下；反之，若偏私丧公，则必然丧失天下。可见，为政治国，不能不践行尚公之德。“公正”一词，较早见于汉代班固《白虎通义·爵篇》：“公者通也，公正无私也。”这是明确把“公”释义为“公正无私”，表明“公”崇尚的是“公正无私”的道德追求。故《忠经》曰：“忠者，中也，至公无私。天无私，四时行；地无私，万物生；人无私，大亨贞。”[①] 这里用“至公无私”来诠释“忠”，认为做到了“至公无私”，就是忠于职守，就能合乎政德的要求。故《尚书·洪范》明确提倡“无偏无党，王道荡荡；无党无偏，王道平平。”认为作君王的，只有做到公正无私，才能使王道正直平稳，永无波折。充分显示出“公正无私”在治国平天下中的价值。

二是要践行“清廉”的品格。要做到“公正无私”，主体必须清廉自守，不假公济私，不徇私舞弊。所以先哲们提出“以廉为本”的基本理念，自觉地以“清廉”自律。所谓“清廉”，指的是在对待财利方面，能克制私欲，不受贿、不贪污，具有“清白廉洁”的品性。《吕氏春秋·忠廉》曰：“临大利而不易其义，可谓廉矣。”汉代刘向曰：“义士不欺心，廉士不妄取。”[②] 这些都阐明了“廉”的本义，正是这种“清白廉洁”，决定了它是执政之本、为官之宝。故《汉书》作者班固曰：“吏不廉平则治道衰。”[③] 说明为官执政不能不具备廉德。《晋书·阮种传》云：“夫廉耻之于政，犹树艺之有丰壤，良岁之有膏泽，其生物必油然茂矣。”深刻揭示了廉德在政权建设中的作用。明代清官海瑞，把“廉”作为“处事临民之龟镜”[④]。清代学者王永吉言：“大臣不廉，无以率下，则小臣必污；小臣不廉，无以治民，则风俗必败。”[⑤] 这从上行下效的角度，说明官员能否清廉，直接关系社会风俗的优劣，的确忽视不得。正是在这些价值观的指导下，儒家学者代代相承，呼唤廉政，抨击暴政；颂扬清官，鞭挞贪

① （汉）马融：《忠经·天地神明章》。
② （汉）刘向：《说苑·说丛》。
③ 《汉书》卷八《宣帝纪》。
④ 见《海瑞集》下篇：《令箴》。
⑤ （清）王永吉：《御定人臣儆心灵·循利论》。

官，它们成为我国历史上反贪拥廉的一声声警钟。这无疑有助于历代政权的优化和我国社会的文明进步。

以上说明，古代先贤提出的“天下为公”理念，既包含“公正无私”之意，也包含“清廉自守”之义，这两个方面，都是为政者应当践行的道德规范。它不仅有效地推进了中华民族的文明进步，而且到了今天，仍有其不可低估的现实价值。这是因为，贯彻“公正”“清廉”，乃是当代党政干部肩负的重大历史使命。如习近平总书记所指出的：“作为党的干部，就是要讲大公无私、公私分明、先公后私、公而忘私，只有一心为公、事事出于公心，才能坦荡做人、谨慎用权，才能光明正大，堂堂正正。”① 习近平总书记还指出：“深入推进党风廉政建设和反腐败斗争……也需要积极借鉴我国历史上反腐倡廉的宝贵遗产。研究我国反腐倡廉历史，了解我国古代廉政文化，考察我国历史上反腐倡廉的成败得失，可以给人以深刻启迪。”② 这些重要指示，很有针对性、现实性，说明我国古代崇尚“天下为公”，倡导“公正无私”“清廉自守”的品格，到了今天仍可在治国理政中，再造辉煌。特别是在党和国家全面开展反腐败斗争的新形势下，它们无疑有助于深化广大干部的思想建设，把反腐倡廉方针落到实处。

（三）儒家“举贤任能”理念的演变发展及其现实价值

谈到“举贤任能”，一般人只知道墨子曾大力倡导“尚贤”理念。其实，在墨子之前的孔子，早就提出了“举贤才”的主张。据《论语·子路篇》载：孔子的学生仲弓在“为季氏宰”时，曾问政于孔子，孔子回答说：“先有司，赦小过，举贤才。”仲弓又问：“焉知贤才而举之？”孔子说：“举尔所知，尔所不知，人其舍诸？”从这一记载可知，孔子确实明确提出过“举贤才”的政治主张。另有《礼记·礼器篇》载：“昔先王尚有德、尊有道，任有能，举贤而置之……”不难看出，这个记述也表达了儒家举贤任能的价值取向。需要特别指出的是，儒家的后起之秀荀子，对先哲的举贤任能思想（特

① 《习近平谈治国理政》，外文出版社2014年版，第394页。

② 同上书，第390页。

别是墨子的“尚贤”理念)，作了重要继承与发挥。荀子在他的著作中，多次突出“尚贤使能”这一命题。他曾强调圣明之君要在“得人”上下力气。其所谓“得人”，指的是“得贤才”，说：“故明主急得其人，而暗主急得其势。急得其人，则身逸而国治，功大而名美，上可以王，而下可以霸；不急得其人而急得其势，则身劳而国乱，功废而名辱，社稷必危。”[①] 不难看出，这里旨在说明举贤任能的重大价值。故又说：“上好礼义，尚贤使能……故赏不用而民劝，罚不用而民服，有司不劳而事治，政令不烦而俗美。”又说：“隆礼至（疑‘至’为‘重’之误）法则国有常，尚贤使能则民知方。”[②] 荀子还强调说：“明主尚贤使能而飨其盛，暗主妒贤畏能而灭其功。”在他看来，国君选择贤能之臣，国家治理就有可靠保证。指出：“故正义之臣设，则朝廷不颇；……边境之臣处，则疆垂不丧。”[③] 这是说，有了正义之贤臣，则朝廷的大政方针就不会偏邪；有了守边的能臣，则国家疆土就不会丧失。由此，他进一步指出：故为君之人“欲立功名者，则莫若尚贤使能矣”。可见，尚贤使能多么重要。

“举贤”“任能”，既是我国古代先贤崇奉的治国之道，也是为政者修身立德的重要体现，曾对我国古代政权建设和官德塑造产生过十分积极的影响。即使到了今天，仍有其值得关注的现实价值。强调“举贤”“任能”，就是要求各级当政者，注重选用德才兼备的接班人。当前，我们正处于建设中国特色社会主义的伟大进程中，目标极其辉煌，工程极其艰巨，只有不拘一格选拔人才，才能完成历史赋予我们的重大使命。正是有鉴于此，党和国家十分重视人才的选拔。坚持任人唯贤，反对任人唯亲。邓小平曾高瞻远瞩地指出：“正确的政治路线要靠正确的组织路线来保证。中国的事情能不能办好，社会主义和改革开放能不能坚持，经济能不能快一点发展起来，国家能不能长治久安，从一定意义上说，关键在人。……对这个问题要清醒，要注重培养人，要按照‘革命化、年轻化、知识化、专

① 《荀子·君道》。

② 以上均见《荀子·君道》。

③ 以上均见《荀子·臣道》。

业化’的标准，选拔德才兼备的人进班子。”[①] 习近平总书记也指出：“我们党历来高度重视选贤任能，始终把选人用人作为关系党和人民事业的关键性、根本性问题来抓。治国之要，首在用人。也就是古人说的：‘尚贤者，政之本也。’‘为政之要，莫先于用人。’”[②] 以上邓小平、习近平的重要论述充分说明，我国先贤倡导的“举贤任能”政治方略，在今天的治国理政实践中，仍具有相当的现实价值，值得我们百倍重视。

（四）儒家“精忠报国”理念的演变发展及其现实价值

“精忠报国”一语，最初可能出之于宋代。据《宋史·岳飞传》载：岳飞之后背刻有“‘尽忠报国’四个大字，深入肤里”。这里的“尽忠报国”，后来被世人传为“精忠报国”。由“尽忠”变为“精忠”，可能与宋高宗赵构曾题写过“精忠岳飞”四字有关。“精忠”，指的是最纯洁的忠诚。“精忠报国”，指的是以最纯洁的忠诚报效祖国。这一理念，虽出于宋代，但“精忠报国”作为一种爱国主义精神，在我们民族的历史上早已成为优良传统，深入人心。

爱国主义是千百年巩固起来的一种对祖国忠诚与热爱的思想感情的表达，是社会高尚道德和人间正气的体现。它作为一种伦理精神，比道德规范更崇高、更具感召力。我国历代英杰对祖国、对人民、对社会充满爱心。“精忠报国”的精神，在他们的身上，早已闪闪发光。特别是情系故土的深厚情怀、忧国忧民的忧患意识、匹夫有责的崇高使命感、视死如归的英勇献身精神，都曾惊天地、泣鬼神，与日月同辉。

例如，爱国诗人屈原，在遭受放逐之后，仍“眷顾楚国，心系怀王”[③]，以其不朽诗篇《离骚》，表达自己的忧国忧民之情，直至“自沉汨罗以死”[④]，忠贞不渝。西汉爱国将领霍去病，为抗击匈奴贵族对中原人民的侵扰掳掠，他马不卸鞍、衣不解甲地在疆场度过了戎马

① 中共中央文献研究室编：《毛泽东邓小平江泽民论世界观人生观价值观》，人民出版社 1997 年版，第 415 页。

② 《习近平谈治国理政》，外文出版社 2014 年版，第 411 页。

③ 《史记》卷八十四《屈原、贾生列传》。

④ 同上。

一生。汉武帝为表彰他的功劳，特地为他修建了一座豪华的府邸，但他不去享用，却深情地说："匈奴未灭，无以家为也。"[①] 这掷地有声的豪言壮语，至今仍成为激励人们热爱祖国的光辉典范。西汉戍边老将赵充国，为抗击匈奴入侵中原，不顾自身七十高龄，请缨杀敌，"行必为战备，止必坚营壁"[②]，多次为国立功。南宋大臣文天祥，在抗元斗争中不幸被俘，宁死不屈，作《过零丁洋》，曰："人生自古谁无死，留取丹心照汗青"；又作《正气歌》，曰："是气所磅礴，凛冽万古存，当其贯日月，生死安足论。"终于为民族大义英勇赴死，其忠肝义胆光照日月。清末北洋海军将领邓世昌，在中日甲午战争中，指挥致远舰英勇奋战，直至"弹尽舰伤"，仍勇往直前，"不怕挫馁"，下令加快舰速，猛冲敌舰，"誓与俱亡"。当致远舰被敌击沉后，邓世昌决意"义不欲生"，乃投海而殁，以身殉国。杰出的维新志士谭嗣同，在参与戊戌变法失败后，本可"出走"逃脱朝廷追捕，而他为了以流血唤起后来者的觉醒，拒不出走，说："各国变法无不从流血而成，今日中国未闻有因变法而流血者，有之，请自嗣同始。"于 1898 年 9 月 28 日英勇就义，死前大声高呼："有心杀贼，无力回天；死得其所，快哉快哉！"[③] 表达了维新志士以身报国的壮志豪情。抗日爱国将领、中国共产党优秀党员吉鸿昌将军，因从事抗日活动不幸被捕，于 1934 年 11 月 24 日在北平刑场英勇就义。他迈步进入刑场后，在地上捡起一根树枝，从容地写下了"恨不抗日死，留作今日羞。国破尚如此，我何惜此头"的就义诗，表现了为国捐躯的英勇气概。中国共产党的又一名优秀党员、东北抗日联军司令杨靖宇将军为了抗击日寇侵略，率领东北抗日联军在十分恶劣的环境中开展抗日游击战争，多次给日寇以重大打击。1940 年 2 月 23 日，在吉林蒙江县被日军包围，面对饥寒、疲劳、伤病交加的环境，他仍以惊人的毅力，坚持战斗，直至以身殉国，表现了中华儿女抗日救国的坚强意志。

---

① 《汉书·霍去病传》。

② 《汉书·赵充国传》。

③ 《中国近代爱国者的故事》，上海人民出版社 1982 年版，第 160—170 页。

以上所列爱国志士，虽处于不同时代、生活于不同的历史环境中，但他们“精忠报国”的爱国主义情操，却永载史册，光芒四射，必将永远激励中华儿女报效祖国、献身社会主义壮丽事业的豪情壮志，这对于我们搞好今天的治国理政，无疑是一笔不可多得的精神财富，应竭尽全力将之发扬光大。习近平总书记指出：“要认真汲取中华优秀传统文化的思想精华和道德精髓，大力弘扬以爱国主义为核心的民族精神和以改革创新为核心的时代精神……使中华优秀传统文化成为涵养社会主义核心价值观的重要泉源。”我们应当自觉贯彻习近平总书记这一指示精神，大力弘扬精忠报国的爱国主义精神，使中华优秀传统文化在当代治国理政中，再建功勋，大放光彩！

（原载《岳阳师院学报》2017 年第 2 期）

第四章　中国特色哲理文化发微

哲理文化是以哲学思维为主要特征的文化系列，它从事的是世界观、人生观、价值观方面的理论思考，因而给人以智慧的启迪。这里摘录的几篇哲学论文，是本人探讨哲学问题的点滴心得，难免有不成熟之处，期望读者不吝赐教。

一　论老子哲学对中国和世界哲学文明的创造性贡献

老子是中国古代最伟大的思想家、哲学家。他所创立的哲学思想体系，不仅奠定了道家哲学的理论根基，而且预示着整个中国古代哲学发展的历史轨迹和思想历程，成为中国先秦时期哲学发展的最高成就，在中国哲学文明史和世界哲学文明史上，都享有十分重要的历史地位，值得我们高度关注，大力弘扬。

（一）老子的本体论学说，奠定了中国古代一元本体论哲学的理论基础

哲学家在探讨世界万物的本原时，创立了哲学本体论学说。哲学本体论所要回答的问题是：世界万物究竟是从哪里来的？或曰它的最终本原是什么？围绕对这一问题的回答，我国哲学史上，先后出现过多元本体论和一元本体论的思想体系。老子在中国哲学史上创立了以“道”为标志的一元本体论的哲学体系，这是一个伟大的学术贡献。

第一，老子用一元本体论代替了历史上种种形式的多元本体论。人所共知，在老子之前，中国古代哲学家在论及世界的本原时，尚处

于多元本体论阶段。这有三种表现形式：一是关于“八卦”说，即以八种卦名（乾、坤、震、巽、坎、离、艮、兑）分别代表天、地、雷、风、水、火、山、泽八种实物，肯定世间万事万物都由这八种实物演化而成。这是我国最早出现的多元本体论哲学见解；二是关于“五行”说。此说最早见于《尚书·洪范篇》：“五行：一曰水，二曰火，三曰木，四曰金，五曰土。水曰润下，火曰炎上，木曰曲直，金曰从革，土爰（曰）稼穑。润下作咸，炎上作苦，曲直作酸，从革作辛，稼穑作甘。”这里由五行引申出“润下”、“炎上”、“曲直”、“从革”、“稼穑”五种性能，并认为这五种性能乃是“咸”、“苦”、“酸”、“辛”、“甘”五种味道的本原。这里已初步透露了“五行”具有世界本原的属性，但比较粗糙、简单。后来《国语·郑语》将之进一步完善。该书引史伯之语曰：“先王以土与金、木、水、火杂，以成百物。”这里明确把“金、木、水、火、土”五种实物，作为“百物”的生成之本，是较为成熟的以“五行”为世界万物本原的多元本体论哲学见解；三是“阴阳说”，即把阴阳二气看作世界万物的本原。“阴”与“阳”最早可以追溯到“八卦”中的两个基本符号：即“- -”与“—”，其中“- -”称为阴爻；而“—”，称为阳爻。这两个符号虽然可以指代阴阳，但由于它只是一种符号，人们还不能将之视为阴阳概念。只有到了西周末年，伯阳甫论地震，才第一次涉及阴阳概念，其文曰：“阳伏而不能出，阴迫而不能蒸，于是有地震。”① 这里把阴与阳的对立斗争，视为地震发生的根源，已初步表达了以阴与阳作为世界万物本原的哲学见解，但它仍属多元本体论范畴。以上三种多元本体论从不同侧面，反映了我国先哲探索世界万物本原的艰苦历程。从“八卦说”到“五行说”再到“阴阴说”，围绕多元本体论的探索，呈现出由“八”而“五”，由“五”而“二”的递减趋势。这种递减趋势，恰恰反映了我们祖先在探索世界万物本原方面不断进步的发展过程。在“阴阳说”之后，围绕世界万物本原的探讨，出现了一个根本的变化，那就是老子创造出了“道”这个具有一元特色的本体论哲学体系。老子明确指出：“道生一，一生

① 《国语·周语》。

二，二生三，三生万物。”[①] 这个命题的实质，就是强调“道生万物”，把“道”看作产生世界万物的最终本原。这就用哲学一元本体论代替了以往的种种形式的多元本体论。毫无疑问，这是一个伟大的贡献，它揭开了中国古代哲学一元本体论的新篇章，使我国古代哲学家围绕本体论哲学的思考，向前大大跨进了一步。

第二，老子所创立的以“道”为世界万物本原的一元本体论，决定了中国古代两种互相对立的哲学路线的发展方向。如前文所述，老子把“道”作为世界万物的唯一本原，这在理论上是一个伟大的创造。过去，有的论者尝试对老子的“道”做出具体解释，或将“道”释为物质实体，或将“道”释为精神实体。据前者，则把老子奉为唯物主义者；据后者，则把老子称为唯心主义者。其实，这种处理方法是欠妥的。老子的“道”，具有“不可道”、“不可名”的特性，它“惚兮”、“恍兮”，“恍兮”、“惚兮”，表现出“模糊性”的特色，属于模糊哲学构架，我们没有必要对之作具体的解释。恰恰相反，维护老子之道的模糊性特色，才能从本质上体现老子的哲学智慧。正因为老子未对“道”的特性作明确界定，它才能启迪着后人围绕“‘道’是什么”这一问题，进行了长期而有意义的学术争鸣。由此，促进了中国哲学史上关于本体论问题的两种互相对立的思想体系的最后形成。

一是把“道”理解为“无”或“无有”，从而建构起中国哲学史上精神本体论的哲学路线。“无”，作为本体论的基本范畴，原出自老子。他说：“天下万物生于有，有生于无。”[②]《庄子》正是以此为依据，把“无有”作为产生世界万物的本原。他说：“天门者，无有也，万物出乎无有。”[③] 这里的所谓“无有”，乃是他在《大宗师》中所讲的“有情有信，无为无形，可传而不可受，可得而不可见。自本自根，未有天地，自古以固存，神鬼神帝，生天生地”的“道”，亦即精神性本体。后来，晋代王弼沿着《庄子》尚“无”的路线，创

① 《老子》第四十二章。

② 《老子》第四十章。

③ 《庄子·庚桑楚篇》。

造了“贵无”论的思想体系。王弼说：“夫物之所生，功之所成，必先乎无形，由乎无名，无名者，万物之宗也。”[①] 又说：“天下之物，皆以有为生；有之所始，以无为本；将欲全有，以反于无也。”[②] 这就确立了以“无”为本的玄学本体论的思想体系。这个“无”，绝非空无，它乃是精神性的“理”的代名词。后来，宋明理学家所建构的理本体论，正属于此类。它们都是老庄的精神本体论和魏晋玄学的“贵无”论在新的历史条件下的变种。无论是程朱理学的“理”，还是宋明道学的“道”，抑或是陆王心学的“心”，说到底都是道家之“道”在起支撑作用。对此，明代唯物主义思想家王廷相早有所论，他说：“老子说道生天地，宋儒谓天地之先只有此理，此乃改易面目立论耳，与老庄之旨何殊！”可谓一针见血。

二是把老子的“道”理解为“精气”、“元气”，从而衍生出中国哲学史上气一元论的哲学路线。把“道”理解为“精气”，依据的是《老子》第二十一章“其中有精”一语，此“精”在老子那里是模糊的，后来稷下道家发挥了这一思想。《管子·内业》说：“凡物之精，此（按：‘此’，乃为‘化’之误，据丁士涵说）则为生。下生五谷，上为列星。流于天地之间，谓之鬼神；藏于胸中，谓之圣人。”这里明确把“精”看作产生世界万物的本原。那么，“精”为何物？《管子·内业》又说：“精也者，气之精者也。”明确把“精”释义为精气。后来黄老新道家，又将“精气说”，推到“元气说”，《鹖冠子·泰录篇》言：“故天地成于元气，万物乘（按：‘乘’为‘秉’之误）于天地。”这是明确把“元气”看作天地万物的本原。到了汉代，王充继承并发展了这一思想，创立了元气自然论；后来，张载提出“太虚即气”的唯物主义的气本论；王廷相强调“学者必识气本，然后可以论造化”的“气本造化论”；王夫之提出的“细缊太和，合于一气”的气化论，无不是沿着气一元论的路线，进入中国古代哲学唯物主义的殿堂的。

以上，中国哲学史上两条互相对立的哲学路线的历史形成，追根

① 王弼：《老子旨略》。
② 《老子》第四十章注。

溯源，无不是从老子哲学中衍生出来的，并且都是按照老子创立的道家哲学的格局不断发展演进的。因此，中国古代如果没有老子的哲学智慧，也就没有中国后来哲学发展的客观历程。由此可见，老子的哲学本体论成果，影响多么深远。

（二）老子的朴素辩证法理论，对中国乃至世界辩证思维逻辑的建立，影响十分深远

老子是中国古代著名的朴素辩证法大师。人所共知，老子有着无比丰富而深刻的朴素辩证法思想，这集中体现在以下三个命题上：一是强调“有无相生”，二是强调“反者道之动”，三是强调“大小多少”（即大生于小，多起于少）。这三个命题，构成了老子朴素辩证法的思想体系。

第一，老子所讲的“有无相生”，透露了“对立统一”的辩证法原理。其书第二章说：“有无相生，难易相成，长短相形，高下相倾，音声相和，前后相随。”这里说的“有无”、“难易”、“长短”、“高下”、“音声”、“前后”六对矛盾，可以用两个字来概括，叫做“相反”；“相生”、“相成”、“相形”、“相倾”、“相和”、“相随”等六个概念，亦可用两个字来概括，叫做“相成”。“相反”，强调的是“对立”；“相成”，突出的是“统一”。不难看出，“相反相成”，乃是《老子》关于“对立统一”思想的表达形式，是中国古代朴素辩证法的深刻流露。

第二，老子所讲的“反者道之动”，透露了“否定之否定”的辩证法原理。“反者道之动”，意为向相反的方向转化是道的运动。这一命题告诉我们，世间一切事物都要走向自己的对立面，就是说：肯定的东西，终会走向否定；否定的东西也终会走向肯定。这里实际上已出现了一个循环：肯定——否定——肯定。其中，第二次肯定，人们又称之为“否定之否定”。这就不仅揭示了矛盾转化的法则，更为重要的是，其中已内含着我们今天所说的“否定之否定”原理。

第三，老子所讲的“大小多少”，透露了质量互变的辩证法原理。“大小多少”一语，见于今本《老子》第六十三章，据严灵峰先生考证，说的是“大生于小，多起于少”。老子所谓“天下难事必作于易，天下大事必作于细”[①]，以及“合抱之木，生于毫末；九层之台，起于垒土；千里之行，始于足下”[②] 等，都体现了“大生于小，多起于少”的法则，这一法则同现代辩证法所公认的“质量互变”规律，完全吻合，是有关“质量互变”规律的表达方式。

以上老子所透露的“相反相成”思想、“反者道之动”思想以及“大小多少”（即大生于小，多起于少）思想，正好同现代辩证法所强调的“对立统一”、“否定之否定”以及“质量互变”三大规律相一致，这无疑是一个很大的贡献，它既规定了中国古代辩证思维模式，也对世界辩证思维的深化发展，产生了重大影响。

首先，它规定了中国古代辩证思维模式。一是老子以“有无相生”为特色的“对立统一”理念，对后来中国思想家启发很大。从《庄子》之“知东西之相反而不可以相无”[③]，到《荀子》“善言古者必有节于今，善言天者必有征于人”[④]，再到张载“物无孤立之理，非同异、曲伸以发明之，则虽物非物也”[⑤]，以及王夫之“相反而固会其通”[⑥] 的论述，都表达了我们祖先关于“对立统一”的思维模式。这些思维模式，毫无疑义都是渊源于老子。特别值得一提的是，不少思想家以老子“有无相生”的命题为模式，创造出了许多类似的命题，如《黄老帛书》所透露的“柔刚相成”，《鹖冠子》所提出的“生死相摄”、“虚实相因”、“美恶相饰”，罗隐所谓“上下相制”，王安石所言“刚柔相济”，如此等等，举不胜举，都较好地体现了老子“有无相生”的思维模式，其效法老子不言而喻。二是老子的“反者道之动”理念，启迪了后来思想家关于“矛盾转化”法则的辩证思考。无论是《鹖冠子》所提出的“物极必反”，《黄老帛书》所讲的“极而反，盛而衰”，还是《文子》提出的“物盛则衰”、“乐极而悲”，乃至王夫之的“物极必反”、“乐极生悲”[⑦] 等形

① 《老子》第六十三章。
② 《老子》第六十四章。
③ 《庄子·秋水篇》。
④ 《荀子·性恶篇》。
⑤ （宋）张载：《正蒙·动物》。
⑥ 《周易外传·杂卦传》。
⑦ （清）王夫之：《老子衍》。

形形色色的各式命题，其本意都在于表达矛盾转化的辩证法则。溯其源，亦出自老子。“矛盾转化”作为一种法则，说到底，必然会引出否定之否定规律。三是“大生于小，多起于少”，如前文所述，它已猜测到了质量互变法则。正是在老子思想的启迪下，中国古代有关“质量互变”的思想相当丰富。从荀子提出的“不积跬步无以至千里，不积小流无以成大海”[①]，到成书于战国末年的《文子》概括的“积德成王，积怨成亡，积石成山，积水成海”、“积薄成厚，积卑成高”、“积柔即刚，积弱即强，观其所积，以知存亡”[②]，再到《汉书》“聚蚊成雷”[③] 以及《法华经》所谓“聚沙成佛塔”[④] 等，都从不同侧面深化了质量互变法则。以上可见，中国古代有关辩证法的思维模式，都同老子保持着渊源关系。由此，我们将老子推为中国古代辩证思维的开山鼻祖，他是当之无愧的。

其次，老子的朴素辩证法，对世界的文明进步也做出了重大贡献。据学者考证，德国的古典哲学家黑格尔（1770—1831）曾读过由法国汉学家莱谟萨翻译的《老子》一书。这是一件值得关注的事。据此，我们可以断言，黑格尔的辩证法思想，很可能受到《老子》思想的启示。人所共知，黑格尔曾创立了唯心主义的辩证法的三大规律，即对立统一、质量互变、否定之否定规律。[⑤] 值得注意的是，黑格尔关于辩证法的这三大规律，恰恰同老子关于辩证法的三大理论贡献，遥相呼应，这绝非偶然，很可能黑格尔的辩证法思想，受到过老子思想的启迪。令人遗憾的是，黑格尔对此不但只字未提，反而对《老子》之书大加贬抑，称它“是尚处在初级阶段的著作”，并肯定“真正的哲学是从西方开始的”，“东方思想应排除于哲学史之外”[⑥]。这就有失公允。退一步说，即使黑格尔未能因袭老子，那么老子关于

---

① 《荀子·劝学篇》。

② 《文子·道原》。

③ 《汉书·中山靖王传》。

④ 《法华经·方便品》。

⑤ 后来，马克思对之进行了唯物主义的改造，才使它变成了科学世界观的重要组成部分。

⑥ 参见［德］黑格尔《哲学史讲演录》第1卷，商务印书馆1983年版，第57—100页。

辩证法的三大理论创造，至少比黑格尔关于辩证法的三大规律的论述，早问世2300余年，这无疑是中华民族对世界哲学文明的重大贡献。据此，东方哲学岂能“排除于哲学史之外”?

（三）老子以“知常”为标志的认知学说，对我们民族确立追求真理的认知取向，影响至深

老子认识论的最卓越成果，是把“知常”作为认识的根本任务，这在认识的发展史上，是一个创造性的贡献。其书第十六章说：“知常曰明，不知常，妄作凶。”所谓“知常”，即把握常道，用今天的话说，叫做认识客观规律，或曰把握真理。在老子看来，不照规律办事，胡作妄为，盲目蛮干，只能陷入凶祸，难免碰得头破血流。强调遵循规律，这正表现了道家创始人老子对真理的炽热追求。它启迪着后来者在追求真理的道路上，不断进行有效的理论探索。

第一，它启发了战国末年的进步思想家荀子的天道观。在荀子之前，人们往往把“天”视为最高人格神，主张拜倒在天的脚下，一切听天由命，无所作为。荀子则突破了这一神学见解。他以老子关于“知常”的思想为指道，撰著《天论》一文，明确提出“天行有常”的命题，这是用老子所说的“常”，去探究“天之常”。指出：“天行有常，不为尧存，不为桀亡。应之以治则吉，应之以乱则凶。”明确认为，天的运行有自己的常道（即规律），这个常道，不因圣君尧而存在，也不因昏君桀而不存在。关键在于人们应当把握“天之常”，并回应以正确的治理措施，则给人们带来吉祥；反之，如果不懂得天之常，胡作妄为，则必陷入凶祸。这里把老子“不知常，妄作凶”的思想发挥得淋漓尽致。他的结论是：若遵循天之常，坚持“强本而节用，则天不能贫；养备而动时，则天不能病；修道而不贰，则天不能祸”。反之，如果违背天之常，弄得“本荒而用侈，则天不能使之富；养略而动罕，则天不能使之全；背道而妄行，则天不能使之吉”。这些都从特定角度，把老子“知常曰明”的思想描述得无比深刻。从一定意义上说，荀子以发挥人的能动作用为特色的天道观理论，同老子强调“知常”的思想，保持着十分紧密的渊源关系。

第二，它启发了韩非重视“缘道理”的理性主义认识论。韩非作为荀子的学生，他继承了荀子重视老子“知常”的思想，也对“常”做出了自己的解释，说：“夫物有常容，因乘以导之，因随物之容。”[1] 文中的“常容”，也作“常态”，这个常态，亦近似于固有法则。全句是说，事物有自己的固有法则，我们应当按照它的固有法则，对之治理。这同老子关于“知常”的思想也是一致的。特别值得提出的是，按照老子“知常”的思想，韩非提出了“缘道理”的认知基本任务，他说：“夫缘道理以从事者，无不能成。……夫弃道理而妄举动者，虽上有天子诸侯之势尊，而下有猗顿、陶朱、卜祝之富，犹失其民人而亡其财资也。”[2] 这段论述，同老子“知常曰明；不知常，妄作凶”的思想，在思维逻辑上也完全一致，可以说，是老子那段论述的注疏。其所谓“缘道理”，也就成为把握常道的代名词。

第三，它启发了唐代刘禹锡对“数”、“势”、“理”诸概念做出理论阐释。到了唐代，唯物主义思想家刘禹锡，继承和发挥了荀子“天行有常”的思想，提出了“数”、“势”、“理”诸概念，借以揭示规律的客观性。他说：“夫物之合并，必有数存乎其间焉；数存，然后势形乎其间焉。”“天形恒圆而色恒青。周回可以度得，昼夜可以表候，非数之存乎？恒高而不卑，恒动而不已，非势之乘乎？……又乌能逃乎数而越乎势邪？”[3] 又说：“大凡入乎数者，由小而推大必合，由人而推天必合。以理揆之，万物一贯也。”[4] 这里先后运用了“数”、“势”、“理”诸概念，旨在揭示自然规律的客观性。其所谓“数”、“势”、“理”，乃是对“天之常”的进一步分解，作者主张，通过“推数”、“乘势”、“揆理”，以达到照客观规律办事的目的。这就将“老子”的“知常”思想，向前大大推进了一步。

刘禹锡之后，陆希声、王夫之等，都对老子知常的思想，有许多新的发挥。例如，陆希声强调“唯能知道之常，则常善救物”；“万物之理得，而天下之事正”；“坐为常理，德之大也；能顺常理，福

---

① 《韩非子·喻老篇》。

② 《韩非子·解老篇》。

③ （唐）刘禹锡：《天论中》。

④ （唐）刘禹锡：《天论下》。

之首也”。[①] 表现了追求“常理”的理性自觉。王夫之从其朴素的唯物辩证思想出发，正确地揭示了“常”与“变”的辩证关系，提出“奉常以处变”，“变而不失其常”[②] 的常变观，把老子强调的“知常”理念，引向了深化。由此可见，老子的“知常”观，影响多么深远。

（四）老子以“无为而治”为特色的政治哲学，对我们民族建立完善的治道观，做出了重大理论贡献

在中国政治思想史上，老子的政治谋略自成一家，影响十分深远。其中心内容，就是倡导“无为而治”。老子从“圣人之治，虚其心，实其腹，弱其志，强其骨，常使民无知无欲”[③]（第三章）的策略思想出发，提出了“无为而治”的政治策略。所谓“无为而治”，就是按照“无为”的思想去实现天下大治。老子说：“圣人处无为之事，行不言之教。”[④] 又说：“我无为而民自化，我好静而民自正，我无事而民自富，我无欲而民自朴。”[⑤] 这里所谓“我”，指的是最高统治者“王侯”。在老子看来，只要王、侯等统治者坚持“无为而治”的路线，就可以让老百姓“自化”（自然而然地开化）、“自正”（自然而然地端正）、“自富”（自然而然地富足）、“自朴”（自然而然地纯朴），故又说：“为无为，则无不治。”[⑥]“道常无为而无不为，侯王若能守之，万物将自化。”[⑦] 这些都体现了老子“无为而治”的思想。这一思想，对中国古代政权建设和国家治理，产生了十分深远的理论影响。

第一，“无为而治”的政治谋略，有利于提醒统治者在治民实践中，注重给予老百姓以“休养生息”的机会。“无为而治”思想的核心，在于要求统治者不干扰老百姓的生活，让老百姓靠自己的努力实现“自化”、“自正”、“自富”、“自朴”。所以老子提出“治大国若

---

① 以上均见（宋）陆希声《道德真经传》。
② 《周易外传·杂卦传》。
③ 《老子》第三章。
④ 《老子》第二章。
⑤ 《老子》第五十七章。
⑥ 《老子》第三章。
⑦ 《老子》第三十七章。

烹小鲜”[①] 的主张。“小鲜”，即小鱼。烹小鱼不能烧大火，而只能用微火慢烤；烹小鱼也不能在锅里来回搅拌，而只能轻轻翻动。这也就是说，烹小鱼必须十分谨慎，不能搞大动作。用这种“烹小鱼”的方法来治大国，就要求当政者注重安民，让老百姓休养生息，不搞干扰群众生活的政治运动。这一思想在理论和实践上都对后世影响很大。后来的黄老学者，就是按照老子的“无为而治”，创造出“黄老之治”的思想体系，并努力将之付诸政治实践。在我国历史上，无论是汉初的“文景之治”，还是唐初的“贞观之治”，都吸取了“黄老之治”的思想成果，注重让老百姓休养生息，并且都收到了良好的治国安民的政治效应。

首先，关于汉初的文景之治。据史学家考证，汉初推行黄老无为之治，“农民得到了五六十年的休养生息，社会经济繁荣了”；“汉景帝末年，地方官府的仓里装满了粮食，库里装满了铜钱，朝廷所藏的钱，积累到好几百万万，钱串子烂了，散钱无法计算。朝廷所藏的粮食，新旧堆积，一直堆到露天地上，让它腐烂”[②]。这段话，是史学家范文澜对“文景之治”的高度评价。

其次，我们再看唐初的“贞观之治”。唐初的“贞观之治”，虽不属纯粹的黄老之治，但它吸取了黄老之治中有关与民休养生息的重要思想，值得重视。李世民治国，注重儒、道并用，但他十分重视老子的“无为而治”，曾说：“神化潜通，无为而治，德之上也。”[③] 又说：“往昔初平京师，宫中美女珍玩，无院不满。炀帝意犹不足，征求无已，兼东西征讨，穷兵黩武，百姓不堪，遂致灭亡。此皆朕所目见，故夙夜孜孜，惟欲清静，使天下无事。遂得徭役不兴，年谷丰稔，百姓安乐。”[④] 这段论述，通过回忆，将隋王朝与唐初的政治作了比较。认为隋朝之所以走向灭亡，是因为隋炀帝“征求无已，兼东西征讨，穷兵黩武”，不给百姓休养生息所致；而唐初的贞观之治，“惟欲清静，使天下无事”（这里所谓“清静”，指清静无为，与民休

---

① 《老子》第六十章。

② 参见范文澜《中国通史》第二册，人民出版社 1978 年版，第 47—48 页。

③ （唐）吴兢：《贞观政要·君道篇》。

④ 同上。

息），才使社会出现“徭役不兴，年谷丰稔，百姓安乐”的局面。据史书所载，至贞观四年左右，就出现了“商旅野次，无复盗贼，囹圄常空，马牛布野，外户不闭，又频致丰稔，米斗三四钱，行旅自京师至于岭表，自山东至于沧海，皆不赍粮，取给于路。入山东村落，行客经过者，必厚加供待，或发时有赠遗，此皆古昔未有也。”[①] 可见，贞观之治，在与民休养生息方面收到的治国成效，同西汉的文景之治，确有相似之处。

以上说明，老子倡导的“无为而治”，坚持与民休养生息，确实在治国安民中有其独到之功。特别是在封建社会经历改朝换代的大动乱之后，在民心思安、民心思治的情况下，按照老子无为之治的要求，让民众休养生息，尤有必要。正是从这个意义上，清代学者魏源曾把《老子》一书，称之为“救世之书”，这确属精辟之见，揭示了老子“无为而治”学说的重大价值。

第二，老子“无为而治”的政治谋略，作为一种治国之道，弥补了“有为之治”的某些不足。中国古代有关治国之道，诸子百家各有所论，综合起来，有两种治国模式：一属无为而治，二属有为而治。如果说道家属无为而治者，那么，儒家、墨家、法家，则均属于有为而治者。儒家讲德治，法家讲法治，墨家讲尚贤之治，这在本质上都属于有为而治。推行有为而治，从本质上说，就是主张发挥“圣人”、“贤人”在治国安民中的能动作用，设计出安民之方，或通过道德教育，来感化民众；或通过法律制约，来规范民众的行为；或通过任用贤才，来为民众造福。毫无疑问，这些有为而治，在安民治国中，都有其合理性。但是，我们也应当看到，实行有为而治，也有其局限性。特别是在封建时代，统治者的有为，常带有主观随意性，难免会导致胡作妄为。

例如，儒家的德治，强调以德化民，本有其合理性。但是，若德治变味，或曰异化，就可能出现假仁假义，难以服众。对此，庄子有过揭露与批判。《骈拇篇》说：“今世之仁人蒿目而忧世之患，不仁之人决性命之情而饕贵富，故意仁义其非人情乎？自三代以下者天下何其嚣嚣

① （唐）吴兢：《贞观政要·君道篇》。

也。”这就是说，儒家的仁义道德说教，不合乎人们本来具有的朴真之情，用它来治理社会，只能把人们引上争名夺利的境地。自三代以下有了仁义道德，结果造成天下嚣嚣嚷嚷，不得安宁。《胠箧篇》讲得更尖锐，指出：“圣人不死，大盗不止。虽重圣人而治天下，则是重利盗跖也。为之斗斛以量之，则并与斗斛而窃之；为之权衡以称之，则并与权衡而窃之；为之符玺以信之，则并与符玺而窃之；为之仁义以矫之，则并与仁义而窃之。何以知其然焉？彼窃钩者诛，窃国者为诸侯，诸侯之门而仁义存焉，则是非窃仁义圣知邪？……此重利盗跖而使不可禁者，是乃圣人之过也。”这些论述明白地告诉人们，儒家的仁义道德不过是那些窃国大盗者们的保护伞。从这个意义上说，按照“圣人”的那套东西治理天下，其结果必然“重利盗跖”！诚然，庄子之论，完全否定儒家德治的价值，确有其过激之处，难免带有片面性。但是，其说也在一定程度上揭露了儒家德治的局限性，值得关注。

再如，法家主张用法律来约束与规范老百姓的言行，也确有其必要性。但是，在封建时代，法律属封建统治者所有，统治者以自己的好恶立法，常常弄得是非颠倒，清浊混淆，罪功不分，因而也不能服众。故老子批评说：“法令滋彰，盗贼多有。”庄子也批评说：“今世殊死者相枕也，桁杨者相推也，刑戮者相望也，……故曰绝圣弃智，而天下大治！”① 这些评述，虽亦过激，但也从一定层面揭露了法治的局限性。

综上所述，无论是儒家的德治，还是法家的法治，都有其不可避免的局限性。故河上公评曰：“欲以有为治民，我见其不得天道人心已明矣。天道恶烦浊，人心恶多欲。”“人乃天下之神物也。神物好安静，不可以有为治。其以有为治之，则败其质朴。”② 这些评述，可谓深得老子之旨。正是针对有为之治的局限性，老子开出了自己的“药方”：“无为而治”。这无为而治，就是要求统治者清虚自守，卑弱自恃。用司马迁的话说，叫作“无为自化，清静自正”。用河上公的话说，叫作“以清静导化之也”③。“以清静导化”，可谓“知风化

① 《庄子·在宥》。

② 《〈老子〉河上公章句》第二十九章注。

③ 《〈老子〉河上公章句》第三十七章注。

之本，见政理之源”（李世民语），避免了德治、法治之烦民、扰民的弊端。故司马谈在《论六家要旨》中评道家的“无为”之术时，指出：“道家无为，又曰无不为。其实易行，其辞难知。其术以虚无为本，以因循为用。无成势，无常形，故能究万物之情。不为物先，不为物后，故能为万物主。有法无法，因时为业；有度无度，因物与合。故曰‘圣人不朽（巧），时变是守’。”司马谈的这段评述，从“无为而无不为”的思想立论，有力论证了老子“无为而治”思想的合理性。这些都从特定角度告诉人们，老子的“无为而治”既是对儒、墨、法诸家“有为而治”思想的重要批判，也是对它的重要补充，在中国政治思想史上独树一帜，自成一家，值得好好发掘、加以继承。

以上我们从老子的哲学本体论、朴素辩证法和以“知常”为标志的认识论，以及“无为而治”的政治哲学等四个方面，论述了老子哲学对中国乃至世界哲学文明的重大贡献。此外，老子在伦理哲学方面，倡导淳厚真朴、处柔守弱、知荣守辱、与世无争、少私寡欲等道德理念，也从特定角度补充了儒、墨、法诸家的道德追求，对中国古代道德文明做出了自己的特定贡献。这一切，都显示了老子哲学思想的辉煌。十九世纪末俄国汉学家 C. 海奥基也夫斯基，在评价老子的哲学贡献时，曾指出：“古代哲学家老子的学说，是中国一切哲学发展的出发点，所有其他中国哲学家的体系，都是在《道德经》哲学体系的各个部分的基础上，发展起来的。”[①] 这从一定层面，透视出老子哲学对中华民族哲学文明的重大理论贡献。也正是这位海奥基也夫斯基，曾把老子的学说与古希腊最早的唯物主义者的学说作比较研究，指出：“就思维的深刻性来说，老子远远超过塔利斯和伊阿尼亚学派[②]的其他哲学家。”[③] 这一学术见解，肯定了老子的学说比古希腊

① 杨兴顺：《中国古代哲学家老子及其学说》，杨超译，科学出版社 1957 年版，第 92 页。

② 伊阿尼亚学派，又译为伊奥尼亚学派。此学派约形成于公元前六世纪，是古希腊和欧洲哲学史上最早的哲学派别，对欧洲文明产生了重要影响。

③ 杨兴顺：《中国古代哲学家老子及其学说》，杨超译，科学出版社 1957 年版，第 91 页。

智者的哲学成就更高一筹。这个结论，实质上是对黑格尔贬低《老子》和东方哲学的有力回击。它从另一侧面，揭示了老子哲学对世界哲学文明的深远影响。

（原载《老子与华夏文明传承创新——2012 中国鹿邑国际老子文化论坛文集》，社会科学文献出版社 2013 年 4 月版；2014 年 4 月《珞珈讲坛》第 7 辑全文转载）

二　孔子塑造“君子”人格的理论创造及其现实价值

孔子是我国古代儒家学派的创始人，是伟大的思想家、教育家。他在思想道德教育方面，建立了系统而庞大的学说体系。在这个学说体系中，包括注重理想人格的塑造这一无比重要的内容。它对后世产生了十分深远的理论影响，值得我们好好发掘，努力继承。

所谓“理想人格”，简而言之，就是人们所追求的高尚的做人规格。“人格”有高有低，高尚的人格和卑贱的人格有本质的不同。孔子通过创造各种高尚人格范型，引导人们攀登崇高的人格境界。在孔子塑造的人格范型中，有“圣人”、“贤人”、“志士”、“仁人”、“君子”等不同类别，它们各有特定含义，为儒家理想人格学说的创立，奠定了理论基础。

理想人格有三大特征：一是具有超前性，对社会的道德生活具有导向作用；二是具有高尚性，它脱离了低级趣味，为众人认可为高尚品格；三是具有激励性，能激励人们向上、向善，自觉地攀登崇高的道德高峰。因此，塑造理想人格是推进社会文明进步的一项十分重要的举措，值得格外重视。

综观孔子关于理想人格的学说，可以发现他无比重视“君子”人格塑造。在《论语》中，关于“君子”一词，先后出现 107 次之多。在所达到的道德境界方面，“君子”同“圣人”、“贤人”相比，尚有一段不小的差距。“圣人”、“贤人”是高层次的人格范型，它只有极少数德高望重者才能享此殊荣。而“君子”则属于“众趋人格”，一般人通过努力，就可以使自己接近“君子”品性。因此，

“君子”的基本含义，是泛指能“以德立身”之人。如果说，成“圣”、成“贤”只是人们于长远理想中追求的人格境界，那么，成为“君子”则是人们于现实生活中应当达到的修身目标。前者带有长远性，似乎可望而难及；后者带有现实性，人们只要努力去做，就可以接近做到。因此，“君子”人格是理想人格的第一层次，没有“君子”人格的确立，其他高尚人格就丧失了实现的基础。正是有鉴于此，孔子十分重视塑造“君子”人格，并为此进行了多方面的理论探索。

（一）规范“君子”应当具备的德行

为了塑造“君子”人格，孔子对“君子”应当具备的德行提出了种种要求，以引导人们照着去做。那么，“君子”应当具有什么样的德行呢？

首先，孔子认为，“君子”必须努力践行仁德。他强调说，君子必须“仁以为己任”①。这是说，“君子”必须把践履仁德作为自己的最高任务。又说：“君子无终食之间违仁，造次必如是，颠沛必如是。”② 这是说，“君子”连吃一顿饭的时间也不应违背仁德，急遽苟且之时是如此，颠沛流离之际亦是如此。在孔子看来，“君子”离开了仁德，就不配称为“君子”，故曰：“君子去仁，恶乎成名？”③ 这都告诉人们，修养与践行仁德，是作为“君子”的首要条件。而“仁”德的基本内涵，就是“爱人”。所以要成为“君子”，必须时时处处在“爱人”方面下功夫，做到“泛爱众而亲仁”。“爱人”，是儒家“利他”原则的体现。把践行“仁”德作为“君子”的必备条件，这表明孔子心目中的“君子”，必须自觉践行“利他”原则。这无疑是难能可贵的。

其次，“君子”还必须具备“义”、“礼”、“智”、“信”等优良品德。孔子说：“君子义以为上。”“君子义以为质，礼以行之，孙以

① 《论语·泰伯》。
② 《论语·里仁》。
③ 同上。

出之，信以成之。”[①]“君子博学于文，约之以礼，亦可以弗畔矣。”[②]“君子之于天下也，无适也，无莫也，义之与比。”[③]这些论述，不仅强调了君子要以“义”作为自己的内在素质，要按照“礼”去实行并约束自己，还要以“信”来成就自己，以“博学”（“智”）来丰富自己。因此，“君子”必须使自己具备“义”、“礼”、“智”、“信”等品德。

关于“君子”应具备的优秀品德，《礼记·聘义》载有孔子一段精辟的文字：“夫昔者君子比德于玉焉：温润而泽，仁也；缜密以栗，知也；廉而不刿，义也；垂之如队，礼也；叩之其声清越以长，其终诎然，乐也；瑕不掩瑜，瑜不掩瑕，忠也；孚尹旁达，信也……”这里以“玉”比君子之德，其中突出了“仁”、“智”、“义”、“礼”、“乐”、“忠”、“信”等优秀品德，从而，深刻揭示了“君子”人格的道德内涵。

（二）凸显“君子”人格的重大价值

在塑造君子人格的理论探索中，孔子非常重视凸显君子人格的价值。在这个问题上，他的一个突出创造，就是善于运用比较法，即将“君子”与“小人”加以比较。如果说，“君子”是“以德立身”之人，那么，“小人”恰好相反，是不能“以德立身”之人。他将“君子”之德行与“小人”之德行加以对比，借以说明君子之德的高尚性，小人之德的卑贱性，以突显君子人格的价值，激励人们争作“君子”，不作“小人”。如，孔子曾说：“君子之德风，小人之德草，草上之风必偃。”[④]认为君子之德必然压倒小人之德。又说：“君子成人之美，不成人之恶，小人反是。”[⑤]其意是说，君子具有乐于助人的优秀品格，而小人则不具备此德行。又说：“君子坦荡荡，小人长戚

① 《论语·卫灵公》。
② 《论语·雍也》。
③ 《论语·里仁》。
④ 《论语·颜渊》。
⑤ 同上。

戚。”[①] 认为“君子”胸怀坦荡，不患得患失；而小人则终日提心吊胆，患得患失。又说：“君子周而不比，小人比而不周。”[②] 这是说，“君子”看问题全面而无片面性，而小人则相反，他们看问题总是片面而不全面。还说：“君子泰而不骄，小人骄而不泰。”[③] 认为君子处事安泰而不骄矜，小人处事则骄矜而不安泰。还说：“君子和而不同，小人同而不和。”[④] 认为君子中和而不同，而小人则同而不能中和。还说：“君子喻于义，小人喻于利。”[⑤] 指明君子重义轻利，而小人则重利轻义。还说：“君子求诸己，小人求诸人。”[⑥] 认为君子遇到困难，依靠自己的努力去解决；而小人遇到困难，则总是乞求他人帮助解决，等等。俗语说：“不怕不识货，只怕货比货。”通过比较，有效地突出了君子与小人在德行品性上的天壤之别。这在当时，对于推动人们自觉树立君子的高尚人格，避免陷入“小人”的污浊境地，无疑有极大的启迪意义。它提示人们，在道德实践中，要努力将自己的德行同小人的德行区别开来，从而推动道德主体在修身中严以律己，做君子，不做小人。

（三）论述“君子”修身应当注意的问题

“君子”应当具备的上述优秀品德，不是从天上掉下来的，而是道德主体通过有效的修身实践，逐渐确立起来的。为此，孔子对“君子”修身应当注意的问题，作了许多独到的理论思考，特别是运用量化方法，对君子修身的细节，作了系统概括：

一是强调“九思”，他说：“君子有九思：视思明，听思聪，色思温，貌思恭，言思忠，事思敬，疑思问，忿思难，见得思义。”[⑦] 这里所说的“九思”，从不同侧面对君子的言行举止作了具体规定，要求君子在“视”、“听”、“色”、“貌”、“言”、“事”、“疑”、“忿”

① 《论语·述而》。
② 《论语·为政》。
③ 《论语·子路》。
④ 同上。
⑤ 《论语·里仁》。
⑥ 《论语·卫灵公》。
⑦ 《论语·季氏》。

以及“见得”等九个方面严格要求自己，使自己符合“君子”风范，从而为君子自我修身提供了有益的细节性指导。

二是强调“君子”应当“尊五美”。所谓“五美”，指的是：“惠而不费，劳而不怨，欲而不贪，泰而不骄，威而不猛。”① 这里所说的“尊五美”，旨在教导人们正确处理“惠”与“费”、“劳”与“怨”、“欲”与“贪”、“泰”与“骄”、“威”与“猛”的关系，以启迪人们把握“德”与非德的分界线，使自己在践行“惠”、“劳”、“欲”、“泰”、“威”等有关德行时，做到无“费”、无“怨”、无“贪”、无“骄”、无“猛”，即：不超出规范，恰到好处。

三是强调“君子有三戒：少之时，血气未定，戒之在色；及其壮也，血气方刚，戒之在斗；及其老也，血气既衰，戒之在得”②。这里的“三戒”，通过总结人们在特定的年龄阶段易犯的错误，提醒修身主体在“少”、“壮”、“老”等人生的不同阶段，要抓住主要矛盾，严格要求自己，即少时要戒“色”，壮时要戒“斗”，老时要戒“得”（贪财），使自己永不超越社会规范。

四是强调“君子有三患：未之闻，患弗得闻也；既闻之，患弗得学也；既学之，患弗能行也”③。这里所说的“三患”，是从求知的角度提出来的，它要求修身主体在求知方面要积极主动，当未闻之时，要以“未得闻”为“患”，督促自己在“闻”方面下功夫；当“闻”的问题解决之后，要把求知的重点转到“学”上来，并以“弗得学”为“患”，努力在“学”上下功夫；当“学”的矛盾解决之后，要把求知的重心转到“行”上来，并以“弗能行”为患，努力将知识运用于指导实践。这里似乎透露了孔子关于求知的必经过程的思想：即从感性认识（闻），到理性认识（学），再到社会实践（行）的完整过程。

五是强调“君子有五耻：居其位，无其言，君子耻之；有其言，无其行，君子耻之；既得之而又失之，君子耻之；地有余，而民不

① 《论语·尧曰》。
② 《论语·季氏》。
③ 《礼记·杂记下》。

足，君子耻之；众寡均而倍焉，君子耻之”[①]。这里所说的“五耻”是从综合素质方面提出来的，它要求君子要以五种弱点为耻，即：一是要以“居其位，无其言”（即在其位，却不能提出治理方案）为“耻”；二是要以“有其言，无其行”（即只说空话，不付诸实践）为“耻”；三是要以“既得之又失之”（即对已取得的成绩不能保持、巩固）为“耻”；四是要以“地有余，而民不足”（即领土有余，而百姓不归顺）为“耻”；五是要以“众寡均而倍焉”（即自己所得到的财富，是社会平均财富的数倍）为“耻”。这里所涉及的五个方面的问题，突出强调了“君子”应当具备的综合素质。它要求“君子”居其位，谋其政；言顾行，行顾言；既得之，勿失之，等等，表达了孔子“为政以德”的基本观念。

上述五种以量化为特征的概括，从正反两个方面对君子修身提出了许多细节性的具体指导。其总的思想，就是要求人们在视、听、言、动方面，要努力使自己具有“君子”风范。与上述思想相一致，孔子关于君子修身，还提出了许多指导性的意见，比如他说，“君子贞而不谅”（意为正直而不盲目信任）、“君子不以言举人，不以人废言”[②]、“君子忧道不忧贫”、“君子矜而不争，群而不党”[③]、“君子学以致其道”[④]，等等。这些论述，都从应当怎么样和不应当怎么样两个层次，对“君子”的修身实践提出了许多重要意见。它们对于帮助人们树立君子人格，无疑具有方法论的指导意义。

（四）孔子关于“君子”人格理论在当代的现实价值

注重塑造“君子”人格，这是孔子在思想道德教育中创造出来的具有我们民族特色的德育模式，对于我国古代道德建设具有方法论指导意义。它通过塑造君子人格范例，推动全社会、全民族的人们为做君子而修身正心。对于推进全社会道德水平，促进中华民族的文明进步，无疑有不可估量的作用。

---

① 《礼记·杂记下》。
② 《论语·卫灵公》。
③ 同上。
④ 《论语·子张》。

今天，进行社会主义思想道德建设，虽然我们并不要求现代人去做古人所向往的“谦谦君子”，但是，这并非说孔子塑造“君子”人格的理论，到了今天已毫无价值。恰恰相反，从方法论角度来看，它对于今人仍有借鉴的重要意义。如前文所述，“君子”的本义，在于强调以德立身。就这一点而言，它同今人的道德追求，又有相融和相似的地方。

我们今天培养社会主义新人，应当有自己的人格标准，因而应当创造出具有民族特色和时代特征的理想人格范型。毛泽东同志曾要求共产党人要成为“一个高尚的人，一个纯粹的人，一个有道德的人，一个脱离了低级趣味的人，一个有益于人民的人”[①]。这表达了共产党人所追求的理想人格的高尚取向。我们党在长期道德建设实践中，曾先后树立过许多具有社会主义或共产主义优秀品质的光辉典范，如二十世纪六十年代有共产主义战士雷锋、县委书记的好榜样焦裕禄，近年来又通过评选“全国道德模范”，在各条战线涌现出许许多多“助人为乐”、“见义勇为”、“诚实守信”、“敬业奉献”、“孝老爱亲”的先进模范人物，如李明素、郭明义、吴天祥、殷雪梅等人的模范事迹，在全国各地广为流传，深受人们爱戴。他们的高贵品质，从不同侧面反映了我们所处伟大时代关于新型人格的高尚取向。邓小平同志曾要求全体公民成为“有理想、有道德、有文化、有纪律”的“四有新人”；江泽民同志曾强调要“努力造就‘有理想，有道德，有文化，有纪律’的德育、智育、体育、美育等全面发展的社会主义事业建设者和接班人”[②]；胡锦涛同志曾用“八荣八耻”的界定，要求党员干部要“明荣知耻”；习近平同志考察河南兰考县，再次号召全党和全国人民要努力学习焦裕禄精神，要像焦裕禄那样“生命不息，奋斗不止，努力做焦裕禄式的好党员、好干部”。党的几代领导人的一系列倡导和全国道德模范的评选，都表明党和国家希望把当代国民培养成为有高尚道德的人。这一切都为我们塑造当代理想人格提供了指

① 《毛泽东选集》第2卷，第660页。

② 《江泽民论有中国特色社会主义（专题摘编）》，中央文献出版社2002年版，第265页。

导原则和范例。当前，摆在我们面前的任务是：应当借鉴儒家先哲塑造理想人格，特别是孔子塑造“君子”人格的历史经验，扎扎实实地从以下几个方面抓起：

首先，要精心设计现代“理想人格”的称谓。儒家先哲所设计的理想人格，有圣人、贤人、志士、仁人、大丈夫、君子等称谓。这些称谓反映了古代先哲关于理想人格的高尚取向，它对于引导古代人们进行自我修身、攀登高尚人格境界，曾取得十分积极的导向作用。虽然，上述称谓到了今天多已过时，但前人创造这些称谓的历史经验，却对我们创造现代“理想人格”的称谓有借鉴意义。总结儒家先哲创造“理想人格”称谓的历史经验，至少有以下几点值得重视：一是境界高，二是叫得响，三是有代表性，四是为全社会所公认。我们今天设计现代“理想人格”的称谓，必须借鉴这些成功经验。所谓“境界高”，就是要站在时代的前面，体现时代高尚的道德取向；所谓“叫得响”，就是让人们听起来响当当，能激起大家的向往；所谓“有代表性”，指的是从许许多多个性中抽象出的共性，亦即是时代先进典型的集中体现；所谓“为全社会所公认”，指的是从本质上反映了全社会人们的共同愿望、共同要求，因而能为全社会的人们所认可、接受。这一切，都为我们今天设计现代“理想人格”的称谓，提供了方法论指导意义。近些年来，关于现代理想人格的称谓，尚无统一认识，人们关于“社会主义新人”、“共产主义新人”、“共产主义战士”、“新时代英雄”、“活雷锋”等等说法，似乎已近似于“理想人格”的称谓，但用上述条件来要求，似乎又有不足之处，值得我们进一步研究、思考。这是一项艰苦的理论创造，需要德育理论家们贡献自己的聪明才智。

其次，要赋予理想人格应有的道德素质。党中央提出“以为人民服务为核心，以集体主义为原则，以诚实守信为重点”，使公民具有社会公德、职业道德、家庭美德的综合素质。这些要求都很高，对于普通公民来说，只能是努力方向，而对于现时代的理想人格来说，则应是题中应有之意。因此，为了塑造现时代的理想人格，我们应当在道德教育方面，以党中央上述精神为指导，做好应做的工作。

最后，要探索塑造现时代理想人格的方法、途径。孔子所创造的量化法、比较法到了今天仍可适用。同时，我们党所创造的典型教育法、艺术感染法等行之有效的思想道德教育方法，对于我们塑造现代理想人格，也有重要作用，应当好好总结，加以运用。

时代的发展，要求我们塑造符合社会文明进步需要的现代理想人格。为达此目的，我们一定要通过总结儒家先哲创造理想人格的历史经验，通过总结我们党宣传先进典型的历史经验，承先启后，继往开来，为完成这一历史使命做出自己应有的贡献。

（原载《武汉科技大学学报》（社会科学版）2014年第5期）

三　论王阳明以“致良知”为特色的伦理学说之深厚渊源及其创造性学术贡献

王阳明是明代著名的教育家、伦理学家。在学术创造方面，建立了以“致良知”为特色的伦理思想体系，将陆九渊创立的“心学”理论，推向了新的境界。“致良知”一语，成为他的学说的重要标志，在中国伦理学史上享有重要地位。值得我们认真探析，好好发掘，使其在当代社会文明建设中，再显现实价值，重造新的辉煌！

阳明在政治上，曾遭宦官刘瑾迫害，被贬谪为“贵州龙场驿承”。“谪龙场，穷荒无书，日绎旧闻，忽悟格物致知，当自求诸心，不当求诸事物，喟然叹曰：‘道在是矣’”，似有大彻大悟之觉，遂对心学“笃信不疑”①，曰：“圣人之学，心学也。”② 此后，他全力从事于心学伦理学研究，将“致良知”一语鲜明地突显出来，如《明史》所载：“其为教，专以‘致良知’为主。”③ 黄宗羲曾评曰：“先生承绝学于词章训诂之后，一反求诸心，而得其所性之觉曰‘良知’。……可谓震霆启寐，列耀破迷，自孔孟以来，未有若此之深切著明者也。”④ 对之给予很高评价。不仅如此，其学说在东南亚诸国，特别是日本，亦曾产生过巨大影响。日本学者高濑武次郎曾在其著作《日

① 《明史·王守仁传》。

② （清）黄宗羲：《明儒学案·文成王阳明先生守仁》。

③ 《明史·王守仁传》。

④ （清）黄宗羲：《明儒学案·师说》。

本之阳明学》中评曰："我邦阳明学之特色，在其有活动的事业家：藤树之大孝，蕃山之经论，执离之熏化，中乔之献身事业，乃至维新诸豪杰震天动地之伟业，殆无一不由王学所赐予。"足见其影响之强烈。

纵览阳明的心学理论，既有其深厚的理论渊源，又有其独具特色的学术创造。本文拟就此谈点个人的肤浅之见，以求教于海内外大方之家。

（一）阳明以"致良知"为特色的伦理学说之深厚的理论渊源

阳明之学术，虽同在贵州龙场对心学的大彻大悟有关，但他的伦理思想体系，却并非是完全依靠从彻悟中虚幻地建立起来的，而是在学习先儒思想成果的基础上，进行理论再创造的产物，因而他的学说仍有其深厚的理论渊源。就其理论源头而言，可以说上承孟子之心性论、《大学》《中庸》之修身正心论，下继程朱理学之"存理灭欲"论，最后归趋于陆九渊之心学营垒，因而他的伦理学说是从孟子到陆九渊学术源流的集大成者。

第一，继承和发挥了孟子有关心性论方面的重要思想。考阳明伦理思想的源头活水，当首推孟子的"心性论"。人所共知，孟子的修身学说，以性善论为基础，提出了"良能"、"良知"说。他指出："人之所不学而能者，其良能也；所不虑而知者，其良知也。"① 并强调仁、义、礼、智等伦理道德观念，都是出之于心。指出："恻隐之心，仁之端也；羞恶之心，义之端也；辞让之心，礼之端也；是非之心，智之端也。"② "万物皆备于我，反身而诚，乐莫大焉！"③ "仁、义、礼、智非由外铄我也，我固有之。"④ 在孟子看来，天赋给予人的善性，是一视同仁的，由此，他提出"人皆可以为尧舜"⑤ 的见解，鼓励人们珍惜天之所赋，不断"反省内求"，修身正心，以达到

① 《孟子·尽心上》。
② 《孟子·公孙丑上》。
③ 《孟子·尽心上》。
④ 《孟子·告子上》。
⑤ 《孟子·告子下》。

圣贤境界。这些思想，都是孟子心性论的重要组成部分。其反复强调的，是把“心”看作仁、义、礼、知（智）之发端。这实际上是肯定了“心”为伦理德性之本体。阳明正是对此予以继承与发挥。一是通过对孟子“良知”说的引申，提出了“致良知”说，从理论上对“良知”一语的内涵、特征、功能及其表现形式作了较为系统的论述，突出了“致良知”的重要性和必要性，从而形成了他自己的独特理论体系。关于这些，我们在本文的后面将作进一步阐述；二是继承发挥了孟子关于“德非外铄”的思想，主张为学要在“求诸心”上下功夫，即通过对“心”进行反省内求的途径，去“明天理”，说，“知是心之本体”，“不假外求”[①]，认为一切“良知”都根源于“是非之心”，说，“孟子所谓‘是非之心，人皆有之’者也”[②]；三是继承了孟子“人皆可以为尧舜”的思想。他指出，“良知之在人心，不但圣贤，虽常人亦无不如此”，“亘万古，塞宇宙，而无不同”。又说，“愚夫愚妇与圣人同”[③]，“良知在人，随你如何不能泯灭，虽盗贼亦自知不当为盗，唤他做贼，他还忸怩”。以此为据，他得出“满街皆是圣人”的结论，似乎陷入了“泛圣论”。不过，他还是将“圣”与“愚”区别了开来，指出：“唯圣人能致其良知，而愚夫愚妇不能致。”这些论述，从不同角度表现了阳明在伦理学说方面，对孟子的心性论有所继承与发挥。

第二，继承和发挥了《大学》《中庸》中一些重要的修身理念。阳明的思想源头，除了继承和发挥孟子的心性论外，在先秦时期，还继承和发挥了《大学》《中庸》中的一些重要观念。特别是对《大学》中的“修身正心”和“格物致知”说，作了重要发挥。我们知道，《大学》中有这样一段关于修身的重要论述：“古之欲明明德于天下者，先治其国；欲治其国者，先齐其家；欲齐其家者，先修其身；欲修其身者，先正其心；欲正其心者，先诚其意；欲诚其意者，先致其知，致知在格物。物格而后知至，知至而后意诚，意诚而后心

---

① 《传习录上》。

② （明）王阳明：《传习录上》，《大学问》，载《王阳明全集》下引此书只注篇名。

③ （明）王阳明：《传习录下》。

正，心正而后身修，身修而后家齐，家齐而后国治，国治而后天下平。自天子以至于庶人，一是皆以修身为本。”《大学》中的这段话，古往今来一直成为思想家们探讨修身正心的经典之论，但不同的思想家却对之作了不同解释。阳明作为心学家的集大成者，更从心学角度对之作了自己的解说。他释“明明德”曰：“‘天理’即是‘明德’，‘穷理’即是‘明明德’。”这就把《大学》中的“明德”同当时广泛传播的“天理”观念贯通起来了。又说：“夫‘正心’、‘诚意’、‘致知’、‘格物’，皆所以修身。”① 指出：“《大学》‘明明德’之功，只是个诚意，诚意之功只是个‘格物’。”② 那么，如何理解“格物”呢？他说：“‘格物’如孟子‘大人格君心’之‘格’，是去其心之不正，以全其本体之正。”③ 又说：“故格物者，格其心之物也，格其意之物也，格其知之物也。”④ 显然，这是把“格物”同“正心”、“诚意”等心理自我调节活动融为一体了。故又说：“天下之物本无格者，其格物之功，只在身心上做。”“若鄙人所谓致知格物者，致吾心之良知于事事物物也。……致吾心之良知，致知也；事事物物皆得其理者，格物也。”⑤ 由此可知，阳明所理解的“格物”过程，实质上就是“致良知”的过程，这就丰富了他自己的学术思想，显示其创新性思维。不仅如此，阳明在对“格物致知”说作理论加工时，还有一个独特创造，那就是他将《大学》的“致知”概念同孟子的“良知”概念糅合起来，在“致知”两字之间，加一“良”字，创造性地提出了“致良知”新概念，这就为他的学说的最终确立，开拓了道路，奠定了基础。此外，阳明对《中庸》的修身理论，也有重要的继承与发挥。例如，《中庸》言：“喜怒哀乐之未发，谓之中；发而皆中节，谓之和。中也者，天下之大本也；和也者，天下之达道也。致中和，天地位焉，万物育焉。”这里有关中、和之论，一直为历代思想家所重视，阳明亦对之大加继承发挥，他直接将“中”

① 《传习录中》。
② 《传习录上》。
③ 同上。
④ 《传习录中》。
⑤ 同上。

释为“天理”，说：“中，只是天理。”[①] 故又曰：“无所不中，然后谓之大本；无所不知（疑‘知’为‘和’之误），然后谓之达道。惟天下之至诚，然后能立天下之大本。”[②] 这就把《中庸》的中和之论，同理学家和心学家的“天理”、“良知”说贯通起来了，因而“致中和”的过程，也是一个“存理灭欲”或“致良知”的过程，故又说：“须是平日好色、好利、好名等项一应私心扫除荡涤，无复纤毫留滞，而此心全体廓然，纯是天理，方可谓‘喜怒哀乐未发’之‘中’，方是天下之大本。”[③] 这些论述，既发挥了《中庸》的中和观，又丰富了他的“致良知”学说，确属精辟之见。

第三，继承和发挥了程朱理学家关于理欲观方面的重要思想。除了继承先秦《孟子》《大学》《中庸》的修身理论外，阳明对程朱理学也有所继承和发挥。一是吸纳了二程“唯理唯实”的基本观点，强调理的客观实在性。他说：“天地间活泼泼地无非此理。”[④] 又说：“缘天地之间，原只有此性，只有此理。”[⑤] 这同二程“唯理唯实”的基本观点是完全一致的。二是继承了程朱关于“存天理，灭人欲”的修身目标论。他说：“去得人欲，便识天理。”[⑥] 又说：“圣人述《六经》，只是要正人心，去人欲。”[⑦] 还说：“学者学圣人，不过是去人欲而存天理耳。”[⑧] 这些都同程朱“存天理，灭人欲”的修身要求完全吻合。三是继承了程朱关于“天理”即人伦之理的思想。人所共知，程朱所谓“天理”，有时又称之为“道”，指的是儒家的人伦之理。如二程所说：“道外无物，物外无道，是天地之间无适而非道也。即父子而父子在所亲，即君臣而君臣在所敬，以至为夫妇、为长幼、为朋友，无所为而非道，此道所不可须臾离也。”[⑨] 显然，二程

---

① 《传习录上》。
② 同上。
③ 同上。
④ 《传习录下》。
⑤ 《传习录中》。
⑥ 《传习录上》。
⑦ 同上。
⑧ 同上。
⑨ 《二程遗书》卷四。

在这里说的“道”，指的正是“父子”、“君臣”、“夫妇”、“长幼”、“朋友”应当遵循的人伦之理。阳明继承和发挥了这一思想，他说：“此心无私欲之蔽，即是天理，……发之事父便是孝，发之事君便是忠，发之交友治民便是信与仁。”[①] 明确把“孝”、“忠”以及“信与仁”都列为“天理”，这无疑都同程朱理学家把“理”视为人伦之理的基本观点相一致。

第四，继承和发挥了陆九渊关于“心学”的一些重要思想。在当时的历史条件下，阳明除了继承程朱理学之外，还对陆氏心学有许多继承与发挥。一是继承和发挥了陆九渊关于“心即理”的思想。他说：“心即理也。此心无私欲之蔽，即是天理，不须外面添一分。”[②] 又说：“爱问：‘至善只得诸心，恐于天下事理有不能尽。’先生曰：‘心即理也，天下又有心外之事、心外之理乎？’”[③] 阳明曾批评朱熹“即物穷理”之说，认为它带有“析心与理而为二”的弊端，指出：“朱子所谓格物云者，在即物而穷其理也。即物穷理是就事事物物上求其所谓定理者也，是以吾心而求理于事事物物之中，析心与理为二矣。……夫析心与理而为二，此告子‘义外’之说，孟子之所深辟也。”[④] 又，有人问：“晦庵先生曰：‘人之所以为学者，心与理而已’此语如何？”阳明答曰：“心即性，性即理，下一‘与’字，恐未免为二。”“所谓汝心，却是那能视听言动的，这个便是性，便是天理。”[⑤] 又说：“故有孝亲之心，即有孝亲之理，无孝亲之心，即无孝亲之理”[⑥] 这些论述，同陆氏关于“心即理”的思想完全吻合。需要指出的是，阳明对陆氏“心即理”的思想有重要发挥，他用“良知即是天理”来代替“心即理”，说：“良知是天理之昭明灵觉处，故良知即是天理。”这就将陆氏“心即理”的思想引向深入。二是继承和发挥了陆氏关于“心”为道德本体的思想。我们知道，在理学家

① 《传习录上》。
② 同上。
③ 同上。
④ 《传习录中》。
⑤ 《传习录下》。
⑥ 《传习录中》。

那里，奉“理”为道德本体；陆氏对之进行改造，突出“心”的本体属性。阳明在这方面亦作了继承和发挥。他说：“身之主宰便是心，心之所发便是意。”① 其所说的“意”，即观念，包括道德观念在内。似已透露了心为道德本体的思想。需要说明的是，阳明对心本体论有所发展，他把心生万物，变为良知生万物，说：“心者，身之主也，而心之虚灵明觉，即所谓本然之良知也。其虚灵明觉应感而动者谓之意，……凡意之所用，无有无物者。”② 这里说的是“心之虚灵明觉”（即“良知”）生意，意之用生物，强调的正是良知生万物，清楚明白地说明了“良知”为生物之本，从而把陆氏的心本体论推向前进。三是继承和发挥了陆氏“理非外铄”的思想。陆氏曾针对理学家求理于外界事物的思想，强调“理非外铄”，指出：“此理本天所以与我，非由外铄，……”③ 阳明也说：“心外无理”，“天下又有心外之事，心外之理乎？”④ 又说：“知是心之本体，心自然会知，见父自然知孝，见兄自然知弟，见孺子入井，自然知恻隐，此便是良知，不假外求。”⑤ 这些论述表现了阳明在批判理学、坚持心学方面同陆氏是站在一条战线上的。正是从这个意义上，我们说王学属于心学营垒。这就告诉我们，阳明是陆王心学的最后完成者。

以上，我们简要地探讨了阳明学术思想之理论渊源。从渊源上看，阳明不仅继承和发挥了先秦《孟子》的心性论，《大学》《中庸》的修身正心论，还系统继承和发挥了宋明理学家和心学家所创立的以“存理灭欲”为核心内容的修身学说，从而为他的博大精深的以“致良知”为标志的伦理学说奠定了厚实的理论根基。

（二）阳明以“致良知”为特色的伦理学说之创造性理论贡献

阳明虽然大胆地继承了前人的伦理学成果，但是，他的学术思想却并非是对先儒学术思想简单地照抄、照搬，而是在继承中进行艰苦

① 《传习录上》。
② 《传习录中》。
③ 《与曾宅之》。
④ 《传习录上》。
⑤ 同上。

探索并完成了自己的理论再创造。他的“致良知”一语，成为他的伦理学说的一面鲜明的旗帜，在中国伦理学史上占有重要地位，对后世产生了十分深远的理论影响。综观其理论创造，主要有如下几个方面。

第一，对“良知”概念做出了富有自身特色的学术界定。何谓“良知”？如前文所述，“良知”一语，本出之于《孟子》。《孟子》曾把“良知”释义为“不虑而知”，肯定它的天赋属性。阳明在此基础上作了发挥，说：“良知即天植灵根。”[①] 明确把“良知”解释为“天植灵根”，既肯定其为天之所植（即天赋），又突出了它的“灵根”特性，这就从内涵上深化了孟子的“良知”概念。又说：“心者，身之主也，而心之虚灵明觉，即所谓本然之良知也。”[②] 在这里，阳明又把“良知”解释为“心之虚灵明觉”。这“心之虚灵明觉”同“灵根”的含义是一致的，都在于突出“心”的灵感作用，揭示了作为思维器官的“心”所特有的能产生灵感和意念的功能，旨在阐明人的主体性能动作用所依存的本根。有了这个“灵根”，人们就有可能明是非，应万变。故又说：“良知是个是非之心，是非只是个好恶，只好恶就尽了是非，只是非就尽了万事万变。”[③] 直接把“良知”同“是非之心”贯通起来，这就从特定角度进一步论证了心学家“心即理”的基本观点。这是因为，既然“良知是个是非之心”，则一切“是非”（即理）都由心出，所以，心就是理，“心即理也”。这就把对“良知”的阐释，同陆九渊的“心即理”命题贯通起来，突显了“致良知”说的心学特色。

第二，深刻揭示了“良知”对于人们修身的重要作用。“良知”对于人们修身有何功用？这是“致良知”说不能回避的问题，必须做出明确回答。阳明创造性地回答了这一问题：一是认为“良知”是做人的基本准则。他说：“这个（良知）便是汝之真己，这个真己是躯壳的主宰。若无真己，便无躯壳。真是有之即生，无之即死。”[④]

---

① 《传习录下》。
② 《传习录中》。
③ 《传习录下》。
④ 《传习录上》。

其意是说，人一旦失去“良知”，虽躯壳犹在，也如同死人，故又曰：“尔那一点良知，是尔自家的准则。”[①] 可见，“良知”是人们做人所不能少的基本准则。二是认为“良知”具有消融邪思枉念的功能。他说：“人若知这良知诀窍，随他多少邪思枉念，这里一觉，都自消融。真个是灵丹一粒，点铁成金。”[②] 三是认为“良知”具有生物的功能。他说：“良知是造化的精灵。这些精灵生天生地，成鬼成帝，皆从此出。”[③] 明确肯定良知“生天生地，成鬼成帝”。又说：“我的灵明便是天地鬼神的主宰，天没有我的灵明，谁去仰它高？地没有我的灵明，谁去俯它深？鬼神没有我的灵明，谁去辨它吉凶灾祥？天地鬼神万物离却我的灵明，便没有天地鬼神万物了。”[④] 认为世间一切事物都是依赖“我的灵明”（即“良知”）而存在。所以，在他那里，“良知”乃是世界万物的本体。关于这一点，本文已在前面作过论述，此不赘语。阳明反复突出“良知”的功能，旨在说明“良知”对于人们修身和对于社会文明至关重要，从而为他推行“致良知”说，奠定了理论基础。这无疑又是一大创造性成果。

第三，强调“致良知”在人们实现“纯乎天理”、立身做人中的重大价值。阳明指出：“良知之外别无知矣，故致良知是学问大头脑，是圣人教人第一义。”[⑤] 对于人们实现纯乎天理、立身做人，具有不可估量的重大价值。一是认为“致良知”可以帮助人们“明善诚身”。他说：“各人尽着自己力量精神，只在此心纯乎天理上用功，即人人自有，个个圆成，便能大以成大，小以成小，不假外慕，无不具足。此便是实实落落明善诚身的事。后儒不明圣学，不知就自己心地良知良能上体认扩充，却去求知其所不知，求能其所不能，一味只是希高慕大，不知自己是桀、纣心地，动辄要做尧、舜事业，如何做得？终年碌碌，至于老死，竟不知成就了甚么，可哀也矣！”[⑥] 这就

---

① 《传习录下》。
② 同上。
③ 同上。
④ 《传习录上》。
⑤ 《传习录中》。
⑥ 《传习录上》。

告诉人们，“致良知”是人们“明善诚身”的关键所在。二是认为“致良知”可以启迪人们成圣、成贤。在阳明看来，通过“致良知”，可以使人们进入“纯乎天理”状态，最终成圣、成贤。他指出：“圣人之所以为圣，只是其心纯乎天理，而无人欲之杂。犹精金之所以为精，但以其成色足而无铜铅之杂也。人到纯乎天理方是圣，金到足色方是金……所以为圣者，在纯乎天理，而不在才力也。故虽凡人，而肯为学，使此心纯乎天理，则亦可为圣人。”① 可见，坚持“致良知”，是人们成圣、成贤的关键所在。

第四，深入探讨了“致良知”的基本途径与方法。既然“致良知”对人们立身做人如此重要，那么，人们如何做，才能达到“致良知”的境界呢？阳明对此从方法论角度作了自己的理论思考。

一是强调要在求知于“心”上下功夫。他反对理学家求理于心外的“格物”论，主张求理于“心”。曾说：“天下之物本无可格者，其格物之功只在身心上做。”② 又说：“若鄙人所谓致知格物者，致吾心之良知于事事物物也。吾心之良知，即所谓天理也。致吾心良知之天理于事事物物，则事事物物皆得其理矣。致吾心之良知，致知也；事事物物皆得其理者，格物也。是合心与理而为一者也。”③ 这是说，要达到“致良知”的目的，就是要充分发挥人心本有之天理去看待万事万物。他说：“盖良知只是一个天理自然明觉发见处，只是一个真诚恻怛，便是他本体，故致此良知之真诚恻怛以事亲便是孝，致此良知之真诚恻怛以从兄便是弟，致此良知之真诚恻怛以事君便是忠。”④ 其核心思想是强调要用“真诚恻怛”（即实实在在）的功夫，去求心内之理。因此，在“心”上下功夫，是其“致良知”的根本途径。

二是主张要在“存理灭欲”上下功夫。他说：“只在此心去人欲存天理上用功便是。”⑤ 又说：“学者学圣人，不过是去人欲而存天理

① 《传习录上》。
② 《传习录下》。
③ 《传习录中》。
④ 同上。
⑤ 《传习录上》。

耳。”[1] 因此，他的“致良知”的一个根本途径，就是要求人们“存理灭欲”或曰：“胜私复理。”他曾说：“若良知之发，更无私意障碍，即所谓充其恻隐之心，而仁不可胜用矣；然而常人不能无私意障碍，须用致知格物之功，胜私复理，即心之良知更无障碍，得以充塞流行，便是致其知。”[2] 又说：“天下人之心，其始亦非有异于圣人也，特其间于有我之私，隔于物欲之蔽，大者以小，通者以塞，人各有心，至有视其父子兄弟如仇雠者。圣人有忧之，是以推其天地万物一体之仁，以教天下。使之皆有以克其私，去其蔽，以复其心体之同然。”这里把“克其私，去其蔽”作为“其心体之同然”（即“致良知”）的重要条件，这无疑也是突出“存理灭欲”的必要性。为此，他主张“静时念念去人欲存天理，动时念念去人欲存天理”[3]。与此相一致，阳明还提出过“破心中之贼”的口号，其本意亦在突出“存理灭欲”。阳明把“存理灭欲”的功夫称为“省察克治之功”，说：“省察克治之功，则无时而可间，如去盗贼，须有个扫除廓清之意。无事时，将好色、好货、好名等私欲逐一追究搜寻出来，定要拔去病根，永不复起，方始为快。”[4] 主张对私欲要像“去盗贼”那样，务求“扫除廓清”，不留“病根”。可见，“存理灭欲”对于实践“致良知”多么关键。

三是主张要在“栽培涵养”上下功夫。作为一位伦理思想家，阳明还非常重视“栽培涵养之方”。他的“栽培涵养之方”，主要是针对少年儿童而言的，认为此方法可以帮助少年儿童学会“致良知”，借以“顺导其志意，调理其性情，潜消其鄙吝，默化其粗顽”[5]，即实现“蒙以养正”的教育效果。今综观他的“栽培涵养之方”，其内容主要有两点：其一是强调循循善诱法。他说：“今教童子，唯当以孝、弟、忠、信、礼、义、廉、耻为专务。其栽培涵养之方，则宜诱

---

① 《传习录中》。
② 《传习录上》。
③ 同上。
④ 同上。
⑤ 《传习录中》。

之歌诗以发其志意，导之习礼以肃其威仪，讽之读书以开其知觉。”①这里所说的“诱之歌诗”、“导之习礼”、“讽之读书”等，都是循循善诱、因势利导的具体做法。他认为坚持这些做法，就可达到“发其志意”、“肃其威仪”、“开其知觉”而实现“栽培涵养”的目的；其二是突出激励教育法。他说：“今教童子必使其趋向鼓舞，中心喜悦，则其进，自不能已。”这里说的“使其趋向鼓舞，中心喜悦”，正是激励教育法的具体运用。他认为坚持“激励教育法”，“譬之时雨春风，沾被卉木，莫不萌动发越，自然日长月化，若冰霜剥落，则生意萧索，日就枯槁矣。故凡诱之歌诗者，非但发其志意而已，亦所以泄其跳号呼啸于咏歌，宣其幽抑结滞于音节也；导之习礼者，非但肃其威仪而已，亦所以周旋揖让而动荡其血脉，拜起屈伸而固束其筋骸也；讽之读书者，非但开其知觉而已，亦所以沉潜反复而存其心，抑扬讽诵以宣其志也。”② 这些论述，表明其“激励教育法”，具有调理性情的基本功能。上述关于“致良知”的三种方法，前两种属于受教育者自我实现“致良知”的方法；后一种则属于教育者帮助被教育者实现“致良知”的方法。三种方法，各有所长，但都在实现“致良知”过程中有其特殊功用，是阳明围绕修身方法所作的重要贡献。

综上所述，王阳明的伦理学说，不仅全面地继承、发掘、梳理了先儒以修身、正心、存理、灭欲为特色的道德修养论，而且创造性地提出了以“致良知”为特色的修身理念，全面而系统地深化了“良知”的内涵、“良知”的表现形式及其基本功能、理论价值，深入地探讨了“致良知”的途径和方法，从而将宋明时期的心学伦理学推到了新的境界。这在中国伦理学史上，的确做出了别具特色的理论贡献。平心而论，阳明的“致良知”说，虽然带有唯心主义的倾向，但他要求人们维护“良知”这个“真己”，保存“天植灵根”这个德性，坚持“省察克治”之功，以维持做人的基本准则，等等，均对于提高人们的道德境界和维持道德底线，乃至树立高尚人格风范，具

① 《传习录中》。

② 同上。

有不可估量的积极意义。在我国民间，人们常强调的“不要黑了良心”之语，就在一定程度上同阳明的“致良知”说一脉相通。这一切，都值得我们站在时代的高度，并以不苛求于古人的正确态度，对之认真总结、提炼，并有选择地加以继承与弘扬。

（原载《阳明学研究》创刊号中华书局2015年10月版）

四　论毛泽东哲学思想的民族根基

毛泽东哲学思想是马克思主义哲学中国化的产物：一方面，它是对马克思主义哲学的直接继承和发展；另一方面，它又吸取了本民族哲学思维的成果，成为具有民族形式、民族风格的哲学形态。关于前者，学界早有充分论述；对于后者则似乎还研讨得不够充分。本文试就毛泽东哲学思想的民族根基谈点粗浅看法，求教于研究毛泽东哲学的专家们。

毛泽东一贯重视对本民族文化成果的总结发掘和批判继承。早在60年前发表的《中国共产党在民族战争中的地位》一文中，他就明确指出：

> 学习我们的历史遗产，用马克思主义的方法给以批判总结，是我们学习的另一任务。我们这个民族有数千年的历史，有它的特点，有它的许多珍贵品。对于这些，我们还是小学生。今天的中国是历史的中国的一个发展；我们是马克思主义的历史主义者，我们不应当割断历史。从孔夫子到孙中山，我们应当给以总结，继承这一份珍贵的遗产。这对于指导当前的运动是有重要的帮助的。

毛泽东是这样要求全党，也这样严格要求自己的。在领导中国革命和建设的伟大实践中，他总是带头继承民族文化传统，并且身体力行，率先垂范。在他的思想体系中，保持着同中国传统文化血肉相连的关系。毛泽东的秘书李锐同志在其著作《毛泽东早年读书生活》中深有感受地说：“《毛泽东选集》前四卷极少引用马恩原著，列宁著作也限于哲学，引用斯大林著作稍多几处，而中国古籍则信手拈来，触目即是。从‘四书’、‘五经’、‘诸子百家’、‘二十四史’、《资治通鉴》，到诗词曲赋、历史小说、各家笔记等，能找到几百条成语典故。可以说中国传统文化是毛泽东一生的主要思想土壤。”这是讲得很中肯的。毛泽东的确有其深厚的民族文化素养，他在哲学方面吸取和利用传统文化的成果，更是达到了出神入化的程度。中国哲人的格言或典故，经他一点化，就获得新的生命，放出新的光彩，有时甚至收到了“化腐朽为神奇”的特殊效果。毛泽东的哲学思想内容极其丰富，我们在这里试从认识论、发展观两个领域简要阐明其同民族文化的渊源关系。在毛泽东思想体系中所包含的传统文化的内容，有“显”与“隐”两个特色。所谓“显”，指的是他在文章和讲话中，常常直接引用传统文化中的历史典故或人生格言，使人一看就知道他批判和继承了传统文化，给人以“显”的感觉；所谓“隐”，指的是他把传统文化的积极成果融进自己的思想体系，但未直接引用前人的东西，表现为传统文化隐含其中的特色。本文在以下的论述中，将力求揭示这两种特色。

（一）毛泽东哲学认识论成果——《实践论》的民族根基

认识论是毛泽东哲学丰富内容的最重要组成部分，是我党制定思想路线的理论基础。毫无疑问，毛泽东的认识论在体系上属于马克思主义认识论，是马克思主义认识论在中国的新发展。但是，毛泽东的认识论，又深深地打上了我们民族思维的烙印，同本民族哲学保持着血缘关系。这表现在以下一些方面：

其一，毛泽东的《实践论》，是运用马克思主义哲学观点，深刻反思传统知行论的理论成果。《实践论》是毛泽东认识论思想的光辉体现，是我党反对教条主义和经验主义的锐利武器，对我党确立辩证唯物主义的思想路线产生了无比深远的影响。这部著作之所以能获得如此大的成功，除了书中贯穿着马克思主义的实践观之外，还由于它对中国古代知行论作了无比深刻的理论反思。《实践论》的副标题是：《论认识和实践的关系——知和行的关系》。知行关系问题，是我们民族先哲代代相传、无比关注的重要问题。从上述副标题就可以看出，毛泽东的《实践论》是要解决中国古代哲人早已提出但又未能解决的知行关系问题。“知”和“行”作为认识论中的重要范畴，早为中国古代哲人所重视。自先秦以降，一代代先贤圣哲，围绕这对范畴，进行过文字浩繁的探讨，但是，都未能正确地解决这一问题。中国历代哲人关于知行关系的论述，概括说来，有如下几种模式：

（1）“知先行后”与“行先知后”说。“知先行后”，是说“知”与“行”相比，“知”先于“行”。这一命题的代表人物是程朱理学的创始人程颐和朱熹。程颐说：“须是知了方行得。”[①] 朱熹说：“论先后，知为先；论轻重，行为重。”[②] 从文意上看，程氏讲“须是知了方行得”，似乎在一定程度上看到了“知”对“行”的指导作用，有合理之处；朱氏强调“行为重”似乎也看到了“知”的目的在于“行”，亦包含真理性的颗粒。但是，他们都把“知”看作先于“行”的东西，认为“知”可以离开“行”而获得。这样，他们所说的“知”就势必成为“主观自生”的东西，滑入了唯心主义先验论。

同“知先行后”相对立的，是“行先知后”说。这一学说的代表人物是明清之际的唯物主义思想家王夫之。王夫之的这一学说，是针对程朱“知先行后”说而发的，表现了唯物论的反映论。但严格地说，“行先知后”同样未能正确揭示“知”与“行”的关系。它虽然看到了“行”对于“知”的决定作用，但一先一后之说在实质上是把两者分割开来，对立起来了。

（2）“知行合一”与“知行相资”说。所谓“知行合一”，就是把“知”与“行”合而为一。最先提出这一命题的是明代的思想家王阳明。王氏在一定程度上看到了“知先行后”说有导致“知行之所以二”（即把两者对立起来）的缺陷，因而试图用“知行合一”，来诊治“知先行后”。他说：“今人却将知行分作两件去做，……某今说个‘知行合一’，正是对病的药。”[③]“只说一个知，已自有行在；只说一个行，已自有知在”[④] 不难看出，这是把“知”与“行”混为一谈了。

---

① 《程氏遗书》第十八。
② 《朱子语类》卷九。
③ 《传习录上》。
④ 同上。

同“知行合一”相对立的，是“知行相资”说。这一学说的创始人也是王夫之。王夫之在反对宋明道学唯心主义方面，实际上是在两条战线上作战。一方面以“行先知后”来对抗程朱理学的“知先行后”说；另一方面以“知行相资”来反对王氏心学的“知行合一”论。他认为，王氏的“知行合一”实质上是“以知为行”或“销行以归知”。为医治此症，王夫之提出了“知行相资”说，指出：“知行相资以为用。”[①]“由知而知所行，由行而行则知之，亦可云知行并进而有功。”[②] 这表明他在一定程度上看到了“知”与“行”相互依赖、相互促进的内在联系。可惜，由于历史条件的限制，王夫之未能把这一思想贯彻到底。他不仅仍然强调知行有先后之分，而且他所说的“行”，不是指社会实践，而是指旧时代封建道德行为。与此相对应，他所说的“知”，也不是指自然知识和社会知识，而是指通达封建道德，即“知礼”。这就不可能完成揭示知行关系的历史任务。

（3）“知易行难”与“知难行易”说。“知易行难”是说致知和力行相比，致知是容易的，而力行是困难的。这一思想，最初见于古文《尚书》之《说命中》，原文是：“知之非艰，行之唯艰。”“知易行难”，在理论上属于“知先行后”说，因为既然“知”是容易的，它必然产生在“行”之先了。事实上，程朱的“知先行后”说正是这一逻辑的演化。

与“知易行难”相对立的，是“知难行易”说。这个命题是由资产阶级民主革命家孙中山提出来的。他说：“古人说：‘知之非艰，行之惟艰’，本大总统便要说：‘行之非艰，知之惟艰。’”[③] 孙中山之所以要把古人的思想“反过来”，其目的在于对革命党人进行心理建设。但是，“知难行易”说同样是把“知”与“行”看作互不相干的两个东西，人为地割裂了它们的内在联系。而且，把“行”看作容易的事，必然导致过低估计革命实践过程中的客观困难，产生盲目冒进的恶果。孙中山领导的民主革命战争多次失败，不能说与这种理论

① 《礼记章句》卷三一。
② 《读四书大全说》卷四。
③ 《国强在于行》。

上的失误没有关系。

以上这些情况说明，我国历代哲人都从不同角度探讨过知行关系问题，但是由于历史条件的限制，谁都未能得出正确的结论。这种情况一直延续到二十世纪三十年代。1937 年 7 月，毛泽东《实践论》的问世，才使中国哲人探讨知行关系问题有了重大突破。从表面来看，《实践论》似乎极少引用中国古代哲学命题或格言，但实际上，这部著作运用马克思主义“知行统一”的原理，对历代知行论作了系统的理论反思。可以说这是一种以总结历代哲人的失误为切入口，正面阐明自己的哲学见解的理论创造。毛泽东在书末的结论明确指出：

> 通过实践而发现真理，又通过实践而证实真理和发展真理。从感性认识能动地发展到理性认识，又从理性认识而能动地指导革命实践，改造主观世界和客观世界。实践、认识、再实践、再认识，这种形式循环往复以至无穷，而实践和认识之每一循环的内容，都比较地进到了高一级的程度。这就是辩证唯物论的全部认识论，这就是辩证唯物论的知行统一观。

这段论述深刻地告诉我们，中国古代哲人用“知先行后”、“行先知后”、“知行合一”、“知行相资”、“知易行难”、“知难行易”等各种不同命题来界说“知”与“行”的关系，但谁都未能正确揭示知与行的辩证关系。毛泽东运用马克思主义哲学认识论基本观点，从实践观的高度，提出“知行统一”论，才既符合认识论的唯物论，又符合认识论的辩证法，从而彻底纠正了中国历代哲人的失误，把知行关系理论推到了最新境界。

1964 年，毛泽东在《关于坂田文章的谈话》中说：“关于从实践到感性（认识），再从感性（认识）到理性（认识）的道理，……中国古人也没有讲清楚。老子、庄子没有讲清楚，墨子讲了些认识方面的问题，也没有讲清楚。李卓吾、王船山、谭嗣同都没有讲清楚。”这就告诉我们，关于“两个飞跃”（即“从实践到认识”、“从认识到实践”，或曰从行到知、从知到行）的理论，只有毛泽东才讲清楚了。应当说毛泽东的这个自我评价，完全符合历史的实际，他的确对中国古代哲人的知行观，进行了彻底的清算，从而确立了他的以“实践”为特色的中国化的马克思主义认识论。

其二，毛泽东的《实践论》，吸取和借鉴了我们民族先哲的思想成果。毛泽东的《实践论》除了反思、纠正前人的失误外，也吸取和借鉴了先哲们的思想成果，只是他的吸取和借鉴具有如前文所说的“隐”的特征。他把传统哲学的积极成果融于自己的思想体系，用自己的语言表述出来，出神入化，不易从表面看出他对传统文化的继承。但只要我们仔细研读，就可发现它同传统文化的血缘关系。例如，毛泽东关于“亲知”的理论有如下一段重要论述：

> 真正亲知的是天下实践着的人……你要有知识，你就得参加变革现实的实践。你要知道梨子的滋味，你就得变革梨子，亲口吃一吃。你要知道原子的组织同性质，你就得实行物理学和化学的实验，变革原子的情况。你要知道革命的理论和方法，你就得参加革命。一切真知都是从直接经验发源的。

从表面看，这段话中未引用前人的东西，但实际上它的基本观点同中国古代先哲重行的思想一脉相通，试举几例以证之：

（1）上文中毛泽东所引的“亲知”一词，出自先秦名著《墨子》。该书《经上》说：“知：闻、说、亲。”这里把知识分为“闻知”、“说知”、“亲知”三类。《经说上》又说：“知：传授之，闻也；方不障，说也；身观焉，亲也。”认为“闻知”是通过“传授”而获得的间接知识；“说知”是由推理得来的知识，它具有“方不障”，即不受地域的限制的特征；“亲知”则是由感官亲历的直接知识，它具有“身观焉”的特征。毛泽东所用的“亲知”概念，正是对墨子哲学的继承。

（2）“你要有知识你就得参加变革现实的实践”，也可从先哲那里找到理论源头。如明代哲学家王阳明曾讲过，人们要“学孝”、“学社”、“学书”都必须亲自操作，才能达到目的：“如言学孝，则必须服劳奉养，躬行孝道……学射，则必须张弓挟矢，引满中的；学书，则必须伸纸执笔，操觚染翰，尽天下之学，无有不行而可以言学者。”① 在王阳明看来，不亲自操作，是不能学有所成的。明代另一位思想家王廷相，曾明确认为，人们要知越地的情况，必须亲自到达那里，作一番考察，才能达到目的。他说：“越在南，必亲至越而后知越之故，江山、风土、道路、城域，可以指掌而说，与不至越而想象以言越者，大不眸矣。”② 明清之际的王夫之，明确认为“力行而后知之真”③、“实体之，则实知之”。④ 清初思想家颜元明确主张“身习而实践之”，他认为，人们要“知礼”，必须“跪拜周旋，捧玉爵、执币帛，亲下手一番，方知礼是如此”；人们要“知乐”，必须“捧拊击吹，口歌身舞，亲下手一番，方知乐是如此”。颜元还说，人们要知“菔蔬”的滋味，必须“箸取而纳之口，乃知如此味辛”。⑤ 清代又一思想家魏源更有一段著名论述值得重视：“‘及之而后知，履之而后艰’乌有不行而能知者乎？披五岳之图，以为知山，不如樵夫之一足；谈沧溟之广，以为知海，不如估客之一瞥；疏八珍之谱，以为知味，不如庖丁之一啜。”⑥

以上先哲所论，都可作为毛泽东重视“亲知”的思想先导。毛泽东所说的“真正亲知的是天下实践着的人”，同王阳明所讲的“无有不行而可以言学者”、王廷相所讲的“越在南必亲至越而后知越之故”、王夫之所讲的“实体之则实知之”、颜元所讲的要“知礼”、“知乐”，必须“亲下手一番功夫”等，在思想上都一脉相通。毛泽东所谓“你要知道梨子的滋味，你就得变革梨子，亲口吃一吃”，同颜元所讲的你要知道“菔蔬”的滋味，你就得“箸取而纳之口”，亲自吃一吃的说法，多么相似乃尔；而魏源所谓“疏八珍之谱以为知味，不如庖丁之一啜”，显然也给了毛泽东“吃梨子”之说以启示。总之，毛泽东的“亲知”之论，同中国传统哲学保持着十分亲密的

① 《王阳明全集》卷二《传习录中》。
② 《王廷相集·王氏家藏集·与薛君采二首》。
③ 《四书训义》卷十三。
④ 《张子正蒙注》卷二。
⑤ 《四书正误》卷一。
⑥ 《魏源集·默觚上》。

渊源关系。这再次证明毛泽东的实践论亦认识论，有着无比深厚的民族根基。

其三，毛泽东“实事求是”学说，是运用马克思主义哲学改造古代哲学命题的理论成果。人所共知，“实事求是”是毛泽东思想的“精髓”，是毛泽东认识论光辉成果的高度概括。“实事求是”一语最先见于班固《汉书》五三《河间献王刘德传》：“修学好古，实事求是。”唐人颜师古注释该语曰：“务得实事，每求真是也。”从这个注释可知，古人对“实事求是”的理解，已包括务实求真的朴素唯物论的合理因素。毛泽东正是看中了其中的合理因素，予以重视。他站在马克思主义认识论的高度，对之作了新的解释，指出：

> “实事”就是客观存在着的一切事物，“是”就是客观事物的内部联系，即规律性，“求”就是我们去研究。我们要从国内外、省内外、县内外、区内外的实际情况出发，从其中引出其固有的而不是臆造的规律性，即找出周围事变的内部联系，作为我们行动的向导。①

古老的朴素唯物论的哲学命题，经毛泽东这样一解释，就闪烁着辩证唯物主义认识论的理论光辉。

首先，肯定“‘实事’就是客观存在着的一切事物”，这就指明了我们的认识对象——客观事物具有“客观存在”的特性，从而将我们的认识论置于唯物主义的基础之上。人所共知，承不承认认识对象的客观实在性，是认识论中唯物论与唯心论的分水岭。承认认识对象的客观实在性，这在认识论上就是坚持从物到思想的唯物主义路线；反之，则会陷于从思想到物的唯心主义路线。所以，毛泽东肯定“‘实事’就是客观存在着的一切事物”，这在理论上为我党的认识路线奠定了唯物主义基础。

其次，指出“‘是’就是客观事物的内部联系即规律性”，实际上揭示了“是”的本质特征。“是”不是臆造的东西，而是客观事物

---

① 《毛泽东选集》第3卷，人民出版社1991年版，第801页。

内部联系的正确反映。客观事物是普遍联系的，但联系的方式有种种不同，既有外部联系又有内部联系。外部联系只能反映事物表面特征，而内部联系则能反映事物的本质及其规律性。所以，“‘是’就是客观事物内部联系即规律性”一语，实际上指明了认识的根本任务在于寻求客观事物的内部联系即规律性。这对于指导我们的认识活动，无疑具有十分重要的意义。

再次，所谓“‘求’就是我们去研究”，实际上指明了认识的途径与方法。它告诉我们，人们要认识某种事物，不能坐享其成，必须通过“求”的功夫去探索、追求。“求”，必须经历从实践到认识又从认识到实践的循环往复的过程。只有这样，我们才能“从国内外、省内外、县内外、区内外的实际情况出发，从其中引出其固有的而不是臆造的规律性。”

最后，按照毛泽东同志的解释，人类认识的对象是“客观存在着的一切事物”；认识的目的是揭示“客观事物的内部联系即规律性”；认识的方法是“求”，即研究，这就要求主体在认识的过程中发挥积极能动作用，克服主观唯心主义的毛病。因此，古老的“实事求是”命题，经毛泽东一点化，就变成了辩证唯物主义认识论的理论成果，这无疑是一个创造性的贡献。邓小平同志说：“毛泽东思想的基本点就是实事求是……毛泽东同志所以伟大，能把中国革命引导到胜利，归根到底，就是靠这个。”① 这个评价是很公允的。而毛泽东之所以有如此创造，又同他善于吸取传统哲学的营养分不开。

（二）毛泽东唯物辩证法成果——“对立统一”学说的民族根基

毛泽东的发展观，是马克思主义唯物辩证法在中国的新发展，是我党运用辩证唯物主义的方法论指导原则改造客观世界的理论基石，是毛泽东哲学丰富内容的又一重要组成部分。毛泽东的发展观，集中于他对对立统一规律的深刻表述。这是因为，在毛泽东看来，“辩证法的核心是对立统一规律，其他范畴如质量互变、否定之否定、联

① 《邓小平文选》第2卷，人民出版社1994年版，第126页。

系、发展等等，都可以在核心规律中予以说明”①。围绕对立统一规律的研究，毛泽东取得了一系列的成果，其中《矛盾论》和《关于正确处理人民内部矛盾的问题》两部著作最有代表性。在这两部著作中，毛泽东也从正反两个方面对民族哲学思维成果进行了卓有成效地批判继承。

其一，毛泽东的“对立统一”学说，吸纳了中国古代朴素辩证法的思维成果。我们的祖先在长期的哲学探讨中，留下了许多朴素辩证法的思维成果。毛泽东站在唯物辩证法的高度，对之大胆地吸取、利用，从而丰富了他的哲学体系。这表现在如下几个方面：

（1）为了说明辩证法关于全面看问题的观点，毛泽东引用了古代哲人的思想成果：“孙子论军事说：‘知彼知己，百战不殆。’他说的是作战的双方。唐朝人魏征说过：‘兼听则明，偏信则暗。’也懂得片面性不对。……《水浒传》上宋江三打祝家庄，两次都因情况不明，方法不对，打了败仗。后来改变方法，从调查情形入手，于是熟悉了盘陀路，拆散了李家庄、扈家庄和祝家庄的联盟，并且布置了藏在敌人营盘里的伏兵……第三次就打了胜仗。《水浒传》上有很多唯物辩证法的事例，这个三打祝家庄，算是最好的一个。”②

以上一共用了三则历史资料，其中孙子之语见于《孙子·谋攻篇》，魏征之言引自《资治通鉴》卷一百九十二，《宋江三打祝家庄》的故事见于《水浒全传》第四十七回、四十八回以及五十回（岳麓书社版）。这三则资料都各从一个侧面说明了片面性不对，应当坚持全面地看问题。三组资料的合理引用，既宣传了辩证法，也批判了形而上学。

（2）为了阐明矛盾同一性的理论，毛泽东引用了我国古代“相反相成”的格言。他说：“我们中国人常说：‘相反相成。’就是说相反的东西有同一性。这句话是辩证法的，是违反形而上学的。……‘相成’就是说在一定条件之下两个矛盾方面互相联结起来，获得了

① 《毛泽东著作选读》下册，人民出版社 1986 年版，第 847 页。

② 《毛泽东选集》第 1 卷，人民出版社 1991 年版，第 313 页。

同一性。……”[①] “相反相成”的基本思想最早见于《老子》，《老子》中有这样一段精彩的论述：“有无相生，难易相成，长短相形，高下相倾，音声相和，前后相随。”[②]

这一段文字，通过“有无相生”等命题，透露了“相反相成”的观念。文中所谓“有无”、“难易”、“长短”、“高下”、“音声”、“前后”等不同的概念，可用两个字来概括，叫作“相反”。而“相生”、“相成”、“相形”、“相倾”、“相和”、“相随”等不同的概念，也可以用两个字来概括，叫作“相成”。由此可见，“相反相成”的思想，出自我国古代朴素辩证法大师老子。

“相反相成”这一命题的正式创立，当归之于东汉史学家班固。班固在其所著《汉书·艺文志》中写道：“诸子十家，……其言虽殊，辟犹水火，相灭亦相生也；仁之与义，敬之与和，相反而皆相成也。”

“相反相成”是我们民族的先哲创造出来的一个辩证法的命题，毛泽东借助这一命题来解说“对立同一”，使马克思主义唯物辩证法的深奥哲理同我们民族的思维成果融为一体，这对于在中国宣传马克思主义哲学，无疑是一个重大贡献。

（3）为了说明新事物代替旧事物是宇宙间普遍法则，毛泽东引用了“新陈代谢”这句成语，说：“我们常常说‘新陈代谢’这句话。新陈代谢是宇宙间普遍的永远不可抵抗的规律。依事物本身的性质和条件，经过不同的飞跃形式，一事物转化为他事物，就是新陈代谢的过程。”[③] 这里把唯物辩证法关于矛盾转化的观点同我们民族“新陈代谢”这一成语糅合起来，亦收到了宣传辩证法的特殊功效。“新陈代谢”语出东汉蔡邕《笔赋》：“上刚下柔，乾坤之位也；新故代谢，四时之次（序）也”。它的思想渊源可以直接上溯到《周易》之“革故鼎新”的观念。后来北宋王安石用“新故相除”来表述这一思想。所以“革故鼎新”、“新陈代谢”、“新故相除”在含义上都是相通的，其基本思想就是论证新事物代替旧事物的必然性和合理性。毛泽东借

① 《毛泽东选集》第1卷，人民出版社1991年版，第333页。

② 《老子》第二章。

③ 《毛泽东选集》第1卷，人民出版社1991年版，第323页。

用“新陈代谢”来说明新旧事物的相互转化，可以说深得传统文化之真精神。

（4）在关于《正确处理人民内部矛盾的问题》中，为了阐明坏事可以变好事、好事可以变坏事的辩证法哲理，毛泽东引用了老子“祸福相倚”的学说来证明这一观点，他说：“在一定的条件下，坏的东西可以引出好的结果，好的东西也可以引出坏的结果。老子在两千多年以前就说过：‘祸兮福所倚，福兮祸所伏。’”

这里讲的是矛盾双方相互转化的辩证法。毛泽东引用老子的观点阐明这一法则，可以说是找到了老祖宗。老子是我们民族辩证法的大师，他曾用“反者道之动”的命题来表述矛盾双方的相互转化法则。所谓“反者道之动”，说的是：向相反的方向转化，是“道”的运动。这就揭示了世间一切事物都要走向自己的对立面的普遍法则。既然一切事物都要走向对立面，则祸与福的相互转化、好事与坏事的相互转化就不难理解了。可见，毛泽东利用古人的成果，的确达到了出神入化的高度。

（5）毛泽东多次强调“一分为二”。早在一九五六年发表的《论十大关系》中就说：“一万年都有两点。将来有将来的两点，现在有现在的两点，各人有各人的两点。总之，是两点而不是一点。说只有一点，叫知其一不知其二。”① 这里已包含“一分为二”的思想。一九五七年在《党内团结的辩证方法》中更明确地指出：“一分为二，这是个普遍的现象，这就是辩证法。”② 一九六三年，他又在《采取马克思主义的辩证分析方法》一文中，再次提出“一分为二”的分析方法，并从理论上分析说：“事物（经济、政治、思想、文化、军事、党务等等）总是作为过程而向前发展的。而任何一个过程，都是由矛盾着的两个侧面互相联系又互相斗争而得到发展的。这应当是马克思主义者的普通常识。”③ 这里实际上从唯物辩证法的高度，揭示了“一分为二”是宇宙间普遍法则的道理。它同列宁所说的“统一

① 《毛泽东选集》第5卷，人民出版社1977年版，第285页。

② 同上书，第498页。

③ 《毛泽东著作选读》下卷，人民出版社1986年版，第843页。

物之分为两个部分”的思想是完全一致的。

需要指出的是，“一分为二”也是我国先哲创造出来的具有本民族风格的哲学命题。《周易·系辞传》所讲的“太极生两仪，两仪生四象，四象生八卦”已透露了“一分为二”的观念。北宋哲学家邵雍在解释上段《易传》之语时，最先提出了“一分为二”的命题，南宋思想家朱熹继承并发展了这一思想。他在同学生讨论《系辞传》中“太极生两仪”的哲理时，说：“此只是一分为二，节节如此，以至于无穷。”[①] 可见，毛泽东所讲的“一分为二”，也是对本民族思维成果的合理利用和借鉴。

毛泽东对中国古代朴素辩证法思维成果的利用和借鉴，还可以举出许多例证，如，他在军事上提出“以弱当强”和“以强当弱”的主张，都可以从中国古代典籍中找到思想源头。

总之，毛泽东唯物辩证法的发展观，深深打上了民族思维的烙印。毛泽东哲学思想的民族性，不仅体现在其认识论和发展观中，也体现在他的政治哲学、经济哲学、军事哲学、人生哲学、艺术哲学等各个领域，由于篇幅所限，在此不再赘述。仅从上述两个方面及其所涉的传统文化内容来看，就可窥见毛泽东哲学思想有着深厚的民族根基。它是中华民族丰厚的文化土壤上结出的思想硕果，是我们伟大民族哲学思维发展的一个光辉的典范。

通过揭示毛泽东哲学思想的民族根基，使我们再一次体味到我国传统文化有着不可磨灭的现实价值。江泽民同志说：我们要使“中华民族几千年创造的文化成果，在现代化建设中获得新的生命，放出新的光彩。”我们应当积极响应这一伟大号召，在改革开放和跨越世纪的历史新时期，为弘扬优秀传统文化做出无愧于时代的新贡献。

其二，毛泽东的“对立统一”学说，批判了中国古代形而上学的发展观。在《矛盾论》中，毛泽东鲜明地指出：“形而上学，亦称玄学，这种思想无论在中国、在欧洲、在一个很长的历史时间内，一直属于唯心的宇宙观，并在人们的思想中占了统治地位。”接着，毛泽东又联系中国的实际，讲明中国古代“形而上学”宇宙观的表现形

---

① 《朱子语类》卷六七。

态，指出："在中国，则有所谓'天不变道亦不变'的形而上学的思想，曾经长期地为腐朽了的封建统治阶级所拥护。近百年来输入了欧洲的机械唯物论和庸俗进化论，则为资产阶级所拥护。"世界究竟是静止不动的，还是发展变化的？这是衡量形而上学发展观与辩证法发展观的重要标尺之一。毛泽东站在辩证法的高度，对中国古代形而上学的不变论予以尖锐的批判。"天不变道亦不变"，见于《汉书·董仲舒传》，原文为："道之大原出于天，天不变，道亦不变。"董仲舒的旨意，在于论证孔孟之道万世不变。毛泽东针对董氏的"不变"论和近代史上资产阶级宣扬西方的机械唯物主义和庸俗进化论的情况，从理论上进行深刻批判，指出：

> 这种宇宙观把世界一切事物，一切事物的形态和种类，都看成是永远彼此孤立和永远不变化的。如果说有变化，也只是数量的增减和场所的变更。而这种增减和变更的原因，不在事物的内部而在事物的外部，即是由于外力的推动。形而上学家认为，世界上各种不同事物和事物的特性，从它们一开始存在的时候就是如此。后来的变化，不过是数量上的扩大或缩小。他们认为一种事物永远只能反复地产生为同样的事物，而不能变化为另一种不同的事物。……因此，他们不能解释事物的质的多样性，不能解释一种质变为他种质的现象。①

这就从理论上深刻地说明了形而上学宇宙观的根本性错误，并对之作了剥肤见骨的有力批判。

（原载《江西社会科学》1999 年第 10 期）

五　坚持实事求是思想路线的光辉记录

——学习《邓小平文选》的体会

实事求是是马克思主义的一条基本原则，也是我们党历来坚持的

① 《毛泽东选集》第 1 卷，人民出版社 1991 年版，第 300—301 页。

思想路线。可惜，这条体现马克思主义的辩证唯物主义的思想路线曾经一度被抛弃。粉碎“四人帮”以后，在新的历史时期，邓小平同志以无产阶级革命家的胆识，力挽狂澜，带头恢复党的优良传统，以实事求是作为思想武器，拨乱反正，扭转乾坤，实现伟大的历史转折，取得了辉煌的成果。今天，环顾祖国大地，生机勃勃，春意盎然。我国人民从来没有现在这样思想解放，精神振奋；从来没有现在这样善于思考，敢于创新。这一切，当归于党的思想路线的重新恢复。

（一）邓小平同志为恢复实事求是思想路线所做的巨大努力和卓越贡献

学习《邓小平文选》，我们可以看到邓小平同志是怎样坚定不移地把马列主义、毛泽东思想的普遍真理同中国现阶段实际情况相结合的，我们可以看到邓小平同志是怎样坚定不移地恢复党的实事求是思想路线的。《邓小平文选》就是邓小平同志坚持和发展马列主义、毛泽东思想的光辉记录，是邓小平同志坚持党的实事求是思想路线的光辉记录。

“实事求是”原是一句成语，毛泽东同志运用辩证唯物主义的基本原则，赋予它新的含义，指出：“‘实事’就是客观存在着的一切事物，‘是’就是客观事物的内部联系，即规律性，‘求’就是我们去研究。我们要从国内外、省内外、县内外、区内外的实际情况出发，从其中引出其固有的而不是臆造的规律性，即找出周围事变的内部联系，作为我们行动的向导。”① 毛泽东同志的这个解释，完全符合从物到感觉到思想的辩证唯物主义的认识路线，符合马克思主义的基本原则。它的基本精神就是要求人们按照事物的本来面目来认识事物，按照实际情况决定我们的方针，这是彻底的唯物主义态度。正是在毛泽东同志的倡导下，实事求是成为我们党制定方针政策的理论基础，成为我们一切工作的行动指南，成为我们党的优良传统作风。在实事求是思想路线的指导下，我们党顺利地完成了延安整风运动，清

① 《毛泽东选集》第3卷，人民出版社1991年版，第801页。

算了王明“左倾”冒险主义的错误，实现了全党思想上的大统一、大团结，在夺取抗日战争、解放战争的伟大胜利之后，又取得了社会主义革命和建设的新胜利。

但是，在十年浩劫期间，我们党的实事求是思想路线，却遭到了林彪、“四人帮”的肆意践踏，正如邓小平同志所指出的：“最早是林彪搞乱了我们党的思想路线，他搞了那个语录本，把毛泽东思想庸俗化，搞得支离破碎……”① 他们“大搞禁区、禁令，制造迷信，把人们的思想封闭在他们假马克思主义的禁锢圈内，不准越雷池一步”②。“我们同林彪、‘四人帮’斗争的中心内容之一，就是反对他们伪造、篡改、割裂马列主义、毛泽东思想。”③ 邓小平同志强调说：“我们一定要肃清林彪、‘四人帮’的流毒，拨乱反正，打破精神枷锁，使我们的思想来个大解放，这确实是一个十分严重的任务。”④ 粉碎“四人帮”以后，华国锋同志推行的“两个凡是”（即“凡是毛主席做出的决策，我们都坚决拥护；凡是毛主席的指示，我们都始终不渝地遵循”）表面上打着“高举”的旗帜，实际上同林彪搞的“句句是真理”“句句照办”一脉相承。按照“两个凡是”，只能一切照本本出发，这样，我们就无法打破精神上的枷锁，无法改变思想僵化的状况，无法纠正“文化大革命”所造成的种种错误，更不可能提出新的历史时期的战略任务。正如邓小平同志所指出的：“一个党，一个国家，一个民族，如果一切从本本出发，思想僵化，迷信盛行，那它就不能前进，它的生机就停止了，就要亡党亡国。”⑤ 因此，坚决反对“两个凡是”，恢复“实事求是”思想路线，“是个关系到党和国家的前途和命运的问题”⑥。在这个大是大非面前，邓小平同志以马克思主义的敏锐洞察力，及时识破了“两个凡是”的错误实质，他一针见血地指出：“什么叫高举？怎么样高举？大家知道，有一种

① 《邓小平文选》第 2 卷，人民出版社 1994 年版，第 190 页。
② 同上书，第 141 页。
③ 同上书，第 171 页。
④ 同上书，第 119 页。
⑤ 同上书，第 143 页。
⑥ 同上。

议论，叫做‘两个凡是’，不是很出名吗？凡是毛泽东同志圈阅的文件都不能动，凡是毛泽东同志做过的、说过的都不能动。这是不是叫高举毛泽东思想的旗帜呢？不是！这样搞下去，要损害毛泽东思想。”① “我是不赞成‘两个凡是’的。‘两个凡是’不是马列主义、毛泽东思想。”② “马克思、恩格斯没有说过‘凡是’，列宁、斯大林没有说过‘凡是’，毛泽东同志自己也没有说过‘凡是’。”③

为了清除“两个凡是”的影响，邓小平同志大讲“实事求是”。他说：“毛泽东思想的基本点就是实事求是，就是把马列主义的普遍原理同中国革命的具体实践相结合。毛泽东同志在延安为中央党校题了‘实事求是’四个大字，毛泽东思想的精髓就是这四个字。毛泽东同志所以伟大，能把中国革命引导到胜利，归根到底，就是靠这个。”④ “实事求是，是毛泽东思想的出发点、根本点。”⑤ “但是，我们也有一些同志天天讲毛泽东思想，却往往忘记、抛弃甚至反对毛泽东同志的实事求是、一切从实际出发、理论与实际相结合的这样一个马克思主义的根本观点、根本方法。”⑥ “如果反对实事求是，反对从实际出发，反对理论和实践相结合，那还说得上什么马克思列宁主义、毛泽东思想呢？那会把我们引导到什么地方去呢？很明显，那只能引导到唯心主义和形而上学，只能引导到工作的损失和革命的失败。”⑦ 邓小平同志的这些论述，不仅阐明了实事求是的基本精神，阐明了坚持实事求是的极端重要性，而且说明了实事求是同两个凡是斗争的实质，即是唯物主义和唯心主义的斗争，辩证法和形而上学的斗争，说到底，是把革命引向胜利还是把革命引向失败的斗争。

实事求是在我党历史上曾经起过重大作用，有过深远影响，但是像邓小平同志今天这样高度重视实事求是的，还不多见。邓小平同志把实事求是看作毛泽东思想的“出发点”“根本点”“精髓”，把实事

---

① 《邓小平文选》第 2 卷，人民出版社 1994 年版，第 126 页。
② 同上书，第 190 页。
③ 同上书，第 39 页。
④ 同上书，第 126 页。
⑤ 同上书，第 114 页。
⑥ 同上。
⑦ 同上书，第 118 页。

求是看作马列主义的“根本观点”“根本方法”，这就抓住了毛泽东思想的实质和核心，抓住了马列主义的基本原则，对于引导全党和全国人民完整地、准确地理解毛泽东思想，自觉抵制“两个凡是”的影响，有着极其重大的指导意义。

邓小平同志坚定不移地恢复实事求是的思想路线，还表现在他热情支持了关于真理标准问题的讨论。他说：“关于真理标准问题的争论，的确是个思想路线问题，是个政治问题，是个关系到党和国家的前途和命运的问题。”① 在邓小平同志的支持下，关于真理标准问题的讨论，从理论战线扩展到政治战线以及其他各条战线，引起了很大反响。经过这场讨论，实事求是日益深入人心，全党和全国人民对实事求是的理解，达到了前所未有的水平。这就有力地促进了思想解放，为昂首阔步奔向“四化”奠定了思想基础。

（二）邓小平同志用实事求是思想路线夺取了新时期一系列伟大胜利

理论是行动的指南。思想路线的恢复，为我党在新的历史时期继续前进指明了方向，开拓了道路。邓小平同志说：“过去我们搞革命所取得的一切胜利，是靠实事求是；现在我们要实现四个现代化，同样要靠实事求是。”② 这是千真万确的真理。回顾这些年来，我们所走过的道路，所取得的胜利，哪一样不是靠实事求是呢？

第一，靠实事求是，促进了党的工作着重点的顺利转移。

我们党的工作着重点，早在二十世纪五十年代末期就应及时转移到“四化”建设上来，那时，社会主义改造基本完成，大规模的急风暴雨式的群众阶级斗争已经基本结束，完全具备了转移的条件，但是却令人痛心地没有实现转移。根本的原因在于丢掉了党的实事求是的思想路线。思想路线是政治路线的理论基础，有什么样的思想路线，就有什么样的政治路线。正是由于在思想路线上出了问题，以致不顾“大规模的急风暴雨式的群众阶级斗争已经过去”这一实际，

---

① 《邓小平文选》第2卷，人民出版社1994年版，第143页。

② 同上。

继续把党的工作着重点限制在“以阶级斗争为纲”的禁锢圈内，扩大了阶级斗争的范围，混淆了两类不同性质的矛盾，损害了党和人民的根本利益。这个教训是很深刻的。1978 年 12 月召开的党的十一届三中全会做出“把全党工作的着重点和全国人民的注意力转移到社会主义现代化建设上来”的伟大决策，这是实事求是的胜利，如果不坚持实事求是，尽管当时全国范围内揭批林彪、“四人帮”的群众运动已经基本上胜利完成，实现全党工作中心转变的客观条件已经具备，仍然不可能实现这一伟大转移。因为按照“两个凡是”，坚持“以阶级斗争为纲”是本本上有的，不能动、不能改，就只能继续搞那个“抓纲治国”，这样，怎么能把工作中心转移到社会主义现代化建设上来呢？因此，党的工作着重点的转移，是“实事求是”战胜“两个凡是”的胜利，没有“实事求是”，就不可能一心一意搞“四化”。

第二，靠实事求是，开创了社会主义现代化建设的新局面。

社会主义现代化建设，是做我们的前人从来没有做过的极其光荣、伟大的事业。在进行这一伟大事业中，我们必然要遇到许多新问题、新矛盾，我们只有解决这些新问题、新矛盾，才能开创社会主义现代化建设的新局面。而要解决这些新问题、新矛盾，马列著作中没有现成的答案，毛泽东同志的著作中也没有现成的答案。正如邓小平同志所指出的：“我们现在要实现四个现代化，有好多条件，毛泽东同志在世的时候没有，现在有了。中央如果不根据现在的条件思考问题、下决心，很多问题就提不出来、解决不了。”① 因此，我们不能把马列主义的本本当成包医百病的灵丹圣药，不能搞“两个凡是”，而是必须坚持实事求是地研究新问题，解决新问题。要独立思考，敢于创新。“世界天天发生变化，新的事物不断出现，新的问题不断出现。”② 如果我们不开动脑筋，只知墨守成规，躺在“两个凡是”上面睡大觉，那就不可能开创新的局面。正是在邓小平同志的带动下，我们靠实事求是开创了社会主义建设的新局面。我们先拿农业战线来说吧，由于坚持从实际出发，不再搞那个“农业学大寨”、“堵资本

① 《邓小平文选》第 2 卷，人民出版社 1994 年版，第 127 页。

② 同上书，第 128 页。

主义的路”、“割资本主义的尾巴”、“以粮为纲”等极“左”的做法，坚决地推行了农业生产责任制，发挥农民群众的积极性、创造性，允许一部分农民“先富裕起来”，从而带来了我国农村的大好形势，开创了农业战线的新局面。农民群众说，现在的政策“顺民心，合民意”，这也说明党的农村政策是实事求是的。再看文教、科技战线的情况：正是在实事求是思想的指导下，推倒了“两个估计”，恢复了大学招生制度；也正是在实事求是思想的指导下，承认“科学技术是生产力”①，肯定知识分子“是工人阶级自己的一部分”②，这一切，都为开创文教、科技战线的新局面，奠定了基础。

要开创社会主义建设新局面，一个重要的问题，就是必须遵循客观经济规律。新中国成立以来，正反两方面的经验告诉我们：什么时候遵循了客观经济规律，社会主义建设就会顺利发展；什么时候违背了客观经济规律，社会主义建设就会遭受损失。比如，社会主义的按劳分配规律，过去被长期忽视，甚至当成“资产阶级法权”加以批判，结果严重挫伤了群众的劳动积极性，影响了生产的发展，受到了惩罚。十一届三中全会后，我们党认真总结了这一教训，注意了研究规律、认识规律，照规律办事，开创了各条战线的新局面。毫无疑问，这也是实事求是的胜利。

开创社会主义建设新局面，还必须注意中国特点，努力建设有中国特色的社会主义。在这个问题上，我们党的教训也是深刻的。十一届三中全会以前，由于“左”的影响，一些同志对中国式的现代化认识不清，急于求成，在经济建设上搞了不适当的高指标、高速度以及不适当的引进，使本来就丧失元气的国民经济造成了更严重的比例失调。其根子就在于没有认清中国特点。什么是中国特点呢？邓小平同志说：“土地面积很大，但是耕地很少。耕地少，人口多特别是农民多，这种情况不是很容易改变的。这就成为中国现代化建设必须考虑的特点。”他指出：“中国式的现代化，必须从中国的特点出发。”③

---

① 《邓小平文选》第 2 卷，人民出版社 1994 年版，第 89 页。
② 同上。
③ 同上书，第 164 页。

那么，怎样从中国的特点出发呢？邓小平同志说："把马克思主义的普遍真理同我国的具体实际结合起来，走自己的道路，建设有中国特色的社会主义，这就是我们总结长期历史经验得出的基本结论。"[①]在邓小平同志的倡议下，我们自觉把建设有中国特色的社会主义作为大事来抓，各条战线注意扬长避短，发挥优势，开创了新的局面。

第三，靠实事求是，彻底平反了历史上遗留下来的冤案、假案、错案，进一步调动了一切积极因素，为社会主义现代化建设出力。

过去由于"左"的影响，特别是十年动乱，造成阶级斗争扩大化，使一批同志无辜遭受迫害，蒙受不白之冤。随着党的工作着重点的转移，平反冤、假、错案显得愈来愈迫切。可是，这个有关"四化"建设的重大问题却受到了"两个凡是"的阻挠。按照"两个凡是"的逻辑，只要毛泽东同志画了圈的就不能动、不能改，这同实事求是是不相容的。为此，邓小平同志鲜明而坚定地指出："毛泽东同志画了圈，不等于说里面就没有是非问题了。"[②] 这是坚持用唯物主义来评价是非问题，的确大得人心。比如，1976 年关于天安门事件的那个文件，就是毛泽东同志"画了圈"的，正是那个文件。把那么多人打成了"反革命"，把邓小平说成是天安门事件的后台，这本身就不符合客观实际。按照实事求是的原则，这个大错案，必须平反。可是按照"两个凡是"，此案则不能平反。邓小平指出："按照'两个凡是'，就说不通为我平反的问题，也说不通肯定一九七六年广大群众在天安门广场的活动'合乎情理'的问题。"[③] 因此，当时要平反冤、假、错案，就必须首先推倒"两个凡是"，坚持实事求是。正是本着这一原则，邓小平同志在 1978 年 12 月中央工作会议上指出："我们的原则是'有错必纠'。凡是过去搞错了的东西，统统应该改正。有的问题不能够一下子解决，要放到会后去继续解决。但是要尽快实事求是地解决，干脆利落地解决，不要拖泥带水。对过去遗留的问题，应当解决好。"[④] 这再次表明了邓小平同志彻底的唯物

---

① 《邓小平文选》第 3 卷，人民出版社 1993 年版，第 3 页。
② 《邓小平文选》第 2 卷，人民出版社 1994 年版，第 66 页。
③ 同上书，第 38 页。
④ 同上书，第 147 页。

主义态度。在邓小平同志的提议下，党的十一届三中全会肯定了“实事求是，有错必纠”的原则，做出了“解决历史遗留问题”的正确决定。十一届三中全会后，许多冤、假、错案，得到了平反昭雪，从而调动了积极因素，促进了“四化”建设。

第四，靠实事求是，促进了党的优良传统作风的恢复和发扬。

我们党本来有一整套优良传统作风，但是在十年浩劫中遭到了“四人帮”的破坏。邓小平同志说：“‘四人帮’确实把我们的风气搞坏了。……他们弄得我们党内同志不敢讲话，尤其不敢讲老实话，弄虚作假。甚至于我们有些老同志也沾染了这些坏习气，这是不应该原谅的啊！”[①] 因此：“要坚持党的领导，必须改善党的领导，改进党的作风。”[②] 怎样才能恢复和发扬我们党的优良党风呢？这也必须从实事求是抓起。邓小平同志说：“对我们党的现状来说，我个人觉得，群众路线和实事求是特别重要。”[③] 邓小平同志还对“实事求是”作了更加通俗的解释，他说：“我看大庆讲‘三老’，做老实人，说老实话，干老实事，就是实事求是。”[④] 这个解释既符合唯物主义的原则，又朴实易懂。所谓“做老实人”，就是要做一个尊重客观实际的人；所谓“说老实话”，就是不要说假话，讲大话、空话；所谓“干老实事”，就是要坚持一切从实际出发，不搞邪门歪道，不搞阴谋诡计。这一切，同林彪、“四人帮”的弄虚作假，是根本对立的，同“两个凡是”也是不能相容的。因此，我们要恢复发扬党的优良传统作风，就必须从“实事求是”作起，必须从“三老”作起。如果我们每一个党员都能做到“当老实人，说老实话，干老实事”，那么，我们就可以扭转党内存在的不正之风，就可以实现党风的根本好转。党风好转了，我们就会自觉地坚持群众路线，就会自觉地开展批评和自我批评，这样我们就能更好地得到群众的拥护，我们党的威信就会大大提高，从而更好地领导和团结全国人民建设社会主义的四个现代化。正是由于邓小平同志等老一辈无产阶级革命家狠抓党风，狠抓实事求

① 《邓小平文选》第2卷，人民出版社1994年版，第46页。
② 同上书，第358页。
③ 同上书，第45页。
④ 同上。

是，近些年来我们的党风正在朝好的方向发展，这的确令人高兴。

综上所述，十一届三中全会以来，我们在党中央的领导下，夺取了许多重大胜利，从根本上说，都是实事求是的结果。因此，邓小平同志在新的历史时期，带头恢复实事求是的思想路线，这是一项伟大的贡献。如果说毛泽东同志在延安时期提出实事求是的思想路线，为夺取抗日战争、解放战争的伟大胜利和社会主义革命、社会主义建设的新胜利奠定了理论基础，那么，邓小平同志在新的历史时期重新恢复实事求是的思想路线，则是在伟大的历史转折时刻，为拨乱反正、夺取社会主义现代化建设的新胜利奠定了理论基础。它的意义是十分重大的，影响将是深远的。因此，邓小平同志不愧是坚持和发展毛泽东思想的光辉榜样、不愧是坚持实事求是的光辉榜样。

当前，我国人民在党中央的领导下，正在精神奋发地奔向“四化”，各条战线龙腾虎跃，气象万千。在新的形势下，我们一定要更加自觉地坚持实事求是、一切从实际出发、理论与实际相结合的原则。邓小平同志启示我们：“在思想政治方向方面，我们已经基本上回到马列主义、毛泽东思想的正确轨道上来，我们将永远沿着这个轨道前进!”①

（原载《广西大学学报》1983年第2期）

六　论社会主义核心价值体系的基本内容及其要素间的关系

随着构建社会主义和谐社会战略方针的确定，建设和谐文化的任务提上了重要日程。如《中共中央关于构建社会主义和谐社会若干重大问题的决定》（以下简称《决定》）所指出的：“建设和谐文化，是构建社会主义和谐社会的重要任务。”而要完成这一历史重任，就需要在建设“社会主义核心价值体系”上用力气。这是因为：“社会主义核心价值体系，是建设和谐文化的根本。”基于这些认识，党中央明确做出了“建设社会主义核心价值体系”的伟大决策，并对其所涉“基本内容”，作了简明概括，指出：“马克思主义指导思想，中

① 《邓小平文选》第2卷，人民出版社1994年版，第159页。

国特色社会主义共同理想，以爱国主义为核心的民族精神和以改革创新为核心的时代精神，社会主义荣辱观，构成社会主义核心价值体系的基本内容。”这里所说的“社会主义核心价值体系的基本内容”，包括四大要素：一是“马克思主义指导思想”；二是“中国特色社会主义共同理想”；三是“以爱国主义为核心的民族精神和以改革创新为核心的时代精神”；四是“社会主义荣辱观”。这四大要素，既相对独立，各有其特定内涵；又相互联系，相辅相成。如李长春同志所指出的：“社会主义核心价值体系这四个方面的内容，相互联系、相互贯通、相互促进，是有机统一的整体。坚持马克思主义指导地位，是社会主义核心价值体系的灵魂；树立共同理想，是社会主义核心价值体系的主题；培育和弘扬民族精神和时代精神，是社会主义核心价值体系的精髓；树立和践行社会主义荣辱观，是社会主义核心价值体系的道德基础。”我们只有深入领会其思想内涵和内在联系性，才能从宏观到微观把握“社会主义核心价值体系”的丰富内容和科学体系，从而自觉地为建设这一核心价值体系做出自己的贡献。下面，试就四大要素的独特功能及其相互关系，分别作简要阐述。

（一）“马克思主义指导思想”是社会主义核心价值体系的“灵魂”

马克思主义是指引我们的事业从胜利走向胜利的明灯，是我们做好一切工作的方向盘，毫无疑问它也是社会主义核心价值体系的思想灵魂。江泽民同志曾深刻地指出：“马列主义、毛泽东思想、邓小平理论，是我们立党立国的根本指导思想，是我们一切工作的行动指南，是激励全国各族人民为振兴中华团结奋斗的思想基础和精神动力，也是我们认识世界、改造客观世界和主观世界的强大思想武器。”① 在当代中国，坚持马克思主义，尤其要坚持中国化的马克思主义，即坚持毛泽东思想、邓小平理论和“三个代表”重要思想的指导。如胡锦涛同志所指出的：“我们要坚持社会主义先进文化的前进方向，坚持用马克思主义中国化的最新成果武装全党、教

① 《江泽民论有中国特色社会主义（专题摘编）》，中央文献出版社2002年版，第37页。

育人民。"[①] 他还指出："毛泽东思想、邓小平理论和'三个代表'重要思想，虽然形成于我国革命、建设和改革的不同历史时期，面对着不同的历史任务，但都贯穿了辩证唯物主义和历史唯物主义的世界观和方法论，都代表着最广大人民的根本利益，是我们党在长期实践中形成的一脉相承而又与时俱进的科学体系，是我们要始终珍惜的最宝贵的精神财富。"[②] 因此，在当代中国，我们要建设社会主义核心价值体系，不能不以马克思主义（包括中国化的马克思主义）这一"强大思想武器"作为思想灵魂和行动指南，使和谐文化建设永远沿着正确方向前进。

我们建设社会主义核心价值体系的实质，就是要用马克思主义的世界观、人生观、价值观，把人民群众的思想认识统一起来。必须清醒地看到，随着改革开放的深入和市场经济的发展以及经济全球化的到来，我们的社会主义价值体系面临严峻挑战。一是面临世界各种文化思潮的挑战。当今世界，各种文化思潮此起彼伏，相互激荡，相互碰撞，其中有积极的、进步的内容，也有消极的、颓废的甚至反动的成分。它们都分别从不同视角反映了不同的世界观、人生观、价值观，不可避免地要对我国人民的精神风貌产生影响。这是我们在思想战线上面临的一大挑战。二是面临国内以"五种多样化"为特征的社会存在的挑战。这里所说的"五种多样化"，即指社会经济成分多样化、组织形式多样化、就业方式多样化、利益关系多样化、分配方式多样化等。这"五种多样化"，表明国内社会存在的复杂性。这种复杂性，决定了社会意识的复杂性，使人们的世界观、人生观、价值观呈现多元化状态。这是我们在思想战线上面临的又一重大挑战。我们要有效地应对以上意识形态方面的两大挑战，就必须拿起马克思主义这一锐利武器，坚持马克思主义在意识形态中的指导地位，用马克思主义的主流价值观来统一人们的思想。我们要建设社会主义核心价值体系，尤其要坚持和宣传马克思主义基本原则，这就不能不用马克

① 胡锦涛：《在全国政协新年茶话会上的讲话》，《光明日报》2007年1月1日第1版。

② 胡锦涛：《在纪念毛泽东同志诞辰110周年座谈会上的讲话》，《光明日报》2003年11月27日第1版。

思主义作为思想灵魂，将社会上形形色色的价值取向引导到正确轨道上来。

（二）“中国特色社会主义共同理想”是社会主义核心价值体系的“主题”

我们建设社会主义核心价值体系，首先必须回答人们普遍关心的问题，那就是：什么是“中国特色社会主义共同理想”？这的确是一个无比重要的问题。八十多年来，我们党领导中国人民进行艰苦卓绝的奋斗、探索，终于在党的十六届六中全会上对这一重大问题，做出了创造性的理论概括，《中共中央关于构建社会主义和谐社会若干重大问题的决定》指出：“社会和谐是中国特色社会主义的本质属性，是国家富强、民族振兴、人民幸福的重要保证。构建社会主义和谐社会，是我们党以马克思列宁主义、毛泽东思想、邓小平理论和‘三个代表’重要思想为指导，全面贯彻落实科学发展观，从中国特色社会主义事业总体布局和全面建设小康社会全局出发提出的重大战略任务，反映了建设富强民主文明和谐的社会主义现代化国家的内在要求，体现了全党全国各族人民的共同愿望。”

这段论述，实际上对“中国特色社会主义共同理想”，做出了科学回答，它包括如下几个方面：一是指明了构建社会主义和谐社会是中国特色社会主义的“本质属性”。这是对中国特色社会主义的深层次理论认识。它告诉我们，要实现中国特色社会主义的共同理想，必须在构建社会主义和谐社会上下功夫，只有这样，才能抓住本质，永不迷航；二是指明了马克思列宁主义、毛泽东思想、邓小平理论和“三个代表”重要思想以及科学发展观是构建社会主义和谐社会的理论依据，它表明构建社会主义和谐社会战略任务的提出，完全符合马克思主义基本原则；三是指明了构建社会主义和谐社会，是“从中国特色社会主义事业总体布局和全面建设小康社会全局出发提出的重大战略任务”。这说明我党提出的这一战略任务，除了在理论上立足于马克思主义和科学发展观之外，还在实践上同“中国特色社会主义事业总体布局和全面建设小康社会全局”相吻合，因而它是马克思主义中国化的产物；四是强调构建社会主义和谐社会，“反映了建设富强民主文明和谐的社会主义现代化国家的内在要求”。这一概括表明，我们所要构建的社会主义和谐社会，应当达到“富强、民主、文明、和谐”的总体要求，从而界定了社会主义和谐社会的高标准、新模式；五是指明了构建社会主义和谐社会，“体现了全党全国各族人民的共同愿望”。这说明我党提出的这一战略决策，是党心所向，人心所向，深得人民群众拥护。以上五点，从不同侧面阐明了我党关于构建社会主义和谐社会的战略决策，无比正确，非常必要，是对马克思主义的科学社会主义理论的重大贡献，是对中国特色社会主义理论的丰富和发展。今天，我们讲“中国特色社会主义共同理想”，就是要大讲构建社会主义和谐社会，这才是我们要为之奋斗的共同理想。因此，我们建设社会主义核心价值体系，必须围绕“中国特色社会主义共同理想”这一鲜明主题，阐明构建社会主义和谐社会的重要性和必要性，引导人们正确认识“中国特色社会主义共同理想”的科学内涵，正确认识和谐社会是中国特色社会主义的“本质属性”，从而把人民群众建设中国特色社会主义的积极性调动起来，自觉地为建设和谐文化和构建社会主义和谐社会贡献力量。

（三）“民族精神”和“时代精神”是社会主义核心价值体系的“精髓”

建设社会主义核心价值体系，除了以马克思列宁主义、毛泽东思想、邓小平理论和“三个代表”重要思想以及“科学发展观”作为指导思想之外，还必须用“以爱国主义为核心的民族精神和以改革创新为核心的时代精神”来支撑自己的事业。这是因为，“以爱国主义为核心的民族精神和以改革创新为核心的时代精神”乃是社会主义核心价值体系的“精髓”，只有抓住“精髓”，才能更好发挥精神支撑的属性。毛泽东曾指出，人总是要有一点精神的。我们民族所创造的“以爱国主义为核心的民族精神和以改革创新为核心的时代精神”，都是我们建设中国特色社会主义所不可缺少的重要精神资源。我们的社会主义核心价值体系，不能不突出这两大精神，亦即“精髓”的功用。

首先，“以爱国主义为核心的民族精神”，是我们民族的先民们在长期劳动、生活的实践中创造出来的具有我们民族风格的、积极向上的思想精华的总概括，是中华民族集体智慧的结晶，是推动我们民族不断走向文明进步的力量源泉，是我们的祖先留给我们的最宝贵的精神财富。江泽民同志曾在党的十六大的报告中指出："民族精神是一个民族赖以生存和发展的精神支撑。一个民族没有振奋的精神和高尚的品格，不可能自立于世界民族之林。在五千多年的发展中，中华民族形成了以爱国主义为核心的团结统一、爱好和平、勤劳勇敢、自强不息的伟大民族精神。"他还在《在中国文联第七次全国代表大会、中国作协第六次全国代表大会上的讲话》中指出："这个民族精神，是中华民族五千多年来生生不息、发展壮大的强大精神动力，也是中国人民在未来的岁月里薪火相传、继往开来的强大精神动力。"① 并强调说："面对世界范围各种思想文化的相互激荡，必须把弘扬和培育民族精神作为文化建设极为重要的任务，纳入国民教育全过程，纳入精神文明建设全过程，使全体人民始终保持昂扬向上的精神状态。"江泽民同志的这些论述，对于我们建设社会主义核心价值体系，具有重大的指导意义，值得我们好好学习，认真领会。

以爱国主义为核心的中华民族精神，富有强烈的感召力和凝聚力，不仅在古代对我们民族的文明进步产生过十分积极的影响，而且对我们今天的社会主义精神文明建设，仍有不可估量的现实价值。我们建设社会主义核心价值体系，应当珍惜这一宝贵财富，对之大力发掘，好好弘扬，使之在构建和谐社会中发挥精神支柱的作用。

其次，"以改革创新为核心的时代精神"，是我们党在领导全国人民进行改革开放、开拓创新的伟大实践中创造出来的具有与时俱进时代特色的伟大精神。江泽民同志曾指出："面对新世纪、新形势、新任务，特别需要在全党和全社会大力宣传和弘扬为实现社会主义现代化而不懈奋斗的精神。"他特别强调要大力宣传和弘扬以下五种精神：一是"解放思想，实事求是"的精神。"这是马克思主义的精髓，也是我们进行不懈奋斗的核心精神"；二是"紧跟时代，勇于创新"的精神，"我们必须始终站在时代发展前列，不断把事业推向前进"；

① 《在中国文联第七次全国代表大会、中国作协第六次全国代表大会上的讲话》。

三是“知难而进，一往无前”的精神。“奋斗就会有艰辛，艰辛孕育新的发展。要把现代化事业干成功，必须有一种不畏艰难、顽强拼搏的钢铁意志，一种坚忍不拔、敢于胜利的英雄气概”；四是“艰苦奋斗，务求实效”的精神。“要发扬党的优良传统，使勤俭建国、勤俭办一切事业在全党全社会蔚然成风”；五是“淡泊名利，无私奉献”的精神，“先天下之忧而忧，后天下之乐而乐，心中装着人民，心中装着党的事业”①。江泽民同志在这里提出的“实现社会主义现代化而不懈奋斗的精神”，同“以改革创新为核心的时代精神”是一致的。值得我们好好学习，并努力付诸实践。

综上所述，“以爱国主义为核心的中华民族精神”和“以改革创新为核心的时代精神”，作为核心价值体系的“精髓”，对于推进和谐社会建设，均有着不可估量的价值。构建社会主义和谐社会，是我们的前人从来没有做过的极其光荣伟大的壮丽事业。伟大的事业需要崇高的精神作支撑。因此，我们的社会主义核心价值体系，应当包括“以爱国主义为核心的中华民族精神和以改革创新为核心的时代精神”这一重要内容。这对于激励全体人民为构建和谐社会努力奋斗，将产生巨大的精神力量。

（四）“社会主义荣辱观”是社会主义核心价值体系的“道德基础”

社会主义核心价值体系，有自己的道德基础，这个基础就是胡锦涛同志提出来的以“八荣八耻”为主要内容的社会主义荣辱观。

首先，“八荣八耻”是和谐文化建设的内在要求，它从文化深层内涵的角度，帮助人们矫正世界观、人生观、价值观发展的方向，提醒人们明荣知耻，懂得什么是高尚的，什么是卑贱的；应当坚持什么，反对什么；倡导什么，抵制什么，从而在面对社会纷繁复杂的现象时，能心明眼亮，分得清是非、善恶、美丑，能自觉地去维护社会正义，抵制精神污染，扫除妄念邪思，使自己的心中有一个正确的“道德基础”。这无疑有利于发挥和谐文化“在启迪思想、陶冶情操、

① 《在全国宣传部长会议上的讲话》，载《江泽民论有中国特色社会主义（专题摘编）》，中央文献出版社 2002 年版，第 398—399 页。

传授知识、鼓舞人心”方面的积极作用。

其次，“八荣八耻”作为道德基础，还有利于塑造符合和谐社会需要的新型人才。这类人才，必须在综合素质方面显示出自己的优势。而在人的综合素质中，道德素质处于最高层次。它决定人们的精神风貌，引导人们的价值追求，激励人们的思想情操，张扬人们的奉献精神。“八荣八耻”为人的发展，设计了基本道德规范，这对于全面提高人的道德素质，造就一代代有理想、有道德、有文化、有纪律的社会主义新人，必将产生无比积极的影响。

最后，“八荣八耻”作为道德基础，它的推行，有利于从道德角度，协调社会矛盾，改善人际关系。改革开放以来，我国的经济建设有了突飞猛进的发展，人民群众的生活有了很大程度的改善，我国的综合国力有了明显的增强。但是，由于事物发展的不平衡性，导致地区发展、行业发展、城乡发展等各个方面存在这样或那样的差距。差距就是矛盾。矛盾的存在不利于实现社会和谐。而要解决现实中的矛盾，除了党和政府制定相应的经济政策进行协调外，还必须发挥道德杠杆在处理人际关系中的作用。“八荣八耻”是社会主义道德规范的集中体现，它的本质在于倡导“利他”，反对“损人”。其中“热爱祖国”、“服务人民”、“崇尚科学”、“辛勤劳动”、“团结互助”、“诚实守信”、“遵纪守法”、“艰苦奋斗”等，都具有“利他”的本质特征，都有利于促进社会和谐，因而人们应当以践行以上八德为“荣”；反之，“危害祖国”，“背离人民”、“愚昧无知”、“好逸恶劳”、“损人利己”、“见利忘义”、“违法乱纪”、“骄奢淫逸”等，都具有“损人”的危害性，都不利于社会和谐，因而人们应当以沾染这些恶习为“耻”。可见，“八荣八耻”从倡导“利他”与反对“损人”的角度，教导人们“明荣知耻”，这对于调节社会矛盾、促进社会和谐无疑具有不可忽视的重大意义。

以上我们从四个方面论述了社会主义核心价值体系的基本内容及其四大要素间的相互关系。其中，“马克思主义指导思想”是社会主义核心价值体系的“灵魂”；“中国特色社会主义共同理想”，是社会主义核心价值体系的“主题”；“以爱国主义为核心的民族精神和以改革创新为核心的时代精神”，是社会主义核心价值体系的“精髓”；

“社会主义荣辱观”，是社会主义核心价值体系的道德基础。这四个方面相辅相成，共同构成了完整的社会主义核心价值体系，为和谐文化建设奠定了坚实的理论基础。

（原载《思想教育研究》2007 年第 7 期）

七　论社会主义核心价值观同中国优秀传统文化资源的亲密关系

继党的十七届六中全会提出社会主义核心价值体系的新思想之后，党的十八大又提出了社会主义核心价值观的新理念。这一重要突破，表明我们党对社会主义核心价值的认识，更加深化，更加完善，后者是对前者的继承、拓充与延伸。从一定意义上说，社会主义核心价值体系是社会主义核心价值观的宏观构架；而社会主义核心价值观又是社会主义核心价值体系的微观展示。两者相互联系，相辅相成，共同构成一个关于社会主义核心价值理论的完整思维。

社会主义核心价值观的内容，由三个“倡导”组成，即“倡导富强、民主、文明、和谐，倡导自由、平等、公正、法治，倡导爱国、敬业、诚信、友善”。这里的“三个‘倡导’”，分别从国家层面、社会层面、公民层面表达了相应的核心价值追求。它们既是对中国特色社会主义理想信念的集中概括，又是对我们民族历代先贤有关重大价值选择的深刻总结。这一理论创造，有着广泛的现实基础和深厚的历史文化渊源，是中华民族五千多年悠久文明的结晶，我们完全可以从中国传统文化中找到理论源头和宝贵资源。

（一）关于“富强、民主、文明、和谐”同中国优秀传统文化的亲密关系

“富强、民主、文明、和谐”四大概念，是从国家层面所表达的社会主义核心价值取向。它们在一定程度上，都同优秀传统文化资源紧密相关。

其一，关于“富强”一语。这里说的“富强”，指的是实现国家富裕强盛或富国强兵的理念。它在中华原典中早有一系列相关论述。

例如，成书于战国中期的《管子》一书，其中的《治国篇》一文，就清晰地透露了“富国”、“强国”的价值取向。它说：“民事农，则田垦，田垦则粟多，粟多则国富。国富者兵强，兵强者战胜，战胜者地广。是以先王知众民、强兵、广地、富国之必生于粟也。”这里实际上是把发展农业生产当作富国强兵的根本措施来看待。又如，战国末年的进步思想家荀子，撰有《富国篇》《强国篇》专论，就国家如何富裕强盛作了自己的理论思考。他在《富国篇》中说：“轻田野之税，平关市之征，省商贾之数，罕兴力役，无夺农时，如是则国富矣。”不难看出，作者在这里提出了有关“富国”的基本国策。在《强国篇》，又提出对民众实施“教诲，调一”的政治主张，指出：“不教诲，不调一，则入不可以守，出不可以战；教诲之，调一之，则兵劲城固，敌国不敢婴（犹犯）也。”荀子所说的“教诲”、“调一”，指的是用“礼”、“法”来武装群众，他说：“人君者，隆礼尊贤而王，重法爱民而霸。”这是把“隆礼”、“重法”作为实现“王”与“霸”的先决条件，毫无疑问，其探讨的亦是强国富民之道。到了汉代，《淮南子·主术训》又把“上因天时，下尽地财，中用人力”作为“群生遂长，五谷繁殖”即“富国利民”的基本条件来看待，表明作者看到了“天时”、“地财”、“人力”三者在实现国富、民利中的重要地位。这些都说明，我国古代思想家围绕富国、强国，曾经作过反复的理论思考。

其二，关于“民主”一语。“民主”意为让人民当家作主，这一思想严格说来，在我国是近代出现的。这是因为，中国古代封建统治阶级把君主专制视为最好的政权模式，并千方百计加以维护。在这一严密的封建专制禁锢下，很难提出“民权”或“民主”的政治主张。虽然如此，但一些进步思想家在反对与批判君主专制的政治思考中，也透露了与“民主”相近的思想意识。一是大胆否定君权存在的合理性。例如，战国中期庄子曾提出“无君于上、无臣于下……虽南面王乐，不能过也”[①]之说，这是明确向往“无君”、“无臣”的政权范式；晋代鲍敬言继庄子之理想，进一步提出“曩古之世，无君无

---

① 《庄子·至乐》。

臣”，“势力不萌，祸乱不作”、“干戈不用，城池不设”① 的政治理想。这些似都表达了否定君权的意念。二是大胆揭露君权的罪恶，如明末清初启蒙思想家黄宗羲指出，封建君主“敲剥天下之骨髓，离散天下之子女，以奉我一人之淫乐”② 的罪恶行为，从而告诉人们，君权是人类社会的万恶之源。三是提出以民权代替君权的初步思想，如，黄宗羲曾主张用“以天下为主君为客”，代替“以君为主天下为客”的政治体制。其中已显示出用民权代替君权的政治观念。与此相呼应，清代思想家王夫之也提出“不以天下私一人”的口号，他指出，“天下非一姓之私”，主张“不以一人疑天下，不以天下私一人”。其否定君权、追求“民主”或“民权”的思想，已溢于言表。

需要说明的是，“民主”一语，是在鸦片战争之后，中国人民为救亡图存，于戊戌变法前夕，从西方资产阶级文化中借鉴过来的。随着历史的发展，它在孙中山领导的资产阶级民主革命中趋于成熟。孙中山曾在“同盟会章程”中明确提出“驱除鞑虏，恢复中华；建立民国，平均地权”。这四句话中，“建立民国”是核心内容，表明其革命的宗旨，在于建立人民当家作主的国家，其关于民主的思想已十分明确。孙中山提出的“三民主义”，突出强调“民族、民权、民生”。在“三民主义”中，“民权主义”是精髓。1919 年，他在《孙文学说》中称：“夫中华民国者，人民之国也。君政时代则大权独揽于一人，今则主权属于国民之全体，是四万万人民即今之皇帝也。国中之百官，上而总统，下而巡差，皆人民之公仆也。”又说：“中国自革命以后，成立民权政体，凡事都是应该由人民作主的，所以，现在的政治，又可以叫‘民主政治’。”这些论述，都表明孙中山的民主思想在当时已达到了很高水平。其关于“民主”的思想，虽然源自西方，但经孙中山结合中国国情所作的理论再创造，已完全同中国文化相融合，成为中国优秀传统文化的重要组成部分。因此，近代史上以孙中山为代表的民主革命思想家所透露的“民主”意识，完全可以成为培育社会主义核心价值观的重要思想文化资源。

---

① 《无君论》。

② 《明夷待访录·原君》。

其三，关于“文明”一语。“文明”这一概念，旨在形容社会精神与物质方面的文化进步状态。它较早见于《易传》之《彖传》和《文言传》，其中《彖传》五见，《文言传》一见。在《彖传》中，“文明”一语，多是从卦象中引申出来的，如《贲卦·彖传》言：“文明以止，人文也。”在这段文字中，“文明以止”一语，依据的是贲卦之卦象：“贲卦”之内卦为“离”，“离”为火，象征文明；外卦为“艮”，“艮”者，“止”也，故“贲卦”自下而上，有“文明以止”之义。又《大有卦·彖传》言，“刚健而文明”，亦是从卦象中引申出来的，因为“大有卦”之卦象，上离下乾，离为火，亦象征文明；乾为刚健，故自下而上，乃有“刚健而文明”之义。又如，“革卦”之《彖传》有“文明以悦”一语，亦是从卦象中引申出来的，兹不一一赘述。综观《彖传》所言之“文明”，多是依据“离”为“火”之说，则作者是以“火”比喻“文明”。“火”，光芒四射，灿明亮丽，以之比喻文明，则“文明”似有文理光明之意。《贲卦·彖传》所谓“文明以止，人文也”，据古代注释家之说，指的是用“文明”来约止自己的不合社会要求的言行，据此，则“文明”中似含有社会文化精神、道德规范之意。《乾卦·文言传》载：“见龙在田，天下文明。”孔颖达疏曰：“天下文明者，阳气在田，始生万物，故天下有文章而光明也。”这似乎是把“文章光明”释义为“文明”。它同“贲卦”之《彖传》所言之“文明”，虽有微妙差异，但基本上都是把文明看作进步而光明的思想意识。对“文明”之义阐释得较贴切的，当属清代学者李渔。他在《闲情偶寄》中言：“辟草昧而致文明。”这是把“文明”释义为“草昧”（即“野蛮”）的对立面。这一阐释，当是对前人有关“文明”之说的系统总结，它同今人的见解是基本一致的，说明我们民族的祖先一贯主张破除野蛮，追求文明进步。

其四，关于“和谐”一语。“和谐”一语，在我国传统文化中，尤其被广泛使用。这是因为和谐文化在我国古代文化中占有十分重要的地位。无论是儒家还是道家，都有鲜明的和谐意识。儒家的创始人孔子，曾明确地提出“和为贵”① 的理念，又说：“君子和而不同，

① 《论语·学而》。

小人同而不和。”[①] 儒家亚圣孟子也强调说：“天时不如地利，地利不如人和。”[②] 这些论述，都表达了儒家的尚和之道。道家的创始人老子指出：“万物负阴而抱阳，冲气以为和。”明确认为，“和”是万物阴阳相抱的本质特征。老子哲学的直接继承者庄子，明确提出了“与天和”、“与人和”的理念，指出：“夫明白于天地之德者，此之谓大本大宗，与天和者也；所以均调天下，与人和者也。与人和者，谓之人乐；与天和者，谓之天乐。”[③] 这些都表达了道家的贵和理念。古代思想家对“和谐”如此重视，是因为他们看到了“和谐”是事物发展的内在动力。例如，儒家把“和”与“中”结合起来，构成中和之道。《中庸》言：“中也者，天下之大本也；和也者，天下之达道也。致中和，天地位焉，万物育焉。”这里明确把“中”视为“大本”；把“和”看作“达道”，认为达到了中和状态，就可以使天地各得其位，万物生长发育。道家著作《文子》也说：“天地之气，莫大于和。和者阴阳调，日夜分。”[④] 又说：“天地之所覆载，日月之所照明，阴阳之所煦，道德之所扶，皆同一和。”[⑤] 可见，无论是儒家还是道家，都看到了“和”在社会和万物发展中的重要作用。我国的“社会主义核心价值观”，把“和谐”作为重要价值取向，不是偶然的，它是对我国传统和谐文化之真精神的继承与弘扬。

（二）关于“自由、平等、公正、法治”同中国优秀传统文化的亲密关系

“自由、平等、公正、法治”四大概念，是从社会层面所表达的社会主义核心价值取向。它们在一定程度上，也都同中国优秀传统文化成果有着紧密关系。

第一，关于“自由”、“平等”概念。中国古代尚无近现代意义上的自由、平等观。但是与自由、平等相近的思想意识，还是比较丰

① 《论语・学而》。
② 《孟子・公孙丑下》。
③ 《庄子・天道篇》。
④ 《文子・下德篇》。
⑤ 《文子・微明篇》。

富的。

首先，关于“自由”，我国古代虽未明确提出这一概念，但一些进步思想家在反对封建专制思想束缚的独立思考中，也透露出向往个体自由的思想意识。例如，庄子十分向往恢复人的自然属性，曾说：“彼民有常性，织而衣，耕而食，是谓同德。一而不党，命曰天放。”① 文中的“常性”，指人的自然属性；“同德”，指共同的法则；“天放”，指自然放任。不难看出，庄子在这里所追求的“天放”，已透露出其向往个体自由的思想观念。明末启蒙思想家李贽强烈反对封建统治者对人们的“管束”，主张“各从所好，各聘所长”，让老百姓“自治”、“自理”② 为此，他要求统治者做到“因其政，不易其俗；顺其性，不拂其能”③。这些主张，也就是强调“顺民之性”，“遂民之欲”，乃至“各遂其千万人之欲”④，这实质上就是要求满足广大人民的人身自由。其向往“自由”的思想，十分清楚明白。

其次，关于“平等”，我国古代尚未有这一词语。当时封建等级制度森严，《左传》所谓“天有十日，人有十等”⑤ 之说，就在一定程度上反映了这一情况。值得注意的是，一些进步思想家在反对封建等级制度的独立思考中，也透露出向往人格平等的愿望。例如，黄宗羲曾把君臣关系，比喻为“共曳木之人”，说：“夫治天下犹曳大木然，前者唱邪，后者唱许。君与臣，共曳木之人。若手不执绋，足不履地，曳木者唯娱笑于曳木者之前，从曳木者以为良，而曳木之职荒矣！”⑥ 这里把君与臣同视为“曳木之人”，这就把传统的君与臣之统治与被统治的关系，变成了合作曳木的平等关系，当属于一种向往政治平等的启蒙意识。此外，我国古代从法治的角度，曾提出“王子犯法，与庶民同罪”之说，似已透露了在法律面前人人平等的思想。另外，古代佛教倡导“普度众生”，或强调“人人皆可成佛”，似也透

① 《马蹄》。
② 《焚书·送郑大姚序》。
③ 《论政》。
④ 《明灯道古录》。
⑤ 《昭公七年》。
⑥ 《原法》。

露出“众生平等”的观念。但这些所涉及的“平等”之说，都与近现代意义上追求的政治地位方面的“平等”，有所区别。

真正从近现代意义上倡导“自由、平等”，其功当归于民主革命思想家孙中山先生。他从西方法国资产阶级革命思想成果中，借鉴过来“自由、平等”的观念，为他所领导的中国民族民主革命服务，并毕生为之奋斗。正如孙先生在《遗嘱》中所言：“余致力国民革命凡四十年，其目的在求中国之自由、平等。”可见，为了在我国实现“自由平等”，他做出了多么大的贡献。据《同盟会纂言》载，孙中山曾把“自由、平等、博爱”与他所提倡的“三民主义”结合起来，互相匹配，指出：“吾党之三民主义，即民族、民权、民生三种，此三主义之内容，……与自由、平等、博爱无异。”他认为，“法国的‘自由’和我们的‘民族主义’相同”；“‘平等’和我们的‘民权主义’相同”；“‘博爱’……和我们的‘民生主义’是相通的”。孙中山还在《社会主义的流派和方法》中把“自由”、“平等”、“博爱”同社会主义联系起来，认为“社会主义之国家，一真自由、平等、博爱之境域也”。特别值得指出的是，孙中山所讲的“自由”、“平等”，并非停留在口头上，而是努力将之付诸政治实践，在该文中明确强调说：“故革命以后，必须要各人在政治上的立足点都是平等……那才是真平等，那才是自然之真理。”这些见解，在当时的中国已达到了很高的水平，且成为号召人们投身孙中山所领导的民族民主革命之精神动力。孙中山的自由、平等观虽来自于西方，但经过他的改造制作与大力传播，亦早已成为中国传统文化的重要组成部分，值得今人予以借鉴。

第二，关于“公正”概念。“公正”一语，是由“公”与“正”两个词组成的，其中“公”，指的是公平而不偏私；“正”，指的是正直而无邪念。“公正”一词，旨在要求国家公职人员，在处事中做到公平正直，对待下属要“一碗水端平”，不徇私舞弊。显然，“公正”，是一种高尚的政治品格。对于“公”、“正”，我国先贤有许多论述。首先，关于“公”，中华原典反复涉及，如，《诗经》提出“夙夜在公”① 的理念；《礼记·礼运篇》更明确提出：“大道之行也，

① 《诗经·召南·采蘩》。

天下为公”的理想追求；战国中期法家代表人物商鞅有“开公利而塞私门”[①] 及“公私分明”[②] 的主张；《管子》一书，更鲜明强调“任公而不任私”[③] 和“废私立公”之说，指出，“天公平而无私，故美恶莫不覆；地公平而无私，故小大莫不载”[④]；《吕氏春秋·贵公篇》指出：“昔先圣王之治天下也，必先公，公则天下平矣，平得于公。”这些都表明我们民族自古就突出“公”的价值。其次，关于“正”，在传统经籍中，也多次涉及，例如，《尚书·洪范》：“三德：一曰正直，二曰刚克，三曰柔克。”这里把“正直”视为“三德”之首，可见其地位之重要；《周易·大壮卦·彖传》言：“正大，而天地之情可见矣！”《周易·家人卦·彖传》也言：“正家而天下定矣。”《左传》将“正直”与“正曲”对应起来，指出：“正直为正，正曲为直。”[⑤] 孔子更把为政与品行端正结合起来，说：“政者，正也。子率以正，孰敢不正？”[⑥] 又说：“其身正，不令而行；其身不正，虽令不从。”[⑦] 孟子也说：“正己而物正者也。”[⑧] 这些都从不同视角，凸显出“正”的重大价值。可见，把“公正”作为社会管理者的价值取向，早已成为我国先贤处事待人的重要法宝。

第三，关于“法治”概念。“法治”，意为依法而治。强调依法而治，也是我们祖先早已倡导的政治主张。它起源于先秦法家：战国中期商鞅在秦国变法时，曾高擎法治大旗。他指出：“圣人有必信之性，又有使人不得不信之法。”“圣王者，不贵义而贵法。”[⑨] 又说：“凡明君之治也，任其力，不任其德，是以不忧不劳而功可立也。”[⑩] 这里所说的“任其力”之“力”，指“暴力”，亦即刑罚，是“法令”的代名词。《管子》书也说：“凡君国之重器，莫重如令。令重

---

① 《商君书·一言》。
② 《商君书·修权》。
③ 《管子·任法》。
④ 《管子·形势解》。
⑤ 《襄公七年》。
⑥ 《论语·颜渊》。
⑦ 《论语·子路》。
⑧ 《孟子·尽心上》。
⑨ 《商君书·错法》。
⑩ 同上。

则君尊，君尊则国安。……故明君察于治乱之本，本莫要如令。”[①]这里说的“令”，指法令，作者意在强调“法令”是治国之本。又说：“故君臣上下贵贱皆从法，此谓为大治。”还说：“以法制行之，如天地之无私也。是以官无私论，士无私议，民无私说，皆虚其匈（胸）以听于上，上以公正论，以法制断，故任天下而不重也。”[②]战国末年韩非，特别倡导把“法”、“术”、“势”三者结合运用，指出：“抱法处势则治，背法去势则乱。”又说：“君无术则弊于上，臣无法则乱于下，此不可一无也，皆帝王之具也。”[③]韩非还明确主张“以法为教”、“以吏为师”，他说：“故明主之国，无书简之文，以法为教；无先王之语，以吏为师……是境内之民，其言谈必轨于法。”[④]以上所论都说明，强调法治是古代法家学术思想的共同点。秦汉以降，历代进步思想家都继承和发挥了先秦法家有关法治的主张。汉代《淮南子·主术训》言：“法者，天下之度量，而人主之准绳也。縣（通悬）法者，法不法也。……法定之后，中程者赏，缺绳者诛。尊贵者不轻其罚，而卑贱者不重其刑。犯法者，虽贤必诛；中度者虽不肖，必无罪。是故公道通，而私道塞也。”这里既强调了以法为“准绳”的思想，又突出了在法律面前贵贱平等的观念，其法治思想造诣颇深。到了北宋，改革家李觏曾说：“法制不立，土田不均，富者日长，贫者日削，虽有耒耜，谷不可得而食也。”[⑤]这是明确主张为“平土”立法；北宋王安石，更力主变法，强调要“因其变而制之法耳”[⑥]指出：“有变以趣（趋）时而后可治也”[⑦]反复强调因时而变。到了明代，启蒙思想家黄宗羲等，起而反对帝王“一家之法”，主张用“天下之法”，代替“一家之法”。这都说明，在我国传统文化中，关于“法治”的思想，无比丰富。可惜，由于封建制度的禁锢，前贤关于法治的主张，一直被“人治”所制约，以致长期以来，未能

---

① 《管子·重令篇》。

② 《管子·任法篇》。

③ 《韩非子·定法》。

④ 《韩非子·五蠹》。

⑤ 《平土书》。

⑥ 《夫子贤于尧舜》。

⑦ 同上。

出现过现代意义上的“法治”政治模式。

（三）关于“爱国、敬业、诚信、友善”同中国优秀传统文化的亲密关系

“爱国、敬业、诚信、友善”四项，是从公民层面表达的核心价值取向，它们均属于中国传统道德范畴，因而更同中国优秀传统美德，有着十分亲密的关系。

第一，关于“爱国”美德。“爱国”，指爱国主义的思想情操。它是一种把关心和维护祖国利益、推动祖国进步作为自己最高职责和行为准则的精神追求。爱国在我国作为一种优良传统，影响十分广泛，爱国志士，代有其人。从西汉时期抗击匈奴的大将霍去病提出“匈奴未灭，何以家为”① 的英雄誓言，到南宋岳飞许下“收拾旧山河”② 的“精忠报国”大志；从南宋文天祥留下的“人生自古谁无死，留取丹心照汗青”③ 的千古绝唱，到明末顾炎武确立“国家兴亡，匹夫有责”④ 的爱国豪情；从清末林则徐写下“苟利国家生死以，岂因祸福避趋之”⑤ 的报国宏愿，到辛亥革命前夕徐锡麟吟出“军歌应唱大刀环，誓灭胡奴出玉关；只解沙场为国死，何须马革裹尸还”⑥ 的壮丽史诗，都表达了历代爱国志士对祖国的赤胆忠心。他们的壮志豪情，惊天地而泣鬼神，成为永远鼓舞炎黄子孙立志报效祖国的精神动力。所以，我国的社会主义核心价值观把“爱国”作为一大核心理念，是对我们民族优秀爱国文化的合理继承，值得全体公民高度认同。

第二，关于“敬业”美德。“敬业”，属于职业道德范畴，旨在激励人们做好本职工作，推进事业发展。我国古代先贤一贯强调树立敬业、乐业的职业道德情操。春秋末年孔子曾明确主张“敬事而

---

① 《史记·卫将军骠骑列传》。
② 《满江红》。
③ 《过零丁洋》。
④ 《日知录·正始》。
⑤ 《赴戍登程口占示家人》。
⑥ 《出塞》。

信"[①]，《礼记》也大力强调"敬业乐群"[②]。其所谓"敬事"、"敬业"，旨在要求职业主体全心全意做好本职工作。朱熹曰："敬者何?不怠慢、不放荡之谓也。"[③]从业人员只有做到"敬事"或"敬业"，才能产生高尚的"勤业"意识。"勤业"，是敬业的题中应有之义："勤"，就必须克服懒惰、散漫，做到自强不息，自觉地为事业的发展，努力奋斗。《中庸》围绕勤业，提出"人一能之，己百之；人十能之，己千之"的拼搏理念，旨在张扬奋斗不息的精神。故韩愈曰："业精于勤，荒于嬉；行成于思，毁于随。"[④]认为只有做到"精勤不倦"，才能达到"精益求精"的境界。这些以"敬业"为标志的道德精神，对于推进当代职业道德建设都有不可估量的时代意义，是社会主义核心价值观的源头活水。

第三，关于"诚信"美德。"诚信"一语，突出的是诚实守信的理念。"诚"，指"真实无欺"；"信"，意为守诺而不食其言。"诚信"合称，就是要求人们在相互交往中，做到真诚实在，不失信誉。这是我们从事任何职业应有的道德意识，因而古往今来受到普遍重视，在中华原典中时见论及。我们先说"诚"。孟子曰："诚者，天之道也；思诚者人之道也。"这是说，"诚"，作为一种客观实在，它体现了"天之道"，即自然法则；向往"诚"的境界，则体现了"人之道"，指人们的道德追求。荀子说："君子养心莫善于诚，致诚则无它事矣，唯仁之为守，唯义之为行。"[⑤]这是说，君子修养自己的心性，以"诚"为最善，能达到诚的境界，则"仁"、"义"等高尚道德追求就在其中。《中庸》强调说："君子诚之为贵。"[⑥]《大学》也说："意诚而后心正，心正而后身修。"《后汉书·王荆传》更明确指出："精诚所加，金石为开。"到了宋代，理学创始人之一的周敦颐，更把"诚"提到"五常之本，百行之源"的地位，可见其多么

① 《论语·学而》。
② 《学记》。
③ 《朱子语类》卷一一九。
④ 《韩昌黎集·进学解》。
⑤ 《荀子·不苟》。
⑥ 《中庸》。

重要。再看“信”。关于“信”，历代思想家也有许多论述。《老子》说：“信不足焉，有不信焉。”[①] 又说：“轻诺必寡信。”[②] 孔子指出：“道千乘之国，敬事而信。”[③] 又说：“与朋友交，言而有信。”[④] 还说：“人而无信，不知其可也。”[⑤] 到了晋代，杨泉更深刻指出：“以信接人，天下信之；不以信接人，妻子疑之。”[⑥] 隋代王通也说：“推之以诚，则不言而信。”[⑦] 北宋程颢更把“诚”与“信”结合起来，强调说：“诚则信矣，信则诚矣。”[⑧] 这是说，诚中有信，信中有诚，两者不可分割。以上所论，均说明我国古代先贤十分重视诚信之德的构建。

第四，关于“友善”美德。“友善”，是“友”与“善”的完美结合，意为友好善良，指的是在与人交往中，要友好相待，知心向善。这也是我们民族的传统美德，且代代相承，为仁人志士们所重视。首先，关于“友”。《诗经》言：“嘤其鸣矣，求其友声。相彼鸟矣，犹求友声；矧伊人矣，不求友声。”[⑨] 这是说，连鸟也用发声交友，作为一个人，能不注意交友吗？肯定了交友的必要；孔子指出：“益者三友，损者三友。友直、友谅、友多闻，益矣；友便僻、友善柔、友便佞，损矣。”孔子在这里谈的是交友应注意的取舍问题；孔子的学生曾参曾说：“君子以文会友，以友辅仁。”[⑩] 这谈的是交友与文明的关系；孟子更强调说：“友也者，友其德也。”[⑪] 荀子说：“得良友而友之，则所见者，忠信敬让之行也，身日进于仁义而不自知也者，靡（摩）使然也。”[⑫] 这些有关交友之道，即使到了今天，也有

① 《老子》第十七章。
② 《老子》第六十二章。
③ 《论语·学而》。
④ 同上。
⑤ 《论语·为政》。
⑥ 《物理论》。
⑦ 《中说·周公》。
⑧ 《河南程氏遗书》卷二十五。
⑨ 《诗经·小雅·伐木》。
⑩ 《论语·颜渊》。
⑪ 《孟子·万章下》。
⑫ 《荀子·性恶篇》。

现实意义。其次，关于“善”，前贤也多有论及。《老子》言：“上善若水，水善利万物而不争。”[1] 孔子指出：“见善如不及，见不善如探汤。”[2] 孟子明确提出：“君子莫大乎与人为善。”[3] 荀子强调说：“涂之人百姓，积善而全尽，谓之圣人。”[4] 这是说，即使是走在道路上的普通百姓，只要不断“积善”，也可成为圣人。汉代《淮南子》也说：“君子不谓小善不足为而舍之，小善积而为大善。”[5] 以上均从不同角度，凸显了“善”的价值。此外，中国古代佛、道二教，均倡导抑恶扬善，其劝善止恶的思想，对今人亦有借鉴意义。

以上，我们分别从十二个方面探讨了社会主义核心价值观与中国传统文化的亲密关系，这说明我们党所制定的社会主义核心价值观，不是随心所欲或笔下生花的产物，而是站在时代的高度，对中国特色社会主义理想信念的集中概括和对本民族先贤传统价值观加以发掘、总结的结果。需要指出的是，社会主义核心价值观虽然同传统文化关系紧密，但它并非是对传文化简单的照抄、照搬、照套，而是将传统文化与中国特色社会主义理想信念加以糅合、制作的科学成果，是中国化马克思主义的集中体现。

（原载《思想政治教育》2015 年第 1 期）

---

① 《老子》第八章。
② 《论语·季氏》。
③ 《孟子·公孙丑上》。
④ 《荀子·儒效》。
⑤ 《缪称训》。

中篇　思想教育论

本篇着重探讨思想教育理论与方法。其所谓“理论”，指的是与思想教育相关的原理、原则、范畴以及一系列规律性的认识，其中包括思想教育内在依据论、思想教育社会价值论、思想教育革新论，以及思想教育建设与深化等相关理论的探讨；其所谓“方法”，则指的是人们在进行思想教育过程中所运用的相关方式、方法、原则、途径以及手段、技巧等概念的总概括，其中包括教育者对被教育者的施教方法以及被教育者自我进行修身立德的方法两个系列。就教育者的方法而言，有身教示范法、情感激励法、环境陶冶法、因材施教法、启迪诱导法等多种方法；从受教育者进行自我教育的角度而言，有反省内求法、见贤思齐法、改过自新法、积极进取法等属于自我修身的种种方法。本篇从理论与方法两个角度，对新时期思想教育遇到的新问题作了相应的学术思考，现将相关拙作辑集于此，期望与读者和本专业的同人们共同切磋，相互启发，以便将相关研究引向深化。

第五章　思想教育理论研析

如前文所述，所谓“思想教育理论”，指的是与思想教育相关的一系列原理、原则、范畴、概念以及一些规律性的认识成果。这里摘选相关文章，表达作者的一管之见。

一　关于修改思想政治教育学学科名称的思考

“思想政治教育学”作为一门独立的学科，自二十世纪八十年代初进入高等教育学科目录以来，经过近二十年的建设和发展，已经初步形成了比较完整的学科体系，在课程设置、教材建设、理论探索、人才培养以及学科结构与层次的完善方面，都取得了举世瞩目的成就，学科地位显著提高。看到这一局面，同人们都为之高兴。但是，随着形势的发展，本学科也面临着一系列新的挑战。其中一个十分迫切的问题，就是关于本学科的名称定位问题。对于“思想政治教育学”这个名称，近来有一些学者提出不同的看法，并引起了论争。下面，笔者就这个问题谈一点个人的粗浅之见，向专家们请教。

（一）学界关于思想政治教育学科名称的不同见解

对于“思想政治教育学”的学科名称，目前，我国学界有三种不同的意见：

一种意见认为，随着国内外形势的发展，“思想政治教育学”这个名称，已不能适应形势发展的需要，主张用“思想道德教育学”替代它。

另一种意见认为，虽然历史条件发生了变化，但在概念的使用上，还是以“思想政治教育学”这个标准名称为好，不宜轻易变换它。

还有一种意见认为，“思想政治教育学”和“思想道德教育学”这两个名称，可以同时并存，各学校可以根据自己的理解定位，或叫“思想政治教育学”，或称“思想道德教育学”，不必强行统一。

以上三种意见，可谓见仁见智，看法殊异。笔者以为，这三种意见，各有所长，也各有所短，都值得进一步推敲。

首先，主张本学科仍然叫“思想政治教育学”，既有一定的道理，但也有难以逾越的障碍。“思想政治教育”，旨在突出以政治为核心内容的思想教育。把政治作为思想教育的核心内容，这是与阶级斗争是社会主要矛盾的情况相适应的。人所共知，在我党领导的新民主主义革命和社会主义改造时期，阶级斗争是我国社会的主要矛盾。在那样的历史条件下，把思想教育的核心内容定在政治方面，完全符合当时的需要。在民主革命时期，从周恩来在黄埔军校做政治工作，到谭政在八路军留守兵团政治部做政治工作，都是把政治教育放在第一位。在社会主义改造时期，从刘少奇 1951 年在全国第一次宣传工作会议上的讲话强调“思想政治教育”，到毛泽东 1957 年作《关于正确处理人民内部矛盾的问题》的报告，仍然在强调“思想政治教育”。这些都绝非随意所为，而是与时代的要求相一致的。所以，“思想政治教育”从特定的视角反映了我党在民主革命和社会主义改造时期做人民的思想工作的历史经验。“思想政治教育学”，正是在总结这一历史经验的基础上形成的一门新兴学科。由于它被公认为“是一门科学”而引起国家的重视，于二十世纪八十年代初开始在大学招生，培养人才。当时，由于我国改革开放伊始，对于“思想政治教育”这一名称，还来不及作进一步的思考，因而沿用了传统的名称。

但是，随着我国改革开放的深化和市场经济体制的确立，我国社会近二十年来发生了一系列重大变革。阶级斗争已不是我国社会的主要矛盾，而人民内部矛盾则以种种不同的形式在我国现实生活的各个领域尖锐地表现出来了。解决人民内部矛盾的方法或途径主要靠法治和德治。法治属于政治文明，而德治则属于精神文明。要搞好德治，就必须在思想道德教育方面用大力气。正是基于这一点，所以党中央非常重视“思想道德教育”。去年，江泽民同志《在庆祝中国共产党成立80周年大会上的讲话》（下面简称《讲话》）中，明确强调要“加强社会主义思想道德教育”，要全面提高人民群众“思想道德素质”，并要求广大共产党员要“以高尚的思想道德要求和鞭策自己”。这表明，“思想道德教育”已被提上了我党的重要日程，不能不认真对待。然而现实的“思想政治教育”却无法包容“思想道德教育”的内容，这显然是一个很大的缺陷，如不对之做出必要的调适，就难免陷入因循守旧和故步自封的境地。江泽民同志还在《讲话》中指出：“马克思主义具有与时俱进的品质。如果不顾历史条件和现实情况的变化，拘泥于马克思主义经典作家在特定历史条件下，针对具体情况做出的某些个别论断和具体行动纲领，我们就会因为思想脱离实际而不能顺利前进，甚至发生失误。”这一指示，对于我们重新思考本学科的名称具有十分重要的指导意义。“思想政治教育学”是我党在过去特定的历史条件下对人民群众进行思想政治教育的产物，它适应的是阶级斗争，是当时社会的主要矛盾。到了今天，由于阶级斗争已不是我国社会的主要矛盾，因而以政治为核心内容的思想教育，就应当做出必要的调整。继续把“思想政治教育”作为本学科的名称，就难免有因循守旧和故步自封之嫌。

其次，主张用“思想道德教育”代替“思想政治教育”的看法，有一定的合理性，但也有值得进一步推敲之处。从合理性来看，它正确地反映了现实生活对“思想道德教育”的需求，体现了“以德治国”的时代精神。同时，用“思想道德教育”作为本学科的名称，也有利于同国际接轨，以适应“全球化”的需要。正因为考虑到这些情况，笔者也曾主张用“思想道德教育”代替“思想政治教育”。但是，当我进一步推敲这个结论时，我否定了自己原来的看法。因为“思想道德教育”在内涵与外延上，都包容不了“思想政治教育”（即以“政治”为核心内容的思想教育）。尽管由于历史条件的变化，以政治为核心内容的思想教育在现实生活中已不居主导地位。但是，这并非说当今社会已不再需要“思想政治教育”了。事实上，由于现实生活的复杂性，在特定的领域、特定的人群中，“思想政治教育”不仅不能排除，而且仍然十分重要。例如我们要求党的干部“讲政治”，要求国防部门要有敌情意识，就不能不在这些部门和这些人群中开展“思想政治教育”。这说明今天“思想政治教育”在一定的条件下，仍有它存在的合理性。正因为如此，所以江泽民同志在中央思想政治工作会议上发表重要讲话时强调指出：“党的思想政治工作决不是可有可无，无所作为，而是必不可少，大有可为的。”[①] 在这样的情况下，如果我们用“思想道德教育”代替“思想政治教育”，那也会导致脱离实际，使“思想政治教育”在现实生活中丧失应有地位和特定功能。显然，“代替论”也不可取。

如此说来，是不是按第三种意见办，即“思想道德教育”与“思想政治教育”两个概念同时并存，让人们各取所需呢？这似乎也不尽情理。因为，国家的学科目录，每科只用一名，而不可能两名并存。

综上所述，以上三种意见都难于成立。那么，本学科究竟叫什么名为好呢？笔者以为不妨就叫“思想教育学”。下面，试就这一想法，谈点个人见解。

（二）用“思想教育学”作为本学科名称的几点依据

“思想教育”，顾名思义，就是关于思想观念的教育。思想观念涵盖面极宽，其主要内容为世界观、人生观、价值观、政治观、道德观等所涉及的一些基本观念或观点。“思想政治教育”和“思想道德教育”从本质上说，都属于思想观念教育，因而它们都可以包含在“思想教育学”之中。如前文所述，“思想政治教育”是以政治为核心内容的思想教育；与此相似，“思想道德教育”则是以道德为核心内容的思想教育。可见，“思想政治教育”和“思想道德教育”，只是侧重点不同，而两者都属于“思想教育”则是相同的。从“思想政治教育”“思想道德教育”“思想教育”三个概念来看，“思想教育”乃是最高概念。它不仅可以涵盖“思想政治教育”“思想道德教育”，还可以涵盖世界观、人生观、价值观以及其他有关思想观念的

① 《在中央思想政治工作会议上的讲话》，《光明日报》2000年6月29日第1版。

教育。若把“思想教育”作为本学科的名称，那在理论上和实践上将有许多问题得到合理的解决。

一是有利于确定研究对象与研究范围。如前文所述，“思想教育”包括世界观、人生观、价值观、政治观、道德观等方面的有关思想观念的教育。这就使本学科的研究对象与研究范围清晰地呈现出来。它告诉我们，“思想教育学”必须重点研究世界观教育、人生观教育、价值观教育、政治观教育、道德观教育等方面的理论与实际问题。它要求教育者运用马克思主义、毛泽东思想、邓小平理论对人们进行以上五个主要方面的思想观念教育，探索这些方面的教育内容和教育规律，无疑有助于提高思想教育在这些方面的教育效果。

二是使本学科的层次性更为鲜明。任何一门学科都有自己客观存在的层次性，这个层次不是人为设置的，而是其内在联系的必然产物。如政治学、社会学、教育学等一级学科，其二、三级学科都不难分出。而如果把“思想政治教育学”作为一级学科，则其二、三级学科就很难设置。换一种定位，如果把“思想教育学”作为一级学科，则世界观教育、人生观教育、价值观教育、政治观教育、道德观教育等，就顺理成章地成为二级学科；这些二级学科的分支学科如政治观教育史、思想道德教育史、比较思想道德教育等，就很自然地成为三级学科。学科层次的正确划分，对于拓宽和深化学科理论体系，优化学科结构，都有十分重要的意义。

三是有利于构建本学科的范畴体系。每一门学科，都有自己特定的范畴体系。这个体系也不是人为设置的，而是各学科内在结构逻辑联系的客观反映。过去，学界对于“思想政治教育学”的范畴体系，也曾有人思考过，但至今仍未见有说服力的研究成果，其主要原因，当是“思想政治教育”自身还不是本学科的最高范畴。对于一个学科来说，抓不住最高范畴，则它的客观体系就很难揭示出来，这是不言而喻的。而如果把“思想教育”作为本学科的最高范畴，则世界观教育、人生观教育、价值观教育、政治观教育、道德观教育等，都成为仅次于“思想教育”的一系列范畴；与此同时，这些二级范畴又包含相应的三级范畴。由此类推，则本学科的客观范畴体系，就不难揭示出来。

四是有助于构建本学科的课程体系。合理的课程设置，是完善学科知识结构的可靠保证。长期以来，关于“思想政治教育学”的课程设置，各学校均是“各敲各的鼓，各唱各的调”，很不一致。这种情况的存在，当与“思想政治教育”这个概念自身过于狭窄有关。而如果换一个名称，用“思想教育”取代它，则其包容量就明显拓宽，其课程体系就易于勾画出来。它主要由以下一些课程组成：

(1)思想教育学原理；(2)思想教育方法论；(3)比较思想教育学；(4)中国思想教育史；(5)西方思想教育史；(6)世界观教育概论；(7)人生观教育概论；(8)价值观教育概论；(9)政治观教育概论；(10)道德观教育概论；(11)思想教育心理学；(12)思想教育与行为科学；(13)马克思主义经典著作选读；(14)思想教育与社会调查；(15)思想教育与社会思潮分析等。这个课程体系紧紧围绕思想教育而展开，既突出了中心内容，又深化和扩充了学生的专业知识，避免了过去课程设置中存在的种种弊病。

以上四点说明，如果把本学科叫作“思想教育学”，那对于确立本学科的研究对象和范围，对于明晰本学科自身的层次性，对于构建本学科范畴体系和课程体系，都将创造有利条件，使许多过去无法解决的难题迎刃而解。

（三）把“思想教育学”作为本学科名称符合马列经典论述

摆在面前的问题是：把“思想教育学”作为本学科的名称，在理论上是否符合马列要求？答案是肯定的。因为马克思主义经典作家以及我们党的三代领导人都从不同角度肯定了“思想教育”的社会价值及其在革命和建设中的重要地位。

马克思、恩格斯、列宁等经典作家，虽然没有直接使用过“思想教育”这一概念，但是，在他们的大量论述中，实际上肯定了进行“思想教育”的必要性。

马克思曾指出：“理论只要说服人，就能掌握群众；而理论只要彻底，就能说服人。”又说：“批判的武器当然不能代替武器的批判，物质力量只能用物质力量来摧毁；但是理论一经掌握群众，也会变成物质力量。”[①] 马克思在这里反复强调要用理论去说服人，要让理论掌握群众，其本旨在于强调“思想教育”的必要性。因为只有通过“思想教育”，才能达到用理论去说服人、并让理论掌握群众的目的。丢掉了“思想教育”，则这些都将失去依托。恩格斯在《致康·施米特》的信中，曾明确认为，“我们称之为思想观点的东西”，可以“对经济基础发生反作用，并且能在某种限度内改变经济基础，我认为这是不言而喻的”[②]。这里充分肯定了思想观点的能动作用，意在说明向人们宣传、灌输正确的思想观点（即进行“思想教育”）的必要性。不仅如此，马克思、恩格斯还明确提出要“努力进行宣传工作”[③]，这里说的“宣传工作”，刘少奇曾将之释为“思想工作”，同“思想教育”相近。这些都说明，马克思、恩格斯实际上肯定了“思想教育”的重要性。

列宁继承发展了马克思主义的学说，对“思想教育”的重要性作了更为系统的论述。他曾明确主张用“社会主义的思想体系”，去对抗“资产阶级的思想体系”。他说：“资产阶级的思想体系比社会主义思想体系久远得多。它经过了更加全面的加工，它拥有的传播工具也多得不能相比。所以，某一个国家的社会主义运动愈年轻，也就应当愈积极地同一切巩固非社会主义的企图作斗争。”[④] 而要完成用“社会主义的思想体系”去战胜“资产阶级的思想体系”的任务，就必须进行有效的“思想教育”。正是基于这一认识，列宁强调“要用思想的方法、教育的方法同资产阶级进行斗争”[⑤]。在这里列宁把“思想的方法”“教育的方法”串联使用，为“思想教育”这一概念的最终形成，奠定了逻辑基础。列宁还主张“教育群众”，他说：“我们要取得必须的一切，克服旧制度遗留下来的、不可能一下子就排除的障碍，就应该重新教育群众；而要重新教育群众，又只

① 《马克思恩格斯选集》第 1 卷，人民出版社 1972 年版，第 9 页。
② 《马克思恩格斯选集》第 4 卷，人民出版社 1995 年版，第 702 页。
③ 《马克思恩格斯全集》第 4 卷，人民出版社 1958 年版，第 572 页。
④ 《马克思主义思想政治教育文选》，中国政法大学出版社 1993 年版，第 85 页。
⑤ 同上书，第 51 页。

有靠鼓动和宣传。”[1] 不难看出，列宁在这里强调通过“鼓动和宣传”来完成“重新教育群众”的任务，其本意在于肯定“思想教育”的作用。同这一思想相一致，列宁还提出了“灌输”的理论，他说：“工人本来也不可能有社会民主主义的意识，这种意识只能从外面灌输进去。”[2] 毫无疑问，这里讲的对工人群众进行社会民主主义意识的“灌输”，指的正是“思想教育”工作。正是由于列宁十分重视“思想教育”，所以，他曾提出组建思想教育专业队伍的设想，说：“现在我们要培养出一支新的教育大军，它应该同党和党的思想保持紧密联系，贯彻党的精神，它应该把工人群众团结在自己的周围，以共产主义的精神教育他们……”[3] 十分明显，列宁在这里透露了组建思想教育专业队伍的主张。这些都说明，他无比重视“思想教育”工作。

我们党的三代领导人毛泽东、邓小平、江泽民，继承发展了马克思、列宁主义的学说，不但创造性地提出了“思想教育”这一重要概念，而且从理论上对它作了许多深刻的论述。早在半个世纪以前，毛泽东就在《论联合政府》一文中指出：“掌握思想教育，是团结全党进行伟大政治斗争的中心环节。如果这个任务不解决，党的一切政治任务是不能完成的。”[4] 这里不仅明确提出了“思想教育”这一重要概念，而且充分肯定了“思想教育”是完成党的“伟大政治斗争的中心环节”。这就赋予了“思想教育”以极高的社会价值。毛泽东之所以如此重视“思想教育”，是因为他看到了“思想”的巨大能动作用。1963 年，他在《人的正确思想是从哪里来的?》一文中指出：“人们的社会存在，决定人们的思想；而代表先进阶级的正确思想，一旦被群众掌握，就会变成改造社会、改造世界的物质力量。”在这里，毛泽东把“思想”的能动作用讲得十分透彻。“思想”的能动作用既然如此巨大，则通过“思想教育”，让人民群众掌握“代表先进阶级的正确思想”，就是顺理成章的事了。这就为“思想教育”的推

① 《马克思主义思想政治教育文选》，中国政法大学出版社 1993 年版，第 58 页。

② 同上书，第 74 页。

③ 同上书，第 53—54 页。

④ 《毛泽东选集》第 3 卷，人民出版社 1991 年版，第 1094 页。

行与贯彻，提供了理论上的依据。

毛泽东之后，党的第二代领导人邓小平也非常重视“思想教育”。1983 年他在中国共产党第十二届中央委员会第二次全体会议上的讲话中指出：“思想战线上的战士，都应当是人类灵魂的工程师。在当前这个转变时期，在社会主义精神文明建设和整个社会主义建设事业中，他们在思想教育方面的责任尤其重大。”① 在这里，邓小平明确肯定“思想战线上的战士”“在思想教育方面”所肩负的重大责任。这就不仅指出了“思想教育”的必要性，而且赋予了“思想教育”工作者以“思想战线上的战士”这一崇高的荣誉。邓小平主张，在思想教育方面，不要“大搞群众运动”，要“用透彻说理、从容讨论的办法，去解决群众性的思想教育问题”。这一指示，对于我们探索思想教育方法，有重要的启迪意义。

党的第三代领导人江泽民同志，继承发展了毛泽东思想和邓小平理论，在关于“思想教育”方面也有许多重要论述。1989 年他在《在庆祝中华人民共和国成立四十周年大会上的讲话》中明确提出：“对共产党员、共青团员和先进分子”要“经常进行共产主义的思想教育”。1994 年在全国教育工作会议上的讲话中，又指出：“加强理论教育、思想教育和政治工作的目的，就是要引导和帮助青年学生树立正确的世界观、人生观、价值观，打下科学理论基础，确立为建设有中国特色社会主义而奋斗的政治方向。”这就不仅肯定了思想教育的必要性，而且指明了思想教育的目的性。江泽民还特别重视对思想教育方法的设计，曾明确提出要“把思想教育同行为规范的培养结合起来”，要“把先进性要求同广泛性要求结合起来”，强调“必须以科学的理论武装人，以正确的舆论引导人，以高尚的精神塑造人，以优秀的作品鼓舞人”。其总的精神，都是围绕思想教育的方法所进行的相关理论思考。

以上从马列主义经典作家马克思、恩格斯、列宁，到我们党的三代领导人毛泽东、邓小平、江泽民，都从不同角度对思想教育所涉及

① 中共中央文献研究室编：《毛泽东 邓小平 江泽民论世界观人生观价值观》，人民出版社 1997 年版，第 364 页。

的理论问题，进行了深入阐述。他们不仅突出了思想教育的重要地位，而且揭示了思想教育的目的、内容、方法等问题，这些都为“思想教育学”成为一门独立的学科，奠定了深厚的理论基础。

（四）把“思想教育学”作为本学科名称符合社会发展需要

以上我们从理论上说明了“思想教育学”作为一门独立学科的合理性。下面，笔者从社会需要的角度，进一步说明这个问题。

任何学科的设置，都是以社会需要为前提的。只有符合社会需要的学科，才有生命力，才能不断发展，经久不衰。而“思想教育学”，正好体现了社会发展的需要。

“思想教育”是一种特殊的社会现象。它伴随人类文明的进步而产生，并在人类文明的进步中得到发展。当人类社会进入阶级社会以后，“思想教育”就成为统治阶级安邦治国的一个重要手段。如前文所述，思想教育是关于思想观念的教育。从本质上说，它是教育者运用一定的立场、观点、方法，促使教育对象接受某种思想观点或理论原则，并改变思想认识的一种特殊的社会意识活动。这一活动具有鲜明的阶级性。统治阶级为了巩固自己的统治，总是要尽力培养本阶级的接班人，使之按照本阶级的世界观和方法论去改造世界，安邦治国；与此同时，他们也总是要千方百计地去驯服被统治阶级，使他们心甘情愿地服从统治，接受治理。为此，统治阶级就需要通过各种途径，运用各种方法，向人们宣传、灌输自己的思想观点或理论原则，以体现统治阶级的意志和愿望。奴隶主、封建主、资产阶级当政是这样，无产阶级当政也必然是这样。这是一条普遍规律，古今中外，概莫能外。

综观中国古代文明发展史，可知古代中国早已有了思想教育活动。只是，那时的人们还未创造出“思想教育”这一概念。他们用的是“传道”、“明德”、“劝贤”、“教化”以及“化民成俗”等词语。这些词语，在含义上同“思想教育”这一概念是一致的。古代中国不但有了“思想教育”活动，而且形成了风格各异的从事思想教育的学术流派，其中特别是儒、墨、道、法四大学派影响最大。它们分别从不同方面体现了古代中国进行“思想教育”的理论与实践。

西方各民族也都有源远流长的思想教育史。从古希腊思想家德谟克利特提出“教育很可以改变一个人”的命题，到中世纪奥古斯丁等向人们灌输基督教教义；从文艺复兴时期教育家们反对教会权威和专制、提倡个性自由，到近现代西方形形色色的社会思潮竞相登台，无不是不同阶级进行思想教育的客观反映。

以上说明，无论是中国或外国，在奴隶社会、封建社会、资本主义社会，都有相应的思想教育存在。只是，由于历史条件和阶级地位的不同，思想教育的目的、内容、方法等都有所不同罢了。

今天，中国已是人民当家作主的社会主义国家，但同样少不了思想教育。特别是随着改革开放的深入和市场经济体制的确立发展，随着“全球化”形势的出现，思想教育的任务显得更加艰巨、更加紧迫，这是因为：

第一，我国的社会存在，情况十分复杂。具体说来，就是面对五种“多样化”（即社会经济成分多样化、组织形式多样化、就业方式多样化、利益关系多样化、分配方式多样化）。这五种“多样化”，表明国内社会存在的复杂性。而社会存在的复杂性，决定了社会意识的复杂性。它使人们的世界观、人生观、价值观呈现多元化状态。针对这种情况，我们必须用马列主义、毛泽东思想、邓小平理论去武装人们的头脑，使人们的世界观、人生观、价值观逐步统一到马克思主义一元化轨道上来，这就增加了思想教育的艰巨性、紧迫性。

第二，我国市场经济体制建立的时间还不长。原来计划经济条件下确立的一些社会规范，到了今天多已过时；而与市场经济体制发展相适应的一些新的社会规范，又还未完全建立起来。这就难免带来这样或那样的问题。特别是一些人在市场交易中得不到自己想得到的东西，就会丧失心理平衡，铤而走险，导致大量社会问题的发生，使人民内部矛盾在一些方面鲜明地凸显出来了。而这些问题的妥善解决，除了靠法治之外，更多的则要靠思想教育。正如党的十四届六中全会的“决议”所指出的：“建立社会主义经济体制，是我国经济振兴和社会发展的必由之路，是一项前无古人的伟大创举。这种经济体制，不仅同社会主义经济制度结合在一起，而且同社会主义精神文明结合在一起。”这就赋予了思想教育以极其重大的历史使命。

第三，随着人民物质生活水平的提高，人们对精神生活的需求也与日俱增。这就要求我们：一是要不断提高精神文化产物的品位，用阳春白雪代替“下里巴人”；二是要不断提高人民群众欣赏高品位精神文化产品的能力，具体说来，就是使人们由只满足于“下里巴人”，到主动追求阳春白雪。这就赋予了精神文明建设以十分艰巨的任务。它要求我们做好一系列筑基工作，把思想教育的群众性同先进性结合起来，以不断提高人们的思想境界。

以上几个方面，从不同侧面反映了我国当前对思想教育的迫切需求。社会的需要，使“思想教育学”的确立和发展有了客观依据。因此，我们必须从实际出发，把原有的“思想政治教育学”，改名为“思想教育学”，以认真探索思想教育的规律性，并运用思想教育去推进社会主义精神文明建设；激励全社会的人们，为建设有中国特色社会主义做出自己的贡献。

[按：此文曾分两次先后载于《学校党建与思想教育》杂志（2002年第12期与2003年第5期），并分别被人大复印资料《思想政治教育》全文转载]

二　思想政治教育学的发展应在深化理论研究上狠下功夫

思想政治教育学，作为一门独立的学科，于二十世纪八十年代初开始登上大学讲坛，至今已近二十年了。近二十年来，它以跨越式的步伐，飞速发展，取得了令人瞩目的成就。以学科层次的攀升为例，从1984年开始招收本科生到1990年在13所大学设立本专业硕士点，仅花去六年时间；而从硕士点的设立，到1996年两个博士专业点的审批通过，也只花去了六年的时间。这种发展速度，在学科建设史上，是罕见的。今天，这一学科，其本科专业招生的学校已遍及全国，硕士专业点和博士专业点的分布也十分广泛。这表明，“思想政治教育学”已成为我国覆盖面广、招生人数多、专业层次齐全的一门新兴学科。这一切，的确给人以成就斐然之感。但是，我们没有理由自满。应当看到，“思想政治教育学”作为一门新兴学科，尚处于进一步发展与完善中，还有许多工作等待我们去做。就本学科发展的总体趋势来考虑，笔者以为最迫切的问题，是应当在深化理论研究方面狠下功夫。

（一）深化理论研究的必要性与紧迫性

为什么要深化本学科的理论研究呢？这是由于以下几点原因：

第一，深化理论研究，是加强学科基础建设的需要。以科学的理论为根基是一切学科得以成立的共同点。或者说，任何学科的建立，都是以理论上的贯通为其支撑点的。成熟的理论是学科得以成立的支柱，是学科发挥其应有功能的先决条件。一个学科，只有在理论上走向成熟，才能在社会实践中显示出自己的优势，才能稳健地在学科群中站立起来。相反，如果理论基础薄弱，它就缺乏说服力，就无法提高自己在学科群中的地位，就不能赢得社会的信任，就无法实现其所担负的社会功能，因而也就不能在竞争中立于不败之地。就思想政治教育学而言，虽然它已被学界承认是“一门科学”，并且本专业的同仁已在学科理论建设方面做出了相应的成绩。但是，毋庸讳言，社会对本专业的认同与信任，还不那么理想（例如，本科专业招生时，考生填报第一志愿人数较少）。尽管这种情况的出现有其多方面的原因，特别是过去“左”的做法，损害了思想政治教育的声誉，是一个不可忽视的重要原因。但是，除了客观方面的原因之外，也还有主观方面的原因。其中值得注意的一个原因，是我们在理论研究方面做得还不够。人所共知，理论的功效在于它能说服人。一旦做到了“说服人”，它就能赢得群众，它的信誉度就会自然而然地提高。那么，怎样才能使理论说服人呢？马克思说：“理论只要彻底，就能说服人。”这里所谓“彻底”，我以为，指的是理论的科学性与成熟性。思想教育学作为一门独立的学科，要真正取得社会的信任，就必须在理论的“彻底”方面下功夫，脚踏实地地搞好学科基础理论建设。要完成这一历史使命，确有许多工作等待我们去做。关于这一点，我们将在下面作进一步地探讨。

第二，深化理论研究，是学科发展史提供给我们的一条重要经验。从学科建设发展史来看，重视基础理论研究，是许多老牌学科走向成熟的成功经验。我国许多老牌学科的发展，都经历了漫长的理论建设阶段。哲学、法学、政治学、教育学、伦理学等学科的发展，无不如此。以马克思主义哲学在我国高校作为一门学科加以建设的过程为例，如果从 1937 年毛泽东同志在中国人民抗日军政大学讲授《实践论》《矛盾论》算起，到今天马克思主义哲学在我国高校已成为一门较为成熟的学科情况来看，其发展已经历了近七十年的时间。在这漫长的过程中，许多老一辈哲学家如李达、艾思奇、杨献珍等，都在马克思主义哲学理论探索方面做出过自己的不朽贡献。后来的许多哲学理论工作者，也都从不同角度撰写了一系列哲学论文与专著，为深化哲学理论研究做了许多有益工作。没有他们投身于理论研究，中国化的马克思主义哲学专业就不可能有今天这样可观的面貌。又如，成熟的老牌学科都注重学科史的研究。搞哲学的，不仅研究了马克思主义哲学发展史，还下功夫研究了中国哲学史、外国哲学史；搞法学的，不仅下功夫研究了西方法制史或法学思想史，也下功夫研究了中国法制史或法学思想史；搞教育学的重视中国和西方教育史以及教育思想史的研究，更是人所共知。这种重视学科史的研究，是深化理论研究的又一表现形式。对照这一情况，我们在这方面是做得很不够的。可见，同老牌学科相比，我们在深化理论研究方面，确有自己的薄弱环节。因此，要使思想教育专业全面地成熟起来，必须借鉴老牌学科的经验，努力在深化理论研究方面做出成绩。

第三，从本学科发展的历史与现状来看，深化理论研究已迫在眉睫。应当看到，近二十年来，思想政治教育专业取得的成就，主要是做了许多早期具有初创性意义的工作。具体说来，就是解决了学科建设中一些亟待解决的问题，诸如专业队伍建设、课程设置、教材编纂、教学管理以及人才培养方案的制定等方面的问题。其直接效果是使思想政治教育专业在我国学科目录中占有一席之地。虽然，这是一个了不起的成就，但是，用学科发展的高标准来衡量，我们的成绩又显得很不相称。应当看到，同许多老牌学科相比，我们的理论研究，还存在着相当的差距，还有许多重大问题等待我们去解决。一是本专业自身发展所涉及的理论环节需要进一步深化、完善；二是市场经济的发展和全球化的冲击，给现实的思想政治教育提出了一系列新问题，需要我们去研究、解答；三是在现实的政治、经济、道德生活中，人民群众在思想政治教育或思想道德教育方面创造了许多新经验，也需要我们从理论上去总结、提高。所有这些问题，都是我们推进本专业发展必须面对的问题，都需要我们在深化理论研究方面多下功夫、多出成绩。

（二）应从哪些方面深化理论研究

以上，我们从三个方面说明了深化本专业理论研究的重要性和迫切性。摆在我们面前的问题是，我们应当从哪些方面深化本专业的理论研究呢？笔者以为至少有以下几点问题值得我们用功去探索、研究。

第一，要注重完善和深化本学科基础理论。自本学科建立以来，学者们在本学科基础理论建设方面，做了一些开创性的工作，出版了一系列教材，撰写了一些论述本学科基础理论的论文与专著。从总体上看，思想政治教育学的理论基础初步奠定。但是，从高标准的要求来看，还有许多理论问题有待于深化，其中最迫切的问题是：

（1）要重视关于学科体系建构的研究。本学科究竟应建成什么样的体系呢？这是需要我们认真思考的重要理论问题。江泽民同志在党的十六大报告中说："要建立与社会主义市场经济相适应、与社会主义法律规范相协调、与中华民族传统美德相承接的社会主义思想道德体系。"这个体系反映了当今思想道德教育发展的客观趋势，是时代要求的集中表现。思想政治教育学的体系建构，毫无疑问应当体现这一指示精神。按照这一精神，新时期的思想政治教育应当处理好以下三个方面的关系：一是要处理好与发展市场经济的关系；二是要处理好与法治建设的关系；三是要处理好与传统文化遗产的关系。这三种关系，有自己的内在联系性和运行的规律性。我们要完成新时期思想政治教育体系的建构，就必须首先从理论上正确揭示上述三种关系的内在联系和运行规律。这是一项十分艰巨的理论探索任务，值得我们用大力气。此外，还须指出的是，思想政治教育体系的建立，除了正确处理上述三种关系外，还必须正确处理其自体内所涉的诸多要素之间的关系，如思想政治教育的主体、客体、内容、目标、环境、内化、外化、过程以及途径、方法、效果诸要素之间的相互关系。正确揭示这些关系，既是思想政治教育内在结构合理调配的需要，也是构建思想政治教育学完整体系的需要。如果说前面所说的三种关系反映了思想政治教育学所涉的大环境的关系，那么，后面所说的思想政治教育自体内所涉的诸多要素之间的关系，则反映了它所涉的小环境的关系。所以，关于思想政治教育学完整体系的建立，必须把大环境与小环境综合起来考虑。这是一项无比复杂的理论难题，需要我们集中精力，进行长期探索。在这方面，我们过去虽然也有人从某些侧面做过一些尝试性的研究，但零碎得很，缺乏系统性、整体性。因此，关于这方面的研究，摆在我们面前的任务还极其艰巨。

（2）要重视关于思想政治教育规律的研究。规律，亦即法则，它是事物发展过程中内在矛盾本质联系的客观反映。思想道德教育是一项无比复杂的社会意识活动，它的运行也总要遵循一定的规律。比如，关于帮助教育对象实现思想转化的规律、关于教育对象思想形成发展的规律、关于教育内容应当适应教育对象思想状况的规律、关于环境塑造人的规律、关于被教育者有效接受教育的规律等，都属于思想政治教育运行的重要规律。规律既不能随心所欲地被创造出来，也不能随心所欲地加以消灭。人在规律面前的能动作用，就是要自觉地认识规律、遵循规律。新时期的思想教育要做出成绩，就必须在认识与遵循规律上下功夫。只有在认识规律方面取得了成绩，思想教育才能在理论上有新突破，在实践上有新发展。过去，学界在思想教育规律的探讨方面做了一些工作，但离本学科的要求还相差很远，还有许多工作等待我们去做。

（3）要在扩充与深化思想政治教育内容上下功夫。思想政治教育的内容，是治理人们思想病症的“药”，药只有对症，才能治病。思想政治教育内容只有符合人们思想进步的需要，才能显示其真正的价值。自本学科创立以来，已有学者通过《思想政治教育学原理》等教材的编撰及相关研究，从理论上对思想政治教育的内容做过相应的阐述。但那些研究只是初步的探讨成果，必须进一步使之走向完善和科学化。这是因为，人们的思想在不断进步，与此相适应，思想政治教育的内容也必须不断改进与创新。只有这样，才能对症下药，将人们的思想认识水平推向新的高度。教育内容不是人们关在房子里臆想出来的，它是由一定社会确立的人才培养目标决定的。这就要求思想教育的工作者深入社会实际，与时俱进地把握时代精神，不断更新与深化教育内容。这也是一项十分艰苦的理论创造，容不得半点马虎。

（4）要重视革新思想教育方法的理论研究。方法是过河的“桥”或“船”。正确的方法，有利于推进思想教育任务的完成。近些年来，武汉大学、中山大学等合作编著的《思想政治教育方法论》全国通用教材，从教学的角度，对思想政治教育方法学做过较为系统、深入的阐述，为当代中国思想教育方法走向科学化奠定了基础。但是，时代在发展，科学在进步，思想教育方法的确立也不可能一劳永逸，必须适应形势的发展，不断变革。应当看到，由于科学的进步，思想教育载体呈日新月异之势。特别是网络的普及与运用，不仅给思想教育管理与规范提出了全新的课题，或者说带来巨大挑战，而且也为思想教育方法的改进和变革提出了新思路，或者说带来了前所未有的机遇。所以，利用新的科学技术革新思想教育手段、实现思想教育方法科学化，已成为摆在我们面前迫在眉睫的重要任务。这是我们理论研究不可回避的重要问题。我们只有从实际出发，站在时代高度，运用理论思维，与时俱进地总结实践中关于革新思想教育方法的新经验，回答实践对于思想教育方法提出的新问题，才能在思想教育中做出自己的新创造，从而将思想教育推向前进。

除上述几个重大问题外，本学科还有一些重要问题需要从理论上大力探索。诸如本学科的理论依据问题、范畴问题、基本矛盾问题、综合结构问题、发展过程问题以及内化外化问题等，都有待我们从理论上进行深入探讨。例如关于思想教育学的范畴问题，我们一直研究得很不够。近两年来，有的青年学者在尝试思考这一问题，但仍未能取得令人满意的进展。之所以出现这些情况，是由于在基础理论的研究方面，还缺乏功力。“问渠哪得清如许，为有源头活水来”，我们只有在理论上打下坚实的基础，才有可能将“源头活水”引入学科建设园地，使思想教育专业这棵大树永葆苍翠葱茏。

第二，要重视学科发展史的理论研究。学科史是学科以往发展情况的反映，是前人实践经验的智慧结晶，是学科得以确立与发展的先决条件。因此，任何一门学科，都必须重视学科史的研究。研究学科史的目的，在于从历史发展的角度，对前人在某一学科领域所思考过的理论问题进行系统的总结与反思，从中吸取经验与教训。它可以为今天的学科发展提供理论借鉴。

如前文所述，我国许多老牌学科都十分重视学科史的研究。无论是搞哲学的还是搞法学的、教育学的，乃至自然科学的学者，都研究了相应的本学科历史，并且做出了可观的成绩。这都值得我们好好借鉴。思想政治教育学作为一门独立学科，自建立以来，关于学科史的研究，比较薄弱。虽然，我们过去也开设了“中国共产党思想政治教育史”这门课程，并且编写了相应的教材，在学科史的研究方面算是有了一个开头。但是，从我们应当研究的范围、任务来看，还有很大差距。我们知道，思想教育是自人类进入文明社会以来普遍存在的社会现象，不仅现代有，古代也有；不仅中国有，外国也有。这样我们过去只研究中国共产党思想政治教育史，就显得极为不够，不仅忽略了中国古代、近代思想教育史的研究，也忽略了对世界其他国家思想教育史的研究，这无疑是极不全面的，应当尽快予以补全。

中国思想教育史源远流长，内容丰富。我们的祖先在数千年的文明进步中，通过“究天人之际，通古今之变，成一家之言”的学术实践，创造了无比丰厚的文化遗产，其中思想教育成果尤为光辉夺目。特别是春秋战国时期兴起的百家争鸣，诸子并起，相互论辩，开创了我国古代思想教育的黄金时代。当时儒、墨、道、法各家，都建立起了自己的思想教育学说体系，创造出各具特色的理论成果。其中，既吐露了有关思想教育的积极成果，也创造出许多有效的思想教育方法。这一切，对于我们今天的思想教育都有参考价值。拿儒家来说，儒家在思想道德教育中尤为重视道德精神的培育，他们所倡导的“天下为公”的无私奉献精神，“仁者爱人”的博爱大众精神，“自强不息”的积极进取精神，“厚德载物”的宽厚包容精神，“居安思危”的民族忧患精神，“革故鼎新”的改革变通精神，“见利思义”的以义制利精神，“克勤克俭”的勤劳俭朴精神，以及“致中和”的尚中贵和精神，“杀身成仁”“舍生取义”的英勇献身精神，“富贵不淫、贫贱不移、威武不屈”的人格独立精神等，都成为中华优秀的民族精神的重要组成部分。它们不仅在古代对我国各民族的文明进步产生过十分积极的影响，而且，对我们今天的社会主义精神文明建设仍有不可估量的现实价值。此外，在思想道德教育方面，儒家还创造出许多行之有效的教育方法，如孔子所倡导的“因材施教”法、“听言观行”法、“身教示范”法、“择友择处”法以及“循循善诱”法、“情感交流”法等，都是行之有效的思想教育方法，即使到了今天，也并未过时。因此，要深化思想教育的学术研究，我们不能不去发掘中国古代思想教育的成果。

同时，由于思想教育是人类共有的现象，所以，关于思想教育史的客观存在，也具有普遍性。世界其他各民族在推进本民族的文明进步中，也都成功地运用过思想教育，并且形成了各具民族特色的思想教育史。这些不同民族的思想教育史，也都有自己的杰出创造，其中优秀的部分亦具有超历史、超地域的功能，可以为我们所借鉴。例如，西方学者对于如何看待“人”的理论思考，经历了漫长的探索过程：从古希腊学者关于“人是第一个重要的”和“人是万物的尺度”等相关命题的提出，到希腊化罗马时期斯多葛派关于人人分有神性观念的确立，再到十六世纪、十七世纪、十八世纪所出现的“天赋人权”学说的广为传播，直至今天西方学者明确提出“以人为本”的口号等，都从一个侧面反映了西方民族在思想教育方面，十分重视对人的关爱，其中虽然也难免有这样或那样的消极成分，但从总体上看，他们关于如何看待“人”的理论思考，的确表达了值得重视的人文关怀，有利于推进人类的文明与进步。这些对于我们今天丰富和拓宽思想道德教育理论，无疑具有不可忽略的借鉴意义。

总之，思想教育是人类共有的现象，人类以往关于思想教育的历史无比丰富，我们要推进当今的思想教育，应当重视中外思想教育史的理论研究。通过这一研究，认真发掘人类以往关于思想教育的可贵遗产，以吸取历史的经验教训，实现古为今用、洋为中用，为开创思想教育的新局面，做出自己的理论贡献。

第三，要用理论回答实践的呼唤。实践是理论的源泉，是理论得以发展的动力。时代的发展，总是同实践有着不解之缘：一方面实践为时代的发展，提出了许多新课题；另一方面，时代的发展又为实践增添了无比丰富的内容。我们的理论之树要能长青，就必须扎根于实践，到实践中吸收营养，并努力回答实践提出的新问题，以回应实践的呼唤。思想教育理论的深化与发展，也必须走这一路径。

当前，随着市场经济的深入发展和经济全球化的到来，实践中有许多新的问题等待我们去解决。拿思想教育来说，以下一些问题已被提上了重要日程：

（1）市场经济的发展，使我国的社会存在呈现出十分复杂的情况。具体说来，就是存在五种“多样化”（即社会经济成分多样化、组织形式多样化、就业方式多样化、利益关系多样化、分配方式多样化）。社会存在的复杂性，决定了社会意识的复杂性。它使人们的世界观、人生观、价值观呈现出多元化状态。针对这种情况，我们必须用马列主义、毛泽东思想、邓小平理论以及“三个代表”的思想去武装人们的头脑，使人们的世界观、人生观、价值观逐步统一到马克思主义一元化轨道上来。这就增加了思想教育的艰巨性、复杂性。它要求我们用理论成果去应对现实。

（2）我国市场经济体制建立的时间还不长，原来计划经济条件下确立的一些社会规范，到了今天多已过时。而与市场经济体制发展相适应的一些新的社会规范，又还未完全建立起来。这就难免带来这样或那样的问题。特别是一些人在市场交易中得不到自己想得到的东西，就会丧失心理平衡，铤而走险，导致大量社会问题的发生，使人民内部矛盾在一些方面鲜明地凸显出来了。而这些问题的妥善解决，除了靠法治之外，更多的则要靠思想教育。这就赋予了思想教育以极其重大的历史使命，其中一个迫切的任务，就是要帮助人们实现观念的更新，即用新观念代替旧观念，以适应时代发展的需要。这是一项无比艰苦细致的工作，它要求我们以理服人，这就促使我们必须在理论研究上狠下功夫。

（3）随着对外开放的深化和经济全球化的到来，国外一些先进的科学技术和管理方式传入我国，但同时西方一些落后的文化和颓废的生活方式，也渗透进来，严重腐蚀着我国人民的思想追求，动摇人们建设有中国特色社会主义的意志和愿望。对此，我们也必须通过思想教育，帮助人们提高觉悟，擦亮眼睛，分清是非，抵制污染。而要达到这一目的，又离不开理论武器。

（4）随着人民群众物质生活水平的提高，人们对精神生活的需求也与日俱增。这就要求我们：一是要不断提高精神文化产物的品位，用阳春白雪代替“下里巴人”；二是要不断提高人民群众欣赏高品位精神文化产物的能力。具体说来，就是使人们由只满足于“下里巴人”，到主动追求阳春白雪。这就赋予了精神文明建设十分艰巨的任务。它要求我们做好一系列筑基工作，把思想教育的群众性同先进性结合起来，以不断提高人们的思想境界。这也需要发挥理论的功能。

以上几个方面，从不同侧面反映了我国当前对思想教育理论的迫切需求。它是社会实践对我们的呼唤，我们必须用自己的理论创造去回应这一呼唤。在这方面，近年来已有一些学者予以重视，写了一些回应现实需要的著作和论文。但是，这些还仅仅是开始，正如万里长征迈出第一步，还有更多的问题等待我们去研究、解决。江泽民同志2000年6月在中央思想政治工作会议上发表重要讲话时指出：“面对新形势、新情况，思想政治工作在继承和发扬优良传统的基础上，必须在内容、形式、方法、手段、机制等方面，努力进行创新和改进，特别要在增强时代感和加强针对性、实效性上下功夫，这要成为今后改进思想政治工作的重点。”[①] 江泽民同志的指示，反映了时代的心声，赋予了思想教育理论工作者以光荣的使命。我们应当用实际行动响应这一号召，深入实践，去总结与发掘人民群众在实践中创造出来的关于思想教育的新经验，推进思想教育的理论创造，为思想教育的发展做出贡献！

综上所述，在新的历史条件下，我们要进一步加快思想政治教育学的发展，就必须在深化理论研究上下功夫：一是要注重本学科基础理论的研究；二是要重视学科史的研究；三是要用理论回答现实中的新问题。通过这几方面的研究，进一步充实思想政治教育学的理论基础，发掘思想政治教育学的历史遗产，发挥思想政治教育学的现实价

① 《在中央思想政治工作会议上的讲话》，《光明日报》2000年6月29日第1版。

值，使思想政治教育学真正成为帮助人们解放思想、转变观念、提高觉悟、振奋精神的科学武器。

（原载《思想理论教育导刊》2004 年第 3 期，并被人大复印资料《思想政治教育》全文转载）

三　思想政治教育专业的发展要坚持以科学发展观为指导

思想政治教育专业作为一门独立的学科，从 1984 年登上大学讲坛，至今已经历多年。多年来，在各级领导的直接关怀和同人们的共同努力下，本专业得到了顺利发展。在专业理论研究、教材编著、课程设置、人才培养、师资队伍建设以及专业层次的提升方面，都取得了令人满意的成就。专业从 1984 年开始招收本科生，到 1990 年开始设置硕士学位专业点，仅花去六年时间；从 1990 年设置硕士学位专业点，到 1995 年获得博士学位授予权，也仅花去六年时间。这样的跨越式发展，在学科发展史上是罕见的。本专业能有今天这个局面，是很不容易的。在这样的情况下，我们应当冷静下来，思考本专业如何进一步发展的问题。

江泽民同志在党的十六大报告中曾明确指出："党要承担起推动中国社会进步的历史责任，必须始终紧紧抓住发展这个执政兴国的第一要务。"又说："发展是硬道理。必须抓住一切机遇，加快发展。"这些指示教导我们，各行各业都要寻求发展。那么，思想政治教育专业在当前如何才能得到进一步的发展呢？笔者以为，当前要推进本专业的发展，就必须自觉坚持以科学发展观为指导。

"科学发展观"是关于发展思路的新理念，是一切事业寻求发展必须遵循的理论原则和科学依据。党的十六届四中全会《公报》在谈到关于发展的指导思想时，明确指出要"坚持科学发展观"。温家宝总理在《在庆祝中华人民共和国成立五十五周年招待会上的讲话》中也强调说："发展要有新思路，要树立和落实科学发展观。"这些指示，对各行各业谋求新的发展，都具有重要的指导意义，对我们思想政治教育专业来说，亦不例外。就是说，本专业未来的发展，也必须自觉遵循科学发展观。

（一）要自觉遵循关于发展的客观规律

科学发展观的提出，本来是针对整个社会的发展而言的，它把社会作为发展的对象，要求在实现社会发展的过程中，自觉遵循关于发展的客观规律，以促进社会沿着正确方向全面、协调、持续地发展。但是，这一理念对于指导各行各业的发展也是适用的。就是说，按照科学发展观的要求，必须强调发展的目的性，发展的全面性，发展的协调性以及发展的可持续性。

首先，所谓发展的目的性，指的是发展是为了什么的问题。我们之所以要发展，就是为了不断满足人民群众物质文化生活上的客观需要，这是我们追求发展的根本目的所在。为此，我们的发展，必须自始至终坚持“以人为本”。就是说，我们的发展，是为了人，是为了给人民群众谋幸福，我们必须把为人民服务，贯穿于发展的全过程。如果我们的发展，不是以人为本，而是以少数人的好恶或别的什么为本，那就违背了科学发展观的宗旨。

其次，所谓发展的全面性，指的是把发展的对象看作一个完整的系统，该系统由许多相关的部分构成，要使该对象得到全面发展，必须使其系统内各个部分都得到发展。如果其中一些部分得到发展，而另一些部分却停滞不前，那就不是全面的发展，而是片面的发展。

再次，所谓发展的协调性，指的是发展对象所构成的系统内各部分在发展中处于相互协调、相互促进、相辅相成的理想状态。如果系统内各部分不是相互协调，而是相互冲突、相互扯皮，不断引起内耗，以致一部分拖住另一部分的后腿，那就势必导致发展在总体上受阻，而同发展的协调性要求不相吻合。

最后，所谓发展的可持续性，指的是发展过程的不间断性、发展速度的相对稳定性。也就是说，今天的发展，不能用尽未来发展的资源，不能把今天的发展建立在损害未来发展的基础上，而必须前后兼顾，统筹安排，以保证发展的稳定性和不间断性。如果我们今天的发展，不顾未来的发展要求，或者把未来发展需要的资源用尽，或者导致未来发展的不协调性，那就不但不能实现发展的可持续性，甚至给未来造成灾难。实现可持续发展，还必须使发展的速度大致稳定，不能一时很快，一时很慢。如果我们的发展，一时很快，一时很慢，甚至出现停滞不前或“开倒车”，那就不但不符合持续发展的要求，而且有可能导致周期性危机。

以上有关发展的科学理念，既适合于指导全社会的发展，也适合于指导各行各业的发展。我们思想政治教育专业要实现新的发展，就必须自觉遵循上述基本法则。

（二）以科学发展观为标尺，衡量思想政治教育专业的发展现状

用科学发展观的基本要求来衡量思想政治教育专业发展的现状，不难看出本专业近些年的发展还是存在一些缺陷的，这表现在以下一些方面：

一是本专业某些方面的发展，存在着严重不平衡的现象。以专业博士点布点的情况为例：我国已有28所院校获得马克思主义理论与思想政治教育专业博士学位的授予权。这28个专业点的分布，大多从东北到东南沿海一带，共布有24个点；在中部和西北部地区，除武汉和西安两地共设了4个点外，其他广大地区尚未问津，特别是西南地区，几乎是一片空白。这种情况说明，本专业博士点的分布，很不平衡。虽然，出现不平衡是事物发展过程中难以避免的现象，但是，过度的乃至长久的不平衡状态的存在，势必会影响发展的全面性。对此，我们应予以极大的重视，争取早日改变这种状况。

二是本专业在某些方面出现发展过快的情况。亦以近年博士点布点为例：从1995年到2001年，六年时间共布了13个点。这个速度，同其他学科布点情况相比，本不算慢。令人惊讶的是，仅隔一年，即到了2003年，一下猛增了15个点，使博士点总数由原来的13上升到了28。这种迅猛增长之势，给人一种“大跃进”或“赶风头”的感受。我这样说，并非认为新被批准的15个点不合条件。条件是相对的，它完全由领导者掌握。如果我们将这18个点分作两次或三次设置，也许会使发展速度更为协调一些。从一般意义上说，快速发展本是好事。但从辩证法角度来看，过快难免走向对立面。车子跑得过快，难免翻车；飞机飞得过快，难免出现“硬着陆”而导致毁灭。

正因如此，对于我国经济发展得过快，我国党和政府正在进行宏观调控，以便使我国经济发展速度出现“软着陆”的平稳状态。这个道理，值得我们好好体会。本专业博士点的设置如果过快，难免会导致人才培养质量下降，这对于实现专业的可持续发展是极为不利的，应当引起重视。

三是本专业基础理论的研究，还存在一些薄弱环节。从总体上看，本专业自建立以来，在学科理论建设方面，有了不小的进步，取得了一些令人瞩目的成绩。但是，毋庸讳言，本专业在基础理论的研究方面，还存在不少需要认真研究的重大课题，例如：有关思想政治教育所涉的一些重要规律、有关思想政治教育过程中的一些重要环节、有关中外思想政治教育史及其比较、有关网络思想政治教育管理等，我们都还研究得很不够，有的甚至还是“处女地”，等待我们去开拓。这些情况的存在，显然同思想政治教育发展的现状不相适应。如不认真加以解决，势必给本专业的发展造成障碍，以致本专业无法实现可持续发展。因此，我们必须尽快采取措施，深化基础理论研究，为本专业的可持续发展打下坚实基础。

四是本专业发展的配套工程跟不上。我们把思想政治教育专业作为一门独立学科来建设，必须在基础理论研究、教材编著、课程设置、人才培养以及师资队伍建设各个方面下功夫，使之相互配套，协调发展。但是，从本专业的现实情况来看，上述配套工程还很不完备、很不协调。如，关于本科生和硕士生的课程设置，就很不一致，存在“各吹各的号，各唱各的调”的情况。课程的设置直接关系学生知识结构的建构，关系学生专业素质的培养。课程设置不合理，必然达不到培养目标。又如，关于学科层次的设置，有的地方有硕士研究生专业点，却未设本科生专业点；有的地方有博士研究生专业点，却未设硕士研究生专业点，这些似都配备不当。我们知道，本科专业是硕士专业的起点，硕士专业又是博士专业的起点。有硕士专业点，而无本科专业点；有博士专业点，而无硕士专业点，则必然给教学方面的知识衔接带来一些实际问题。诚然，本校无本科专业生，可以招收外校本科专业生；本校无硕士专业生，可以招收外校硕士专业生。但是，作为导师来说，就会存在这样的缺陷：教硕士生的，不了解本科生的学习情况；教博士生的，不了解硕士生的学习情况。这样，就很难实现因材施教。再如，本专业的发展，必须有一支年龄结构合理、专业素质较好的教师队伍。但是，从我国目前的情况来看，这方面还存在着很大差距。有些学校出于布点的需要，到其他专业“拉夫”，使教师队伍的构成，出现了“杂牌军”，严重影响专业形象。所有这些情况的存在，都说明本专业的配套工程确实不够协调。如不尽快矫正，必然跟不上当前的新形势，以致无法实现发展的协调性。

（三）思想政治教育专业的发展，要为培养新型人才贡献力量

思想政治教育专业的发展要坚持以人为本，必须做到以学生为本，全心全意为培养人才贡献力量。广大学生是人民群众的子弟，为学生成才服务，从根本上来说就是为人民群众服务，就是要在教学中多出人才，不误人子弟。同时，学生又是未来的建设者和接班人，学生能否顺利成长，直接关系国家未来的发展，关系未来事业的成败。所以，本专业要坚持以人为本，必须通过自己的教学，把学生培养成为合格的接班人。为达到这一目的，我们需要做许多工作，其中特别要注意培养学生的思想政治素质。

中共中央、国务院颁布的《关于进一步加强和改进大学生思想政治教育的意见》强调指出：加强和改进大学生思想政治教育的主要任务，一是以理想信念教育为核心，深入进行树立正确的世界观、人生观和价值观教育；二是以爱国主义教育为重点，深入进行弘扬和培育民族精神教育；三是以基本道德规范为基础，深入进行公民道德教育。为此，我们专业在理论建设上，必须围绕上述三个方面，开展科学研究，回答现实需要提出的一些新问题。同时，还要注意促进理论与实际相结合。要按照上述文件精神，充分体现当代马克思主义最新成果的要求，全面加强思想政治理论课的学科建设、课程建设、教材建设和教师队伍建设，进一步推动邓小平理论和“三个代表”重要思想进教材、进课堂和进大学生头脑的工作。要联系改革开放和社会主义现代化建设的实际，联系大学生的思想实际，把传授知识与思想教育结合起来，把系统教学与专题教育结合起来，把理论武装人与实践育人结合起来，切实改革教学内容，改进教学方法，改善教学手

段。为此，我们专业在建设中必须很好地吃透文件精神，并借文件之东风，把本专业的发展大大向前推进一步。

（原载《学校党建与思想教育》2005 年第 2 期）

四　关于思想教育信息与思想教育决策关系的思考

近年来，随着学科建设的深入和思想教育理论研究的深化，学界对于思想教育信息与思想教育决策所涉的理论问题，予以相应的关注。大家一致认识到，获得正确的思想教育信息与实施适宜的思想教育决策，都是思想教育过程中不可忽视的重要环节。笔者认为，弄清这两个环节的基本概念及其相互关系，对于推进思想教育的科学化及其顺利发展，至关重要。本节拟就这些问题，在此谈一点肤浅看法，以就教于海内同人。

（一）关于几个相关概念的阐释

为了阐明上述问题，我们有必要先对“思想教育”“思想教育信息”“思想教育决策”等相关概念做出简要阐释，以便统一认识，进一步深化理论探讨。

第一，思想教育的概念。“思想教育”是一门正在建设和发展中的新兴科学，它在社会发展中有着无比重要的地位。早在半个世纪以前，毛泽东就在《论联合政府》一文中指出：“掌握思想教育，是团结全党进行伟大政治斗争的中心环节。如果这个任务不解决，党的一切政治任务是不能完成的。”这里明确提出了“思想教育”的概念。那么，什么是思想教育呢？我们所说的思想教育，指的是关于思想观念方面的教育。“思想观念”，所涉内涵很宽，它包括世界观、人生观、价值观、政治观、道德观等一系列思想观念。因此，所谓“思想教育”，指的是以上述一系列观念为主要内容的教育。我们所常说的“政治教育”“道德教育”“思想政治教育”“思想道德教育”“思想理论教育”以及世界观教育、人生观教育、价值观教育等，都包含于思想教育之中，或者说都是思想教育的重要组成部分。例如，“思想政治教育”指的是以政治为核心内容的思想教育；“思想道德教育”则指的是以道德为核心内容的思想教育；而“思想理论教育”则指的是以理论灌输为主要形式的思想教育，等等。据此可知，思想教育在上述诸种教育中居于最高层次。它涵盖旨在改变人们思想观念的一切教育活动。对此，我们必须有清醒的认识，否则就易于犯概念不清的错误。例如，有的论者在阐释德育概念时，作了这样的界定：“德育是关于思想教育、政治教育、道德教育等的综合教育。”这个概括，把“思想教育”看作是与“政治教育”“道德教育”平列的概念，其结果会使人产生这样的误解：似乎思想教育中，没有政治教育和道德教育，而政治教育和道德教育似乎又不属于思想教育。这显然不符合客观实际，其失误的根源在于概念不清。所以，我们认为，思想教育是关于思想观念方面的教育，具体说来，它是教育者运用一定的立场、观点、方法，说服相应的教育对象，使之接受某种思想观点或理论原则，并改变原有思想认识的一种特殊的社会意识活动。这个活动，有自己特殊的运行过程和规律，其中获得思想教育信息与制定、实施思想教育决策，都是这一完整过程中的重要环节。

第二，思想教育信息的概念。“思想教育信息”是由“思想信息”衍生出来的。“信息”一词，来源于信息学。“思想信息”，指的是与人们所透露的与思想相关的资讯。人们总是生活在一定的社会关系中，各种思想无不打上社会关系的烙印。而他们的思想又总是会通过一定的途径反映出来。人们对这种被反映出来的思想加以概括归纳，使之成为资讯，也就是思想信息。由于“思想”这一概念所涉内涵很宽，所以关于“思想信息”的概念，其内涵也很宽。在思想信息中，有一些是思想教育工作者为达到对被教育者进行思想教育的目的而应当搜集或掌握的信息，我们将它称之为“思想教育信息”。获得思想教育信息，对于思想教育工作者来说，极端重要。它是思想教育工作者对被教育者实施思想教育的前提条件。我们知道，思想教育工作者的一个重大使命，就是要帮助自己的教育对象实现积极的思想转化。具体说来，就是推动教育对象将错误的认识转化为正确的认识，将后进的思想转化为先进的思想，将陈旧的观念转化为新颖的观念，将迷信的意识转化为科学的意识，等等。所有这些转化，从本质上说，就是帮助人们端正认识，解放思想，坚持真理，修正错误，提高觉悟，更新观念，从而推动人们沿着正确的政治方向大步前进。而所有这些工作的完成，都必须从搜集或掌握思想教育信息开始。得不到思想教育信息，对教育对象的思想状况一无所知，则所谓帮助教育对象实现思想转化，就是一句空话，无法付诸实践。所以，思想教育工作者总是把搜集与掌握思想教育信息作为思想教育的重要环节来抓，以保证思想教育的顺利进行。

第三，“思想教育决策”的概念。为了说明这一概念，我们有必要先对“决策”做出界说。“决策”一语，来自于决策学。决策学是一门新兴科学，它运用现代决策理论与方法，指导人们正确地进行科学决策。所谓“决策”，即指人们为开展某一工作所制定出的方案、决定与对策。我们做任何工作，都需要有相应的科学决策。例如，在科研中，我们要完成某一科学创造工程，就必须先做出实施该工程的科研决策；在经济建设中，我们要完成某一经济发展规划，就必须先做出实现该规划的经济决策；在军事攻守中，我们要完成夺取某一要地的战略目标，就必须先做出达到该目标的战略决策，如此等等，都说明制定相应的决策，对于有效地完成工作计划极端重要，绝不可少。据此可知，我们开展思想教育工作，同样少不了科学决策。那么，什么叫“思想教育决策”呢？简要地说，“思想教育决策”指的是人们围绕某一思想教育工程所制定出的方案、决定与对策。例如，中共中央、国务院于2004年秋颁发的《关于进一步加强和改进大学生思想政治教育的意见》，就是一个重大的思想政治教育决策。这个《意见》共分为九个部分，分别阐明了当前加强和改进大学生思想政治教育的重大意义、指导思想、基本原则、主要任务、基本途径以及发挥党团作用、加强队伍建设、营造良好环境等一系列重要问题，为我国高校加强和改进大学生思想政治教育，指明了正确方向，是党和国家为加强和改进大学生思想政治教育所做出的一个重大决策。这个决策的作出，是以对大学生思想政治教育素质的深入了解和对高校思想教育现状的全面认知为基础的，是思想教育信息与思想教育决策相结合的产物。

思想教育决策是将决策科学应用于思想教育而取得的重要成果。

为了推动思想教育走向科学化，我们应当深入研究决策科学，并以之为依据，认真抓好思想教育决策的制定与实施，把思想政治教育决策推向新的高度。

（二）思想教育信息与思想教育决策的紧密关系

要正确地做好思想教育决策，还必须弄清“思想教育信息”与“思想教育决策”的辩证关系。“思想教育信息”与“思想教育决策”都是思想教育过程中的重要环节，它们互相依存，不可分割。具体说来，思想教育信息是思想教育决策的依据，而思想教育决策又是思想教育信息的必然归宿或曰价值体现。下面，拟就这两方面的关系作简要阐述。

第一，思想教育信息是思想教育决策的依据。思想教育工作者，为了完成某一思想教育任务、达到某一思想教育目的，必须首先在获得思想教育信息上下功夫。这是因为，思想教育信息是思想教育决策的依据或基础。如果没有思想教育信息作基础，那决策者只能陷入瞎子摸象或凭空臆想的被动局面。因此，任何思想教育决策，都不是从天上掉下来的，它是思想教育决策人员以自己所获得的思想教育信息为依据，制定出来的。《孙子兵法》言：“知己知彼，百战不殆!”思想教育决策，旨在帮助教育对象转变思想观念、提高思想认识。这是一个教育者和被教育者思想互动的过程。教育者为达到教育目的，必须先“知彼”，也就是必须通过思想教育信息的收集，掌握教育对象的思想状况，以便有针对性地与被教育者进行思想交流，促使其早日完成思想转化。毫无疑义，把信息作为决策的依据或基础，符合唯物论的反映论，体现了实事求是的唯物主义思想路线。这里的关键是，决策者所获得的思想教育信息，必须是客观现实的反映，也就是说，它必须是对被教育者思想状况的抽象而又得到必要证实的东西。若非如此，仅凭一些人的道听途说或决策者的主观臆测，则必然陷入主观唯心主义，而使决策受到错误信息的干扰走向谬误。所以要坚持唯物论的反映论，我们必须在信息的搜集上用力气，特别是要注重深入实践。实践是认识的源泉，也是获得思想信息的必由之路。我们坚持在实践中调查研究、严谨求是，才能使所获得的思想信息成为思想教育决策的可靠基础。

第二，思想教育决策是思想教育信息的归宿。思想教育决策对于思想教育信息来说，也有其特殊意义。因为，人们获得的思想教育信息，如果不被思想教育决策所采用，则该信息就成为无效劳动，毫无价值。所以，思想教育决策对于思想教育信息来说，不是可有可无的，恰恰相反，它无比重要，其重要性就在于它是思想教育信息获得价值的必要手段。没有这一手段，思想教育信息的价值，就将无法实现。正是从这个意义上说，我们把思想教育决策看作思想教育信息的必然归宿。需要说明的是，并非所有的思想教育决策都能保证思想教育信息价值的实现。只有那些正确利用思想政治教育信息、制定出符合科学程序和思想教育运行规律的决策，才有可能保证思想教育信息价值的实现。因此，对于思想政治教育决策，也必须给予高度重视，认真对待。其一，要依据思想政治教育的客观信息，确定某一思想教育工程的基本目标。任何思想教育，都不是无目的的盲动，而是在一定思想的指导下，为达到某种目标而进行的社会意识活动。因此，确定正确的目标，是思想教育决策的关键所在。没有目标，决策就毫无意义。例如，《爱国主义教育实施纲要》作为党和国家对广大群众特别是青少年进行思想教育的一个重大决策，就明确规定了该教育所要达到的目标，它指出："开展爱国主义教育的目的，是要振奋民族精神，增强民族凝聚力，树立民族自尊心和自豪感，巩固和发展最广泛的爱国统一战线，把人民群众的爱国热情引导和凝聚到建设有中国特色的社会主义伟大事业上来，引导和凝聚到为祖国统一、繁荣和富强做贡献上来，做有理想、有道德、有文化、有纪律的社会主义公民，为实现四化、振兴中华的共同理想团结奋斗。"这里讲的"爱国主义教育的目的"，亦即爱国主义教育所要达到的目标。这个"目标"，符合我国社会文明进步的客观需要，反映了决策的正确性和科学性，为我国爱国主义教育指明了方向、道路。其二，要依据现有的思想教育条件，确定思想政治教育的基本内容，以保证思想教育的针对性和实效性。任何思想教育决策，都必须设计出具体的教育内容。这是因为，教育内容是达到教育目标的可靠保证。目标虽然很能激动人心，但不辅以相应的教育内容，则目标必然落空。所以思想教育决策必须设计出合适的内容，以保证思想教育的针对性和有效性。例如，《关于进一步加强和改进大学生思想政治教育的意见》作为全国性的关于大学生思想教育的重大决策，就对教育的内容作了明确规定，它指出，“一是以理想信念教育为核心，深入进行树立正确的世界观、人生观和价值观教育”；“二是以爱国主义教育为重点，深入进行弘扬和培育民族精神的教育”；“三是以基本道德规范为基础，深入进行公民道德教育”，等等。这些内容的规定，对于达到教育目标，完成加强大学生思想政治教育的任务，至关重要，体现了该决策的科学性。其三，要善于驾驭现代社会的复杂环境，特别是政治经济形势给现实思想教育带来的机遇与挑战。时代在发展，社会环境在变化。随着改革开放的深入和经济全球化的到来，人们的思想观念在不断变化，这给思想教育的发展带来了机遇与挑战。面对新的形势，我们必须紧盯时代的发展变化，综合考虑各方面的实际情况，并根据社会需要，整合思想信息，与时俱进地做出正确的思想教育决策。总之，我们只有做好以上几个方面的工作，思想教育信息的价值才有可能完美实现。

（三）思想教育信息的获得与决策的制定、实施方法

思想教育信息的获得与思想教育决策的制定与实施，都是很复杂、艰巨的劳动过程，它们不可能一蹴而就，只能在正确的方法论指导下，扎扎实实努力工作，才有可能取得预期效果。在这里，方法的正确运用显得尤其重要。毛泽东同志曾说，方法是过河的桥或船，没有桥或船，河就不能过；同理，没有正确的方法，工作就无法完成。下面试就思想教育信息的获得与思想教育决策的制定与实施的方法，谈点不成熟的意见。

第一，关于思想教育信息获得的方法。我们的思想教育，包括两种类型的对象：一是以个体为教育对象，其目的是帮助单个的人实现思想转化；二是以群体为教育对象，其目的是帮助一群人或一批人实现思想转化。由于教育对象的不同，我们获得思想教育信息的途径与方法也会相应的有所不同。

首先，关于获得个体思想信息的方法。这里说的“个体”，亦即单个的人。单个的人，由于生活环境、工作性质、生活方式以及人生遭遇各不相同，因而他们的思想状况亦各不相同。我们要对个体进行有针对性的思想教育，就必须掌握各个体客观的思想信息。这是一个非常复杂的工作过程。具体说来，就是教育者必须深入实际，做艰苦细致的调查研究工作。这个调查是多方面的，既要从个体所亲近的人群中了解该个体的思想状况（包括其政治信仰、生活态度、人生理想、婚姻状况、家庭现状以及亲朋关系等），更要通过与教育对象交朋友，建立感情，在取得对象充分信任的前提下，运用以情动人、以情感人式的互相谈心和交流思想等方法，获取个体现实的思想状况。这是最直接、最客观可靠的思想信息。有了这一可靠的思想信息，我们的思想教育就可以对症下药，制定出适用的决策、方案，并在实施中取得成功。古代思想家所创立的因材施教方法，就是对自己所获取的个体思想信息，有针对性地加以具体运用的一个范例。儒家创始人孔子，在对学生进行道德教育过程中，就成功地运用过因材施教的方法。

其次，关于获得群体思想信息的方法。获得群体思想信息的方法，同获得个体思想信息的方法，有着很大的不同。群体的思想信息，指的是关于某一群人或一批人思想状况方面的现实反映。我们之所以要掌握某些群体的思想信息，完全是为满足对该群体进行思想教育的需要。在社会生活中，常会出现这样的情况：某一社会群体，在特定的社会思潮影响下，在思想观念上出现了相同的偏差，这种偏差不利于社会的文明进步，因而必须通过思想教育，帮助他们纠正过来。为了使这一思想教育过程取得预期效果，就有必要掌握该群体的思想状况或曰思想信息。为此，我们必须运用正确的方法，获取该群体的思想信息。其最直接的方法，亦是要深入实践，搞调查研究。其中尤其要注意发挥社会合力的作用，特别是要依靠党的基层组织和共青团、妇联、工会等群众性的工作部门，通过召开座谈会和发放调查问卷以及个别谈心等形式，了解该群体出现思想偏差的思想根源、表现形式以及在社会上造成的影响等实际情况，为进行正确的思想教育决策提供第一手有价值的思想信息。同时，还可利用现代科技（如互联网）和新闻媒体的相关报道，获取有价值的第二手材料，作为对第一手材料的必要补充。需要指出的是，群体思想的变化，常同社会政治经济形势直接相关。我们要全面掌握某一群体的思想变化，必须同社会政治经济的发展变化联系起来，作综合考察，才能得出合乎实际的思想认识。

第二，关于思想教育决策的方法。思想教育要实行科学化决策，也必须掌握正确的方法。首先，决策所依据的信息，必须客观真实，合乎教育对象的现状。为此，决策者必须从三个方面努力：一是要坚持对所获得的信息作全面而深入的分析。因为所得的思想教育信息，常常真假难分、“鱼龙混杂”，这就需要决策者进行适当筛选，以便去粗取精，去伪存真，把那些符合教育对象实质性的思想信息保留下来，使之成为科学决策的可靠基础。二是要善于透过现象，抓住本质。我们得到的思想教育信息，虽然也真实可靠，但并非完全属于反映对象思想本质的东西，因而又必须运用唯物辩证法，通过辩证分析，透过现象，抓住本质，把那些真正能反映对象思想本质的东西，作为思想教育决策的依据。这个过程，是比一般性的思想教育信息的搜集、筛选更高一层的研究艺术。三是要坚持具体问题具体分析，做到一把钥匙开一把锁。如果说决策是“钥匙”，那么教育对象的思想状况就是“锁”。我们的“钥匙”要能打开“锁”，就必须使它符合该“锁”的内在机制（思想状况）。所以决策的制定，必须以所获得的客观思想信息为基础。如果决策所依据的思想信息是虚假的，其结果必将导致谬误。其次，要将战略性决策与战术性决策结合起来。所谓“战略性决策”，指的是决定思想教育工作发展方向、解决全局性重大问题的决策方案。如党和国家颁发的《关于进一步加强和改进未成年人思想道德建设的若干意见》《关于进一步加强和改进大学生思想政治教育的意见》等，都属于战略性决策，它们对全国各条战线的思想教育均具有长远而重大的指导意义。所谓“战术性决策”，指的是在思想教育工作过程中，解决局部性或具体问题的决策方案。如，某一教育团体，为解决某一个或几个教育对象的思想问题而制定的决策、方案，一般属于战术性的决策。在实施过程中，我们应将两者结合起来，用战略性决策去指导战术性决策，借以确保战术性决策沿着正确方向发展；同时，我们又要用战术性决策的完整实施，借以确保战略性决策的逐步实现。二者相辅为用，共同发展。最后，我们在制定决策、方案时，必须充分考虑它的实施条件。思想教育方案的实施过程，实质上是帮助教育对象完成思想转化的过程。任何转化都需要条件，条件不具备，转化就难以实现。因此，我们在制定思想教育决策方案时，必须充分考虑该方案的实施条件是否具备。如果条件没有具备，则该决策就难以付诸实现。虽然，对于那些暂时还不具备的条件，我们在实施决策方案的过程中，可以去创造。但是，有的决策方案所需的条件，由于种种方面的条件制约，我们在一定的时期内是无法创造出来的。因此，对于那些不具备实施条件的决策方案，我们必须从实际出发，加以修改，使之适合于客观实际，以保证决策因时、因地、因人制宜而全面得到完成。

综上所述，思想教育信息的获得和思想教育决策的制定与实施，都是思想教育全过程中的重要环节，它们相互制约，相互促进。其中，思想教育信息是思想教育决策的依据，而思想教育决策又是思想教育信息的归宿。无论是思想教育信息的获得，还是思想教育决策的制定与实施，都是非常复杂的运行过程，必须在正确的方法论指导下，深入实际，努力工作，以保证这两个环节的顺利运转。

（原载《理论探索》2006 年第 4 期）

五　德育学科的发展应当重视借鉴传统德育遗产

新中国成立六十年来，随着我国社会主义建设的推进和人才培养质量的不断提高，高校德育在创新发展方面，取得了一系列重大成绩。特别是近三十年来，在改革开放中，建立起了思想政治教育学科，从而大大推进了高校德育理论建设和人才培养的进程。环顾今天高校德育阵地，德育理论日益丰富，师资队伍比较齐整，教材质量不断提高，教学效果逐渐上升，学生的道德素质有了明显的进步。作为一名德育理论工作者，我们为此感到由衷的高兴。但是，时代在发展，社会在进步。我们决不能躺在过去的成绩上睡大觉，必须面向未来，开拓新的视野，谋求新的途径，开创新的机遇，迎接新的挑战。要达到这一目的，有许多工作等待我们去做，而最值得引起重视的工作，是要敢于和善于借鉴中国传统德育思想遗产。

（一）借鉴德育思想遗产有助于推进学科理论建设

我们的德育学科（包括思想政治教育学科）自建立以来，虽然在理论建设方面取得了一系列成绩，但是，应当看到，本专业的理论建设，还有许多重要问题，有待于我们去开拓创新。这就需要我们把研究的方向伸到古今中外，借鉴前人一切有用的东西。其中特别是要借鉴中国传统德育成果，使之为我所用。这是因为：

第一，中国传统德育思想遗产，有着自身的特有优势。中国传统德育遗产，渊源无比深广，内容极其丰富。从宇宙观，到政治观、道德观，都可以找到皓如红日、光彩四射的宝贵遗产。从宇宙观上说，闪闪发光的中国古代哲学，代代相继，思潮层出，学派纷起，如同一股永流不竭的圣泉，滋润着炎黄子孙，推动了我们民族的进步，光大了东方的文明；从政治观上说，我们的祖先在治理国家、安定社会、反对侵略、振兴民族方面，留下了许多至理名言，如："民惟邦本""天下为公""精忠报国""与民休息"等，这些名言，至今仍然闪烁着政权建设的光辉，启迪着我们献身祖国的伟大情操；从道德观上说，我们的祖先也有许多独特的理论创造，提出了许多重要的道德原则，例如强调"忠孝仁爱""礼义廉耻""温良恭俭让""克勤克俭"等，这些都具有相当强烈的德育功能。毫无疑问，我们今天的社会主义德育理论，要得到进一步的发展，除了从总体上坚持马克思主义的德育原理原则外，还必须吸取中国传统德育思想遗产中的合理因素。对此，我们应当有着十分清醒的认识。

第二，中国传统德育思想遗产，是中国德育学科史的沉淀。中国传统德育思想遗产，属于德育学的学科史范畴。学科的发展，有着不以人们意志为转移的客观规律，其中注重总结历史经验、吸取前人优秀成果，就是一条不可忽略的重要规律。我们知道，成熟的老学科，都注重学科史的研究，如搞哲学的，不仅注意研究马克思主义哲学发展史，而且还下功夫研究中国哲学史、外国哲学史；搞法学的，不仅注意研究马克思主义法学史，还注意研究中国法制史和外国法制史；搞伦理学的，不仅注意研究马克思主义伦理学史，还注重研究中国伦理学史和外国伦理学史，如此等等。这些都说明，学科的建设与发展，离不开对学科史的研究。德育学作为一门新兴学科，它要使自己成熟起来，就应着手学科史的研究，认真总结、发掘前人在德育建设方面的思想成果，借古导今，把中国现代德育理论建设推向新的高度。

（二）借鉴德育思想遗产有助于提高德育工作的有效性

我们的德育工作，虽然近年来不断得到改进，教育质量有相应的提高。但是，也应当看到，我们在德育的有效性方面，往往难如人愿。这种情况的存在，原因是多方面的，其中一个重要原因，就是“左”的余毒还未彻底肃清，思想还不够解放。一些人只能教条式地背诵马列词句和政治术语，而不能从实际出发，融会贯通地变革教学内容，因而使德育课堂活力不足、凝聚力不够。要改变这种情况，我们的德育理论工作者必须善于借鉴古今中外的德育成果，丰富现实的德育内容。实践证明，不敢借鉴古今中外德育思想遗产，不能将马克思主义德育理论中国化，必然导致德育内容比较单薄，语言枯燥无味。这不仅不能激起学生的道德情感，更不可能推动学生将课堂上的德育要求自觉付诸实践，因而德育效果难免受到影响。要改变这种情况，必须在深化与改进马克思主义理论教育的同时，善于在教学中糅进传统德育思想成果，使古为今用，以丰富与改进德育课程的思想内容。

笔者以为，坚持在德育课中，糅进传统德育思想成果，可以有效增强德育内容的人文意识。时下，人们都在强调人文精神。何谓人文精神？我认为，从本质上说，人文精神就是指那些关爱人的思想观念，或者说，一切关爱人的理念，都可以称之为人文精神。人文精神显示出一定的高尚性，它倡导“仁爱”和“奉献”的精神，借以推进社会文明进步，激起人们的道德追求。而在这些方面，传统美德更具优势。我们知道，在我国的优秀传统美德中，包含着许许多多绚丽夺目、闪闪发光的伦理精神，如：“天下为公”的公而忘私精神，“见利思义”的以义制利精神，“威武不屈”的人格独立精神，“杀身成仁”“舍生取义”的英勇献身精神等，都是我们祖先的高尚品格的结晶，具有浓厚的人文内涵。借助它可以滋润炎黄子孙的道德生活，启迪中华儿女立身做人的伟大情操。在人文精神的激励下，学生有可能产生高风亮节的人格理念，产生“先天下之忧而忧，后天下之乐而乐”的道德情怀，产生“出淤泥而不染，濯清涟而不妖”的伦理自觉。这是一股不可阻挡的精神力量。我们的德育课程，若能达到这样的境界，还愁德育效果上不去吗?

（三）借鉴德育思想遗产有助于培养社会新型人才

我们建设社会主义德育，其目的是为社会培养合格人才。而借鉴中国传统德育思想遗产，不断丰富德育思想内容，则有助于达到这一目的。从当前我国发展的方向来看，一是要构建社会主义和谐社会；二是要努力实践科学发展观。要完成这两大战略部署，必须培养出与之相应的新型人才。我们在德育过程中，若能坚持借鉴中国传统德育思想遗产，则有助于这一培养目标的最终实现。

第一，借鉴中国传统德育思想遗产，有助于培养建设和谐社会的新型人才。构建社会主义和谐社会，是我们党的既定方针和伟大战略部署。《中共中央关于构建社会主义和谐社会若干重大问题的决定》指出：“社会和谐是中国特色社会主义的本质属性，是国家富强、民族振兴、人民幸福的重要保证。构建社会主义和谐社会，是我们党以马克思列宁主义、毛泽东思想、邓小平理论和‘三个代表’重要思想为指导，全面贯彻落实科学发展观，从中国特色社会主义事业总体布局和全面建设小康社会全局出发提出的重大战略任务，反映了建设富强、民主、文明、和谐的社会主义现代化国家的内在要求，体现了全党全国各族人民的共同愿望。”因此，和谐社会的建设，是一项前无古人的伟大事业。要担负起这一伟大的历史使命，就必须有相应的人才作保证。为此，除了在全党和各级领导干部中开展有关学习和谐文化的活动之外，还必须在青少年中进行和谐文化教育。而要做到这一点，我们又必须善于借鉴传统德育成果。这是因为，中国传统德育思想遗产，包含有无比丰富的和谐理念。对此，胡锦涛同志于2005年2月在《在省部级主要领导干部提高构建社会主义和谐社会能力研讨班上的讲话》中指出：“我国历史上就产生过不少有关社会和谐的思想，比如，孔子说过‘和为贵’；墨子提出了‘兼相爱’‘爱无差等’的理想社会方案；孟子描绘了‘老吾老以及人之老，幼吾幼以及人之幼’的社会状态；《礼记·礼运篇》中描绘了‘大道之行也，天下为公，选贤与能，讲信修睦。故人不独亲其亲，不独子其子。使老有所终，壮有所用，幼有所长，矜、寡、孤、独、废、疾者皆有所养’这样一种理想社会……这些思想虽然带有不同时代和提出者阶级地位的烙印，但都在一定程度上反映了广大人民群众对美好生活的向往。”胡锦涛同志的这一概括，完全符合我们民族的实际，是对我国传统和谐文化的高度评价。

今天，我们要培养学生的“和谐”理念，除了学习中国化的马克思主义理论之外，还必须认真总结、发掘传统德育思想遗产，用前人“尚中贵和”的理念，武装学生的头脑，使他们成长为自觉为和谐社会建设做出贡献的新一代。

第二，借鉴中国传统德育思想遗产，有助于培养自觉实践科学发展观的新型人才。

“科学发展观”是我党第三代领导集体在建设中国特色社会主义的伟大实践中创造出来的一个全新理念。胡锦涛同志在党的十七大报告中，对这一理念进行了深刻的理论阐述，他指出：“科学发展观，是对党的三代中央领导集体关于发展的世界观和方法论的集中体现，是同马克思列宁主义、毛泽东思想、邓小平理论和‘三个代表’重要思想既一脉相承又与时俱进的科学理论，是我国经济社会发展的重要指导方针，是发展中国特色社会主义必须坚持和贯彻的重大战略思想。”要完成这一任务，有多种途径和措施可找，而善于借鉴传统德育思想遗产，则是一个不可忽视的重要方面。

在中国传统德育思想遗产中，包含着无比丰富的有关科学发展的思想内容。我们知道，科学发展观的“核心是以人为本”。“以人为本”，强调的是把对“人”的关怀，作为社会发展的根本。社会的发展，如果不符合“人”的需要，那么，这个发展就没有意义。所以，对人的关爱，是科学发展观的核心内容。就这一点来说，同我国古代儒家的“仁爱”思想有相一致之处。“仁爱”思想的核心，是强调“爱人”。孔子言：“泛爱众，而亲仁。”孟子说：“仁者爱人。”这些都同今天科学发展观所强调的“以人为本”思想相一致。我们甚至可以说，儒家的“仁爱”思想，是今天的“以人为本”思想的民族根基。不仅如此，科学发展观还强调全面发展、协调发展、持续发展。这些也可从传统文化中找到思想渊源。以实现持续发展的思想为例，中国古代思想家非常重视环境保护。无论是儒家学者还是道家学者，都透露了大量的环保意识。如，儒家亚圣孟子曾明确提出“仁民而爱物”的命题，道家代表人物庄子向往“万物群生，连属其乡。禽兽成群，草木遂长”[①] 的生态发展理念。这些都透露了“环保”的意识。而保护环境是实现持续发展的重要前提。因此，借鉴中国传统德育遗产，吸取中国古代思想家的有关持续发展的可贵思想，对于确立科学发展观和培养实践科学发展观的新型人才，有着不可低估的重要作用。

综上所述，坚持在德育教学中吸取和借鉴中国传统德育思想遗产，势在必行，应当引起相关领导和德育专家们的关注，将之提上改善和改进德育教学的重要日程。

（原载《学校党建与思想教育》2010 年第 3 期）

① 《庄子 · 马蹄》。

第六章　思想教育方法浅探

如前文所述，所谓“思想教育方法”，指的是人们在进行思想教育过程中所运用的相关方式、方法、原则、途径以及手段、技巧等概念的总概括。笔者多年来，围绕思想教育方法所涉及的相关问题，进行了力所能及的思考，这里摘录相关篇章，向研究思想教育方法的专家们请教。

一　世纪之交思想道德建设的方法论思考

二十世纪即将过去，二十一世纪即将到来，在这新旧世纪交替的重要时刻，人们在思考着许多有关跨世纪的问题，其中之一，是关于思想道德建设如何以崭新的面貌跨越世纪的问题。这个问题，随着我国社会主义精神文明建设任务的加重、步伐的加快，而愈来愈鲜明地凸现出来了。因为思想道德建设是精神文明建设总体工程中的核心工程，它规定着精神文明的性质和方向，体现着精神文明的深度和广度。所以思想道德建设搞不好，精神文明建设就无法搞好。

思想道德建设有许多工作要做，我觉得最亟待解决的问题，是关于思想道德建设的方法论问题。方法是帮助我们过河的“船”或“桥”，没有船和桥，河就很难过去。经过这些年的实践，回过头来审视一下我们过去的工作，我觉得从方法论角度，有许多值得研究和思考的地方。今天，我们应当冷静下来，总结正反两方面的经验，以求找到进行思想道德建设正确的方法、原则，从而推进我们的工作。这里，笔者就自己的体验，谈谈以下三个带有方法论意义的问题。

（一）要努力纠正忽视思想道德建设的认识方法

思想道德建设的重要性、紧迫性已越来越多地为当代有识之士所认识。但是，这个问题并未从根本上得到解决，重经济建设、轻道德建设的倾向仍然在现实中明显地存在，并且有的还持有所谓的“理论”，其中最为明显的，莫过于“三论”，即“自然论”“代价论”“先后论”。

“自然论”者认为，“经济建设上去了，思想道德建设自然而然会上去”；“代价论”者认为，“经济的发展，必然会以思想道德的沦丧为代价”；“先后论”者则认为，“先抓经济建设，有钱后再抓思想道德建设”。这三种理论虽表现形式不同，其实质却都是一样的，即重经济建设，轻精神文明建设，如不及时破除，势必会影响思想道德建设的顺利开展。

“自然论”者一个十分明显的错误，是把思想道德的提高，看作是自发的过程，忽视了作为社会主体的人在思想道德建设中的积极能动作用。诚然，经济建设上去了，给思想道德建设奠定了一定的物质基础，为文明发展创造了条件。但是，思想道德的升华，不可能自发地完成，它需要经历新与旧、传统与现代、民族特色与外来文化的激烈碰撞与斗争，这就要求人们做许许多多有关思想改造的工作，具体地说，就是要求人们在改造客观世界的同时，改造主观世界，包括改造世界观、道德观、人生观、价值观。这个改造过程的本身，就是艰苦、细致的工作，没有这些工作，人的思想道德就不可能实现由低级向高级迈进。因此，那种把思想道德的发展，看作是自发完成的观点，是幼稚可笑的。对于这个问题，中国古代思想家荀子早在两千多年前就已有明确的认识。在荀子看来，人们恶的本性不可能自然而然地得到矫正，而必须“待师法然后正，得礼义然后治”，只有通过“起礼义，制法度”等道德建设和法制教育方面的实际工作，才能“矫饰人之情性而正之”，“扰化人之情性而导之”①。据此，荀子提出“化性起伪”的主张，认为要化解人们恶的本性，必须重视后天教

① 《荀子·性恶论》。

化、人为。荀子的这些认识，对我们今天是有启迪意义的。所以，“自然论”在理论上是站不住脚的。同时，我国思想道德建设的实践，也已经反复证明，思想道德的水准不可能自发地提高。哪里放松了思想道德教育的实际工作，让其放任自流，哪里的思想问题就会多起来，道德滑坡就显得非常突出。所以，要推进思想道德的建设，我们必须彻底抛弃“自然论”，充分发挥人们在教育和自我教育中的主观能动作用。江泽民反复强调要“以科学的理论武装人，以正确的舆论引导人，以高尚的精神塑造人，以优秀的作品鼓舞人”，这实质上就是提倡在思想道德建设中充分发挥人们的能动作用，通过积极工作，在“武装人”“引导人”“塑造人”“鼓舞人”方面做出成就。可以说这是对“自然论”最好的批判。

持“代价论”的人，甚至以资本主义社会初期伴随资本积累而出现的道德沦丧为例，来支持他们的论点。这种理论一个明显的错误，就是混淆了资本主义与社会主义的界限。他们忘记了，我们要建设的精神文明，是有中国特色的社会主义精神文明。今天的中国是社会主义的中国。我们面临的市场经济，是社会主义市场经济，我们的国情完全不同于英法等国家的资本主义社会初期的情形。把资本主义社会曾在资本原始积累过程中所出现的道德沦丧的现象，照搬到当今的中国，这实在是削足适履，荒唐可笑。诚然，我们今天的经济建设和道德建设需要借鉴西方成功的经验，但是决不能把资本主义社会的“痈疽”当成宝贝吸引过来。资本主义社会初期出现的道德沦丧现象，在本质上是资产阶级压迫、剥削无产阶级的阶级本性所使然，我们今天有什么必要重演其故技呢？按照社会主义的本质要求，我们今天的经济建设不但应当回避道德的沦丧，而且应当主动推进道德的发展。更何况道德的升华有助于协调经济活动中人与人的关系，有助于排除经济发展过程中出现的各种思想障碍。所以，要发展今天的中国经济，我们应当以道德的升华为辅助，而不应以道德的沦丧为代价。正如《中华人民共和国国民经济和社会发展“九五”计划和2010年远景目标纲要》所指出的：“任何时候都不能以牺牲精神文明为代价，换取经济的一时发展。”

持“先后论”者，说什么经济建设是硬任务，思想道德建设是软任务。硬任务拖不得，软任务暂时放一放，无关大局。言下之意，思想道德建设可以束之高阁，置之不理。这种认识显然是非常错误的。考其错误的根源，是把经济建设与思想道德建设对立起来，割裂开来。在他们看来，社会经济建设可以离开思想道德建设而独立发展，这就违背了马克思主义的基本原理。人所共知，马克思主义既强调社会存在决定社会意识，又重视社会意识对社会存在能动的反作用。精神文明对物质文明的制约作用是十分明显的，当它适应物质文明发展时，则起促进作用；反之，则起阻碍或破坏作用。这是不以人们的意志为转移的客观规律。世界上根本不存在离开思想道德制约而单独发展的经济建设。“树欲静，而风不止”，你想暂时放弃思想道德的建设，集中精力搞经济建设，结果是那些与经济建设不相容的思想或非道德现象跑出来拖住经济建设的后腿，使你难以迈步。这种教训在现实中是屡见不鲜的。因此，“先后论”也是绝对站不住脚的。

综上所述，所谓“自然论”“代价论”“先后论”，都是不正确的认识方法，任其泛滥，必然影响人们对思想道德建设重要性的认识，必须彻底摒弃，代之以邓小平提出的物质文明和精神文明要“两手抓，两手都要硬”的指导原则。这一原则，既是我们当前进行两个文明建设的根本指针，也是我们在现阶段进行思想道德建设的根本指针。它至少给我们以下三点启示：

（1）经济建设和思想道德建设没有先后之分，软硬之别，应当坚持“两手抓，两手都要硬”，而不能“一手抓”（只抓经济建设、放弃思想道德建设）、“一手硬”（经济建设硬、而思想道德建设软）。

（2）思想道德建设不可能自发地上台阶，它需要做大量细致、深入的工作，这就是所谓“抓”，“抓”就要求我们扎实地做好工作，绝不能放任自流，绝不能搁置等候。

（3）任何情况下，都不能以牺牲精神文明为代价，去换取经济的一时发展，否则就谈不上“两手抓，两手都要硬”。

以上说明，邓小平提出的物质文明和精神文明要“两手抓，两手都要硬”的指导方针，恰好从理论上对前面所说的三种理论进行了尖锐批判和全面否定，毫无疑问，它应当成为当前进行精神文明建设的重要指针。因此，我们一定要把思想认识统一到这个指导方针上来。

（二）要高度重视干部在思想道德建设中对群众的身教示范作用

当前的思想道德教育，固然不能忽视对群众的宣传教育，但是，我认为应把重点放在干部身上，突出干部对群众的身教示范作用。因为群众的思想道德水平，归根结底要靠干部带出来。

所谓身教示范，指的是教育者在对被教育者施行思想道德教育过程中，以自身作楷模，给被教育者以示范、启迪的一种教育方法。这种方法把教育寓于教育者的行为中，注重以行示人、以行感人、以行教人，因而总是能收到好的教育效果，为古今教育家所青睐。

重视领导对群众的身教示范，是我国古代道德教育的优良传统。早在先秦时期，孔子就提倡“为政以德”。在他看来，为政者的头等大事，就是搞好自身的道德修养。他说：“为政以德，譬如北辰，居其所而众星共之。”① 认为只要当政者搞好了自身的道德修养，群众就会归顺其领导。故曰：“政者，正也。”“子率以正，孰敢不正。”②“其身正，不令而行；其身不正，虽令不从。”“苟正其身矣，于从政乎何有？不能正其身，于正人何？”③ 这些论述，揭示了一个十分浅显的道理，欲正人，必先正己。孔子之后，荀子对领导者的示范作用有更明确的论述。他指出：“君者仪也，民者景也，仪正则景正；君者盆也，民者水也，盆圆则水圆。”“君者民之源也，源清则流清，源浊则流浊。”④ 这些比喻，都惟妙惟肖地揭示了领导者对被领导者进行身教示范的重要作用。具体说来，领导者在道德修养方面的身教示范，直接决定了被领导者道德发展的方向、水平、性质。这些看法，拿到我们今天的现实中来，也很有借鉴意义。

古代的封建官吏尚且能注重对群众的身教示范，我们今天的人民干部，难道不应当比他们做得更好吗？然而，回顾过去走过的路，我们恰恰做得很不好。多年来，我们比较多地注意对群众进行宣传教育，而忽视了干部在道德修养中的带头作用。对于社会上出现的不道

---

① 《论语·为政》。
② 《论语·颜渊》。
③ 《论语·子路》。
④ 《论语·居道》。

德现象，往往责备群众多，而干部很少自责，这是很值得我们反思的。当前，要抓好世纪之交的道德建设，就必须拨乱反正，用大力气抓好干部的身教示范作用。

我国的各级干部，是各条战线、各个环节的当家人，任重而道远。中国的现代化建设大业，要靠他们率领群众同心同德地去完成。他们在事业上是各部门的设计师和当家人；他们在思想品格上，应该成为群众的楷模和典范。我们跨世纪思想道德建设工程的成败，我国现阶段道德水准的升华，归根结底要靠他们带出来。因此，身教示范的教育方法，到了今天应该具有更特殊的价值。上行下效，这是古人留给我们的一句成语，它提示了一条真理，领导者的思想道德行为，任何时候都是群众思想道德行为的先导。孔子说："上好礼，则民莫敢不敬；上好义，则民莫敢不服；上好信，则民莫敢不用情。"[①] 领导者的一举一动、一言一行，都是群众的准则。实践反复证明，领导带头树正气，走正道，群众就会跟着护正气，奔正道；相反，如果领导带头刮歪风，走邪道，则群众就难免跟着搞邪门歪道。这就是所谓的上梁不正下梁歪。这些年来，社会上"道德滑坡"中表现出来的种种怪现象，如：市场上推销假冒伪劣商品；公路上出现关、卡、骗、罚；公关联络中出现请客、送礼、塞红包甚至搞"三陪女郎"；大学招生中出现的"张冠李戴"；农村中出现的乱收费、开白条等不正之风。请问：有哪一种邪风，不是某些当权者带头刮起来的呢？所以，要提高整个国家的道德水平，纠正全社会的不正之风，首先必须抓干部道德水平的提高、纠正干部中的不正之风。邓小平说："现在，不正之风很突出，要先从领导干部纠正起。群众的眼睛都在盯着他们，他们改了，下面就好办。"[②] 这些话语重心长，抓住了问题的要害。正是基于这些考虑，以江泽民为首的党中央非常重视教育干部。最近，江泽民反复强调干部要"讲政治"，要"堂堂正正做人"，要带头"弘扬党的正气"，要自尊、自省、自警。他要求干部们要"树立正确的世界观、人生观、价值观，掌握观察事物的科学方法，增强

① 《论语·子路》。

② 《邓小平文选》第2卷，人民出版社1994年版，第125页。

分清理论是非、政治是非的能力，提高运用党的基本理论、基本路线解决实际问题的水平，保证我国改革开放和现代化建设的健康发展”①。这些指示，对于充分发挥干部的身教示范作用，对于提高全社会的思想道德水平，推进跨世纪的道德建设工程，都具有指导意义，我们应当高度重视，身体力行。

（三）要大力加强思想道德建设中的启蒙、奠基工作

思想道德教育，是整个精神文明建设的核心工程，需要从各个角度做大量细致、深入的工作，既要重视高尚精神的塑造，重视全社会道德水平向高素质升华，也要重视道德教育中的启蒙、奠基工作，从一点一滴抓起。从某种意义上说，后者似乎比前者更为重要。

近年来，我们比较注意宣传英雄人物，歌颂他们高尚的道德情操、理想信念和全心全意为人民服务的美德。这种宣传和表彰是完全必要的，它可以对全社会道德发展进行正确的导向，给人们树立崇高的道德目标，推进全社会道德精神不断地升华，使时代精神大放异彩。

但是，仅有此举是不够的，因为英雄人物的高尚精神，固然可以对人们起到激励作用。但是，要达到英雄人物的精神境界，却是不容易的。只有少数先进人物能大步跟上去，但对于多数人来说，要达到整齐划一，却是办不到的。因为事物的发展，总是参差不齐的，在道德修养领域，尤其是这样。如果把只有少数人才能达到的道德境界，作为衡量多数人道德水平的尺度标准，那只能是缘木求鱼，永远无法实现。所以，我们必须面对现实，在用高尚精神对全社会道德发展进行正确导向的同时，要把着重点用于抓好全社会道德的启蒙奠基工作。

我们的新道德建设，如果从中国共产党成立算起，已经走过了70多年的历程，应当说我们过去的道德建设已经取得了一定的成绩，具备了一定的基础，不承认这一点，是不对的。但是，我们又不能不看

---

① 中共中央文献研究室编：《毛泽东 邓小平 江泽民论世界观人生观价值观》，人民出版社1997年版，第575页。

到，我国的道德建设，经历了两个大的冲击：一是“文化大革命”给我们民族的传统道德和我们党的传统作风造成了空前浩劫。这种冲击，是破坏性的冲击，它只有“破”，没有“立”，几乎造成了我国道德建设的断层。另一种是经济体制转型带来的冲击，这种冲击与前面冲击的性质不同，它是有“破”有“立”，但也造成了道德的暂时滑坡。因此，从目前我国道德建设的现状来看，基础很薄弱，故启蒙、奠基的任务就显得非常重要。只要我们深入现实，就不难发现，不少人的道德观念非常淡薄，有的人甚至连道德规范的“ABC”都不懂，你说他不道德，他问你“道德值多少钱一斤？”简直是“秀才遇到兵，有理说不清”。所以，在这样的情况下，我们应当把主要精力用于做道德的启蒙、奠基工作。特别是对青少年的教育，要从小事抓起，不能动不动就要求他们“毫不利己，专门利人”“一心为公”“无私奉献”。因为要求太高，多数人做不到，就会流于形式，成为空谈。古人教育下一代，非常重视道德的起步工作。比如，古人用“孔融让梨”这样的典型来对孩子循循善诱。让梨看来是很平常的事，但其中包含着“先人后己”的道德意识，抓住这样的“小事”可以启迪孩子的道德良知，使孩子受到道德启蒙教育。这样的做法对今人仍具有借鉴意义。我们今天教育孩子，不要光讲大道理，要在日常生活中选择有道德意义的小事，循循善诱，从一点一滴抓起。比如，出门乘公共汽车，给老年人让座；吃饭时要主动把好吃的让给长者；上学要尊敬老师、友爱同学，等等。但是，在现实中，我们不少家长常常会忽视这些看似平常的教育。出门乘公共汽车，有的教唆孩子冲在前头抢占座位；在家吃饭时，把孩子当成“小皇帝”看待，好吃的都让给他们，娇生惯养，溺爱非常，等等。显然，这只能使孩子走上自私自利的道路，等到他长大了，即使你向他讲一千遍“无私奉献”，也很难奏效。所以，就目前我国的情况而言，道德的奠基工作显得更为迫切。这种启蒙、奠基工作，不仅对于少年儿童是必要的，而且对于成年人也是必要的。每个成年人都应当从具有道德意义的平凡事情上从我做起，自觉遵守各种起码的道德规范。为此，我们应当全社会配合，上下动手，针对不同层次、不同范围的人们，制定切实可行、便于操作的道德规范，以便在道德建设的启蒙、奠基方面做出新的成绩。

对于当前具有现实意义的思想道德建设方法，当然还可以列出许多，但我以为上面所谈的三种方法，是迫在眉睫需要认真落实的重要方法。因为，我们只有消除轻视思想道德建设的错误认识，只有充分发挥各级干部在思想道德建设中的身教示范或曰模范带头作用，只有用大力气抓好思想道德建设中的启蒙、奠基工作，我国的思想道德建设才有可能冲破徘徊、困惑局面，出现大步前进的勃勃生机，以崭新的面貌迎接新世纪的到来！

（原载《社会发展文库》香港同泽出版社 1996 年版）

二　关于当代思想道德教育方法若干问题的思考

党的十四届六中全会明确提出了“全面加强社会主义道德建设”的重大战略任务，这就必须加强思想道德教育。为了有效地进行思想道德教育，就不能不解决教育方法的问题。笔者认为，抓好以下三个“结合”，对于搞好新时期思想道德教育，具有方法论的指导意义。

（一）把先进性要求同广泛性要求结合起来

六中全会《决议》指出：在思想道德建设中，必须“把先进性要求同广泛性要求结合起来”。这完全符合我国的客观实际，是当前搞好社会主义道德建设的一项极其重要的方法。“把先进性要求同广泛性要求结合起来”，也就是要把道德教育的提高与普及结合起来。所谓“先进性要求”，实质上指的是思想道德教育的提高问题；所谓“广泛性要求”，实质上指的是思想道德教育的普及问题。提高与普及这对范畴，是毛泽东《在延安文艺座谈会上的讲话》中提出来的，当时毛泽东谈的是文艺的提高与普及的关系问题，他指出：“我们的提高，是在普及基础上的提高；我们的普及，是在提高指导下的普及。”这个概括，不仅适用于文艺领域，而且对于帮助我们处理思想道德教育中先进性要求同广泛性要求的关系问题，具有同等重要的指导意义。按照毛泽东关于提高与普及的辩证关系的深刻思想，思想道德教育的先进性要求应以广泛性要求为基础，广泛性要求应以先进性要求为指导，二者相辅相成，密不可分。

坚持思想道德教育的广泛性，就是要求我们在广阔的层面上，以广大群众为教育对象，做好思想道德教育的启蒙、奠基工作，把社会主义道德最基本的规范教给群众，让群众将之化为实际行动。那么，社会主义道德有哪些基本规范呢？六中全会的《决议》指出："社会主义道德建设，要以为人民服务为核心，以集体主义为原则，以爱祖国、爱人民、爱劳动、爱科学、爱社会主义为基本要求。大力倡导文明礼貌、助人为乐、爱护公物、保护环境、遵纪守法的社会公德，大力倡导爱岗敬业、诚实守信、办事公道、服务群众、奉献社会的职业道德，大力倡导尊老爱幼、男女平等、夫妻和睦、勤俭持家、邻里团结的家庭美德。"这些论述对于帮助我们正确理解社会主义道德的基本规范无比重要，我们应当以它为指导搞好道德教育的启蒙、奠基工作，亦即道德教育的普及工作，真正做出成效。

坚持思想道德教育的"先进性"，旨在把思想道德教育的水平由低层次逐步引向高层次，使全社会的道德精神和思想品格不断升华，道德理想和思想情操发生整体性、前进性飞跃，从而达到"团结和引导亿万人民积极向上，不断提高全民族的思想道德水平"的目标。坚持思想道德教育的"先进性"，关系思想道德教育发展的方向和质量，因而应予以高度重视。

广泛性要求和先进性要求各有侧重，都很重要，但就我国当前的实际而言，似乎抓好道德教育的广泛性，显得更为迫切。这是因为，我国思想道德教育的基础相当薄弱。诚然，我们党的思想道德教育，已有了70余年的历史，具备了一定的基础，这是谁也不可否认的。但是，由于"文化大革命"时"左"的冲击，思想道德教育遭受了空前的浩劫；近年来，由于经济体制变革，原来在计划经济条件下形成的道德观念又面临着严峻的挑战，因此，思想道德建设的任务十分艰巨，在不少方面还处于迈步阶段。所以，当前道德教育的普及就显得非常重要，非常迫切。我们应当在道德教育的普及，亦即"广泛性要求"方面下大力气，特别是在对青少年的教育方面多动脑筋。一是要坚持从小事抓起，从能做得到的事件抓起，切忌要求太高。因为要求太高，多数人做不到，就会流于形式，成为空谈，达不到教育的目的。二是要持之以恒，常抓不懈，切忌搞“一阵风”，搞“三天打鱼，两天晒网”，搞“猴子搬苞谷，搬一个，丢一个”。三是要提倡“言顾行，行顾言”，说到做到，不放空炮，真正把道德教育落到实处。只有这样，道德教育的普及工作，才可能获得应有的成效。

重视道德教育的“广泛性要求”，决不是要削弱或放弃道德教育的先进性要求。围绕思想道德教育的“先进性要求”，我国各级党委做了许多工作，其中最引人注目的是大力宣传英雄人物。近年来，孔繁森、李润五、李国安、徐虎、李素丽等人的先进事迹，成为了时代的最强音，震撼着整个中华大地，叩响了千千万万人的心扉，为当代中华儿女立身做人树立了光辉榜样。这对于把当代的思想道德教育引向高水平，从而达到道德教育的“先进性要求”，无疑是非常必要的。需要指出的是，典型宣传也要注意方法。一是不要太滥。在一段时间内，只能抓住若干个有代表性的典型人物，加大宣传力度，提倡学英雄，见行动。如果把典型搞得太多、太滥，给人以“到处是先进”的感受，反而会淡化人们对先进人物的仰慕之情，削弱道德教育的有效性。二是宣传先进人物的事迹，要实事求是，不要随意拔高，不要讲得完满无缺，尤其是对活着的英雄人物更要注意这一点。因为英雄人物也是人，不是神，他不可能处处完美无缺。把英雄人物写得完满无缺，要么使人们怀疑它的真实性，要么使人们感到英雄人物可望而不可即，达不到典型宣传的初衷。三是要对被宣传的典型从根本上予以关心，使他有做正常人的自由。时下一个值得注意的现象是：某人一旦成了被宣传的先进典型，那么，或者新闻记者轮番采访，或者被各单位领导人“请”去作报告，整天电话应接不暇，社交活动无比频繁，从而使他丧失了一个正常人应有的自由。所以，有的人害怕当先进，是有其内心苦衷的。因此领导机关应当采取必要的保护措施，使典型人物有做正常人的自由。

综上所述，道德教育的广泛性要求和先进性要求，是道德教育全过程中两个不可分割的重要环节，它们各有侧重，我们应当将两者结合起来，发挥它们在思想道德教育中的特有功能，把当前的思想道德建设推向新的高度。

（二）把立足当代与借鉴历史结合起来

社会主义道德建设是一项无比复杂的系统工程，既要求我们深入总结当代人们的道德生活实践，大力弘扬最能体现时代精神的道德成果，又要求我们善于借鉴中国传统美德和外民族的优秀道德成果，以丰富新道德的内涵。只有这样，我们才能立足当代，通贯古今，面向世界，创造出具有我们民族特色的社会主义新道德。

先说立足当代。所谓立足当代，就是要以当代人的道德生活实践作为新道德建设的现实依据，以体现道德建设的新要求。我们所处的时代，是新旧世纪正在更替、新旧经济体制正在转换、中华民族正在振兴发展的伟大时代，因此我们必须建设起无愧于我们时代的社会主义新道德。这就要求我们立足当代，一切从现实道德生活出发，离开了现实生活，我们的道德建设就成为无源之水，无本之木。结合我们的时代特征，当前在道德建设方面，我们应当抓好如下几个问题：

一是要充分体现当前的时代精神，按照六中全会《决议》要求，在“五个有利于”方面下功夫。“五个有利于”即：“鼓励支持一切有利于解放和发展社会主义生产力的思想道德，一切有利于国家统一、民族团结、社会进步的思想道德，一切有利于追求真善美、抵制假恶丑、弘扬正气的思想道德，一切有利于履行公民权利与义务，用诚实劳动争取美好生活的思想道德。”只有这样，我们才能体现时代精神，建设起与我们伟大时代息息相关的新道德。

二是要面向正在建设和发展中的市场经济。市场经济生活是我国当代现实生活的主要内容，它对我国人民的道德生活产生了无比深远的影响。因此，我们的社会主义道德建设，必须反映这一现实，服务这一现实。在市场经济条件下，人民群众创造出许多具有时代意义的新道德，值得我们去总结、提高；市场经济活动中的人际交往，又提出了许多新的道德课题，需要我们去思考、解答。抓住了市场经济的实际，我们的新道德建设就有了源头活水。

三是要善于发掘、总结当代先进人物所创造出来的高尚道德精神。先进人物是走在时代前面的人们，他们的先进事迹，最能体现时代发展的方向，因而对于当代的道德建设具有导向性作用。当前，全国人民正在学习孔繁森、徐虎、李素丽、丁德福等人的先进事迹，这无疑对当前的道德建设非常重要。他们那种无私奉献、克己为人的优秀品质，感人肺腑，动人心弦。例如：孔繁森把“一个共产党员爱的最高境界是爱人民”作为自己的人生信条，徐虎把“辛苦我一人，方便千万家”作为自己的道德追求，李素丽用“实实在在去为社会做奉献”来抒写自己的道德情操，丁德福立志“要把自己的选择定在党的需要上”等，都是我们时代精神大放光彩的表现。毫无疑问，我们的新道德建设，应当总结他们的经验，反映他们的情操，将他们身上表现出来的高尚精神作为当代的旗帜，高高举起，大力弘扬！

再说借鉴历史。这里说的“历史”，不只是指中国历史，也指外国历史。所谓借鉴历史，就是要求我们善于借鉴中国和外国历史上的优秀道德成果，古为今用，洋为中用。

首先，我们应当善于借鉴中国优秀传统道德。我国是世界上四大文明古国之一，被世人誉为“礼仪之邦”，留下了璀璨斑斓的优秀道德成果，这是一份无比丰厚的精神遗产，值得我们好好继承，发扬光大。江泽民同志曾把中国几千年形成和发展起来的优秀传统道德称之为“高尚精神”，主张借鉴它去塑造社会主义新人；李岚清副总理指出：“继承和弘扬中华民族传统道德的根本目的，在于结合革命传统教育，更加振奋我们的民族精神，增强中华民族的自尊心、自信心、自豪感和凝聚力；在于使社会主义道德具备更为丰富的内涵；在于更好地协调人际关系，促进社会主义市场经济的健康发展；在于使社会主义、集体主义、爱国主义更加深入人心，成为社会文化思想的主旋律，并形成适应现代社会发展，有中国特色的价值观和道德规范。”①可见，借鉴传统道德对于新道德建设是多么重要。

其次，要善于借鉴世界各民族创立的优秀道德成果。世界各民族都有自己的道德建树，其中许多优秀成果是他们智慧的结晶。“他山之石，可以攻玉”，我们应当善于借鉴、利用。毛泽东要求我们“大胆吸收和借鉴人类社会的一切文明成果”，党的六中全会《决议》更

① 《中国传统道德·序》，载国家教育委员会组织编写《中国传统道德》（简编本），中国人民大学出版社1995年版，第1—3页。

明确号召“吸收外国优秀文明成果”。这些都说明，新道德建设不能故步自封，必须以宽容的态度面向世界，广纳博采。

立足当代和借鉴历史，是一个问题的两个方面，抓住一方面而去掉另一方面，就要犯倾向性错误。近代以来，在立足当代和借鉴历史的问题上所犯的倾向性错误，教训极其深刻。我们应当学会把两者有机结合起来，在借鉴历史时，不忘立足当代，以更好地把握时代精神，实现推陈出新；在立足当代时，不忘借鉴历史，广纳博采一切有价值的道德成果，借以丰富新道德的内涵。

（三）把舆论宣传与身教示范结合起来

道德教育既要靠舆论宣传，更要靠身教示范。舆论宣传是道德教育过程中一个十分重要的环节，通过舆论宣传，可以把道德规范教给群众，使人们懂得怎样做合乎道德，怎样做不合乎道德，从而自觉地同那些不道德的行为划清界限。同时，舆论还可以形成相当巨大的社会监督力量，推动人们走向道德的生活实践。因此，舆论宣传的必要性不可低估。

身教示范是道德教育中又一个极端重要的方法。这种方法要求教育者在对被教育者施行思想道德教育的过程中，坚持以自身作楷模，给被教育者以示范、启迪作用。身教示范把教育的目标、内容融入教育者的日常行为中，贵在以行示人，以行感人，以行教人，因而具有极大的感召力和影响力。

舆论宣传和身教示范虽然各自具有不同的功能，缺一不可，但就我国当前的现实而言，似乎身教示范显得更为重要。这是因为长期以来，由于形式主义的影响，我国的道德教育往往停留在口头上，一些人只说不做，乃至出现了“言不顾行，行不顾言”的情况。要彻底改变这种情况，我们必须从“身教示范”抓起。同时，身教示范又是使青少年接受良好的思想道德教育的一个极端重要的环节，应常抓不懈。因此，在这里我们对“身教示范”予以重点探讨。笔者认为，从我国当前的实际情况来看，我们应当大力抓好以下四个方面的身教示范：

第一，干部对群众的身教示范。民谚说：“村看村，户看户，群众看干部。”道德建设同样应当发挥干部的骨干带头作用。无数事实告诉人们，要端正民风，提高民德，首先必须端正干部的政风，提高干部的政德，借以发挥干部的骨干带头作用。邓小平同志指出：“现在不正之风很突出，要先从领导干部纠正起。群众的眼睛在盯着他们，他们改了，下面就好办。”这些话，语重心长，抓住了问题的要害，突出了干部身教示范的必要性。正是基于这些考虑，江泽民同志提出：“严重的问题在于教育干部。”他说：“提高广大干部，特别是领导干部的素质已经成为摆在全党面前的一项刻不容缓的重大任务。”为此，他对干部提出了五项具体要求，给干部指出了思想道德建设的努力方向。不仅如此，江泽民同志还多次提醒干部要“讲政治”，要“堂堂正正做人”，要“弘扬党的正气”，要自尊、自警、自励，要“做一个有道德的人”。这些指示对于充分发挥干部的身教示范作用，对于推进跨世纪的思想道德建设工程，都具有重要的指导意义，我们应当好好学习，身体力行，以便把干部对群众的身教示范落到实处。

第二，家长对子女的身教示范。家长有抚养、教育子女的义务，古人说：“子不教，父之过。”父母对子女的教育，时间很长，从孩子呱呱坠地，到他们成家立业、独立担负起社会工作，父母的教育都是少不了的。孩子社会化过程的完成，在很大程度上取决于良好的家庭教育，特别是父母的身教示范所起的潜移默化作用。一般说来，孩子的信仰追求、理想情操、生活情趣、道德风尚等方面的发展成熟，都同家长的身教示范不可分割。父母的道德精神高尚，孩子就会受到良好的启迪、激励；相反，父母的灵魂肮脏，搞“破罐破摔”，孩子就会受到不良的习染。这在现实生活中是屡见不鲜的。因此，为了下一代的健康成长，做父母的应当谨慎自己的言行，修养自己的品德，从积极方面对孩子以身教示范。

第三，教师对学生的身教示范。青少年的顺利成长，诚然同家长的良好教育分不开，但教师的精心培育也是不容忽视的重要环节。学生从入幼儿园，到上小学、中学、大学，在学校的时间有近 20 年。这个时期，正好是人生的“黄金时代”，帮助学生把握好这个时期，是教师的天职。教师自古以来就受到社会的尊重，负有“传道、授业、解惑”的崇高责任。所谓“传道”，就是教给学生立身做人的道理，培养学生高尚的理想追求和人生信念，正是从这个意义上，人们把教师称为“人类灵魂的工程师”，把他们视为父母，“从师一日，终身为父”，表达了弟子对师长的敬仰之情。同时，教师也应自尊，不负众望，真正显示出“为人师表”的本色，以自己高尚的道德情操，给学生以身教示范，在各方面成为学生立身做人的楷模，这就必须严于律己。向学生传授的世界观、人生观、价值观，不仅自己要信奉，而且应当身体力行地付诸实践。假如自己讲的，连自己也不信奉，更不实行，那你还有什么资格去教育学生呢？清代学者魏源说得好：“身无道德，虽吐辞为经，不可以信世。”这句名言，是很值得我们教师引以自警的。

第四，成年人对青少年的身教示范。培养青少年，不仅家长和教师有责任，全社会的成年人都有不可推卸的责任。青少年正处于长知识、长身体的重要时期，他们的世界观、人生观、价值观正在逐渐形成，可塑性很强，他们的模仿力也很强。实践证明，成年人的一举一动，一言一行，他们看在眼里，记在心里，模仿在行动上。成年人好的品格和行为，会对孩子们产生积极的影响；成年人的不正之风，也会给孩子的心灵上留下阴影。因此，为了青少年的健康成长，我们全社会的成年人应当严于律己，检点自己的言行，时时、处处、事事给孩子们以良好的身教示范。假如全社会的人们都能以对孩子负责、对未来负责的态度做人处事，那么我们的社会就会出现一个有利于孩子们健康成长的德育环境，我们全民族的道德素质就有望获得提高。

以上四个方面的身教示范，对于深化当前的思想道德教育具有不可忽视的现实意义。坚持干部对群众的身教示范，将有助于纯化民风；坚持家长对子女的身教示范，将有助于纯化家风；坚持教师对学生的身教示范，将有助于纯化校风；坚持全社会的成年人对青少年的身教示范，将有助于纯化整个社会的风气。因此，为了促进当前的思想道德教育，我们应当把以上四个身教示范落到实处，抓到底，真正做出成效。

（原载《长沙电力学院社会科学学报》1997 年第 2 期）

三 培养社会主义新人理论与方法的完美统一

培养符合时代发展需要的社会主义事业的接班人，是我们党的一个伟大战略任务。这项任务能否顺利完成，直接关系到二十一世纪中国如何发展，关系到有中国特色的社会主义建设的宏图能否变成现实，关系到我们党所从事的伟大事业能否一代代地传下去。随着我国两个文明建设步伐的加快，培育社会主义新人的任务更加鲜明地突显出来。那么，我们需要的社会主义新人究竟应当具备什么样的素质呢？怎样才能使社会主义新人达到我们所要求的标准呢？这是两个互相联系的问题。下面试就这两大问题，作简要论述。

（一）关于培养社会主义新人的战略任务

党的十四届六中全会《决议》实质上对这两大问题作了明确的回答："我国社会主义精神文明建设必须以马克思列宁主义、毛泽东思想和邓小平建设有中国特色社会主义理论为指导，坚持党的基本路线和基本方针，加强思想道德建设，发展教育科学文化，以科学的理论武装人，以正确的舆论引导人，以高尚的精神塑造人，以优秀的作品鼓舞人，培养有理想、有道德、有文化、有纪律的社会主义公民，提高全民族的思想道德素质和科学文化素质，团结和动员各族人民把我国建设成为富强、民主、文明的社会主义现代化强国。"

这里讲的是我党关于精神文明建设总的指导思想，其中包括培育社会主义新人的重要内容，值得我们予以高度重视。《决议》指出，我们要培养的社会主义新人，应当是"有理想、有道德、有文化、有纪律的社会主义公民"。这是对邓小平同志提出的"四有新人"理论的具体运用，它阐明了我党培养的社会主义新人应当达到的基本目标；文中强调"以科学的理论武装人，以正确的舆论引导人，以高尚的精神塑造人，以优秀的作品鼓舞人"（以下简称"四以"原则）则指明了培养社会主义新人的重大措施，具有方法论的指导意义。"四有新人"理论与"四以"育人原则的完美结合，构成了我党培育社会主义新人理论与方法的完整体系。这在理论上是一个创造性的重大贡献。

培养社会主义事业的接班人，一直是无产阶级革命领袖极为关心的重要问题。斯大林曾经试图解决这一问题，但实践证明他没有取得成功；我们党的领袖毛泽东主席，鉴于苏联的教训，更加重视这一问题，并且企图通过“文化大革命”的方式来解决这一问题，结果付出了极大的代价，仍然未能如愿以偿。历史的教训提示我们，对培养接班人的问题必须在实践中重新探索。应当说，党的六中全会《决议》在探索接班人的培养方面，有了新的突破。它不仅解决了社会主义新人应当达到的目标以及实现目标的方法问题，而且解决了培养社会主义新人的对象问题。长期以来，关于接班人的培养，我党往往集中在少数“精英”人物身上，而忽视对广大公民的教育和人格塑造。结果，一旦“精英”人物出了问题，就使整个社会主义大业遭受不可估量的损失。这种情况在当代一些社会主义国家和若干兄弟党中是屡见不鲜的，教训极其深刻。究其原因，当与英雄史观的错误导向直接相关。今天，我党吸取历史经验，把培养社会主义新人的对象转向广大群众，主张“要教育人民成为‘四有’人民，教育干部成为‘四有’干部，教育全体公民成为‘四有公民’，努力提高全民族的思想道德素质”。这在理论和实践中都是对马克思主义关于培养接班人理论的丰富和发展。“群众是真正的英雄”，一旦群众掌握了真理，具备了“四有”的思想素质，社会主义事业自然就后继有人，各级领导班子挑选接班人也就能实现“水到渠成”。即使出现个别人背叛了党的事业，具有“四有”素质的公民也会自觉抵制，保证党的事业健康发展。这一理论贡献，必将对国际共产主义运动的发展产生无比深远的历史影响。

（二）邓小平倡导培养“四有新人”的理论贡献

“四有新人”理论是邓小平同志的创造性贡献。他指出：“有一点要提醒大家，就是我们在建设具有中国特色的社会主义社会时，一定要坚持发展物质文明和精神文明，坚持五讲四美三热爱，教育全国人民做到有理想、有道德、有文化、有纪律。”[①]“四有”用简洁而明

① 《邓小平文选》第3卷，人民出版社1993年版，第110页。

确的语言，阐明了社会主义新人应当具有的内在素质和精神风貌，为我们党培养社会主义接班人定下了明确的目标，完全符合马克思主义基本原则和当代中国的实际。“四有”不是简单的凑合，而是辩证的有机统一。

首先，“有理想”是从政治素养方面对社会主义新人提出的高要求。“有理想”是我们自觉为崇高事业英勇奋斗的力量源泉，是政治信仰的展示，也是政治上成熟的标志。邓小平同志说：在“四有”中，“理想和纪律特别重要。我们一定要经常教育我们的人民，尤其是我们的青年，要有理想。为什么我们过去能在非常困难的情况下奋斗出来，战胜千难万险使革命胜利呢？就是因为我们有理想，有马克思主义信念……要特别教育我们的下一代两代，一定要树立共产主义的远大理想。一定不能让我们的青少年作资本主义腐朽思想的俘虏，那绝对不行。”① 这些话语重心长，表明了老一辈无产阶级革命家对青年的厚望。理想和信念的确立，是共产党人政治价值观的集中体现，是对革命事业不懈追求的精神支柱。一个胸怀共产主义理想的人，他必然目光远大，精神振奋，勇于奉献，善于开拓，不谋私利，一身正气。这一切，正是社会主义事业接班人不可缺少的内在素质。

其次，“有道德”是从伦理素养方面对社会主义新人提出的高要求。我们的社会主义接班人，是人民的“公仆”，只有具备高尚的道德情操，才能对人民无私奉献，成为“先天下之忧而忧，后天下之乐而乐”的志士仁人。我们党一贯重视共产党员道德风貌和人格精神的塑造。早在革命战争时代，毛泽东同志就要求广大共产党员要“全心全意为人民服务”，要以白求恩为榜样，“做一个高尚的人，一个纯粹的人，一个有道德的人，一个脱离了低级趣味的人，一个有益于人民的人”。江泽民同志在关于干部道德修养的一系列重要讲话中，反复强调党的干部要带头讲政治，带头弘扬党的正气，“要堂堂正正做人”。六中全会《决议》再次重申干部要“讲学习，讲正气。全心全意为人民服务”，“勤政务实、廉洁奉公”，要求“全党全社会都要十分关心青少年思想道德建设”。并且提出了进行社会公德、职业道德、

---

① 《邓小平文选》第3卷，人民出版社1993年版，第110—111页。

家庭美德教育的重大任务，这些都表明把“有道德”作为社会主义新人的重要条件，是十分正确的。

再次，“有文化”是从知识素养方面对社会主义新人提出的高要求。我们所处的时代，是科学技术大发展的时代，信息交流快，知识更新快，技术改造快，新工艺推广快。面对这个全方位发展的时代，我们如果不懂得文化科学知识，就很难跟上时代文明进步的新形势，更不要说担当起领导现代化的历史重任。正因为文化科技事业极端重要，所以六中全会《决议》明确提出要“促进科技和教育事业的发展”，要“迎接世界科技革命”的战略任务。因此，作为社会主义新人，做到“有文化”就是理所当然的了。

最后，“有纪律”是从行为素养方面对社会主义新人提出的高要求。纪律是对道德的必要补充。道德规范靠人们内心的道德来自觉维持，而纪律则靠规章制度来约制。作为社会主义新人，不仅应当具有高尚的道德情操，而且应当成为遵纪守法的模范。邓小平同志说：“有了理想，还要有纪律才能实现。……没有理想，没有纪律，就会像旧中国那样一盘散沙，那我们的革命怎么能够成功?”① 我们党领导的事业之所以能取得胜利，靠的就是铁的纪律。早在战争年代，党就给人民军队颁布了“三大纪律，八项注意”，提倡不拿群众一针一线，建立起与人民血肉相连的关系。在解放战争拉开序幕以后，毛泽东同志又提出“军队向前进，生产长一寸，加强纪律性，革命无不胜”的口号，再一次严肃了军内纪律，保证了解放战争的胜利。这说明“有纪律”应当成为社会主义新人必备的重要品格。

总之，邓小平同志提出的“有理想、有道德、有文化、有纪律”的“四有新人”理论，分别从政治素养、伦理素养、知识素养、行为素养等方面对社会主义新人提出了严格要求，四者相互联系，相辅相成，是一个完整的统一体。为我们党培养社会主义新人指明了方向，在理论上和实践上都具有不可估量的意义，是邓小平有中国特色社会主义理论的重要组成部分，我们应当好好学习，深刻领会。因此，我们的社会主义新人应当达到的基本目标，就是要使自己成为

① 《邓小平文选》第3卷，人民出版社1993年版，第111页。

“有理想、有道德、有文化、有纪律”的合格公民。

（三）江泽民的“四以”原则，为培养“四有新人”提供了方法论指导

那么，怎样才能培养出“四有新人”呢？江泽民同志从理论与实践的结合上，回答了这一问题。他在1994年全国宣传思想工作会议上首次提出了“以科学的理论武装人，以正确的舆论引导人，以高尚的精神塑造人，以优秀的作品鼓舞人”的育人原则；1996年1月在全国宣传部长工作会议上，江泽民同志又对这“四以”原则作了重要的理论阐述；9月26日，他在视察人民日报社时再一次重申了这一思想，并指出：“宣传思想工作部门和单位，要把最好的东西奉献给人民，用最好的东西去‘武装人’‘引导人’‘塑造人’‘鼓舞人’。”所有这一切，都表明江泽民同志把“四以”原则看作培养社会主义新人的重大战略措施，从而深刻地回答了培养“四有新人”的途径和方法问题，在理论上无疑是一个重大的贡献。

其一，“以科学的理论武装人”，就是要做到以马克思主义、毛泽东思想和邓小平同志建设有中国特色的社会主义理论去武装全党和全国人民，使全党和全国人民把这些科学的理论作为指导思想的理论基础。如六中全会《决议》所指出的：“必须坚持马克思主义”，“对马克思主义的信仰是我们的精神动力”。当前，特别要努力学习邓小平同志建设有中国特色的社会主义理论。这个理论“是马克思列宁主义基本原理与当代中国实际和时代特征相结合的产物，是毛泽东思想的继承和发展，是当代中国的马克思主义，是我们党在新时期各项工作的根本指针和中华民族振兴的强大支柱。全面、正确、积极地坚持和实践这一理论，是我们党和国家经受住各种风险考验，实现社会主义现代化的根本保证”。因此，要坚持“以科学的理论武装人”，就必须充分发挥邓小平建设有中国特色社会主义理论的指导作用。

其二，“以正确的舆论引导人”，就是要求各级宣传思想工作部门，运用宣传机器和舆论工具，对社会上各方面的人们进行正确的舆论导向。正确的舆论导向，实质上是优化育人环境的问题。当今世界，由于科学技术的进步，信息交流日益现代化，社会上、报纸、刊

物日益增多，广播、电视、网络遍布各地，随时传播着舆论，影响着群众的思想和行动。我们必须用正确的舆论来抵制各种错误的舆论，将人们的思想引向正确的轨道。江泽民同志说：“历史经验反复证明，舆论导向正确与否对我们党的成长壮大，对于人民政权的建立、巩固，对于人民的团结和国家的繁荣富强，具有重要的作用。舆论导向正确，是党和人民之福；舆论导向错误，是党和人民之祸。”① 又说：“舆论导向正确，人心凝聚，精神振奋；舆论导向失误，后果严重。”② 可见，舆论导向是培育社会主义新人的重要环节。为此，六中全会《决议》明确规定：“新闻宣传必须坚持党性原则，坚持实事求是，坚持团结稳定鼓劲、正面宣传为主，牢牢把握正确的舆论导向。”

其三，“以高尚的精神塑造人”，就是要求我们用崇高的道德情操、人格意志、理想信念和人间正气等属于高尚精神的东西，去塑造、陶冶社会主义新人，江泽民同志所说的“高尚精神”，指的是“我们党的崇高理想、信念、优良传统和作风”，以及“中华民族几千年形成和发展起来的优秀传统和美德”。这些都是前人留给我们的传家宝，值得我们百倍珍惜。我们党在长期革命战争中建立了一整套优良传统和作风，如联系群众的作风，批评与自我批评的作风，实事求是的作风，等等。它们对于培养和造就中国共产党人的优秀品格做出过不可磨灭的历史贡献，值得我们发扬光大。我国的优秀传统和美德，是中华民族精神的结晶，它们从各个侧面体现了我们民族的高尚情操和伦理精神。这些精神过去曾在中国历史上陶冶过许许多多志士仁人，今天仍然可以作为培育社会主义新人的有益借鉴。因此，要坚持“以高尚的精神塑造人”，就应当充分发挥“中华民族优秀传统和革命传统”的巨大精神力量，为塑造社会主义新人做出贡献。

其四，“以优秀的作品鼓舞人”，就是要求文艺工作者，“拿出一批优秀的、为人民群众所喜闻乐见的影视、戏剧、音乐、舞蹈、美术

---

① 《江泽民论有中国特色社会主义（专题摘编）》，中央文献出版社2002年版，第409页。

② 江泽民：《在全国宣传思想工作会议上的讲话》，《光明日报》1994年1月25日第1版。

和文学作品”。党的六中全会《决议》指出：“繁荣文学艺术，首要任务是多出文学作品。要坚持为人民服务、为社会主义服务的方向，贯彻百花齐放、百家争鸣的方针，弘扬主旋律，提倡多样化。树立精品意识，实施精品战略，在文学艺术各部门中，努力创作出一批思想性艺术性统一，具有强烈吸引力感染力，深受广大群众欢迎的优秀作品……”以满足社会主义精神文明建设的需要，鼓舞人们为创造社会主义新生活努力劳动。关于“弘扬主旋律”，江泽民同志说：“弘扬主旋律就是要在建设有中国特色社会主义的理论和党的基本路线指导下，大力倡导一切有利于发扬爱国主义、集体主义、社会主义的思想和精神，大力倡导一切有利于改革开放和现代化建设的思想和精神，大力倡导一切有利于民族团结、社会进步、人民幸福的思想和精神，大力倡导一切诚实劳动和争取美好生活的思想和精神。”江泽民同志在这里围绕“弘扬主旋律”所提出的四个“大力倡导”，毫无疑问都有助于教育和鼓舞社会主义新人。

总之，“以科学的理论武装人，以正确的舆论引导人，以高尚的精神塑造人，以优秀的作品鼓舞人”四项原则，都是培育当代社会主义新人的重大措施，具有方法论的指导意义。

“四以原则”涵盖面极宽，它要求我们从“科学的理论”到“正确的舆论”，从“高尚的精神”到“优秀的作品”，处处把好育人环节。具体来说，就是要用“科学的理论”，去武装当代新人，使之自觉地以马克思主义理论作为自己指导思想的理论基础；用“正确的舆论”去引导当代新人，使之在良好的育人环境中健康成长；用“高尚的精神”去塑造当代新人，使之具备良好的政治素质和道德素质，自觉弘扬党的正气，“堂堂正正做人”；用“优秀的作品”鼓舞当代新人，使之自觉地为创造社会主义新生活努力劳动。所有这一切，对于培育社会主义新人均至关重要，它与邓小平同志所提出的“四有新人”理论结合起来，构成了一个关于培养社会主义新人的理论和方法的完整体系，是我党在新的历史条件下，对丰富和发展马克思主义关于革命接班人的理论所做出的无比重大的贡献。

（原载《湘潭大学学报》1997 年第 3 期）

四　运用优秀传统美德塑造当代新人

江泽民同志从建设社会主义新道德的高标准出发，多次号召“以高尚的精神塑造人”。他所说的“高尚精神”，其中包括“中华民族几千年形成和发展起来的优秀传统和美德”[①]。这就明确告诉我们，我国的“优秀传统和美德”，属于“高尚精神”的范畴，是我们塑造社会主义新人不可缺少的重要精神财富。因此，运用优秀传统美德塑造当代新人，就成为了摆在我们面前的一项重要任务，值得我们予以高度重视。那么，为什么说优秀传统美德具有“高尚精神”的属性？作为“高尚精神”，它是否具有塑造新人的功能呢？我们究竟怎样发挥它在塑造新人中的作用呢？这些都需要我们从理论上给予回答。本节拟就这些问题，略陈管见，就教于大方之家。

（一）优秀传统美德具有“高尚精神”的属性

优秀传统和美德之所以具有“高尚精神”属性，这是由它自身特有的内在素质所决定的。人所共知，在我国的优秀传统和美德中包含着许许多多绚丽夺目、闪闪发光的伦理精神，如“天下为公”的公而忘私精神，“见利思义”的以义制利精神，“威武不屈”的人格独立精神，“杀身成仁”“舍生取义”的英勇奉献精神，“仁者爱人”的泛爱大众精神，“居安思危”的民族忧患精神，“执法不阿”的清正廉明精神，“自强不息”的艰苦奋斗精神，“厚德载物”的虚怀若谷精神等，都是我们祖先的高尚品格的结晶。它们如同一股永流不绝的圣泉，滋润着炎黄子孙的道德生活，启迪着中华儿女立身做人的伟大情操，推动着我们民族的进步和发展，是我们建设现代精神文明、塑造当代新人取之不尽、用之不竭的源头活水。正是从这些意义上，我们有理由将它视为“高尚精神”。作为“高尚精神”，它们具有如下一些基本特征：

其一，它的精华是真、善、美的统一体。我国的优秀传统和美

① 《在全国宣传部长会议上的讲话》，《光明日报》2001年1月11日第1版。

德，是我们的祖先在创造精神文明的伟大进程中，不断对假的、恶的、丑的思想意识进行批判、剔除之后而筛选出来的，它是我们民族文明进步的沉淀。今天，只要我们善于扫去积聚在它身上的历史的灰尘，就可以显示出集真、善、美于一体的璀璨面目和道德的精华。说它是“真”的，是因为它具有求真、求实、追求真理的品格；说它是“善”的，是因为它可以引人向善，教人抑恶扬善，能表达正义善良的心声；说它是“美”的，是因为它既给人以美的享受，又可以激励人们追求心灵美、人格美、行为美。优秀传统和美德由于具有真善美的属性，因而可以鞭挞社会上的假、恶、丑，驱除人间的黑暗面，使正义得以伸张，正气得以弘扬。这些正是高尚精神内在本质的表现，因而值得高度重视。

其二，它是民族精神的载体。任何民族都有自己赖以生存和发展的民族精神。我们中华民族是世界上最伟大的民族之一，同样拥有表现自己独特个性的民族精神。它是我们民族蓬勃发展和永远向上的精神支柱，是民族性格、民族心理、民族习俗、民族伦理和思维方式的集中体现，因而对本民族的成员具有极大的凝聚力和向心力，正是从这些意义上，我们可以将之称为“民族魂”。这种“民族魂”，并非是孤立地存在着，而是渗透在我们民族的优秀传统和美德之中，并通过优秀传统和美德的传播，不断地发扬光大。据此，我们可以把优秀传统和美德，称作民族精神的“载体”。一方面，优秀传统和美德运载着民族精神，使民族精神有所依托；另一方面，民族精神寄寓于优秀传统和美德之中，使优秀传统和美德永不离开“民族魂”，从而长存不衰。优秀传统和美德既然是民族精神的“载体”，则其具有“高尚精神”的属性，也就是理所当然的了。

其三，它具有超历史、超地域的特征。优秀传统和美德是经历史反复锤炼、不断筛选出的精品，因而可以为不同时期、不同地区的人们所利用和借鉴，这也就是它超历史、超地域的表现。李瑞环同志曾指出：“马克思主义还历来认为，文化遗产作为人类认识和改造世界的共同成果，这就决定了若干文化遗产具有相对的稳定性，也就是说，不但物质文明，而且包括精神文明的许多方面，不是某一个阶级所独有的，而是经过不同阶级世世代代的努力共同创造的成果；它也不是只为某一个阶级服务的，而是一视同仁地为各个不同的社会形态所服务。因此，我们既要看到历史文化遗产的阶级性，又要重视它的承继性和借鉴性。”[①] 李瑞环同志的这一段论述，揭示了“若干文化遗产具有相对的稳定性”这一特征，这个“相对的稳定性”，实质上就是超历史、超地域的属性，我国的优秀传统和美德毫无疑问具有这一属性。这是因为，它具有很强的适应社会发展的能力，不管社会现实如何变，它总是能在新道德的建设中，显示出自己的特有价值，并为新时代所吸收、利用和借鉴。这种适应社会发展的内在素质，保证了它能超历史、超时代地运转，因而非一般的精神产品所能比拟。

以上，我们从三个方面集中揭示了我国的优秀传统和美德所具有的特点或优点。这些特点或优点，表明了我国优秀传统美德长期存在的合理性和必然性，因而被称作“高尚精神”，是当之无愧的。

（二）优秀传统美德具有塑造新人的功能

优秀传统和美德既然属于“高尚精神”的范畴，那么，根据江泽民同志“以高尚的精神塑造人”的指示，则其具有塑造新人的功能就不言而喻了。我们今天完全可以用它来帮助当代接班人陶冶高尚情操，塑造美好品行，培养浩然正气，使他们走上“堂堂正正做人”之路。

例如，中国历史上的尚公精神，就有助于把当代接班人塑造成为具有爱国主义情操的新一代。我们的祖先一贯重视整体的利益，主张“公而忘私，国而忘家”。早在先秦时期，先贤们就提出了“以公灭私”[②]、“夙夜在公”[③]、“天下为公”[④] 等“尚公”的观念，其共同点就是强调以公义战胜私欲，要求社会成员自觉地为社会整体利益而无私奉献。在先贤们看来，“公”德的最高表现，就是要胸怀天下，为天下多数人谋利益。墨子所谓“兴天下之利，除天下之害”，孟子所谓“兼利天下”，荀子所谓“成天下之大事”等，都表现了“胸怀天下”的道德信念。这种信念经过一代代人的充实提高，到了宋代由范

---

① 《重视对中国文化遗产的发掘与研究》，《光明日报》理论版 1990 年 6 月 3 日。

② 《尚书·周官》。

③ 《诗经·采蘩》。

④ 《礼记·礼运》。

仲淹以“先天下之忧而忧，后天下之乐而乐”的千古绝唱，对之作了精辟总结，表达了中华儿女以天下为己任的壮志豪情。“尚公”落实到行动上，就是要自觉报效祖国。中国历史上从屈原自沉汨罗江而死，到赵充国年逾七十请缨抗敌；从岳飞精忠报国，到文天祥视死如归；从邓世昌“甲午殉难”，到谭嗣同戊戌流血，都表现了中华儿女为国捐躯的高尚精神。他们的共同点，就是对国家、民族赤胆忠心，在需要为国献身的时候，能够英勇赴难，以身殉国。这种爱国主义的情怀，是我们民族的浩然正气，值得我们好好学习，代代相传。今天，我们应当用这种高尚精神，来塑造当代的社会主义新人，使他们在建设社会主义现代化的伟大事业中，把国家大利、民族大义放在个人利益之上，自觉地在建设和保卫祖国的岗位上勇挑重担、勇往直前；在维护国家和民族的利益的斗争中，自觉报效祖国，勇于献身，把我们民族的爱国主义精神发扬光大。可见，我们民族的“公而忘私，国而忘家”观念，在今天不但没有过时，反而可以在塑造当代新人中大放光彩。

又如，中国历史上的人格独立精神，有助于我们把当代接班人塑造成为具有高风亮节的新一代。我们的祖先，一贯重气节，讲人格，鄙视那种丧失人格、寡廉鲜耻之徒。早在先秦时期，孔子就提出“三军可夺帅也，匹夫不可夺志也”；孟子提出“我善养吾浩然之气”，表现了先儒重气节的思想倾向。孟子还提出“富贵不能淫，贫贱不能移，威武不能屈”的“大丈夫”人格理想。《礼记·儒行》以“儒有可亲而不可劫也，可近而不可迫也，可杀而不可辱也”来表达儒者的刚毅之气。《吕氏春秋·诚廉》用“石可破也，而不可夺坚；丹可磨也，而不可夺赤”来颂扬永不变节的品性。这些光彩照人的人格精神，都给予我们民族深远的影响。中国历史上后来涌现出的许多志士仁人，都继承和发扬了先贤的人格独立精神，他们在人生旅程中，坚持不为名利所诱，不与黑暗势力同流合污，表现了难能可贵的高风亮节。唐朝诗人孟郊以“镜破不改光，兰死不改香”的名句，表达了崇尚气节的人格精神；北宋诗人梅尧臣用“男儿自有守，可杀不可苟”的豪言，倾吐出不向恶势力低头的伟大人格；明代诗人于谦用“粉身碎骨全不顾，要留清白在人间”的誓言，表达了无比高尚的操守。这些充满浩然正气的诗句，都是诗人操志高洁的内在品行的真实写照，为中华儿女世代传颂。今天，我国的社会主义新人，毫无疑问应当继承和发扬我们祖先留给我们的人格独立精神，自觉用它来塑造自己的优秀品行，培养高尚人格。实践证明，人格的完善与否，对一个人的立身做人至关重要。有了高尚人格，人们就能坚持做到“见利不忘其义”，“见死不更其守”，就可抵制各种香风毒雾、绿酒红灯的诱惑。如果丧失人格、寡廉鲜耻，就必然丢掉做人应有的操守，就难免见利忘义、见财变节，乃至出卖人格或国格，成为“跪着生”的可怜虫。可见，当今的社会主义新人，不能不树立人格独立精神。而要树立这种精神，就应当重视我们的祖先留给我们的重气节、讲人格的可贵财富，借以培养自己的浩然正气，做有气节、有铁骨的新人。

再如，中国历史上的博爱大众精神，在今天也有助于把当代青少年塑造成为热爱人民、关心大众的新一代。我们的祖先一贯提倡人道主义，主张利人济世，博爱大众。无论是儒家的“仁爱”，还是墨家的“兼爱”，都包含着博爱大众的理念，提倡对他人奉献爱心。儒家明确主张“仁者爱人”，其所谓“爱人”，就是提倡关心爱护他人，具体说来就是“推己及人”。孔子所谓“己欲立而立人，己欲达而达人”①，“己所不欲，勿施于人”②；孟子所谓“老吾老以及人之老，幼吾幼以及人之幼”③，都是儒家“仁者爱人”思想的具体表述。墨家所谓“兼爱”，就是主张无差别地把爱施到所有人身上，做到“爱人若爱其身”。墨子明确主张“有力者疾以助人，有财者勉以分人，有道者劝以教人”④，做到“天下人皆相爱，强不执弱，众不劫寡，富不侮贫，贵不傲贱，诈不欺愚”⑤。儒、墨两家所提倡的“爱”，虽然由于历史条件的限制，都有其局限性，但就其崇尚博爱大众这一点来说，仍有其积极意义。我们民族的尊老爱幼、热情好客、成人之美、济困扶危、风雨同舟等优良美德的形成与传播，都同儒、墨两家

---

① 《论语·雍也》。
② 《论语·颜渊》。
③ 《孟子·梁惠王上》。
④ 《墨子·尚贤下》。
⑤ 《墨子·兼爱中》。

博爱大众的思想息息相通。博爱大众，到了今天，具有更鲜明的价值，它同我们党所提倡的互相关心、互相爱护、扶困帮贫、全心全意为人民服务的宗旨是相吻合的，因而特别值得我们予以重视。我们应当认真总结我们的祖先关于博爱大众的思想，发掘我们民族关于“爱”的道德思考，用“爱”的情怀，来塑造当代接班人，使他们成为热爱人民、关心大众疾苦的新一代，把“全心全意为人民服务”，落实到行动上。

关于优秀传统美德具有塑造新人的功能，我们还可举出许多实例，由于篇幅所限，就不再列举了。仅以上三例，就足以证明我国的优秀传统和美德在当今塑造新人中仍具有不可忽视的重要价值，值得我们好好继承，大力弘扬。

（三）用优秀传统美德塑造新人的方法论思考

优秀传统和美德，既然具有塑造当代接班人的社会功能，我们就应当充分利用它，发挥它在塑造新人方面的作用。那么，怎样才能较好地发挥这一作用呢？这是值得我们认真思考的方法论问题。下面就这一问题，谈一些不成熟的意见。

优秀传统和美德，是历史文化的遗存。它们都形成于特定的历史环境中，有其特定的内涵和外延，并曾服务过特定的政治和经济。虽然作为优秀的精神产品，它们都经历过历史的考验和锤炼，具有超历史、超地域的特征，可以为不同历史时期、不同地域的人们所利用和借鉴。但是，这个利用和借鉴，不是简单地照搬照套，而是一个再创造的有机整合过程。要完成这个创造，首先必须实现由传统向现代的转换。传统和现代在客观上总是存在着差异，我们只有通过艰苦卓绝的工作，才有可能逐步消除差异，实现共融，使传统与现代接轨，并为现代服务。为此，我们必须做好以下几项工作：

第一，必须对传统道德做出现代诠释。这里所说的“现代诠释”，不是要求我们把古人现代化，将今人的思想作为标签贴在古人身上，而是要求我们站在时代的高度，对传统道德中所包含的具有积极意义的东西，予以发掘、提炼，并赋予其符合时代要求的新含义，使它有可能同现实衔接起来。如果我们不对传统的东西进行现代诠释，原封不动地将之搬到现实中来，那样不但于现实无补，而且也是对传统东西的糟蹋，难免陷于食古不化。所以，现代诠释是古为今用的必要环节，绝不可少。对传统道德做出现代诠释，前人早有尝试，孙中山先生就是典范。他曾对传统的“忠”德做出如下诠释：“古时所讲的‘忠’，是忠于皇帝……我们在民国之内，照道理上说，还是要尽忠，不忠于君，要忠于国，要忠于民，要为四万万人去效忠。为四万万人效忠，比较为一人效忠要高尚得多。”① 短短一段话，清楚明白地对古代的忠德做出了现代诠释，赋予其时代精神，实现了由传统向现代的转换。他的这种方法，是值得我们学习和借鉴的。

第二，要注意找准传统美德与当今新道德的结合点。传统要同现代实现有机结合，首要的一个条件，是二者必须具有结合点。所谓结合点指的是被结合的双方具有共同点、相融点，有了共同点、相融点才能实现二者的结合。如古代的“天下为公”观念同我们今天所提倡的“无私奉献”观念，就有相融相通之处，二者在“克己奉公”上统一起来了，因而两者完全可以实现有机结合，并通过这种结合，鼓励今人学习前人的“天下为公”精神，自觉为整体利益而奉献。没有共同点、相融点的东西，二者风马牛不相及，就不可能实现结合。强行将之扯在一起，也不过是牵强附会，达不到古为今用的目的。

第三，必须吃透两头。要实现传统向现代转换，我们必须通达古今，吃透两头。一方面，要对传统美德有较为透彻的了解，掌握其形成条件、基本内容及其在历史上的演变情况，并能分清其精华与糟粕；另一方面，要对现实中的新道德建设有较为透彻的了解，掌握其发展状况、成功经验和薄弱环节，并对时代精神有较深切的体验。只有吃透两头，我们才能融会贯通地对二者进行比较研究，才能对传统的东西做出现代诠释，才能较为准确地找到古今相结合的结合点。不吃透两头，既不懂“古”，也不识“今”，我们就寸步难行。

第四，要深入研究传统美德中的现实价值。传统美德之所以到了今天还有用处，就在于它内含着对新时代有积极意义的功能，亦即现实价值。我们用传统美德为现实服务，从本质上说，就是要充分发挥

① 《孙中山选集》，人民出版社 1956 年版，第 681 页。

它的现实价值。因此，在实现传统向现代转换的过程中，我们的两眼必须紧紧盯在其现实价值上，要大力总结、提炼、发掘包含于其中的现实价值。找到了它的现实价值，我们才能有针对性地用它来充实、完善新道德的建设，使它成为新道德中具有积极向上特性的新因素，从而保证新道德向更合理、更完善的方向发展。

第五，要注意总结群众借鉴传统美德的新经验。传统与现代的结合，不是少数人关在房子里臆想出来的，而是广大群众在新道德建设的伟大实践中不断探索的结果。因此，我们必须尊重实践，认真总结群众运用、借鉴传统美德的成功经验。在新道德的建设中，各条战线涌现出许多新时代的英模，如孔繁森、丁德福、李润五、徐虎、李素丽等。他们的英雄事迹和高尚品格合奏成时代精神的乐章，叩响了千千万万人的心扉。他们在道德修养方面的成功经验（包括弘扬传统美德经验），是值得我们认真总结的。例如，在孔繁森身上，传统美德中的“忠”德时见闪光。据有关报道记载，他在第二次赴藏前，与老母告别，“想到这也许是同年迈的老母亲的最后一面”，“再也抑制不住内心的感情，‘扑通’跪在母亲面前：‘自古忠孝不能两全，娘，您要多保重！’说完流着眼泪，给母亲深深磕了一个头”。这段记述，表明孔繁森将传统的“忠”“孝”两条德目，铭刻在心。应当说，他很希望对老母尽自己的孝心，但在“忠孝不能两全”的情况下，他选择了“忠”，其内心还是充满对老母的依恋之情的。他讲的“忠”，就是忠于祖国，忠于人民，忠于党的事业。在赴藏前，他请人写了这样的条幅：“是七尺男儿，生能舍己；作千秋雄鬼，死不还乡。”进藏后，他又写下了“青山处处埋忠骨，一腔热血洒高原”，“冰山愈冷情愈热，耿耿忠心照雪山”等豪言壮语，充分表达了这位“九十年代的焦裕禄”对人民的耿耿忠心。孔繁森同志联系实际，借鉴传统美德，塑造自己高尚道德情操的成功经验，值得我们好好地学习、借鉴。

以上所列的五种方法，是我们促进传统向现代转换的最基本的方法。掌握了这些方法，我们才能有效地实现传统为现代服务，发挥传统美德在塑造新人中应有的作用。

（原载《中州学刊》1997 年第 3 期）

五　论邓小平对探索当代思想政治教育方法的卓越贡献

邓小平同志以无产阶级革命家的卓越智慧，依据马克思主义和毛泽东思想的基本原理，结合我国改革开放和当今国际环境的实际，创造性地丰富和发展了马克思主义的思想教育学说，对新时期思想政治工作的重要地位、目标任务、基本内容以及方法体系都作了极其深刻的理论阐述，形成了具有新时代特色的思想政治教育学说体系，为新时期思想政治工作的深化发展指明了正确道路，是邓小平理论不可分割的重要组成部分。邓小平同志新时期思想政治教育方法，是在充分考察新时期思想政治教育客观实践的基础上提出来的，并且已被实践所证明（也必将继续被实践所证明）是正确的科学方法，其中主要包括“实事求是”方法、“解放思想”方法、“整体关照”方法、“以身作则”方法、“理想激励”方法、“价值判断”方法、“两手抓”方法、“警右防‘左’”方法，等等。这些方法既互相联系，又各有其特殊的使用范围，都是具有新时代特色的思想教育方法，其中“实事求是”是最根本的方法，是其他一切方法的核心。任何方法离开了“实事求是”，都不可能做出成效。下面分别对邓小平创立的上述诸种思想政治教育方法，做出简要阐述。

（一）注重“实事求是”的方法

“实事求是”作为思想政治教育的方法，指的是在进行思想政治教育时，坚持一切从实际出发，也就是按照事物的本来面目去认识事物。把这一方法重新提出并运用于新时期的思想政治教育，当首先归功于邓小平同志。人所共知，“实事求是”本是我党的优良传统，是我党一贯坚持的辩证唯物主义和历史唯物主义的思想路线。可惜，这条路线在“文化大革命”中遭到了林彪、“四人帮”的破坏，使唯心主义和形而上学横行，“假大空”[①] 满天飞。粉碎“四人帮”后，邓

① 指说大话、说假话、说空话的坏风气。

小平同志带头恢复了“实事求是”的优良传统。他多次指出“实事求是”是“毛泽东思想的出发点、根本点”，是“马克思主义的根本观点、根本方法”，是“马克思主义的精髓”，“过去我们搞革命所取得的一切胜利，是靠实事求是；现在我们要实现四个现代化，同样要靠实事求是”①。在邓小平同志的带动下，全党开展了“实践是检验真理的唯一标准”的大讨论，使党的思想路线逐步回到了正确轨道。这条路线的恢复，不仅使我们找到了做好新时期一切工作的指导原则，也使我们找到了在新时期进行思想政治教育的根本方法。为什么说“实事求是”是搞好新时期思想政治教育的根本方法呢？这是因为，新时期是一个伟大的历史转折时期，这中间充满了新观念与旧观念、正确观念与错误观念的激烈斗争。我们的思想政治工作要帮助人们用新观念代替旧观念，用正确观念战胜错误观念，就必须引导人们使主观和客观相符合，使理论与实践相一致。而要达到这一目的，就必须坚持实事求是，坚持一切从实际出发。例如，粉碎“四人帮”以后，在思想政治教育方面，我们党依靠实事求是，帮助人们扫除了工作重点转移过程中的各种思想障碍，促使人们积极投身于社会主义现代化建设；依靠实事求是，逐步肃清了“四人帮”极“左”思潮的流毒，分清了路线上的是非；依靠实事求是，平反了历史上遗留下来的冤案、假案、错案，进一步调动了各方面的积极性；依靠实事求是，帮助广大党员和干部恢复、发扬了党的优良传统作风，等等。所有的这一切都是新时期思想政治工作取得的显著成绩，它们离开了实事求是，都不可能达到目的。因此，新时期的思想政治工作，尽管千头万绪，但只要抓住了实事求是，就抓住了解决思想问题的关键。正是从这个意义上，实事求是不愧是新时期指导思想政治教育的根本方法。

（二）强调“解放思想”的方法

“解放思想”是实事求是的必要补充。一方面，只有实事求是，才能解放思想。邓小平同志说，“什么叫解放思想？我们讲解放思想，

① 《邓小平文选》第2卷，人民出版社1994年版，第143页。

是指在马克思主义指导下打破习惯势力和主观偏见的束缚，研究新情况，解决新问题"[①]。另一方面，只有坚持解放思想，才能实事求是。邓小平同志说："解放思想，就是使思想和实际相符合，使主观和客观相符合，就是实事求是。"[②] 如前文所述，新时期思想政治工作的任务极其艰巨，而最根本的任务就是帮助人们解放思想。这是因为，由于长期"左"的思潮的影响，人们的思想严重地被"左"的观念所禁锢，以致在改革开放初期，仍然处于僵化或半僵化状态。这种情况，对改革开放是极为不利的，如邓小平所指出的："不打破思想僵化，不大大解放干部和群众的思想，四个现代化就没有希望。"又说："一个党，一个国家，一个民族，如果一切从本本出发，思想僵化，迷信盛行，那它就不能前进，它的生机就停止了，就要亡党亡国。"[③] 又说："只有思想解放了，我们才能正确地以马列主义、毛泽东思想为指导，解决过去遗留的问题，解决新出现的一系列问题，正确地改革同生产力迅速发展不相适应的生产关系和上层建筑，根据我国的实际情况，确定实现四个现代化的具体道路、方针、方法和措施。"[④] 因此，帮助人们打破思想僵化、获得思想解放，是新时期思想政治工作的头等大事。正是从这个意义上，"解放思想"对于新时期的思想政治工作具有方法论指导意义。思想政治工作者坚持这一方法，就是要在思想政治教育过程中，启发、引导自己的教育对象，投身于现代化建设的伟大实践、开动脑筋，敢想敢干，"大胆地试，大胆地闯"[⑤]，丢掉"谨小慎微，不敢解放思想，不敢放开手脚"[⑥] 的小脚女人的心态，干出一番大事业。这样，思想政治教育才能显示出自己应有的功能，为经济发展做出自己的贡献。党的十一届三中全会以后，由于认真贯彻邓小平同志"解放思想"的指导方针，人们很快从"左"的思潮，特别是"两个凡是"下解放出来，朝着改革开放的大道上迅跑。

---

① 《邓小平文选》第 2 卷，人民出版社 1994 年版，第 279 页。
② 同上书，第 364 页。
③ 同上书，第 143 页。
④ 同上书，第 141 页。
⑤ 《邓小平文选》第 3 卷，人民出版社 1993 年版，第 372 页。
⑥ 同上书，第 377 页。

（三）重视“整体关照”的方法

“整体关照”指的是邓小平同志所提倡的“全面地准确地理解毛泽东思想”的指示精神的方法。在“文化大革命”期间，由于林彪、“四人帮”倒行逆施，人们学习毛泽东思想被庸俗化、简单化。林彪提倡学“语录”，引导人们抓住毛泽东著作中的只言片语，断章取义，到处套用，结果把毛泽东思想搞得支离破碎。毛泽东在特定条件下讲的某些话，成为一些“造反派”人物闹派性、搞打砸抢、制造武斗和内乱的理论依据。这种流毒，到了改革开放以后还未肃清，有的甚至花样翻新，搞出“两个凡是”，要把林彪“句句照办”的那一套继续搞下去。针对这种情况，邓小平同志以无产阶级革命家的胆识，提出“完整地、准确地理解毛泽东思想”的指导原则。他指出：“我总觉得现在有一个很大的问题，就是怎样宣传毛泽东思想。林彪把毛泽东思想庸俗化的那套做法，罗荣桓同志首先表示不同意，说学习毛主席著作要学精神实质。当时书记处讨论，赞成罗荣桓同志的这个意见。林彪主张就学‘老三篇’（后来加成‘老五篇’），是割裂毛泽东思想。毛泽东思想有丰富的内容，是完整的一套，怎么能够只把‘老三篇’、‘老五篇’叫做毛泽东思想，而把毛泽东同志的其他著作都抛开呢？怎么能够抓住一两句话，一两个观点，就片面地进行宣传呢？割裂毛泽东思想这个问题，现在实际上并没有解决。”①又说：“要用准确的完整的毛泽东思想来指导我们全党、全军和全国人民，把我们党的事业、社会主义的事业和国际共产主义运动的事业推向前进。我说要用准确的完整的毛泽东思想作指导的意思是，要对毛泽东思想有一个完整的准确的认识，要善于学习、掌握和运用毛泽东思想的体系来指导我们各项工作。只有这样，才不至于割裂、歪曲毛泽东思想，损害毛泽东思想。”②不难看出，邓小平同志反复强调的“要完整地准确地理解毛泽东思想”的目的，在于从方法上解决“怎样宣传毛泽东思想”这样一个问题，这对于思想政治教育无疑是很重要的。因为思想政治

① 《邓小平文选》第2卷，人民出版社1994年版，第36—37页。

② 同上书，第42页。

教育工作者的一个重要任务，就是宣传毛泽东思想。找到宣传毛泽东思想的正确方法，实质上也就为思想政治教育找到了一个重要方法。“完整地准确地理解毛泽东思想”，就是要求我们运用系统论的理论把毛泽东思想看作一个完整的系统，从整体和部分的内在联系上，揭示其精神实质。我们把它称为“整体关照”方法。坚持这一方法，对于根治肢解、割裂毛泽东思想的顽症，无疑是一剂对症的良药。新时期思想政治教育的任务极其艰巨，要完成这一艰巨任务，必须高举马列主义、毛泽东思想的旗帜。而完整地准确地理解毛泽东思想，是做到“高举”的关键所在。正是从这个意义上，“整体关照”方法在新时期思想政治教育中自有其不可估量的重要价值。

（四）提倡“以身作则”的方法

“以身作则”，又称之为身教示范，指的是教育者在对被教育者进行思想品德教育过程中，坚持以自身作楷模，给被教育者以示范和启迪作用。这是一种传统的教育方法，我国古代儒家曾大力提倡。孔子说：“其身正，不令而行；其身不正，虽令不从。”[①] 强调正人必先正己；荀子明确提出“师以身为正仪”[②] 的口号，主张做教师的要以身教示范作为学生仿效的标准；宋代理学家朱熹也说：“有善于己，然后可以责人之善。无恶于己，然后可以正人之恶。”[③] 这些都表明我们民族自古就重视推行身教示范的德育方法。我党老一辈无产阶级革命家带头发扬了这一优良传统，并将之成功地运用于我党的作风建设之中。如邓小平同志所说：“我们的毛泽东同志、周恩来同志以身作则，严于律己，艰苦奋斗，几十年如一日，成为我党我军优良传统和作风的化身。他们的感人事迹在全党、全军、全国人民中，发生了多么巨大和深远的影响。”[④] 令人遗憾的是，老一辈无产阶级革命家所带出来的优良传统作风，在“文化大革命”中遭到了林彪、“四人帮”的肆意践踏。这些野心家、阴谋家把“不说假话办不成大事”

---

① 《论语·子路》。

② 《荀子·修身》。

③ 朱熹：《四书集注·孟子注》。

④ 《邓小平文选》第2卷，人民出版社1994年版，第125页。

作为人生信条，躲在阴暗角落里玩弄阴谋诡计，在群众中造成了极其恶劣的影响，严重损害了党群关系。粉碎“四人帮”以后，恢复和发扬党的优良作风，提上了重要日程。那么，怎样才能恢复和发扬党的优良作风呢？邓小平同志从方法论上提出领导干部“以身作则”的指导原则。他指出：“为了促进社会风气的进步，首先必须搞好党风，特别是要求党的各级领导同志以身作则。”① “领导干部，特别是高级干部以身作则非常重要。群众对干部总是要听其言、观其行的。连长指导员不以身作则，就带不出好兵来；领导干部不做出好样子，就带不出部队的好风气，就出不了战斗力。”② “现在，不正之风很突出，要先从领导干部纠正起。群众的眼睛都在盯着他们，他们改了，下面就好办。”③ “凡是要动员群众做的，每个党员，特别是担负领导职务的党员，要首先从自己做起。”又说：“我们的党员、干部，特别是高级干部，一定要努力恢复延安的光荣传统，努力学习周恩来等同志的榜样，在艰苦创业方面起模范作用。”④ 可见，邓小平同志所讲的“以身作则”，就是提倡领导干部“首先从自己做起”，发挥“模范作用”。具体地说，就是给群众树立榜样，凡是要求群众做的，领导先做出样子，给人示范；凡是禁止下面做的，领导干部带头不做，让人仿效。毫无疑义，这对于新时期的思想政治教育，具有方法论指导意义。它启示我们，把思想政治教育寓于教育者的行为中，注重以行示人，以行感人，以行教人，因而必能收到好的教育效果，值得特别重视。

（五）实施“理想激励”的方法

“理想激励”指的是运用理想、信念等革命精神，去激发人们的革命热情和人生进取精神，旨在用进步的精神力量去维系人心、鼓舞斗志。粉碎“四人帮”、实行改革开放以后，社会上曾出现了一种“信仰危机”思潮。一部分青年把林彪、“四人帮”宣扬的假马克思

---

① 《邓小平文选》第 2 卷，人民出版社 1994 年版，第 177 页。
② 同上书，第 124 页。
③ 同上书，第 125 页。
④ 同上书，第 260 页。

主义同真马克思主义相混淆，在假马克思主义（如“无产阶级专政下继续革命理论”）遭到批判以后，错误地认为马克思主义“不灵了”，少数人甚至出现“精神空虚”，对人生前景感到困惑。在这样的情况下，思想领域特别需要一种正确的精神力量凝聚人心，指引人们前进的方向。在这关键时刻，邓小平同志明确主张对青年和人民群众进行理想信念教育。他指出：“我们一定要经常教育我们的人民，尤其是我们的青年，要有理想。为什么我们过去能在非常困难的情况下奋斗出来，战胜千难万险，使革命胜利呢？就是因为我们有理想，有马克思主义信念，有共产主义信念。”又说：“根据我长期从事政治和军事活动的经验，我认为，最重要的是人的团结，要团结就要有共同的理想和坚定的信念。我们过去几十年艰苦奋斗，就是靠用坚定的信念把人民团结起来，为人民自己的利益而奋斗。没有这样的信念，就没有凝聚力。没有这样的信念，就没有一切。我们共产党人的最高理想是实现共产主义，在不同历史阶段又有代表那个阶段最广大人民利益的奋斗纲领。因此我们才能够团结和动员最广大的人民群众，叫做万众一心。”① 用理想信念教育人，就是用革命精神去武装人。邓小平同志又指出：“毛泽东同志说过，人是要有一点精神的。在长期革命战争中，我们在正确的政治方向指导下，从分析实际情况出发，发扬革命和拚命精神……压倒一切敌人、压倒一切困难的精神，坚持革命乐观主义、排除万难去争取胜利的精神，取得了伟大的胜利。搞社会主义建设，实现四个现代化，同样要在党中央的正确领导下，大大发扬这些精神。”② 这些论述都清楚不过地说明了用共产主义理想和信念去教育人、武装人的必要性和紧迫性。为此，邓小平同志还创造性地提出了“四有新人”理论，来配合这一项教育。“四有”之中的第一项就是“有理想”。用理想信念等革命精神去教育、激发人们的革命热情和进取精神，对于新时期的思想政治教育是完全必要的。它是马克思主义关于意识的能动作用原理在实践中的具体运用。理想和信念是一种很大的精神力量。我们共产党的最终目标，是

① 《邓小平文选》第3卷，人民出版社1993年版，第190页。
② 《邓小平文选》第2卷，人民出版社1994年版，第367—368页。

实现共产主义。同时，在向共产主义前进的征途中，在不同的历史时期，又有与之相应的奋斗目标。无论是长远目标还是近期目标，都是人们对未来的美好希望和追求，是动员全体人民在政治上、道义上和精神上团结一致、克服困难的强大精神武器，是新时期团结人民组织群众的有效方法。我们应当善于运用这种方法，把新时期思想政治教育推向新高度。

（六）推崇“价值判断”的方法

“价值判断”指的是在正确的价值观指导下，引导自己的教育对象，按照特定的“价值标准”来指导自己的行为，具体地说就是按照邓小平同志设计出的“三个有利于”，来判定自己该做什么或不该做什么。人们做什么或不做什么，都不是偶然的、无意识的，都是在一定的思想观念支配下所使然。其中，价值观念起着至关重要的作用。在新时期，人们究竟怎样行动，才符合新的价值观或新的社会价值体系的客观需要呢？邓小平同志运用价值导向，设计出“三个有利于”，即“是否有利于发展社会主义社会的生产力，是否有利于增强社会主义国家的综合国力，是否有利于提高人民的生活水平”① 这三个问题，对人们进行正确的价值导向。“三个有利于”，是邓小平按照马克思主义价值观和社会主义价值体系构建出来的检验我们一切工作成败和人们行为得失的重要标准。它以生产力标准为核心，以综合国力和人民生活水平两个标准为辅助，构成了一个特有的价值判断体系。为人们行为的价值取向指明了方向。

首先，生产力标准完全符合社会主义的根本利益。邓小平同志说：“社会主义的优越性归根到底要体现在它的生产力比资本主义发展得更快一些、更高一些。”② “社会主义要消灭贫穷。贫穷不是社会主义，更不是共产主义。”③ “社会主义的首要任务是发展生产力，逐步提高人民的物质和文化生活水平。”④ “不发展生产力，不提高人民

① 《邓小平文选》第3卷，人民出版社1993年版，第372页。

② 同上书，第63页。

③ 同上书，第63—64页。

④ 同上书，第116页。

的生活水平，不能说是符合社会主义要求的。”① 正是根据邓小平同志的指示精神，党的十二届三中全会通过的《中共中央关于经济体制改革的决定》明确指出：“全党同志在改革过程中，应该紧紧地把握住这个基本观点，把是否有利于发展生产力作为衡量一切改革得失成败的最重要标准。”

其次，综合国力标准和人民生活水平标准也符合社会主义国家的利益要求。社会主义生产力的提高，不是抽象的，它必须表现在综合国力的提高和人民生活水平的提高两个方面。综合国力的提高，是国家的根本利益所在。当今世界，国与国的竞争，已不单纯表现为某一方面国力的竞争，而是表现为综合国力的竞争。综合国力由各种因素构成，其中国家的政治、经济、军事、文化等方面的实力以及人口素质尤为重要。在这种情况下，我们要能独立于世界民族之林，就必须致力于综合国力的提高。因此，是否有利于综合国力的提高，应当成为人们行为得失的重要标准。此外，“人民生活水平标准”也是必不可少的。我们共产党人闹革命、搞建设、实行改革开放，一个重要目的，就是要帮助人民摆脱贫困、过上共同富裕的生活。正是从这个意义上，邓小平同志指出：“社会主义时期的主要任务是发展生产力，使社会物质财富不断增长，人民生活一天天好起来……”② 因此，把“是否有利于提高人民生活水平”作为衡量人们行为得失的重要标准，也是完全正确的。

综上所述，“三个有利于”对于我们每个人的行为和各类群体的行为具有方法论指导意义。思想政治教育工作者掌握了“三个有利于”，就可以指导自己的教育对象运用“价值判断”的方法，来确定自己该做什么或不该做什么，这对于统一人们的认识，指导人们的行为，无疑是完全必要的。我们应当努力把这一方法付诸实践，推动新时期思想政治工作，促进全社会的安定团结。

（七）倡导“两手抓”的方法

所谓“两手抓”，是邓小平同志提出的形象性语言，其总的精神，

---

① 《邓小平文选》第3卷，人民出版社1993年版，第116页。

② 同上书，第171页。

是要求人们克服“单打一”的思维定势，做好既互相矛盾又互相统一的同样重要的两种工作，具体地说，就是要处理好物质文明与精神文明的关系。这是对毛泽东同志“两条腿走路”方法在新的历史条件下的变通使用。故又说：“两手抓”，“就是两点论”。[①] 中国的社会主义现代化建设是一项前无古人的伟大事业，它在具体实践过程中，不可避免地会出现诸多新矛盾、新问题。因此，我们既要发展经济，又不能放松打击经济犯罪、惩治腐败；既要加大改革开放的力度，又要抵制资产阶级自由化及其腐败思想的侵蚀……一句话，既要抓好物质文明建设，又不能放松精神文明建设。正是针对这种情况，邓小平同志高瞻远瞩，提出了“两手抓”的指导方针。1989 年 6 月他在同中央领导同志的谈话中，强调说：“我们一手抓改革开放，一手抓惩治腐败，这两件事结合起来，对照起来，就可以使我们的政策更加明朗，更能获得人心。”[②] 这里第一次吐露了“两手抓”的思想。同年 9 年，他在会见美籍华裔学者李政道教授的谈话中说：“搞改革开放有两只手，不要只用一只手。改革是一只手，反对资产阶级自由化也是一只手。”[③] 1992 年 1 月，他在视察南方的讲话中，更明确地指出：“要坚持两手抓，一手抓改革开放，一手抓打击各种犯罪活动。这两只手都要硬。打击各种犯罪活动，扫除各种丑恶现象，手软不得。广东二十世纪赶上亚洲‘四小龙’，不仅经济要上去，社会秩序、社会风气也要搞好，两个文明建设都要超过他们，这才是有中国特色的社会主义。”[④] 这里已把“两手抓”作为党的重要方针。党的十四届六中全会《公报》写道：“各级党委要正确认识和处理物质文明和精神文明的关系，始终坚持两手抓、两手都要硬，把两个文明作为统一的奋斗目标，一起部署、一起落实、一起检查。任何时候都不能以牺牲精神文明为代价换取经济一时的发展。”江泽民同志《在中国共产党第十五次全国代表大会上的报告》中，也强调指出：必须“坚持物

① 《邓小平文选》第 3 卷，人民出版社 1993 年版，第 306 页。

② 同上书，第 314 页。

③ 《邓小平会见美籍华人李政道教授时的谈话》，《光明日报》1993 年 1 月 18 日第 1 版。

④ 《邓小平文选》第 3 卷，人民出版社 1993 年版，第 378 页。

质文明和精神文明两手抓、两手都要硬的方针”。认真贯彻“两手抓”的方针，对于我们搞好新时期的政治教育，也很有启迪意义。它是将对立统一的规律运用于思想工作方法的科学概括。思想政治工作者有了这个方针，就可以大胆地引导自己的教育对象，既要重视物质文明建设，又要重视精神文明建设；不能在物质文明建设方面“硬”，而在精神文明建设方面“软”。这对于矫正现实生活中轻视精神文明建设的现象和改造社会风气，无疑是极为重要的指导原则，必须给予高度重视。

（八）提出“警右防‘左’”的方法

“警右防‘左’”，用邓小平同志的原话，就是“中国要警惕右，但主要是防止‘左’”。这个指示，是我国社会政治生活的经验总结，发人深思。长期以来，我们的思想政治工作，总是把着重点放在“反右防右”上，以致人们在思想上产生了一种思维定势——“宁‘左’勿右”。特别是在“文化大革命”中，“由于林彪、‘四人帮’的十年捣乱，思想战线上长期充满了胡言乱语，以至人们对于从事政治教育工作的许多干部和教师失掉了信任。这不是政治教育工作者的过错”①，而是“左”的思潮造成的。粉碎“四人帮”以后，通过揭批“左”的错误，人们开始认识到“左”的危险性。但由于“左”的东西根深蒂固，仍然是现实生活中人们解放思想的大敌。正是针对这种情况，邓小平同志一针见血地指出：“现在，有右的东西影响我们，也有‘左’的东西影响我们，但根深蒂固的还是‘左’的东西。有些理论家、政治家，拿大帽子吓唬人的，不是右，而是‘左’。‘左’带有革命的色彩，好像越‘左’越革命。‘左’的东西在我们党的历史上可怕呀！一个好好的东西，一下子被他搞掉了。右可以葬送社会主义，‘左’也可以葬送社会主义。中国要警惕右，但主要是防止‘左’。右的东西有，动乱就是右的！‘左’的东西也有。把改革开放说成是引进和发展资本主义，认为和平演变的主要危险来自经济领域，这些就是‘左’。我们必须保持清醒的头脑，这样就不会犯大错

① 《邓小平文选》第 2 卷，人民出版社 1994 年版，第 180 页。

误，出现问题也容易纠正和改正。”[①] 在这里，邓小平同志明确提出了“警右防‘左’”的方针，这个方针对于我们做好新时期的思想政治工作同样具有方法论指导意义。在邓小平同志看来，“左”与右，虽然都会葬送社会主义，但从我国的现实来看，“左”的危险性更大，它根深蒂固，我们应当把“主要是防止‘左’”牢牢记在心上。自从1957年反右派斗争以后，我们的思想政治工作者形成了“反右防右”的思想格局，日常做工作、想问题，都是在“反右防右”上打圈子，例如：总结“反右防右”的成绩，交流“反右防右”的经验，评选“反右防右”的先进人物，等等，可谓方法多样，倍加重视。可是，对于“左”的思潮，却很少有人认真思考其对党的事业的危害性，甚至认为“越左越革命”，这种情况的确可怕。在新时期，我们的思想政治工作毫无疑问应尽快改变这种局面，由过去只懂得“反右防右”转到“警右防‘左’”上来。这是指导思想和工作方法的大变革，值得我们高度重视。在这方面，我们应当解放思想，开动脑筋，经常想一想：近年来我们在防“左”方面取得了哪些成绩？我们的现实生活中，还有哪些“左”的东西束缚着我们的手脚？我们应当怎样进一步清除“左”的流毒？只有在这些问题上作深入思考，我们才能把邓小平“警右防‘左’”的指导方针逐步付诸实践，才能在新时期的思想政治教育中做出成效。

邓小平关于新时期思想政治教育方法还有“三个面向”启示方法、“基本路线”导向方法，由于篇幅所限，这里就不一一列举。

以上一系列方法，构成了一个完整的体系，其中“实事求是”处于这个体系的核心地位。这些方法从不同侧面、不同角度反映了邓小平对新时期思想政治教育方法所做的方法革新理论贡献。它在理论上显示了以下一些主要特征：一是具有严密的科学性，是马列主义、毛泽东思想关于思想政治教育方法的原理在我国新的历史时期的创造性运用；二是具有鲜明的时代性，为解决新时期思想政治教育所面临的新问题指明了方向，给予了开启密“锁”的“金钥匙”。

（原载《武钢大学学报》1999年第3期）

① 《邓小平文选》第3卷，人民出版社1993年版，第375页。

六　当代德育学科建设应在深化中外德育比较方法上下功夫

近三十年来，我国德育学科的建设取得了举世瞩目的成就。在这样的新形势下，认真总结德育学科建设的成绩和经验，科学分析当代德育面临的新形势、新任务，深入把握德育学科创新发展中的客观规律，具有极为重要的现实意义。

当前，我国德育的创新与发展，有许多工作等待我们去做，其中，从中外德育比较研究中吸取营养，是一个值得高度重视的重要方面。中外德育比较研究，属于比较德育学的研究范围。比较德育学是一门新兴的学科，它运用比较研究的方法，对不同地区、不同历史条件下的德育现象与德育理论进行宏观与微观、历史与现实的比较性研究。这种研究，有纵向性比较研究与横向性比较研究两种类型。纵向性比较研究，属于古今德育比较研究；横向性比较研究，则属于中外德育比较研究。通过这两种研究，找出比较对象双方在德育领域的共同点与不同点，从而择优汰劣，吸取合理营养，为丰富与完善现实德育理论体系、推进当代德育创新与发展，做出贡献。

比较德育学，是德育学的一门分支学科。“德育”这一概念，有狭义和广义之分。狭义的德育，仅指伦理道德教育；广义的德育，则是思想政治教育与思想道德教育的综合。这个综合，把道德教育、政治教育、法制教育和心理素质教育等，都含纳于其中。德育学作为一门重要学科，它有许多分支理论建构，而注重中外德育比较研究，显得尤其迫切。这是因为，随着我国改革开放的深入和经济全球化的到来，世界各种思想文化的交流、交融、交锋日趋频繁、复杂，这既给我国当代德育建设带来发展机遇，也给我们的德育建设带来诸多挑战。面对这种发展的新形势，我们必须站在时代的高度，面向世界、面向未来，抓好比较德育研究。通过比较，找出中外德育的差距，分清中外德育的优劣，以便更好地取精去粕，抓住机遇，应对挑战，从而推进当代我国德育的创新与发展。

进行中外德育比较研究，需要采用一系列适宜的方法，其中特别是“从异中求同”“从同中求异”以及“放眼全球、通观全局”等方法，尤其值得高度重视。这里仅就这些方法的具体运用，谈点个人的体会与感受，并就教于研究比较德育的专家们。

（一）关于“从异中求同”的方法及其功能与价值

坚持“从异中求同”，对于推进“洋为中用”，丰富与深化我国德育理论，有着不可低估的重要作用。德育是社会文明进步的杠杆，它在社会发展中，具有普遍性、广泛性的特点，古今中外，概莫能外。德育作为一种社会意识活动，又是社会存在的反映。不同民族、不同社会制度，由于社会存在的不同，其德育理论和德育实践都存在着差异性。从这个意义上说，世界上不同的民族没有完全相同的德育模式。这就决定了德育现象和德育理论具有多样性、丰富性。这种不同民族、不同社会制度德育体系的多样性和丰富性，是我们进行中外德育比较研究的客观基础。我们之所以要进行中外德育比较，是因为不同民族或不同社会制度条件下的德育，都有自己的特点或优势。实践告诉我们，世界上各民族，在德育创造方面，都显示了自己的独特智慧，建立了适合本民族发展的德育体系，因而都与其民族的德育现象与德育理论存在这样或那样的差异性。我们的研究，既要看到这种差异性，又要敢于和善于从差异中找出共同点，即实现“从异中求同”，以便有针对性地汲取外民族具有积极意义的德育成果，从而丰富与深化我国高校的德育理论。“他山之石，可以攻玉”，我们应当注意汲取世界各民族的长处，使之为我所用。而“从异中求同”，则是吸取世界各民族的长处、实现“洋为中用”的重要环节。

所谓“从异中求同”，就是从不同民族的不同德育成果中，找出于我有利的具有积极意义的东西，加以借鉴，从而在某一方面，促使我与他实现一定层面的“同”。比如，中国与美国在大学德育方面，存在明显差异。中国突出的是大学生“思想道德修养”或曰“思想政治教育”；而美国则把大学生的“公民教育”放在突出地位，两者确实具有明显差异。究竟孰优孰劣？必须通过比较研究，做出具体分析。中国突显大学生的“思想道德修养”或“思想政治教育”，对于“坚持育人为本、德育为先、实施素质教育，提高教育的现代化水平，培养德、智、体、美全面发展的社会主义建设者和接班人，办好让人民满意的教育”①，有着不可估量的意义。而美国注重公民教育，旨在向学生传授“尊重、责任心、可靠、关心、公平、正义、公民美德与公民素质”，“使我们拥有一个更富怜悯与责任心的社会”②。比较两者，应当说各有千秋。中国对大学生实施“思想道德修养”或“思想政治教育”，是出于“培养德智体美全面发展的社会主义建设者和接班人”这一根本宗旨，这无疑符合我国的实际情况。通过比较研究，我们应当对自己的做法予以肯定，并将之坚持下去。同时，对于美国重视对大学生的公民教育，我们也不能简单地加以否定。因为，将大学生作为“公民”的一员来要求，这对于大学生将来走向社会，自觉遵守社会规范，做一个合格的公民，也有其积极意义。那么，我们能不能从这个差异中找出于我有利的积极因素，即实现与对方一定层面的“同”呢？我想是可以的。我国早已颁布《公民道德建设实施纲要》（以下简称《纲要》）。该《纲要》指出：“从我国历史和现实的国情出发，社会主义道德建设，要坚持以为人民服务为核心，以集体主义为原则，以爱祖国、爱人民、爱劳动、爱科学、爱社会主义为基本要求，以社会公德、职业道德、家庭美德为着力点，在公民道德建设中，应当把这些主要内容具体化、规范化，使之成为全体公民普遍认同和自觉遵守的行为准则。”《纲要》的这段论述，对我国公民的道德素质提出了具体要求，我们的公民应当自觉遵守。在这方面，我们似乎也可以借鉴美国的做法，在对大学生进行思想道德教育时，把公民美德教育贯穿进去，也就是将《纲要》作为一项重要内容，向学生传授，使学生在大学学习期间，就能自觉形成公民道德素养。这对于培养“社会主义建设者和接班人”，也具有积极意义。可见，通过比较研究，我们可以“从异中找出同”（即在公民教

① 胡锦涛：《高举中国特色社会主义伟大旗帜，为夺取全面建设小康社会新胜利而奋斗》，《光明日报》2007年10月26日第1版。

② 李霞：《中外德育比较研究》，湖北人民出版社2009年版，第9页。

育这一点上，实现了与美国的近同），从而深化和丰富我国高校的德育理论体系。

又如，在德育中，中国和外国都涉及过灌输方法的运用。据有学者考证，在西方，自近代以来，由于传统德育把灌输绝对化，所以成为了一种保守的德育方法。这种方法，后来被以杜威为代表的“进步主义”所否定。“进步主义”的积极意义，就是在德育方法上反对绝对的、强制的和宗教式的理论灌输，主张高扬学生的主体性和德育的实践性，这对于调动被教育者的积极性和提高德育的有效性，都有不可估量的意义。但是，由于这一派夸大了价值的相对性，使德育陷入以相对主义为基础的放任主义，以致在实践中完全排斥对道德原则、道德规范等道德知识的传授，其结果是使德育活动放任自流，实质上放弃了道德灌输的必要性，这无疑是十分有害的。与这一德育方法倾向相关联，西方二十世纪下半叶出现了无灌输的道德教育方法论。这种方法论，坚持开放的教育，反对封闭的教育；坚持发展的教育，反对凝固的教育。这些无疑都有积极的意义，它直接冲击了传统的灌输论。但是，这种无灌输的道德教育方法论，在提法上就有它的片面性。因为道德教育本身是有阶级性的，任何统治阶级总是要把自己的道德观加之于人，这就不可能毫无灌输。因此，所谓无灌输的道德教育方法论，在理论上难以成立。

将西方的灌输论，与我国的灌输论做比较研究，我们不难发现种种“异”的存在。灌输作为一种德育方法，我们中国早已运用过。例如，我国古代的传《经》教学法，就具有灌输的性质。在当代中国，“灌输”一词是从原苏联引进的。列宁曾在《怎么办》一文中指出，无产阶级要从一个自在的阶级变成一个自为的阶级，必须经过理论灌输这一途径。他说：“工人阶级单靠自己本身的力量，只能形成工联主义的意识……而社会主义学说则是从有产阶级的有教养的人即知识分子创造的哲学理论、历史理论和经济理论中发展起来的。”又说：“工人本来也不可能有社会民主主义的意识。这种意识只能从外面灌输进去。”① 因此，灌输成为马克思主义德育学说中的一项基本

① 《列宁选集》第 1 卷，人民出版社 2012 年版，第 317 页。

原则。中国共产党以马克思列宁主义作为自己的指导思想，从新中国成立起，就在学校贯彻实施灌输理论，把它视为德育的基本方法。这种方法，曾经在相当长的一段时间内，发挥了重大作用，至今仍然具有存在的价值。但是，长期以来，由于“左”的影响，致使学校德育往往将灌输理论演变为强输硬灌的简单施教方法，以致降低了道德教育的有效性。将中国的灌输德育方法的实施状况同西方加以比较，可以发现种种不同之处。我们的灌输，既不同于西方古典性的、保守性的灌输模式，也不同于西方“进步主义”者对灌输的种种冲击，更不同于二十世纪下半叶出现的无灌输的道德教育方法论。这些无疑都属于“异”。对于这些“异”，我们能不能从中找出于我有利的东西，以便在某一点上，实现与西方的近同呢？我想也是可以的。如前文所述，西方“进步主义者”主张“高扬学生的主体性和德育的实践性”，这对于调动受教育者的积极性和提高德育的有效性，都有不可低估的意义；而无灌输的道德教育方法论者，强调“坚持开放的教育，反对封闭的教育”，“坚持发展的教育，反对凝固的教育”，则也有其一定层面的合理性。我们在灌输中将这些思想渗透进去，以改变过去在灌输中搞强输硬灌的片面做法，这就又在一定层面上实现了与对方的近同。

从我国现实来看，随着时代的发展和进步，青少年接受信息的方式发生了很大变化，这就使以往在传统的封闭社会中具有高效性的灌输德育方法，面临着现代开放社会的巨大挑战。特别是对于大学生来说，更需要与时俱进地改变道德教育的方法。这是因为，大学生的价值取向已渐趋形成，并常以一种独立的眼光、批判的视角去审视时代和社会的道德状况，而不满足于接受既定的传统的道德观念。在这样的情况下，西方重开放、重发展、重实践的德育方法，就值得我们借鉴过来，借以改造我国传统灌输方法的封闭性与凝固性，从而提高大学和中学的德育实效。可见，通过比较研究，坚持“从异中求同”，有助于推进我们借鉴外民族的德育模式或德育方略，从而丰富与深化我们民族的德育内容。

（二）关于“从同中求异”的方法及其功能与价值

坚持中外德育比较研究，我们不仅要敢于和善于“从异中求同”，而且要敢于和善于“从同中求异”。如果说，“从异中求同”旨在汲取和借鉴他人的成果；那么，“从同中求异”则是要找出他国成果的短处，以坚定我们自己已确立的正确的德育方法、原则、内容等。任何民族的德育，都建立在本民族客观需要的基础上。离开本民族的客观需要，而片面强调与他民族的“同”，这只能损害本民族的利益，对此，我们应当有十分清醒的认识。同时，按照马克思主义的阶级论，任何德育又都是为一定的阶级服务的，从维护阶级利益的角度，也要求我们与不同阶级的德育原则划清界限。而要坚持这一切，我们就必须学会“从同中求异”。所谓“从同中求异”，指的是要从比较对象双方在德育模式、内容、原则方面的近同中，找出其质的差异性，以便坚持正确的德育方向。

例如，对于“如何看待‘人’”这一问题，中国和西方也有共同之处。在我国古代，儒家讲“仁爱”、墨家讲“兼爱”、韩愈讲“博爱”，我们今天的“科学发展观”把“以人为本”作为核心内容，这些都从一定层面表达了我们民族对人的关爱和尊重。在西方，早在十七八世纪时期，人文思潮的启蒙学者就提出了“天赋人权”理论，后来又衍生出“人本主义”思潮。据学者考证，二十世纪后期，萨特、马尔库塞、弗洛姆等西方马克思主义者和马洛斯等当代西方人文主义哲学家，把理性与非理性相结合，提出了“以人为本”的口号，将西方人本主义理论推向新的高度。从表面上看，西方人本主义思潮提出的“以人为本”，同我国当代“科学发展观”所强调的“以人为本”，在“肯定人的力量、弘扬人的价值”以及尊重人的尊严方面，似乎近同。但是，只要我们深入进行比较研究，就可以从其“同”中，找出“异”来。首先，西方的“人本主义”者所讲的“以人为本”，是以宗教式的“天赋人权”为其理论基础，其所指的“人”，是抽象的“人”，是超阶级的“人”。这样的“人”，在现实中是对不上号的；而科学发展观所讲的“以人为本”，其中的“人”，是指人民大众，因而是现实的人，是处于一定历史条件下的人。其次，西方的“人本主义”者所讲的“以人为本”，其所谓“人”，只是被尊重的抽象物，赋予人以尊重的权利者，则是具有人格神地位的“天”。其依托的是唯心史观。而科学发展观所讲的“以人为本”，其中的“人”，既是被关爱和尊重的对象，又是承担和实践科学发展观的主体、动力，它以人民群众是历史的创造者为前提，从根本上体现了唯物史观。以上所论，都揭示了中西方“以人为本”的“同”中之“异”。“从同中求异”的研究方法，既维护了我们的民族特色，又坚持了马克思主义唯物史观。这种“从同中求异”的做法，对于深化我国现阶段的德育理论，无疑是大有必要的。

又如，在中外德育内容中，多涉及爱国主义教育内容。从强调“爱国主义”这一点来说，似乎是共同的。但这个“同”是相对的、抽象的。我们应当学会“从同中求异”，找出比较对象在爱国主义教育方面客观存在的质的差异。以中国与日本为例，两国都十分重视爱国主义教育。但在爱国主义教育的着眼点方面，有着明显的不同。有学者研究指出：“日本进行虔敬天皇的教育，使天皇作为国民精神的寄托，以此鼓舞国民。这正是日本当代爱国主义教育的一个崭新的内容，时至今日，日本为其社会发展的需要，仍然保持和实施这一教育。”① 其实，在日本进行这样的“爱国主义教育”，并非是“崭新的内容”。可以说，自“明治维新”以后，日本就以虔敬和忠于“天皇”，作为爱国主义的重要标志。这种爱国主义，曾经作为侵略中国和东南亚的精神寄托。当时，日本武士把对中国的勇敢作战，作为对天皇尽忠的重要标志。显然，这种“爱国主义”，带有狭隘的民族主义和法西斯主义的色彩，不是我们所需要的爱国主义。那么，我们需要的爱国主义是什么呢？我们所说的爱国主义，是一种把关心和维护祖国利益、推动祖国进步作为自己的最高职责和行为准则的精神追求，是千百年巩固起来的一种对祖国忠诚与热爱的思想感情的表达，是社会高尚道德和人间正气的体现。同时，爱国主义的具体内容，又具有时代性。不同时代有不同的具体内容。就当代中国的“爱国主

① 袁银传：《中外大学思想道德教育比较研究》，中国社会科学出版社2005年版，第177页。

义”而言，江泽民同志曾作过明确概括，他指出：“我们坚持的爱国主义同狭隘的民族主义是有本质区别的。要使我们的人民懂得，坚持对外开放，认真学习世界各民族的长处，积极引进先进的科学技术和经营管理经验，增强我们自力更生的能力，加快祖国的发展，这本身就是爱国主义的重要内容。同时，在面临霸权主义、强权政治挑战的情况下，又要始终教育广大干部群众把国家主权与安全放在第一位，自觉地维护国家的统一、民族的团结和人民的利益。”江泽民同志在这里所讲的，可以说是对当代中国爱国主义基本精神的集中表述。这种爱国主义，既符合中国人民的根本利益，又同狭隘的民族主义，区分了开来。特别是比日本的爱国主义，高尚得多。

总之，我们通过对中日两国的爱国主义教育作比较研究之后，从“同”中找出“异”，这既维护了中国特色，又坚持了爱国主义的正确方向。它启示我们：并非什么都是外国的好，我们自己的德育创造，也有超越他人的地方。这无疑有助于增强我们的民族自尊心和自信心，有助于深化我国的爱国主义教育和青少年的思想政治教育。可见，在比较研究中，坚持“从同中求异”，有助于发展本民族德育活动的优势，从而将本民族的德育模式发扬光大。

（三）关于“放眼全球，通观全局”的方法及其功能与价值

我们所处的时代，是一个科学大发展、经济全球化、信息大传播、国家间的合作与交流日益密切的新时代。面对这样一个新时代，我们要搞好中外德育比较研究，就必须学会“放眼全球，通观全局”的方法，将比较研究建立在科学可靠的基础上。“放眼全球，通观全局”旨在将我们观察世界的触角，伸向世界的方方面面，以便正确认识自己的研究对象。

第一，通过“放眼全球，通观全局”，可以使我们知己知彼，从而避免犯“夜郎自大”“闭关锁国”的错误。过去，一些人囿于自己的见闻，以为重视德育或思想政治教育，是马克思主义和共产党人的创造，认为外国人不如我们，以致产生盲目的自大情绪。改革开放以后，我们打开国门，既走出去又引进来，于是有人开始意识到，外国也有德育。一些学者开始考察美、英、法、日、新加坡等发达国家重

视德育的情况，结果发现这些国家政府围绕加强德育建设，均颁发了一系列文件，采取了一系列措施，取得了一系列成就。到这时，我们的学者才真正意识到，德育并非是我们的专利，外国人在德育建设方面，也有许多独特的创造，值得我们好好借鉴。这无疑有助于打破夜郎自大的情绪，促进思想解放。

第二，通过“放眼全球，通观全局”，可以帮助我们深化对其他民族德育成果的认识，从而对不同形态的德育理论做出正确评价，以引导人们正确看待外国的文化。特别是改革开放以后，我国的大门打开了，外国的文化成果，包括德育成果，不断流进我国社会，其中各种不同的价值观，把人们搅得眼花缭乱。对于外国不同的价值观，我们应当予以重视。虽然，从思想解放的角度来看，我们允许多元价值观的存在；但是，我们又不能对之放任自流，而应当运用我们的核心价值观，予以正确引导，力求使之统一到马克思主义基本观点上来。这就离不开对他人德育成果和德育方法的研究与借鉴，从而为确立我国正确的德育导向和德育决策贡献力量。

第三，通过“放眼全球，通观全局”，借以扩宽自己的眼界，从而推进我国德育的创新和发展。列宁曾指出：“只有确切地了解人类全部发展过程所创造的文化，只有对这种文化加以改造，才能建设无产阶级的文化。”① 列宁在这里强调的要“了解人类全部发展过程所创造的文化”，当然不是某一个国家的文化，而是全人类创造的文化。我们的中外德育比较研究，所要探讨的正是全人类的德育课题，它是全人类文化的重要组成部分。列宁还指出：如果谁认为，“只有通过纯粹马克思主义的教育这条直路，才能摆脱愚昧状态，那就是最大的而且是最坏的错误”②。列宁的这些论述，都旨在教导我们，不能只把自己关闭在房子里探讨学问，而应当把求知的触角伸入到知识海洋的方方面面，才能汲取自己需要的营养，才能把我们的德育推向新的高度。所以，中外德育比较研究，是关系德育创新发展的重大举措。

总之，我们一定要“放眼全球，通观全局”，扩大自己的知识面。

---

① 《列宁选集》第4卷，人民出版社2012年版，第285页。

② 同上书，第649页。

有学者说，“不懂得从历史的比较中学习的民族，将永远是幼稚的民族”。仿照这一句话，我们也可以说，不懂得从人类德育的比较中建设德育的民族，将永远是低级德育的民族。所以，我们要推进德育的创新和发展，就必须踏踏实实抓好中外德育比较研究。

（原载《思想教育研究》2010 年第 3 期，收入本书时，在文字上略有修改）

下篇　书序书评选辑

如前文所述，近些年来我有幸为一些思想文化类新著提笔写过书序或书评。我之所以热心为一系列新著撰序写评，是出于对各类新著特有价值的认识。在笔者看来，一切有价值的书，都担负着传扬与运载文化的重任：它或者是对特定知识的总结，或者是对相关经验的梳理，或者是对某种新思想的阐释，因而都具有特定的文化价值。它们的问世，既体现了作者们艰苦的文化探索、智慧的闪光以及学识的沉淀，还打上了当今时代的烙印。著书立说是一件极为艰难的事，任何一部成功之作，无不是作者呕心沥血、上下求索的结晶。正因为如此，笔者对相关书籍的作者深表钦敬，不仅从内心体贴他们的辛勤劳动，而且还抱着满腔热情的态度，为一系列相关新著提笔写过书序或书评。说实话，写书序或书评均有相当难度，需要虔心探讨，公正落笔。这就必须具备通观全局、驾驭全书的智慧，以求在评议中不失分寸、不落俗套。为此，我将之看作治学的重要环节，认真对待，并注重与作者就某些理论问题，相互切磋，倾心研析。这对于本人来说，也是一次次难得的学习机会。本书之所以将有关书评与书序的拙文收入其中，除了它们反映了本人的读书体会以及符合本书宗旨外，还有一点值得提及，那就是在书评或书序中，除少数是对学界友人的成果加以评赞外，其中大多数乃是为我的学生们的著作所作的评议，它们从特定角度，反映了师生间的学术联系，将之保存于此，似亦有纪念意义。

第七章　为相关文化建设类新著献序

随着文化建设的逐步深入，学界研究文化建设的新著，如雨后春笋，竞相登台。我有幸较早读到部分新著文稿，并受邀为之提笔作序，这里选录部分序文，与读者诸君共同切磋，并请不吝赐教。

一　深研儒家文化，为现代文化建设提供有益借鉴

——为刘周堂教授《前期儒家文化研究》所作的序

儒家文化源远流长，在我国传统文化的历史长河中，占有无比重要的地位，对我们民族的政治、经济、道德、宗教乃至思维方式、生活习惯、民族风俗，产生过极其深远的历史影响，至今仍左右着我们的思想观念和行为方式，不能不引起我们的重视。

（一）注重考察先秦学术与两汉儒家文化源流

我国的传统文化发端于先秦时期，当时的诸子百家以多元互补的形式，不同程度地对它的形成和发展做出过奠基性的贡献。在诸子百家中，对我国传统文化影响最大者，司马谈归之为“六家”，班固《汉书》又总括为“九流十家”。其实，对我国文化产生过长远影响的学派，只有儒、墨、道、法四家。在这四家中，儒道两家居于前列。如刘昼所云：“道者玄化为本，儒者德教为宗。九流之中，二化为最。”[①] 所

---

① 刘昼：《刘子·九流》。

以，从总体上讲，我国传统文化乃是儒道两家文化的合流（东汉以后又增加了外来的佛教文化）。而儒道两家相较，又当以儒家文化为冠。诚然，道家文化以其旷达玄妙、气势清高显示出具独到的优势；但就其对中国文化史的影响而言，仍然不及儒家。关于这一点，近年来随着传统文化热的兴起，我国学界多有所论。著名学者张岱年先生曾指出："近人喜谈儒道互补，其实儒家始终占主导地位。"武汉大学刘纲纪教授也指出："中国的传统文化基本上由儒、道、释三家组成，无疑，儒家处在主导地位。"这些见解完全符合我国传统文化发展的客观实际。人所共知，在漫长的封建社会中，儒家学术一直处于"独尊"地位（秦代例外）。这种特殊的优惠待遇，为儒家文化得以发展准备了良好的历史条件。正是在这种特殊的历史条件下，儒家之徒以"治国平天下"为己任，一代代"祖述尧舜，宪章文武，宗师仲尼"，"游文于六艺之中，留意于仁义之际"①，将儒家学术传播于社会生活的各个方面，其涵盖面之宽广，思想内容之丰富，人文意识之浓郁，以及对民族精神影响之深刻，是我国历史上任何一种文化体系所不能比拟的。今天，随着有中国特色的社会主义精神文明建设日益发展，继承、弘扬优秀传统文化的任务显得更加迫切。因此，整理、发掘我国传统文化特别是儒家文化的优秀成果，是历史赋予当代文化史工作者一项义不容辞的重大使命。这部《前期儒家文化研究》，正是在这种使命感的推动下问世的。

刘周堂同志先后执教于湖南师大和湛江师院，对祖国传统文化潜心研究有年，在道家文化和儒家文化领域，都达到了一定的造诣。这部书稿是他在儒家研究方面取得的又一最新成果。综观全书，作者对先秦至两汉宽阔视野上所展开的儒学源流，进行了多角度、多侧面、多层次的透视和探索。既揭示了从孔子到孟子再到荀子三位儒学先师思想体系承先启后发展演变的进程，又剖析了先秦儒学向两汉儒学转化的社会条件和历史动因，进而阐述了两汉儒学的表现形态和基本特征，比较全面地展示了前期儒家在政治思想、伦理观念、人生追求、价值取向等各个方面所作的理论思考和人文精神建树。在这些领域，

① 《汉书·艺文志·诸子略》。

作者以纵横驰骋的思绪和跨越上下数千年的宏观纵览，对前期儒家文化的丰硕成果和社会功能作了实事求是的评述，其中既吸纳了前修的研究成果，又勇于阐发自己的独得之见，表现出追求真理、去伪存真的严谨治学态度。

（二）揭示先秦儒学向两汉儒学转化的社会条件

先秦儒学向两汉儒学的转化，是新兴封建政权建立后营造新的上层建筑、选择适宜的指导思想的必然结果。秦和西汉王朝都建立于封建社会初期，它们对于用什么样的思想来指导封建政权的建设，尚无成熟的经验，因而需要一个探索的过程。这个过程从秦始皇起，直到汉武帝“独尊儒术”，才基本完成。秦王朝建立以后，坚持“以法为教，以吏为师”“禁文书而酷刑法”，终于使秦政权短命而亡。这表明法家思想不能作为封建政权的指导思想。西汉王朝建立后，君臣接受秦王朝的教训，弃法从道，运用黄老思想作为治国安民的指导思想。这一是由于儒学经受了秦王朝“焚书坑儒”的血腥镇压之后，到汉初尚未恢复元气；二是由于长期的战乱，人心思安、思定，而道家的“无为而治”有利于贯彻与民休息的政策，实现社会安定；三是由于道家学说到战国末年已完成向新道家的转化，它“因阴阳之大顺，采儒墨之善，撮名法之要”①，成为当时集百家学说为一体的思想体系，因而易于为各家所接受。可见，汉初的黄老之治，并非是当时的统治者臆想出来的，而是历史发展所使然。但是，随着社会的发展，各种矛盾的加剧，道家“无为而治”的指导原则愈来愈不能适应统治者政治上的需要。儒家思想经过汉初几十年时间的内炼休养，这时已恢复生机，完全可以走上政治舞台。汉武帝面临着藩镇割据和内忧外患的政治处境，迫切需要加强君主集权。董仲舒“独尊儒术”的主张，旨在改变当时“师异道、人异论、百家殊方”的社会现实，以达到“统纪可一”“法度可明”② 的政治目的，这正好符合当权者的本意，因而理所当然地被武帝所采纳。刘周堂同志在本书中着力揭

---

① 司马谈：《论六家之要旨》。

② 班固：《汉书·董仲舒传》。

示“前期儒家的演进轨迹”，指出：一方面，前期儒家始终坚持经世致用的原则，致力于推进理论和现实的结合，在切合政治与人伦日用方面作了深入思考；另一方面，注意追求思想体系的精致和完备，勇于采纳百家精华，使自己在内涵上不断从单一走向多元，具备了很强的应变能力。这些见解，新颖而中肯，可成一家之言。

（三）注重对儒家政治观与道德观的深入探讨

儒家在政治上有着自己的鲜明特色。它所建构的仁政、德治、王道以及“家国一体”“内圣外王”的思想体系，对我国历代封建政权产生了深刻的影响。考察我国政治制度史，历代封建政权的建构模式和指导方针，基本上都来自儒家。如封建宗法体系和大一统格局、君权至上的政治体制和君惠臣忠的君臣关系，以及重德治轻刑治的大政方针等，无不由儒家设计而成。它们对于强化封建专制、维护封建等级秩序，都起过重要的历史作用。虽然，从总体上讲，儒家政治学说中糟粕不少，但也不能忽视其中许多可贵的精华。如儒家提倡“为政以德”，要求当政者注重自身的道德修养，乃至把“修身”“齐家”作为“治国”“平天下”[①] 的先决条件，倡导“贤人政治”风范；儒家提倡“天下为公”[②]，强调当政者以天下国家为己任，“己欲立而立人；己欲达而达人”[③]，“己所不欲，勿施于人”[④]；儒家提倡“民惟邦本”[⑤]“平政爱民”[⑥]，关心民生，反对苛政，要求当政者办事公道，清正廉明，轻徭薄赋，宽刑减法等，都在一定程度上制约了统治者的“无道”之行，迫使各级官吏采取一些“安民”的政治措施，注意改革弊政，务实求治，从而有利于缓和社会矛盾，推进社会的文明进步。这些都说明儒家政治学说有其独到之处，值得重视。本书正是基于这一认识，对前期儒家学说作了系统的探讨，不仅揭示了儒家政治

① 《礼记·大学篇》。
② 《礼记·礼运篇》。
③ 《论语·雍也》。
④ 《论语·颜渊》。
⑤ 《论语·夏书·五子之歌》。
⑥ 《荀子·君道》。

学说的内涵和特点，而且对其君民观、君臣观等，都作了深入剖析。其所论，持之有故，言之成理，发人深悟，表现了独立思考的可贵品格。

儒家道德是我国传统道德的主干。它所确立的仁、义、礼、智、信、忠、勇、孝、悌、慈、恭、宽、敏、惠等一系列道德规范，曾长期成为我国先民调节人与人的相互关系的重要准则。毋庸讳言，在儒家道德体系中，也夹杂着许多封建糟粕，特别是“君为臣纲，父为子纲，夫为妻纲”的“三纲”说教，把君权、父权、夫权绝对化，严重束缚了人们的思想，导致了封建时代的蒙昧主义，扼杀了我们民族的智慧和创造，这些到了今天，毫无疑问应给予批判。但是，必须看到，在儒家道德体系中，也保存着我们祖先创造出来的许多绚丽夺目、闪闪发光的优秀道德成果，例如：“见利思义”“以义制利”和“义以为上”的先义后利精神；“富贵不能淫，贫贱不能移，威武不能屈”[①] 的人格独立精神；“仁者爱人”“己欲立而立人，己欲达而达人”“己所不欲，勿施于人”“老吾老以及人之老，幼吾幼以及人之幼”[②] 的人道主义精神；“自强不息”“锲而不舍”“人一能之己百之，人十能之己千之”[③] 的艰苦奋斗精神；“厚德载物”“宽人严己”“虚怀若谷”的包容精神等，都是我们祖先所倡导的高尚品格的结晶。它们如同一股永流不竭的圣泉，滋润着炎黄子孙的道德生活，启迪着中华儿女立身做人的伟大情操。这是一份无比宝贵的精神财富，值得我们代代相传，发扬光大。基于这一认识，刘周堂同志在本书中，对儒家道德的研讨，尤其用力。全书用较大的篇幅集中阐明了前期儒家忧国忧民的政治参与意识、正道直行的大丈夫品格、严己宽人的“人和观念”、先义后利的价值取向、求是务实的处事态度、青史留名的人生追求、重德轻刑的政治方略等鲜明特色，并专题论述了儒家的人生哲学，这些对于我们认识儒家道德的基本特征及其表现形态，探讨儒家道德的现实价值，都有着不可忽视的启迪意义，读后令

① 《孟子·滕文公下》。
② 《孟子·梁惠王上》。
③ 《礼记·中庸篇》。

人耳目一新。

刘周堂同志的这部书稿完成后，邀我为之作序。我读完书稿后喜不自禁，认为它是当前儒学研究中的又一可喜收获，特提笔写了以上的读后感，是为序。

（原载刘周堂《前期儒家文化研究》，广西师范大学出版社 1998 年版）

二　尝试探索人脑奥秘的一部新著

——为赵国球教授著《奇妙的思维》一书所作的序

人类由于大脑的进化和运用，使科学技术以一日千里的速度向前发展，不仅创造出无比富饶的物质文明，而且创造出无比灿烂的精神文明。这既标志着人类认识世界和改造世界的光辉业绩，也显示了人类自身智慧所具有的特别的功能。然而，令人遗憾的是，人类对于自身智慧的源泉——大脑，时至今日却仍然知之甚少。宋代著名文学家苏轼有诗云："横看成岭侧成峰，远近高低各不同。不识庐山真面目，只缘身在此山中。"应当说，人类对于自然和社会的认识，已经取得了十分伟大的成就；而人类对于自身用于思维的器官——大脑的认识，却还是一片未开垦的处女地。这种情况的存在，大概就是"只缘身在此山中"吧！

人类之所以长期未能打开大脑这个"密码箱"，不仅是因为大脑自身构造极其复杂，而且还由于科学技术条件和认识手段的种种局限所致。随着时代的发展，科学研究突飞猛进，特别是系统论、控制论、信息论广泛传播，人类不仅在认识能力方面普遍提高，而且在认识手段方面也有了许多改进。这无疑为解析大脑思维过程中一系列"密码"，创造了条件。正是在这样的背景下，1989 年美国有关方面提出了一项震惊世界的重大科研计划，他们打算用十年的时间，集中力量探索大脑的奥秘。这个计划的制订，如同奏响了向脑科学进军的交响乐！它标志人类揭开大脑奥秘的时代已经到来。

令人高兴的是，在美国奏响向脑科学进军交响乐的同时，我们中国学者也当仁不让，奏响了自己的乐章，与美国的交响乐遥相呼应。近年来，中国学者围绕脑科学的研究，推出了一系列新成果，其中有杨雄里著《脑的奥秘》、梅磊著《ET——脑功能研究新技术》、陈叔碹著《思维工程》、杨玉祥著《揭开大脑和意识的奥秘》、严春友著《精神之谜》、李士勇著《模糊控制、神经控制和智能控制》等重要著作问世。此外，还需向读者诸君推荐的是，赵国球著《奇妙的思维》，也是一部值得重视的研究脑科学的著作。

赵国球先生在二十世纪六十年代受业于华中理工大学无线电系无线电专业，毕业后在教学工作之余，潜心于脑科学研究，数十年如一日，孜孜以求，笔耕不辍，先后撰成多部相关著作及一系列论文，受到学界好评。《奇妙的思维》一书，是他研究脑科学所倾注的心血结晶。我有幸最先读到《奇妙的思维》一书的定稿，从中得到许多教益和启迪。综观全书，作者运用自己广博的自然科学和社会科学知识，特别是脑科学、医学、生理学、生物学、生物物理学、电学、磁学、场论、系统论、控制论以及哲学等相关领域的系统知识，对人脑思维过程的物质基础，作了从宏观到微观、从理论到实践的卓有成效的探索。其思想之活跃，立论之新颖，论证之有力，态度之审慎，均给人留下非常深刻的印象。就其理论上的创获而言，至少有如下几点值得关注：

（一）尝试性地论证思维过程的物质性

思维过程的物质性在大脑活动中究竟是怎样表现出来的呢？为了说明这一问题，作者在详述神经网络理论、系统论、混沌理论的同时，对目前科学研究的前沿课题——脑波的物理实质和物质基础作了尝试性的分析与探讨。作者明确认为，脑波不是突触后电位的简单显示，而是人脑思维活动的外在表现。通过对脑波的深入分析，可以找到与思维相对应的基本成分。脑波是一种电磁信号，它是可以通过空间直接传播的。与此相联系，作者还探讨了思维外化的问题。指出：语言是思维的工具，人类通过语言进行思维，但思维又必须通过语言、文字和手语外化之后产生社会作用。如果思维不外化，那么人的大脑将永远是思维的“黑匣子”，思维将会变得毫无意义。而人类思维的外化方式是不断进化的，首先是手语，接着是语言、文字，或者是手语、语言、文字的综合运用。作者认为，从思维产生的物质性和思维外化方式进行的历程看，人类通过空间直接传播思维，在科学技术日益发展的条件下，是完全可以实现的。这个结论性的认识，不仅对于说明思维过程的物质性有着决定性的理论意义，而且对于开通思维外化新技术发展道路，也将具有极大的启迪意义。目前，通过思维传播控制智能计算机进行的智能游戏，是思维空间传播的低层次应用。随着高新科技的发展，思维空间传播的中、高层次应用必将有着广阔的前景。由此可知，作者对思维过程的物质性的大胆探索，无论在理论上还是在实践上，都有着不可低估的重要价值，应予以高度重视。

（二）明确提出“思维是一种特殊结构场”的新观点

作者指出，思维（精神）是一种与电磁场直接相关的场物质。不管思维还有没有其他场物质成分，神经电流的客观实在性表明，思维过程起码是电磁场的传播过程。不同的思维，则表现为电磁场不同的结构形式。任何伟大的思维，其产生从物质本质上看，都包含在电磁场（或其他场）的物质结构之中。据此，作者判定，思维就是一种场物质的结构形式，思维的传播，就是场物质的传播。这个见解无疑极为新颖，且具有很大的理论和实践意义。既然思维过程伴有实实在在的场的作用，或者说思维本身就是一种特殊结构的场，那么，人类意识（思维）的能动作用也应表现为场的相互作用。也就是说，人类可以通过意识的能动性——主动产生的电磁场信息去作用自身或自身以外的他物。这个观点如能确立，将不仅为思维外化的新技术发展打开通道，而且也将有助于揭开人体科学的奥秘，对中医或气功医疗效果的某些神秘性做出科学解释。例如，气功家所讲的“念力”，一直被神秘的面纱所掩盖。如果思维确实是一种特殊结构的场，那么这种场物质对人体自身的作用，就必然会产生出类似“念力”的种种效应，则“念力”的存在就可以找到客观的物质基础。由此类推，气功家在“念力”的作用下对外发功医治他人的病，也应是思维的场物质特殊运动的表现形式。不过这种形式只有由受过气功锻炼的人才能掌握和应用罢了。

不仅如此，如果思维（意识）确实是一种特殊结构的场物质，这在哲学上将会产生巨大的冲击波。人所共知，意识与物质的关系问题，是哲学的根本问题。世界究竟是先有物质还是先有精神，这是划分唯物主义与唯心主义的分水岭。这种划分是以承认物质与精神有着本质差别为前提的。物质是标志客观实在的哲学范畴，而意识则只是高度发展的物质——大脑的产物，是客观实在的模拟或反映，二者有着本质的区别。如果意识（思维）也是一种特殊结构的场物质，那么传统的关于物质与意识的概念就将过时，这无疑将产生巨大的效应。它一方面证明马克思主义哲学关于世界的统一性在于物质性的真理性认识不可移易；另一方面也启示人们去探索思维这一特殊结构的场物质同自然界普遍性物质的区别和联系，从而将思维和存在的关系这一哲学基本问题的探讨推向新的境界。可见，上述新观点，对未来哲学的发展极具挑战性。

（三）对人体科学与中医理论作了相应的理论探索

全书较为深入地研究了神经网络、经络理论、人体间隙维系统以及阴阳平衡理论，提出了自己的独到之见。例如，关于中医的阴阳平衡理论，书中作了这样的阐述：几千年来，中医的阴阳辨证施治，实质是调节人体内生命物质运动的快慢节奏。这个结论，实际上是运用现代自然科学理论对中医阴阳平衡、辨证施治学说给予了科学说明。在作者看来，阳证对应的是生命物质运动的快节奏，中医施治，一般用寒药，让快节奏变慢，达到平衡状态；阴证对应的是生命物质运动的慢节奏，中医施治，一般用补药，增加营养，让慢节奏变快。这个认识，在文中是言之有据、述之成理的，若能符合客观真理，将不仅可以帮助我们揭开中医阴阳理论的神秘面纱，而且有助于我们将中西医理论作比较研究，认识二者的治病方法虽不同，但在本质上却都是为了促进生命运动的快慢节奏趋于平衡，可谓殊途同归。这在理论上，无疑又是一大贡献。

总之，本书在理论上的创获，确有自己的独到之处，许多重大的结论性认识，无论在理论上和实践上，都有不可估量的重大价值。当然，由于脑科学研究就总体而言，还是刚刚起步；学界能给作者借鉴的研究成果，也还十分有限；而且现代科学关于脑科学的实证手段也还有待于进一步开拓创新。在这样的条件下，作者研究的结论也难免会受到相应的局限。毫无疑义，本书的价值不言而喻，其中不少真理性的认识，使人耳目一新。但有的论点由于目前实证科学还无法验证，以致使之尚处于“假说”或“预言”阶段，需要等待实证科学的进一步检验。尽管如此，我仍然对作者执着追求的精神表示钦敬！“假说”或“预言”在一定条件下，是引导人们达到科学顶峰的桥梁。所以，本书中的一些具有“假说”或“预言”特性的认识，我认为十分可贵。我相信随着科学的发展，它将最终显示出自己探索的价值！作者不愧是在脑科学这片荆棘丛中勇往直前、不懈探索的勇士！所以，当他邀我为之作序时，我欣然应允。于是我一口气写下了上述读后感，姑且算作序吧！

（原载赵国球《奇妙的思维》，湖北人民出版社 2000 年版）

三 一部功力深厚的校注《老子》之作

——为库流正先生《老子正解》所作的序

《老子》又称《道德经》，全书约五千字，故又名《五千言》，是我国古代道家学派的开山之作，其作者为春秋后期的老聃。全书思想渊博，蕴义宏深，措辞简约，载以韵律，类似格言，被誉为我国古代一部无比优秀的哲理诗。其行文高淡古奥，哲理深邃玄妙，读后回味无穷，确能引人入胜，对我国古代政治、哲学、经济、伦理、军事、艺术、医学、科技以至本民族的思维方式、风俗习惯和人生追求都产生过无比深远的理论影响，因而在中国文化史上，享有十分重要的学术地位。

《老子》之后，道家或道教学派纷纷崛起。但万变不离其宗，都同《老子》的思想体系保持着渊源关系。因此，《老子》一书既是我国古代道家学派发展演进的总纲，又是历代道教信徒们借以依凭的最高经典。不仅如此，中国古代诸子百家蜂起并作、论道立言，也都从不同层面采摘过《老子》的思想精华、受到《老子》智慧的启迪。

从这个意义上说，《老子》对我国整个传统文化的发展演进，做出过自己独特而重大的理论贡献。所以，《老子》一书，是我国文化史上留下的极其珍贵的学术瑰宝，其价值不可估量，值得百倍珍惜。古往今来，历代学者争相对之潜心研究。可以说，我国学术史上有成就的学人，几乎无人不研读《老子》一书。正因为如此，历代注老学者代有人出。注老之书，汗牛充栋，愈积愈多。它宛若滚雪球，越滚越厚，构成了中国历史上别具特色的文化风景线。实际上从特定角度推进、促成了我国老学发展史的逐步形成。这无疑是很值得关注的中华民族文化史上的特有现象。

清代著名学者魏源曾说："解老自韩非下千百家，老子不复生，谁定之?"[①] 虽然，因"老子不复生"，人们对注老之书的是非难以评定，但我们决不能因此而否定历代注老思潮长存不衰的客观价值。其一，它告诉人们，《老子》之书，开启了历代学人进行智慧思考的闸门，没有《老子》，就没有那些十分有价值的注老之作；其二，历代注老学者的不同思考，都从不同角度表达了作者们研究《老子》的学术心得，因而丰富和发展了《老子》的智慧之思；其三，它还告诉人们，《老子》不是凝固僵化的教条，而是一个开放的思想体系，它可以常读常新，因而不同时代、不同地区的人们，总是可以从中找出符合社会需要的思想原则，从而显示出它超时代、超地域的文化价值。透过这一切，使我们看到了注老思潮所具有的不可低估的客观价值。其实，即使"老子不复生"，也完全可以评定各种注《老》之作的是与非。因为，群众是真正的英雄，对于任何注老之作的成败，读者们是最有发言权的。因此，我们不必为"老子不复生"而惋惜。

基于以上认识，我对于注老思潮有一种特殊的偏爱之情。不仅自己投身于这一潮流，撰成拙著《帛书老子校注析》[②]，而且拜读过一系列有关的注老之作，从中得到许多启迪与教益。

最近，笔者有幸读到库流正先生精心完成的《老子正解》书稿，感到特别兴奋。库老先生年已七十九岁。他早在年轻求学时，便酷爱

① 魏源：《老子本义》。

② 见台湾学生书局 1991 年版。

中国古代哲学，立志从事于经史方面的研究。后因情况变化，长期从事农村基层工作，原来的抱负暂被搁置下来。直到1991年离休后，乃再续旧好，重操旧业。其对《老子》的研读，用功尤深，并于十余年前，即着手撰著《老子正解》。今年四月，书稿完成后，托人送给我看。我接到书稿后，对于库老先生以年近八十的高龄潜心于老学研究，感到由衷的钦敬。因此，我对于他的书稿的阅读，不敢有半点粗心。书稿在对原经文用功订正的基础上，又用现代汉语翻译出来，最后还做了原意解说。这些都有利于启导初学者阅读。我读完全稿，从中得到许多教益，深感它是一部不俗的好书。其内容之丰富，注释之谨慎，立论之新颖，考证之翔实，文字之通俗，都给人留下深刻印象，其特点或优点大致有如下几个方面。

（一）阐明了作者受老学熏陶的深切体验及其注老的纯洁动机

作者已年近八旬，为什么还要动手注解《老子》？为回答这一问题，作者阐述了自己受老学熏陶的深切体验及其注老的纯洁动机。《前言》说："以我这个年近八旬的老人，通过近十年来对《道德经》的研读，自觉获益匪浅：一是以无私奉献为立命之本、幸福之源，有助于树立正确的老年观；二是知足知止，冲气为和，有利于保持安详、愉悦的健康心态；三是居下贵柔，修身积德，能激励自己做一个有益于社会的人；四是淡化欲求，永葆童心，使身体远离疾病和一切凶险。"毫无疑问，这个体验既真切实在，又纯洁朴实，它不仅写出了作者从《老子》书中得到的教益，也表达了作者注老的高尚追求。并希望由此推己及人，把自己的体验扩展开去，让老年朋友们与之共识同行，所以说："老年朋友如能身体力行，不仅可以固本培元，延年益寿；而且可以利家利国，泽及子孙。"透过这些，我们看到了作者多么纯洁的写作动机。

（二）对经文的校正能坚持实事求是、择善而从的正确态度

书稿在校正经文方面，坚持择善而从，择优汰劣，不落俗套。《老子》一书，自古版本繁杂，经文之词语，因版本之不同，而时见殊异，这给校正整理带来了许多困难。本书稿以王弼注本为基础，参

阅河上公本、傅奕本以及近年出土的帛书与竹简《老子》等多种版本，经过反复比较而确定取舍，最后形成作者整理订正出的经文。在这一过程中，作者自始至终坚持实事求是、择善而从的基本原则。如第四十六章，王本之“故知足之足，常足矣”一段文字，河本、傅本近同（河本末尾无“矣”字，傅本“常”作“恒”），帛书甲、乙本均脱损严重，不便比较。而竹简《老子》及司马光本此段作“故知足，此足矣”（同王、傅本相较，经文中少“之足”二字）。若依王、河、傅诸本文字去解，确有难于畅通之弊。而依竹简本、司马光本去解，则文字豁然畅通。经过考虑，作者大胆选取后者，以订正王本。又如，第六十六章王本“是以圣人欲上民，必以言下之；欲先民，必以身后之”一段文字，河上公本与之相同，帛书《老子》甲、乙两种本子，亦大致相同（所不同者，只是在有关字句下多了几个“之”“也”“其”等虚词）。但考竹简《老子》，此段为“圣人之在民前也，必以身后之；其在民上也，必以言下之”，与以上诸本有着明显差异。对此，应当如何取舍？作者通过慎重考虑，最后选取了竹简本的文字。应当说，这个选择也是至允至当的。王本、河本那段文字，突出的是圣人在尚未“上民”“先民”之时，实行“以身后之”“以言下之”。不难看出，其“以身后”“以言下”，是为了达到“上民”“先民”之目的，这似乎有功利色彩，不符合老子“贵以贱为本”“高以下为基”的本旨。而竹简本那段文字，则强调的是，圣人已经“在民前”“在民上”的情况下，却能坚持“以身后之”“以言下之”，这个“后”与“下”，没有功利色彩，它表明了圣人在处理与民众关系方面，所表现出的谦虚、守雌的高贵品质。两相比较，毫无疑问竹简本的文字更能体现老子本旨。作者选取该本，是很有见地的做法。

以上两处校正，不仅表明作者对新出土的竹简《老子》有较深的研究，而且表明他在校正老子经文中，善于择善而从和勇于追求真理的治学态度。这些无疑都难能可贵，表明其研读与校正《老子》用力甚勤。

（三）所作注释用典有据，观点新颖，语言流畅

书稿在注释方面，也有自己的独到之处。《老子》文约义丰，同

一个字、词或句，往往可以引出不同解释，以致古往今来的注老学者，在对词语的注释方面见仁见智，各执其是，这就给今人注释《老子》带来许多困难。本书作者在注释方面，既注意继承前人的研究成果，做到用典有据，又勇于突破旧说，提出新见。例如，第三章“是以圣人之治，虚其心，实其腹，弱其志，强其骨”中的“其”字，历代注家多认为指民众，而本书作者却依据严复之意，认为此“其”乃指圣人自己。这个解释，确实更为合理。若将“其”释为民众，难免会给老子戴上搞愚民政策的帽子，这无疑有违本旨。而将“其”释为圣人自己，则完全符合老子主张圣人无为的原则。两相比较，可知此解确有自己的独到之处，值得重视。又第五十章“生之徒十有三，死之徒十有三，人之生、动之死地，亦十有三”一段文中“十有三”一语，王弼及其以后的注老者，多释为“十分之三”，本书作者则持不同意见，认为古人无有“十分之三”这个概念。他主张据《韩非子·解老》之说，将“十有三”释为“十三”，指人的四肢九窍等十三种器官。其论持之有故，言之成理，可为一家之说，值得重视。

另外，本书在译解经文方面，坚持在通俗易懂上下功夫，也是其重大特色。古往今来，人们都感到老子古奥难通，以至自晋代起就被列为“三玄”之一，一般人对之望而生畏，不敢问津。本书作者在译解经文方面，则千方百计在通俗易懂上下功夫，并且也确实取得了相应的成绩。例如，第四十七章原经文为：

> 不出户，知天下；不窥牖，见天道；其出弥远，其知弥少。是以圣人不行而知，不见而明，不为而成。

按照此章经文，作者写出了这样一段翻译文字：

> 不出大门，能通晓天下事理；不看窗外，能了解自然规律；愈向外求，所知愈少。所以圣人不行可以知（道），不看可以明（道），不为可以成（道）。

将这段译文与原经文对照，不难发现，它既在基本精神上符合原旨，又在文字上比较通俗流畅，特别是将“不行而知，不见而明，不为而成”译为“不行可以知（道），不看可以明（道），不为可以成（道）”，既通畅明达，又深得老子真谛，与以往一些译文相较，确有自己的独到之功。注重于译文的通俗，这对于扩大《老子》的读者面，发挥《老子》的文化价值，无疑有其不可估量的重大意义。

综上所述，库流正先生以十余年之功撰成这部《老子正解》，确实有许多不同于前人的心之所得。这促使我不得不思考这样一个问题：为什么一个年过古稀的退休干部，能在老子研究中达到如此高的造诣？这除了他本人的文化基础以及持之以恒的不懈追求之外，还可能与他的年岁已高有关。我在拙作《道家思想史纲》中，曾为说明老聃之所以能完成《老子》其书的理论创造，写了这样一段文字，“从《老子》书的内容来看，非久历世事的人是写不出来的。由于老子其人年高久寿，因而阅历无比丰富，熟悉人间的世态炎凉，具有老成持重、老谋深算、老马识途的慧眼，因而能运用‘微妙玄通’之道，以阐明通达古今的人生哲理”，并最终创作出《老子》其书。因此，年高久寿，是《老子》得以问世的重要原因之一。年高久寿，有助于著成《老子》书；同理，年高也有助于研读并体验《老子》。这是因为，年高之人，久历世事，对人生和社会有着自己深切的体验，他们看问题比别人更深透、更能抓住要害。从这个意义上说，老人读《老子》，易于从心灵深处引起共振，发生共鸣，乃至心心相印，因而较易于体现老子的本旨。

近些年来，有一种引人注目的现象，那就是一些人并非专业老学研究者，却能在晚年写出引人注目的注老之作。例如，张松如先生，原是一位诗人（其诗作署名“公木”）。在“文化大革命”期间，他身处“牛棚”，坚持研读《老子》，用十余年时间，写成注老之作——《老子说解》和《老子校读》。当他写完《老子校读》之序时，已年过七十五岁；无独有偶，另外一位老者张吉良先生，原为江西某汽车修理厂工程师。他也是在晚年爱上《老子》，曾自言：“自 1972 年从牛群队伍中解放出来，业余游心于道德有无……历时二十年，写成《老子研究》。”该书出版时，作者已年近古稀（68 岁）。类似的情况还可以列举一些，因篇幅所限，不再赘述。可以断言，老者研读《老子》，定有其独特优势所在。库流正先生当属此类之又一典型。

以上我从不同角度对《老子正解》的特点或优点谈了一些个人意见，但这决不是说，该书什么都好。金无足赤，书无尽善。该书自然也会有自己的不足。其较明显的一点不足，就是由于作者一味追求通俗易懂，以致在注译方面也会存在一些需要推敲之处。《老子》毕竟是两千五百余年前的古文献，虽然可以尝试译成今文，但又必须注意保留古风，因而千万要避免将其现代化。我这样说，决不是肯定该书有现代化嫌疑，而是认为作为一种方法论原则，我们在注译《老子》时，应当给予重视。在这方面，我希望与库老先生共勉。

应作者之邀约，我对《老子正解》一书谈了以上一些读后感。是为序！

（原载库流正《老子正解》，湖北人民出版社 2005 年版）

四　从文化视角探索思想政治教育的成功尝试

——为沈壮海博士《思想政治教育的文化视野》一书所作的序

我有幸最早读到沈壮海同志新近完成的这部书稿，为他在这部书中所做的有价值的理论探索，感到由衷的高兴。书稿名为《思想政治教育的文化视野》，从题目上看，毫无疑问，这部书是要从文化视野的角度，去探索思想政治教育运行中所涉的一些带规律性的问题，因而给人以视角新颖的深切感受。思想政治教育同文化有着不可分割的内在联系，一方面，一定社会的思想政治教育理论、内容以及人们所达到的思想政治素质，是该社会文化含量的重要组成部分，思想政治教育的发展，必将把该社会的文化含量推向新的水平；另一方面，一定的文化环境，又为思想政治教育的发展创造了条件，离开了特定的文化环境，思想政治教育就失去了最主要的载体及特定支撑。因此，思想政治教育与文化有着不可分割的联系，把思想政治教育放在文化视野中来研究，无疑有助于客观地揭示这种联系。思想政治教育学，是一门正在发展中的新兴学科。它登上大学讲坛，仅有二十来年的历史。近二十年来，我国学界在思想政治教育理论研究方面，回答了一系列由时代提出的新问题，取得了一系列新成果；但是，也应看到，由于传统观念和“左”的思维方式的束缚等负面影响，其理论研究，也还存在一些需要改进的方面。其中一个突出的问题，就是一些人往往满足于就事论事，乃至摆不脱老生常谈和简单地“喊政治口号”的俗套，阻滞了探索的深入。本书从“文化视野”的角度来研讨思想政治教育相关理论问题，这就使研究的切入口显示出新的维度，放射出新的气息，这对于改变传统的研究方式，将是极为有益的尝试。

（一）探索角度在学术研究上具有方法论启迪意义

文化的内涵极其丰富，文化视野更是无比宽阔。那么，我们要把“思想政治教育”放在“文化视野”中来探讨，具体说来，应当如何操作呢？本书的做法是，抓住“文化”一些最基本的类型，如先进文化、传统文化、政治文化、艺术文化、大众文化等，分别从不同视角将它们与思想政治教育的理论探讨结合起来：一是揭示不同文化类型同思想政治教育的相互关系；二是揭示不同文化视域中思想政治教育的特定表现形式及其规律；三是说明吸纳一定的文化成果，对于扩展和丰富思想政治教育理论的重要性和必要性。其结果，必会将探索由宏观引入微观，由表层推向里层，避免研究的简单化、庸俗化，以深化思想政治教育研究的理论水平。

例如，为了揭示思想政治教育与先进文化的相互关系，探索思想政治教育在先进文化视域中的表现形式及其规律，本书专门探讨了有关“先进文化”方面的问题，旨在说明要深化思想政治教育，就必须自觉坚持先进文化的发展方向；而坚持先进文化的发展方向，又是深化思想政治教育的客观要求。基于这一宗旨，作者围绕“先进文化的理论内涵与评判尺度”“先进文化、精神生活与人的全面发展”等相关问题，提出了自己的一些独到见解。作者指出：

> 我们所要发展的先进文化，必须是为人民大众服务、为社会主义服务的文化。它要反映、代表和维护中华民族的根本利益和中国最广大人民群众的根本利益，将促进人民群众思想和精神生

活的不断丰富、促进人的全面发展作为自己神圣的职责；要面向社会主义现代化建设的主战场，同改革开放和现代化建设紧密结合，致力于推动社会主义社会的全面发展和全面进步。

这里集中阐明了社会主义文化建设的根本任务。不难看出，这些任务，也正是当代思想政治教育的题中应有之义。虽然，全段未出现“思想政治教育”这一词语，但其中却包含着深刻的思想政治教育内容，也就是说，它将深刻的思想政治教育内容寓于先进文化建设之中，因而从特定角度揭示了先进文化建设与思想政治教育的紧密关系。可以说，这是研究单一的思想政治教育所无法取得的重要收获。这一收获启示我们，本书从文化视角探索思想政治教育理论与实践，对于思想政治教育理论工作者来说，具有方法论启迪意义。

（二）善于运用创造性思维，勇于阐发新颖独创之见

创新思维是一切科学研究的灵魂。任何科研成果的价值，或说任何著作的价值，都是通过其创新成果表现出来的，创新成果愈多，则其价值愈大；反之，如果一部著作，找不出有价值的创见，那必然流为平庸之作。细读本书稿，不难发现作者善于运用创造性思维，勇于提出自己的独得之见。书中关于一些理论问题的阐述，时常透射出创新性的智慧火花，因而较好地将理论研究引向深入，给人以种种有益启示。例如，本书在论及“先进文化”的内涵时，有这样一段文字：

“先进文化”，就其基本内涵而言，指的是人类的社会实践所取得的先进的思想成果，与落后文化相对立。但是，“先进文化”范畴的提出，其深刻意义并不止用来指称一种与落后文化相对立的具体的文化，其更深刻的意义在于，“先进文化”的范畴，更加明确地回应了三个紧密相关的文化理论问题，即文化的发展性、文化发展的方向性、文化的先进性问题。中国特色社会主义文化建设理论，正是基于对这些理论问题的回答，确立了当代中国文化发展的基本坐标。

以上论述，把“文化的发展性、文化发展的方向性、文化的先进性问题”，视为“当代中国文化发展的基本坐标”。这无疑是一个值得重视的创见。这一结论，抓住了先进文化建设的关键环节，阐明了先进文化的本质特征，对于引导人们正确进行社会主义文化建设，以及开展与此相关的思想政治教育，均具有相当大的现实参考价值。

又如，本书在探讨先进文化的育人功能时，有这样一段论述：

> 教育是造就全面发展的人的唯一方法，而教育造就全面发展的人的功能的发挥，是以先进文化的发展为前提的。……教育之所以能发挥上述功能，成为造就全面发展的人的唯一途径，根本原因就在于教育过程实质上就是文化化人的过程，是将人类已经发展起来的先进文化成果转化成为个体内在本质力量、促进人的精神生活全面发展的过程，是引导个体能够驾驭外部世界对个人才能的实际发展所起的推动作用的过程……

这里把教育“造就全面发展的人”的过程，概括为“文化化人”的过程，而这个过程实质上是“将人类已经发展起来的先进文化成果转化成为个体内在本质力量、促进人的精神生活全面发展的过程”。这无疑又是发前人所未发的新观点。它不仅揭示了先进文化育人的客观法则（即“文化化人”），符合客观真理，而且增强了我们对先进文化育人功能及其在思想政治教育中特定作用的认识，从而有利于将人们在这方面的研究引向深入。

总之，本书作者在自己的研究中，确实鼓足了理论勇气，敢于在许多问题上提出自己的独得之见，表现了作者善于探索、勇于进取的治学精神。

（三）在方法上坚持点面结合，以点带面，驾驭全局

作为一部研究思想政治教育的新著，不能不用相当的分量，探索思想政治教育现实理论问题。然而，思想政治教育内容极端丰富，在具体操作中，究竟应当抓住哪些问题呢？本书作者抓住《高校德育：境遇与理念》《思想政治教育：理论建构》《思想政治教育：实践发

展》三大问题，以三章共计十三节的篇幅展开论述，既照顾到研究的整体布局，又特将一些重大问题凸显出来，做到点面结合，以点带面，深化全局。

以第五章为例，这一章题为《思想政治教育：理论建构》，共包括：邓小平关于思想政治教育的理论思考、思想政治教育理论发展的新成果、思想政治教育理论建设的深化、增强思想政治教育理论研究的独立品性四节。这些问题既相互联系，又表现出自己的独特功能、地位。其中，第一节“邓小平关于思想政治教育的理论思考”，是全章的总纲，具有统率全章的作用；第二节“思想政治教育理论发展的新成果”，是对当代思想政治教育理论研究在某些方面所取得的成果的回顾总结，具有承前启后的作用；第三节“思想政治教育理论建设的深化”，是探索“深化”的途径问题，为此，作者提出了“关注新问题”“切准真问题”“聚焦大问题”的研究思路；第四节“增强思想政治教育理论研究的独立品性”，着重强调学术研究要在体现“独立品性”上下功夫，旨在强调要体现本学科自己的风格与气派。这四个方面，又以“邓小平关于思想政治教育的理论思考”为重点，统率全局。人所共知，邓小平理论是马克思主义在中国发展的新阶段，是当代中国最高水平的马克思主义。邓小平关于思想政治教育的理论思考，无疑既是我们学习和研究的重点，也是探索“思想政治教育理论建构”的关键所在。本书将之列为第一节，这就抓住了全章的“纲”，或说抓住了主要矛盾，从而产生了纲举目张的良好效果。这种探索的路径，无疑又应予以高度肯定。

（四）坚持与时俱进，全力彰显时代精神

“与时俱进”是当今的时代精神，我们的学术研究，毫无疑问也应体现这一精神。本书在这方面也下了相当大的功夫，其字里行间透射出浓郁的时代气息。例如，本书在论及“文化安全”问题时，指出：“我国的文化安全问题，最为集中地表现为我国社会主义文化的独立性、方向性和主导性面临着不同程度的挑战。”据此，作者将之概括为三个方面：

（1）现代科学技术的发展推动的信息化、经济全球化对我国社会主义文化的独立性提出了挑战；

（2）世界多极化格局一波三折、曲折发展以及与此相应的国际竞争、斗争的日趋激烈和复杂对我国社会主义文化的方向性提出了挑战；

（3）国内改革开放的深入发展对社会主义文化在我国社会主义领域的主导性提出了挑战。

在这里，作者为了说明我国文化安全所面临的挑战，紧紧抓住了当今的时代特点，其中涉及“信息化”“经济全球化”“世界多极化格局”“我国改革开放”等一系列概念，这些概念从不同侧面反映了当今时代的复杂情况。把“文化安全”面临的挑战问题，放在时代格局的视域中来探讨，这就使研究建立在对当今时代有着相应了解的基础上，从而保证了研究结论的科学性，体现了作者坚持与时俱进的研究原则。

综上所述，本书在一些方面所取得的研究成果和在有些探索方面所作的有益尝试，的确有自己的独到之处，其立论视角之新颖，创新思维之活跃，中心内容之突出，时代气息之浓郁，及其理论探索之功力，都显示出自己的特有优势，值得予以重视。当然，作为一部新著，它也有自己的不足。作者将思想政治教育放到“文化视野”中来探讨，这本是一种有益的尝试，而且其探索也取得了许多积极成果，对此，应予以肯定。但是，作者忽略了一项重要工作，那就是对思想政治教育与“文化”的内在联系未作专题正面论述，应当说这是一个缺陷。试想：本书若在前面加一篇《导论》，重点阐述思想政治教育与“文化”的紧密关系，那就能收到画龙点睛的效果。尽管存在这一不足，但不妨碍本书仍是一部值得一读的好书。

沈壮海同志是一位相当勤奋的青年学者，他获得博士学位后五年多，在本专业领域奋力拼搏，孜孜以求，继《思想政治教育有效性研究》被作为《武汉大学学术丛书》推出后，他又先后出版了《先进文化论》（独著）、《我的校园我做主》（主编）、《新时期未成年人思想道德建设概论》（主编）等多部新著，其积极进取的治学精神受到学界关注，已于去年被遴选为本专业最年轻的博士生导师。这部新著完成后，他送给我看，并邀我为之撰序。我欣然应允，乃将自己尚不成熟的读后感如实陈述于上，是为序！

（原载沈壮海《思想政治教育的文化视野》，人民出版社 2005 年版）

五　深研中华民族精神，为建设现代精神文明贡献力量

——为胡孝红博士《中华民族精神论纲》所撰的序

中华民族精神是我们民族的先民们在长期劳动、生活实践中创造出来的具有我们民族风格的、积极向上的思想精华的总概括。我们民族在五千多年的文明进步历程中，创造了人类文化史上极其辉煌的一页，其中有关中华民族精神的优秀成果尤为光辉夺目，催人奋发，引人向上。例如，在先秦百家争鸣时期，儒家大力倡导的“天下为公”精神、“泛爱大众”精神、“自强不息”精神、“厚德载物”精神、“尚中贵和”精神；墨家大力倡导的“兼爱无私”精神、“勤劳俭朴”精神、热爱和平精神、崇尚贤才精神、交往互利精神；道家大力倡导的“道法自然”精神、“弱能胜强”精神、“返璞归真”精神、“知足常乐”精神以及“无为而无不为”精神；法家大力倡导的“明法审令”精神、“法不阿贵”精神、“清正廉洁”精神、“为民请命”精神以及“大义灭亲”精神等，都属于优秀中华民族精神的重要内容，是古代先哲对构建中华民族精神的创造性贡献。江泽民同志曾把中华民族精神的基本内容概括为“以爱国主义为核心的团结统一、爱好和平、勤劳勇敢、自强不息”等，可以说抓住了中华民族精神的实质性部分。中华民族精神是中华民族集体智慧的结晶，是民族凝聚力和向心力的发源点，是推动本民族不断走向文明进步的力量源泉。

中华民族精神不仅在古代对我国各民族的文明进步产生过十分积极而深远的影响，而且，对我们今天的社会主义精神文明建设仍有不可估量的现实价值。正是有鉴于此，继江泽民同志在党的十六大号召“弘扬和培育民族精神”之后，胡锦涛同志又在中央宣传思想工作会议上强调要“坚持把弘扬和培育民族精神，作为宣传思想战线极为重

要的任务”，切实抓好。中央领导的这些指示，是提高民族自尊心、自信心的客观需要，是推进我国先进文化建设的重大举措，是深化国民教育的关键环节，是实现民族复兴的可靠保证。它表达了全民族的共同意志和愿望，得到了全党和全国人民的热烈拥护和广泛支持。

由于弘扬与培育中华民族精神是当今时代的客观需要，因而从理论上对中华民族精神进行深入研究和系统阐发，就成为摆在当代理论工作者面前的一项光荣使命。胡孝红博士这部《弘扬与培育中华民族精神研究》的新著，正是顺应历史发展大势，自觉肩负起时代赋予的重大使命的自觉行动。全书以党的十六大精神为指导，运用马克思主义唯物史观和一系列新的科研方法，对中华民族精神的内涵、特征、功能、主要内容和基本表现形态以及弘扬与培育中华民族精神的途径、方法等问题，进行了系统的理论探索。其思想之新颖，内容之丰富，论证之有力，语言之流畅，均给人留下了深刻印象。可以说，这部新著，以其追踪历史的脚步、回应时代呼唤的情怀，对中华民族精神所涉及的一系列重大理论问题，展开了纵横驰骋的理论探索，表现出作者具有驾驭重大研究课题的学术素养和理论勇气。

（一）对民族精神之历史与内容进行了较为深刻的学术考察

中华民族精神有着通贯古今的演变历程和无比深厚的历史根基。对此，本书作者有自己的独到认识。他在第一章“中华民族的优良传统”中写道：“中华民族精神是中华民族几千年历史实践过程中所形成的民族意识，是中华民族几千年文化传统长期陶铸的产物，是中华民族几千年传统文化中促进民族发展的积极的精神力量。”基于这一认识，作者对中华民族精神发展的客观历史，进行了相当用功的学术考察。他把研究的触角伸入到先秦百家争鸣的学术殿堂，分别考察了儒家、墨家、道家和法家对构建中华民族精神的理论贡献，揭示了儒、墨、道、法诸家在民族精神理论构思方面表现出的多元互补的特性，从而收到了以史证论的良好效果。在此基础上，书稿又从理论与历史实际相结合的角度，对中华民族精神的主要表现形态——“团结统一”“爱好和平”“勤劳勇敢”“自强不息”等，分别进行了重点剖析。这种探源溯流的理论考察，一方面，在一定程度上揭示了中华民族精神悠久的历史渊源和深厚的民族根基；另一方面，展示了中华民族精神的丰富内容和广阔视野，为人们正确认识中华民族精神形成发展的历史和把握其丰富多彩的深刻内容，提供了有价值的理论参考。

中华民族精神的核心内容和集中表现，是爱国主义。对此，本书作者体验尤深，他将《中华民族精神的核心——爱国主义》列为专章，进行重点论述，指出："爱国主义是一种把关心和维护祖国利益、推动祖国进步作为自己的最高职责和行为准则的精神追求，是千百年巩固起来的一种对祖国忠诚与热爱的思想感情的表达，是社会高尚道德和人间正气的体现。"这些概括，正确地揭示了"爱国主义"的深刻内涵，说明了弘扬爱国主义精神的深远意义。为此，作者以饱满的热情，对"爱国主义"作为中华民族精神的"核心内容"，进行了深入而系统的探讨，先后论述了中华民族爱国主义的基本特征、表现形态、理论价值等重大问题，并从理论上回答了"为什么爱国主义是中华民族精神的核心"这一时代新课题。这种关照全局、突出"核心"的学术研究，确实能给读者以许多发人深思的理论启迪，实属难能可贵。

（二）"五四"以后中国人民对丰富充实中华民族精神所作的重大贡献

中华民族精神既是历史的沉淀，又是历代炎黄子孙承前启后、薪火相传的结果。这里不仅包括前人的理论创造，也包括后人对之继承与弘扬的再创造所渗入的心血。这就决定了中华民族精神具有与时俱进的品格。作者认识到这一点，在本书第四章以"中华民族精神在现代的丰富和发展"为题，集中探讨了自五四运动以来中国人民对丰富和充实中华民族精神所做的杰出理论贡献，指出："从'五四'运动起，中国历史揭开了现代的篇章。现代史，是中国人民振兴中国、英勇奋斗的历史，也是中华民族精神在新的历史时期得到进一步丰富和发展的重要阶段。"据此，本书对五四运动以来中国人民创造出的一系列新的民族精神成果进行了重点阐述，其中主要有：以科学民主为旗帜的"五四"精神；不畏艰险、敢于胜利的长征精神；自力更生、团结奋进的延安精神；独立自主、艰苦创业的大庆精神；无私奉献、助人为乐的雷锋精神；鞠躬尽瘁、为民谋利的焦裕禄精神；实事求是、一切从实际出发的唯物精神；改革开放、勇于创新的革新精神，等等。这些精神是中国人民自五四运动以来顺应历史发展的需要提出来的。它们既是对中国古代传统民族精神的继承，又是在新的历史条件下回应历史呼唤所做出的新创造。客观地对这些情况予以揭示，表明作者在本课题的探索中，正确地顺应了民族精神与时俱进的品格，将本课题的研究引向深入。这无疑又是值得称道的。

（三）注重理论与实际相结合，坚持在服务现实方面下功夫

理论研究必须服务于现实。这既是理论保持旺盛生命力的基本条件，又是理论工作者研究价值得以实现的必经路径。我们的理论研究，如果不能服务现实，其结果必然陷入空谈的流弊。正是有鉴于此，本书始终坚持理论为现实服务的正确方向，使理论与实际得以共融。作者把中华民族精神的研究同中国特色社会主义建设紧密结合起来，认真探讨弘扬与培育中华民族精神同先进文化建设的关系、同社会主义精神文明建设的关系、同公民道德建设和国民教育的关系、同构建社会主义和谐社会的关系，等等。这些探讨，一方面，高扬时代精神，进一步揭示了弘扬与培育中华民族精神在当今的重大价值；另一方面，由于正确思考、处理上述关系，进一步明确了弘扬与培育中华民族精神的正确途径与方法，为人们从不同角度弘扬与培育中华民族精神提供了具有方法论启迪意义的理论参考。

总之，这部新著，围绕弘扬与培育中华民族精神这一主题，展开了从宏观到微观、从历史到现实、从理论到实践的系统探讨，其中既展现出作者的创造性思维，又透视出这一课题所包容的丰富内涵以及作者的研究功力。它给人以浓重的历史感，扎实的学术感以及强烈的现实感，的确是一项值得关注的思想理论教育新成果。

需要说明的是，关于中华民族精神的研究，是一个具有时代特色的新课题。对于这一课题，虽然过去有学者发表过一些论文，但未见到在这方面进行过系统研究的专著。而且由于时代的进步，过去的研究成果到了今天也难以回答时代提出的新问题。因此，作者在研究中，可供借鉴的资料十分有限。这种局限性，也难免使本书在某些方面还显得不够成熟或说不够完善。但是，作为一位青年学者的研究成果，其所达到的理论高度和所显示出的专业功力，可以说是同类著作中所不多见。而且，其存在的问题将随着作者研究的深入，会逐步得到解决。在此，我愿以满腔热情将此书推荐给读者诸君。

胡孝红博士长期执教于湖北三峡大学，于2001年考入武汉大学马克思主义理论与思想政治教育专业攻读博士学位，其研究方向为中国传统文化与当代中国思想道德建设。求学期间，他十分关注中华民族精神方面的理论研究，发表过多篇相关论文。毕业回原单位后，晋升副教授并担任学校教务处的领导工作，仍然继续自己的理论探索。这部书稿，是在他博士学位论文的基础上，进行改铸、加工、充实、提高的成果。书稿完成后，他约我为之写序，我欣然应允。作为他的导师，我为他的勤奋治学和在专业方面的建树，感到由衷的欣慰。希望胡孝红同志永远谦虚谨慎，戒骄戒躁，百尺竿头，更进一步！是为序。

（原载胡孝红《中华民族精神论纲》，中国社会科学出版社2006年版）

六　探索社会公德教育的可贵尝试

——为席彩云博士《当代社会公德教育研究》一书所作的序

社会公德是社会整体道德的重要组成部分。社会整体道德，由社会公德、职业道德、家庭美德以及个人品德四个方面构成。其中，社会公德居于前沿地位，处于较高层次，是社会整体道德的风向标和测量器。就是说，一定阶段的社会公德所达到的水平，常常可以反映整个社会的道德面貌；我们透过某阶段的社会公德状况，可以推知该社会阶段的总体道德素养。从这个意义上说，对公民进行社会公德教育，帮助公民在新的历史条件下提高社会公德素养，就显得特别重要、十分迫切。正是基于这一认识，席彩云同志在攻读博士学位期间，选择了“社会公德教育研究”这一课题，进行了深入探讨。这部《社会公德教育研究》新著，即是该课题的研究成果。

“社会公德教育研究”，是一项难度大、内容新、时代感强的重要研究课题。这一课题，需要回答一系列重要理论问题，比如：什么是社会公德教育？为什么要进行社会公德教育？怎样进行社会公德教育？这些问题，从表面上看，似乎并不难答。但是，当你一旦深入下去，就会遇到许多棘手的问题。特别是其中不少问题，前人未有涉猎，需要自己独出心裁，进行从宏观到微观，从理论到实践的大胆探索。而在这方面，作者的确用了心力，流了汗水，也取得了值得赞扬的可喜收获。综观全书，不仅较为系统、深刻地揭示了社会公德教育的概念、功能及研究对象；而且，用了相当的气力，对中外社会公德教育史、当代中国社会公德教育现状与目标、当代社会公德教育的基本内容进行了较为全面的理论探讨；最后，对当代社会公德教育的模式、路径、方法提出了自己的构想。这些论述，从不同侧面对上述三大问题作了自己的理论回答。其内容之丰富，思想之新颖，主题之鲜明，时代感之强烈，均给人留下深刻印象。其主要收获，在我看来，主要有以下几点。

（一）对中外社会公德教育史进行了力所能及的概括表述

要研究社会公德教育，就不能不认真总结中外有关社会公德教育的历史经验。在这方面，作者颇为用功，他对中国古代和西方的社会公德教育，都作了有一定深度的理论探讨。

第一，关于中国古代的社会公德教育问题。中国古代有无社会公德观念？按照梁启超的说法，“吾中国道德之发达，不可谓不早，虽然，偏于私德，而公德殆阙如”；“我国民最缺者，公德其一端也”[①]。不难看出，这是肯定中国古代缺乏公德观念，因而也自然不存在社会公德教育现象。这个看法，其实是不全面的。须知，道德是生产关系的产物。诚然，中国古代由于历史条件的限制，不可能有近代意义上的，即与资本主义生产关系相适应的社会公德观念，但是我们绝不可

① 王德峰：《国性与民德——梁启超文选》，上海远东出版社1995年版，第47页。

以说中国古代没有公德观念。马克思主义认为，社会公德是人类道德发展史上最早出现的一种特殊的道德表现形态。在原始社会，由于原始氏族公社制的存在，人们过的是聚居群处的公共生活，当时所有的道德规范，都是作为社会公共生活准则来要求社会成员，因而那时的社会公德，也就是社会所有道德原则和规范的总和。这就是说，当时的社会公德和社会总体道德是重合的，因此，人类社会道德的形成，最初表现为社会公德的形态。它的基本内容，可以归纳为三个方面：一是体现了原始集体主义的价值取向；二是体现了平等和协作的精神；三是表现了对勤劳、勇敢、刚强、正直等优良品德的追求。

我国的历史发展，大约从夏代开始进入奴隶制时代。由于阶级的出现，社会道德开始打上了阶级的烙印。于是，社会既有代表统治阶级利益的道德观念，又有反映劳动人民或被统治阶级利益的道德观念，既有社会整体道德，又有各种与社会整体道德相关联的特殊道德规范，社会公德只是其中之一。如前文所述，原始社会的公德，实际上代表了该社会的全部道德。而到了阶级社会，社会道德的内容更加复杂，表现形式更加多样。但尽管其千变万化，社会公德总是以独特的形式存在着。中国古代，封建社会长达两千余年，可以说，社会公德从来都在继续，只是它的存在都同封建社会经济关系相适应。封建农业，男耕女织，自给自足，社会公共生活范围极为狭窄，因而社会公德的规范也极为有限。尽管有限，但仍然有社会公德的存在。只是当时的社会公德观念，尚夹杂在社会整体道德观念之中而无明确分类，需要我们加以筛选、过滤，才能清理出相应的社会公德成分。如儒家所倡导的“天下为公”观念、“仁者爱人”观念、“同舟共济”观念、“报效祖国”观念、“仁民爱物”观念以及“民胞物与”观念等，都可以剥离出与社会公德相一致的道德观念。所以，如果简单地说“中国古代缺乏公德观念”，那是片面的，不合于历史的实际，应当加以纠正。本书作者正是看到了这一点，因而大胆地对中国古代的社会公德教育进行了概括总结。她认为，中国传统社会公德教育，就内容而言，集中表现在大力倡导“仁义合一，义利和合”“修身养德，治平天下”“诚实守信，尚朴贵真”“尚礼贵和，厚德载物”四个方面；而在教育方法与途径方面，则表现为以“人伦纲常”的秩序规范公德教育，以“安老”“怀少”的情感支撑社会公德教育，以“化性起伪”的方法提升社会公德教育，以“忠恕之道”深化社会公德教育，以“知、情、意、行”衔接社会公德教育。这些概括，虽不一定全面、贴切、稳妥，但在前人尚未有定论的情况下，作者大胆阐述自己的研究所得，却又值得肯定。而且其所论，也确实不乏理论上的系统梳理和探索启迪的意义。

第二，关于西方社会公德教育问题。西方的社会公德观念，起源于古希腊，在近代和现代又得到了进一步丰富和发展。本书对西方古代、近代和现代的社会公德教育，作了概略性的表述。在古代，着重概述了古希腊思想家德谟克利特、苏格拉底、柏拉图、亚里士多德四位著名学者有关社会公德教育思想的基本成果及其理论贡献。古代希腊学者关于公民道德教育观的理论，是建立在希腊城邦公民社会背景和生产关系基础之上的，因而是历史的产物，它深深打上了城邦社会的烙印。

在近代，本书着重介绍了十七八世纪西方著名学者有关社会公德教育的理论成果，其中有捷克教育家夸美纽斯的“人文主义”公德教育观、英国科学家培根的“公共善”公德教育观、英国哲学家洛克的“自由主义”公德教育观、法国著名启蒙思想家卢梭的“自然主义”公德教育观、德国著名哲学家黑格尔的古典“理性主义”公德教育观，等等。这些思想家，都是在西方文艺复兴中涌现出来的杰出代表。他们的公德教育理论虽然各具特色，却均在一定层面上表达了对人类的人文关怀，是人文主义和理性主义相结合的产物。

关于现代西方的公德教育，本书着重阐述了四大理论体系：一是“现代公德理论的重心，是人的行为和社会制度的正义与公正规范论”；二是“通过教育提高受教育者对社会公德的理性认知论”；三是“道德教育可以改变人性论”；四是“人本主义公德教育论”。所有这些理论，都有其背后的生产关系所承系，出之有因，可以说是针对西方文明进步中出现的道德现实问题而发的。他们为医治西方社会病症所开出的药方虽各不相同，但突出人的价值，却是基本一致的。

作者还认识到，西方自文艺复兴以后，进入了资本主义社会。由于生产力的迅猛发展，物质文明的大幅度提高，社会公共生活领域一天比一天扩大，以至今天出现了经济全球化的局面。社会公共生活领域的频繁交往，进一步推动了社会公德的发展进步。其基本特征有：一是具有广泛性，它的内容涉及社会生活的各个方面；二是具有简易性，易于为人们所理解、掌握，并付之于行动；三是具有稳定性，许多公德内容具有超时间、超地域的特性；四是具有开放性，它随着社会的进步发展，不断增加新的内容；五是具有群众性，不管是什么阶层的人，在公共生活领域，都要自觉遵循公德规范。

“他山之石，可以攻玉”，西方有关公德教育的这些成果，都值得我们加以借鉴。但是，也应当看到，由于资本主义私有制内在固有的矛盾和资产阶级利己主义道德信条的影响，使西方世界公德建设面临一系列难以解脱的困境。一些人思想空虚，精神颓废，丧失对生活的信念，以至吸毒、嫖娼、豪赌、自杀、信仰邪教、实施恐怖性屠杀等犯罪活动非常频繁，从而使西方社会公德教育陷于极端困难的境地。这一切，无疑又值得我们高度警惕，自觉抵制，努力防范。

应当说，作者对西方公德教育史的概括总结，虽然还可以进一步推敲、完善，但其所涉内容，基本上具有系统性、概括性，且已达到了相应的理论深度，必将给读者以多方面的理论启迪和现实借鉴。

（二）对当代社会公德教育内容作了较为系统、深刻的阐述

关于社会公德教育基本内容的探讨，是本书的中心环节，作者用功较多。她集中阐明了三大问题：

第一，要注重引导受教育者认识社会公德的价值。作者认为，社会公德反映了社会公共生活正常运行和经济社会健康发展的基本要求，体现了社会公众的共同利益和价值认同，是人类人际交往活动中道德智慧的历史凝结，是每个社会成员必须自觉遵守的行为规范。为了保证社会公德的顺利推行，我们必须向被教育者进行公德价值教育，帮助他们提高遵循社会公德的自觉性。为此，她概述了社会公德教育的三大意义：一是体现了时代发展的必然性和紧迫性；二是有利于维护社会安定有序发展；三是有助于促进各个社会成员的全面发展。这些结论性的认识，持之有故，言之成理，均给人以内容新颖的感受。

第二，要帮助受教育者全面把握社会公德的类型结构。作者认

为，社会公德的类型结构，主要指普遍依赖于各种社会条件基础上、其内部构成以及各要素间相互作用而形成的系统。从社会公德实践活动所涉及的领域来看，社会公德实践活动总是在相应的有机系统中展开。在该系统中的公德实践活动，应当根据活动的主体角色、关系对象、活动地域环境等因素差异，结合当前社会环境变迁，在结构组成上表现为不同的社会公德类型，其中主要有：一是从社会成员角色视角来划分的"公共角色道德"。这一公德类型的确定，旨在帮助人们认识自己在特定场合所处的角色，并自觉遵守和履行相应角色的道德义务。二是从所处场所视角来划分的"公共场所道德"。这一公德类型的确定，旨在引导人们在公共场合中自觉遵守和维护公共场所道德规范。三是从现实人际关系视角来划分的"公共人际道德"。这一公德类型的确定，旨在引导社会成员在公共生活领域自觉遵守公德规范，以协调自己和他人的关系。四是从虚拟人际关系视角来划分的"公共网络道德"。这一公德类型的确定，旨在帮助社会成员在身处虚拟公共空间时，自觉遵循相应的公德准则。五是从人与自然关系视角，来划分的"公共生态道德。"这一公德类型的确定，旨在帮助社会成员在开发、利用、分配与消费人类共同的自然环境资源时，遵守以"保护环境"为目标的公德基本要求。这些论述，不仅客观地揭示了公德类型结构的特殊性，而且说明了对之自觉遵守的必要性，从而丰富和充实了公德教育内容。

第三，要按照《公民道德建设实施纲要》（以下简称《纲要》）的要求，大力传播社会主义公共道德的基本规范。作者强调说，《纲要》指出："社会公德是全体公民在社会交往和公共生活中，应该遵循的行为准则，涵盖了人与人、人与社会、人与自然之间的关系。在现代社会，公共生活领域不断扩大，人们相互交往日益频繁，社会公德在维护公共利益、公共秩序、保护社会稳定方面的作用更加突出，成为公民个人道德修养和社会文明程度的重要表现。要大力倡导文明礼貌、助人为乐、爱护公物、保护环境、遵纪守法为主重内容的社会公德，鼓励人们在社会上做一个好公民。"《纲要》的这段文字，精辟地概括了社会公德的基本内容及其作用，为我们当前的公德内容教育指明了方向。按照《纲要》的要求，作者紧扣"文明礼貌、助人为乐、爱护公物、保护环境、遵纪守法”五句话二十个字，进行条分缕析，深入讲解，以便帮助人们理解基本精神，并努力付诸实践。

以上关于社会公德教育内容的概括，既贯穿了《纲要》的基本精神，又汲取了今人的研究成果，从而保证了公德教育内容的正确性、重要性、引导性、前沿性，使公德教育内容形成了一个完整的体系。这在充实公德教育理论上，有一定的参考价值。

（三）对当代社会公德教育所涉机制、模式、方法等作了较为清晰的理论探讨

本书的又一重大收获，是对当代社会公德教育机制模式和方法路径作了系统而清晰的理论探讨。

第一，关于公德教育的机制与模式的探讨。作者认为，社会公德教育的机制模式，主要是指在公德教育方针的指导下，为顺利有效达到教育目标而捕捉到的良性运行机制和教育手段的运用模式。就良性运行机制而言，有公德教育内容的完善机制、公德教育力度的整合机制、公德教育的价值取向和舆论导向机制、公德教育的保障和奖惩机制，等等。就公德教育的手段运用模式而言，有“主客交换”的激发式教育模式、有“深入浅出”的生活化教育模式、有“层级递进”的差别性教育模式、有“情理结合”的人性化教育模式，等等。这些公德教育良性运行机制的发掘和公德教育手段模式的创造性运用，都有助于提高公德教育的效果，深化公德教育的理论，因而值得重视。

第二，关于公德教育的方法与路径的探讨。作者认为，公德教育成效的大小，还同正确的教育方法和路径的合理选用分不开，并就此进行了理论思考。关于公德教育方法，作者提炼出“公德观念培养法”“公德情感培植法”“公德习惯养成法”等基本方法，并分别对之作了具体而生动的论述；关于公德教育的基本路径，作者强调：一是要坚持多种教育方式的协调结合；二是要使显性教育与隐性教育相结合；三是要使公德教育的内化与外化相结合，四是要坚持内部环境建设与外部环境建设相结合，等等。这些教育方法的厘定和教育路径的选定与运用，都有助于将公德教育推向新的境界，必将在公德建设的实践中产生相应的理论影响。

总之，本书在以上三个方面的理论探讨中，都取得了值得肯定的重要成果。当然，由于本课题所涉的面较宽，所触及的内容较新，所面对的问题较实，因而使研究具有相当的难度，以致难免存在这样或那样的不足。例如，就总结中外社会公德教育经验而言，尽管作者在这方面的研究，也取得了可喜收获。但是，由于这一问题的探讨，在时间上涉及数千年文明史，在空间上涉及中国和外国的广阔地域，这对于一位青年学者来说，确实不易驾驭，因而有一些明显的不足。特别是在行文中，有时未能将社会公德教育成果从一般道德教育成果中提炼出来，以致削弱了历史经验的借鉴价值。尽管存在这些问题，但不妨碍《社会公德教育研究》仍是一部有理论深度和现实价值的新著。且存在的问题，也可在今后的研究中逐渐得到解决。

席彩云同志从本科习业，到修得硕士学位、攻读博士学位，一直在思想教育专业领域进行不懈探索，并将所学知识努力付诸实践。她曾多年担任共青团武汉大学委员会副书记，后又改任武汉大学文学院党委副书记，从事的都是大学生的思想教育工作，既有理论知识，亦有实践经验。这部新著，就是在其博士论文之基础上增改修饰而成的。其博士论文完成后，曾得到有关专家的好评。这次书稿付梓前，约我为之撰序，我欣然应允，便将读后感述之于上。希望席彩云同志再接再厉，继续拼搏，在今后的学术研究和实际工作中，取得更大成绩！是为序。

（原载席彩云《当代社会公德教育研究》，湖北人民出版社 2008 年版）

七　一部全力探索社会主义核心价值观教育的新著

——为邱国勇博士《社会主义核心价值观教育研究》一书所作的序

继党的十六届六中全会提出“社会主义核心价值观体系”这一新理念之后，党的十八大又提出了“社会主义核心价值观”的新概念。“社会主义核心价值体系”的基本内容，指的是：1. 马克思主义指导思想；2. 中国特色社会主义共同理想；3. 以爱国主义为核心的民族精神和以改革创新为核心的时代精神；4. 社会主义荣辱观。这四项内容，互相联系，相辅相成，共同构成了关于社会主义核心价值的科学体系。“社会主义核心价值观”，则由三个“倡导”组成，即倡导富强、民主、文明、和谐，倡导自由、平等、公正、法治，倡导爱国、敬业、诚信、友善。这三个“倡导”，分别从国家层面、社会层面、公民层面表达了当代中国对社会主义核心价值的追求。从“社会主义核心价值体系”的确立，到“社会主义核心价值观”的提出，表明中国共产党对社会主义核心价值理论的思考，不断深化和完善，是党运用社会主义核心价值理论引领社会思潮、凝聚社会共识、增进社会和谐、强化时代精神的伟大创举，对于发挥文化引领风尚、教育人民、服务社会、推动发展的功能至关重要，值得我们好好学习，为传播践行社会主义核心价值理论做出应有贡献。

正是基于上述考虑，江汉大学青年学者邱国勇博士，以极大的理论勇气，著成《社会主义核心价值观教育研究》一书。全书以马克思主义唯物史观和党的十八大精神为指导，以社会主义核心价值理论为研究对象，站在当今改革开放的时代高度，对中国共产党关于“社会主义核心价值观教育”这一重大课题，作了从宏观到微观、从历史到现实、从理论到实践的深入探讨。作者首先指出：“核心价值观是指在诸种价值观的对比中，处于核心地位的价值观；核心价值体系是由多种核心价值观组合而成的价值认识共同体。他们的关系是：核心价值体系覆盖核心价值观，核心价值观体现核心价值体系的基本精神和中心思想。两者相辅相成，相互支撑，均传达了当代社会主体的核心价值观取向。”这个概括，简洁而鲜明，既阐明了核心价值观和核心价值体系的基本内涵，又揭示了两者的内在联系。从而为该书的整体研究，提供了入门导向。全书具有下列一些基本优点或特征：

（一）选题富有现实意义

关于社会主义核心价值的理论，是中国共产党近年来的重要理论创造，它的提出，是中国化马克思主义理论的光辉成果和卓越贡献，对于用一元价值观来引领多元价值观，对于丰富人民的精神世界、增强人民的精神力量，对于团结带领人民坚持马克思主义理论的指导，坚持中国特色社会主义道路，大力弘扬民族精神和时代精神，正确处理荣与辱的关系，都有着十分重大的理论参考价值。正是基于这一原因，学习与研究社会主义核心价值理论，成为全党和全国各族人民的迫切需要。如习近平同志所指出的："每个时代都有每个时代的精神，每个时代都有每个时代的价值观念。"① 当今，我国正处在改革开放日益深化的新时期。在这一新时期，广大群众都在通过自觉学习，以求把握和践行社会主义核心价值观。为了使群众的学习取得成效，特别需要新的理论研究成果提供启示与参考。本书选定的研究课题及取得的成果，正好适应了这一需要。它不仅可以帮助广大群众解答学习中遇到的某些难题，而且可以广泛凝聚群众的智慧，梳理群众的理论创造，吸纳群众的研究成果，从而将社会主义核心价值理论的研究推向深化。这一切，对于优化全社会价值共识、激励人民群众文明进步、鼓舞全体公民奋发有为、凝聚社会聪明才智，无疑都具有不可估量的现实意义。

（二）全书内容丰富充实

全书在《导论》之下，分为九章，从不同视角探讨了与社会主义核心价值观相关的一系列理论问题，其中既包括古今中外有关核心价值观教育的历史经验与理论借鉴，又包括社会主义核心价值观教育所涉及的文化资源、范畴体系，还包括对社会主义核心价值观所涉及的教育载体、教育机制、教育途径和教育方法等一系列重要理论问题的深入探讨。这些探讨，既广泛地对中国历代推行核心价值观教育的情况作了深入考察，又重点地对外域发达国家实施核心价值观教育的经验借鉴作了客观分析，还生动地对当代我国文化建设同核心价值观的内在联系，作了深入探讨和细致分析。其视角之宽阔、涵盖面之广泛，都给人以强烈感受。特别是在教育机制、教育途径、教育方法方面所作的系列考察，生动而具体，详尽而深刻，的确展示了内容丰富、充实的鲜明特色。

① 《习近平谈治国理政》，外文出版社 2014 年版，第 168 页。

（三）书稿勇于开拓创新

由于“社会主义核心价值观”是一项富有时代特色的新事物，它既是中国共产党近年来在领导中国特色社会主义文化建设的征程中提炼出来的新观念，又是党在中国化的马克思主义建设中创造出来的新思想。对于这一重大理论，国内学界的研究刚刚起步，要承担起“社会主义核心价值观教育研究”这一新课题，很难找到现成的研究成果以资借鉴，必须依靠自己的创新思维，去驾驭写作之舟。在这方面，作者确实付出了很大努力，对该课题需要回答的理论问题，提出了自己的独到见解。例如，该书在“社会主义核心价值观教育的方法”这一章（即第九章）中，作者从“基本方法”“具体方法”与“社会方法”三个层面展开论述，对三种类型的教育方法都作了详尽探讨。特别是在阐明“社会主义核心价值观教育的具体方法”时，该书提出了七种相关方法：一是“运用综合手段，优化预测分析方法”；二是“学习西方经验，引进议题设置方法”；三是“权威教育，强化灌输方法”；四是“大众传媒，改进隐性教育方法”；五是“发挥教育主体作用，完善服务教育方法”；六是“做好两个结合，加强渗透教育方法”；七是“发挥先进科技功能，引进现代教育方法”。这七种教育方法，不仅内容十分新颖、别致，而且每一种方法都需要阐明其特定内涵和特定功能以及特定运用范围。它们均从不同层面显示出各自相对应的方法模式，其内容具体详尽，既可帮助理解，亦可便于操作，的确具有开拓创新的特色。

总之，《社会主义核心价值观教育研究》，是一部紧扣时代精神、体现时代特色的新著，其选题之新颖、内容之丰富，创新特色之鲜明，都值得大加肯定。

当然，金无足赤，书亦难尽善尽美。特别是核心价值观教育研究，是中国共产党在当代中国特色的社会主义文化建设中提出来的崭新课题，对于这一课题，我国学界的研究，也刚刚起步，因而很难找到可供参考的研究成果以资借鉴。这对于一位青年学者来说，无疑增加了研究的难度。因而书中难免存在某些薄弱之处而需进一步推敲、优化。尽管如此，该书仍是一部值得肯定的好书，而且，书中存在的问题，也不难在今后的研究中得到弥补、改进，使之更加成熟。

邱国勇同志是江汉大学马克思主义学院的青年教师，他长期从事思想政治教育理论与实践的教学与研究，并取得了一系列相应的学术研究成果。这部著作，乃是在他的博士论文的基础上扩充而成的。书稿完成后，他邀我为之作序，我欣然应允。作为他的导师，我为他在学术上奋力拼搏、勇于攀登，感到由衷的欣慰。祝愿他在学术上再接再厉，勇往直前！是为序。

（原载邱国勇《社会主义核心价值观教育研究》，人民出版社2014年版）

八　吸取国学知识雨露，领略国学经典智慧

——为湖北省孔子学会集体编纂的《国学经典诵读》教材所作的序

国学，用张岱年先生的话说，就是“中国学术”。作为一种学术，它不同于一般的学术，而是我们的祖先在创造中华文明的伟大进程中积累起来的丰硕成果和文化结晶的总概括。它集中展现了民族的智慧，凝聚着民族的性格，传承着民族的精神，表达了民族的价值取向和人文追求，是我们伟大祖国不断进步发展的强大动力和精神支撑，是中华民族长期屹立于世界民族之林的可靠保证。正是从这个意义上，我们可以把国学称之为中华民族的“根”或说“民族魂”。也正是有鉴于此，党中央明确做出了“弘扬中华文化，建设中华民族共有精神家园”的伟大战略部署。随着这一战略部署的推进，普及与传播国学的重要性，已愈来愈为人们所认识。

当代中国要实现中华民族伟大复兴，必须首先复兴国学。这是一项伟大的工程！它关系着国家的未来、民族的振兴、社会的和谐、时代的进步，应当做好奠基工作。为此，就需要从少年儿童抓起，让少年儿童从小就能接受国学成果的熏陶，吸取国学知识的雨露，领略国学经典的智慧，以便为未来掌握国学、运用国学奠下扎实的根基。基于这一宗旨，近年来，我国从南到北，从东到西，在少年儿童中掀起了读经热潮。应当说，这是一个好的开端，它表明引导少年儿童学习

中华典籍，已引起了社会和家长们的普遍重视。顺应这一潮流，进一步引导好少儿读经活动，已势在必行。

总结以往少年儿童读经活动，有一点特别需要取得共识，那就是要适时编写少儿读经教材。一些地方重视开展少年儿童读经活动，但却忽视了编写适宜的教材。他们让少年儿童整本地去背诵《三字经》《弟子规》或其他传统经典，难免产生这样或那样的副作用。比如，当今社会上流行的蒙学经典，一般都未能对原文做出“去粗取精”的阐释，学生读起来难免囫囵吞枣，不得要领；又如，传统经典，即使是优秀作品，也难免夹杂着封建性残渣，如果不经选择而传给少年儿童，必然会产生负面影响。拿《三字经》来说，乃是公认的优秀蒙学教材。但细读其文，其中也有一些封建杂质，例如：所谓“三纲者，君臣义”“君则敬，臣则忠”以及“幼而学，壮而行：上致君，下泽民；扬名声，显父母”等，都含有封建意识，必须本着“择精去粕”的原则，予以扬弃。这就需要对经典做必要的选择与诠释，以避免过去那种“精粕并存”“优劣同诵”的情况发生。基于这一认识，我们邀约省内长期从事国学研究的知名专家、学者，编成了这套《国学经典诵读教材》，供省内中小学相关年级教学使用。

这套教材的原文，是从我国历代相传的优秀中华经籍中撷取的，它们均具有思想内容纯正、人文意识浓郁、语言文字优美、流传无比广泛、读后引人入胜等先进文化特色。将之纳入教材后，经过编者的精心阐释，对于辅导少年儿童诵读中华经典，必将产生十分积极的导向作用。我们愿与从事中小学教育的老师们携起手来，共同为少年儿童学习中华经典，贡献力量！

（原载湖北省孔子学会编纂《国学经典诵读》全套教材，湖北教育出版社）

第八章　为相关思想教育类新著献序

近年来，随着思想教育专业建设的深入发展，一批批青年学者迅速成长，他们进入本专业队伍后，朝气蓬勃，思想活跃，给专业发展带来了欣欣向荣的新气象。其一个重要标志，就是有一系列思想教育新著作纷纷问世。我有幸给其中部分新著撰序，这里仅将部分序文刊出，借以说明自己阅读学习这些新著的体会。

一　一部深研思想政治教育有效性的力作

——为沈壮海博士《思想政治教育有效性研究》一书所作的序

如何提高思想政治教育的有效性？这是思想政治教育理论工作者和实际工作者所共同面临的急需解答的现实问题。因此，能否运用马克思主义、毛泽东思想和邓小平理论，结合时代发展的需要，从理论与实际的结合上回答这一问题，便成为思想政治教育继续发展的关键所在。在新的历史条件下，我们的思想政治教育如果不能产生实效，则它的价值、功能、地位就都没有着落，它的继续发展也就成为一句空话。

江泽民同志2000年6月在中央思想政治工作会议上的讲话中明确指出，党的思想政治工作决不是可有可无、无所作为的，而是必不可少、大有可为的。他进一步指出，面对新形势新情况，思想政治工作在继承和发扬优良传统的基础上，必须在内容、形式、方法、手段、机制等方面努力进行创新和改进，特别要在增强时代感和加强针对性、实效性、主动性上下功夫，这要成为今后加强和改进思想政治工作的重点。江泽民同志在这里提出的“今后加强和改进思想政治工作的重点”，其中就包括增强“实效性”这一关键环节。因此，探索思想政治教育有效性实现与增强的客观规律，乃是当代思想政治教育理论工作者义不容辞的重大使命，值得我们认真对待，深入思考，努力钻研，以便尽快帮助人们把握提高思想政治教育有效性的客观规律。

沈壮海同志的新著——《思想政治教育有效性研究》，以市场经济的确立与发展为历史背景，以马克思主义唯物史观为指导，顺应时代需要，对提高思想政治教育有效性所涉及的一系列问题进行了从宏观到微观、从历史到现实、从理论到实践的深入探讨，其思想之敏锐，观点之新颖，论证之深刻，为同类著作所不多见，读后使人耳目为之一新。

（一）重视对中外思想家关于思想教育有效性论述的深入考察

思想政治教育有效性的理论探讨，具有超时代、超地域的特性。两千多年来，我国一代代先哲都从不同的角度和时代要求探讨过这一问题；放眼世界，东西方各民族也都在不同地域、不同社会环境中探讨过这一问题。这些探讨，就其具有某些共性而言，对于我们今天关于如何增强思想政治教育有效性的理论思考无疑具有历史借鉴意义。

例如，清初启蒙思想家顾炎武，对于思想教育的社会效用就有自己的独特见解。他以“拯斯人于涂炭，为万世开太平”为己任，主张思想教育要在“经世致用”上下功夫。为此，他旗帜鲜明地反对宋明道学家“以明心见性之空言，代修己治人之实学”的腐儒学风，力主思想教育要在“转移人心，整顿风俗”上见实效，以“驯致乎治平之用”，使人们真正树立起“天下兴亡，匹夫有责”的社会责任感。显然，顾炎武关于思想教育有效性的论述，对我们今天提高思想政治教育的有效性具有不可忽视的启迪意义。

与此相一致，西方各民族思想家关于思想政治教育有效性的理论探索也有许多优秀成果值得重视。例如，古希腊著名哲学家亚里士多德认为，思想教育要“产生最佳效果”，就必须使“习惯的教导”和“理性的教导”协调一致。他所说的“习惯的教导”，具有“实践”的特色；他所说的“理性的教导”，具有理论的特色。这样，他实际上是说，只有坚持理论与实践相结合的教育，才能产生最佳的效果。毫无疑义，这一关于思想教育有效性所遵循的法则的论述，对于我们今天提高思想政治教育的有效性亦具有不可忽略的借鉴意义。

正是由于中外思想家关于思想教育有效性的理论成果在特定范围内都有其现实价值和为我所用的合理因素，所以，本书的作者用了较大的气力对中外思想家关于思想教育有效性的论述进行了系统的考察。就中国古代而言，本书系统考察了从先秦到明末清初两千多年中先贤们对思想教育有效性探讨的情况；就西方而言，本书系统考察了从古希腊到中世纪以至近、现代等各个历史时期中，西方诸民族思想家对思想教育有效性探讨的情况。这种从古到今、从中到外的理论考察，不仅显示了作者驾驭史料、贯通古今中外的理论勇气，而且也展示了本书研究的视角宽阔这一鲜明特征。本书将思想政治教育有效性问题的理论研究置于丰富的历史经验的基础上，因而使理论探索走向深入，且给人以借史宏论的深切感受。

（二）重视对现实思想政治教育有效性相关环节与法则的深入研究

我国古代思想家和西方思想家关于思想教育有效性的理论成果，虽然对于我们今天关于提高思想政治教育有效性的理论思考有借鉴意义，但是，它们毕竟是历史的产物，不可能替代今人从实际出发的必要研究，因而不能简单地照搬到现实中来。这是因为，思想教育具有鲜明的阶级性和社会性。它对“有效性”所要求的条件总是受阶级统治、社会条件的制约。不同阶级统治、不同社会制度、不同历史环境对思想政治教育有效性所要求的条件是不同的。因此，今人关于思想政治教育有效性实现规律的认识，不可能依靠前人为我们提供现成的答案，必须依靠我们自己的智慧，结合时代的新形势、新特点，进行自己的理论探索。

正是基于上述认识，本书作者在考察了中国古代和西方思想家关于思想教育有效性的理论成果之后，把着眼点转移到研究如何增强当代中国现实的思想政治教育有效性问题上来。在这方面，作者颇用功力。他把研究的方向伸向与提高思想政治教育有效性相关的各个环节，特别是思想政治教育所涉及的“要素”“过程”“结果”“规律”等，进行了一系列微观探索和细节考察。全书以思想政治教育活动的实际展开为序，从教育者、教育对象、教育目的、教育内容、教育方法、教育情境六个方面，分析了思想政治教育要素的有效性；从思想政治教育过程的内在结构及其运作的角度，揭示了思想政治教育过程的有效性；从思想政治教育结果的教育性、个体需要满足性以及社会需要满足性等层面，探讨了思想政治教育结果的有效性。在此基础上，作者从六个方面对思想政治教育有效性的运行规律进行了深入探讨和理论概括。其中不少论述，表达了作者的独得之见，给人以许多有益的启示。

例如，本书在论述“思想政治教育的有效进行对教育者的条件要求”时，将哲学家关于“主体性”的概念运用于研究思想政治教育现象，提出了“思想政治教育者的主体性”范畴，其所谓“思想政治教育者的主体性”，指的是“思想政治教育者的‘本质力量’”。这种“本质力量”，体现于思想政治教育者在组织、实施、调整思想政治教育活动中所体现出的“主体功能”的实际发挥。作者认为，思想政治教育的主体性体现在思想政治教育的实践活动中，但它却取决于思想政治教育者的特定意识和特定素质。在此基础上，作者进一步运用了“主体意识”与“主体素质”的概念，认为主体意识是思想政治教育者关于自身的自觉和明晰的认识，它包括思想政治教育者对于自身在整个思想政治教育中所具有的主体地位、主导作用，所担负的具体使命以及自身主体性活动对于社会、对于教育对象全面而深刻的认知；而主体素质则指的是施教活动主体（教育者）为有效地实现自己所担负的主体性功能所具备的一切条件的总和，其中主要有政治素质、人格素质、理论素质、能力素质等。这些概念和范畴的提出与运用，对于探讨和弄清有效地进行思想政治教育对教育者的条件要求无疑都是很重要的，不仅以严密的逻辑论证将问题的理论研究引向深入，而且也以新颖的思路启迪人们认识“发挥思想政治教育者的主体性”与“提高思想政治教育有效性”两者之间的辩证关系，从而加深了人们对思想政治教育有效性实现条件的理论认识。

（三）对当前增强思想政治教育有效性提出了相应的措施和建议

理论的研究总是要服务于现实，这既是理论之树长青的需要，也是研究者劳动价值实现的必由之路。本着这一原则，本书在理论探讨的基础上，对当前增强思想政治教育有效性提出了相应的措施和建议，认为当前要增强思想政治教育的有效性，就必须进一步加强和改善党的领导，在党的作风建设、理论建设、思想政治工作者队伍建设以及思想政治教育运作模式转换等方面扎扎实实地做出成效，使思想政治教育更具有时代感、针对性、主动性。这些见解都符合实际，发人深思，富有现实启迪意义。

总之，本书在内容布局、资料运用、逻辑结构、理论创新、联系实际诸方面都有自己的独到之处，显示了作者在研究这一问题方面所达到的理论高度。毋庸讳言，由于思想政治教育有效性是一个“常论常新”的问题，因而本书的研究也难免有这样或那样的局限与不足，如书中关于思想政治教育有效性实现规律的概括表述，似还欠成熟，尚需进一步推敲、精确和完善。但瑕不掩瑜，本书仍是一本值得一读的好书，而其存在的问题也可以在作者今后的研究中逐步解决。相信本书再版时，作者会有更新的收获奉献给读者。

沈壮海同志的这部著作是在他的博士论文的基础上加工而成的。他的博士论文写成后，曾得到校内外同行专家的一致好评，并被博士学位论文答辩委员会评定为优秀论文。在本书即将出版时，他约我为之写序，我欣然应允。作为他的导师，我为他的进步和成就感到由衷的欣慰。希望壮海同志再接再厉，戒骄戒躁，在未来的理论探索中获得更丰硕的成果！是为序。

（原载沈壮海《思想政治教育有效性研究》，武汉大学出版社 2001 年版）

二　一部精研现代德育课程及探索德育新模式的好书

——为佘双好博士《现代德育课程论》一书所作的序

随着市场经济的深入发展和经济全球化的到来，提高德育或说思想道德教育质量和水平，愈来愈显得格外重要。江泽民同志2000年2月在《关于教育问题的谈话》中明确指出：“教育是一个系统工程，要不断提高教育质量和教育水平，不仅要加强对学生的文化知识教育，而且要切实加强学生的思想政治教育、品德教育、纪律教育、法制教育。”江泽民同志在本段话后面所说的四个“教育”，从本质上说，它们都属于“德育”范畴。他强调要“切实加强”这几个方面的教育，实质上就是强调要切实加强当代“德育”，努力提高当代“德育”质量和水平。

要提高当代“德育”质量和水平，有许多工作要做，其中一项十分重要而又亟待解决的问题，就是如何科学地看待和设计“德育课程”问题。为此，必须加强现代德育课程研究。通过研究，帮助人们在新的历史条件下，树立全新的德育课程观，以便更好地把握现代德育课程运行规律，有效提高德育质量和水平。这是时代赋予当代德育理论工作者一项义不容辞的历史重任，我们一定要给予高度重视。在一些人看来，似乎“德育课程”平常得很，没有什么高深的学问，用不着为之动脑筋、花气力。应当说，这是一种无知或偏见。它是用旧的德育课程观，来审视当代德育课程面临的新局面。旧的德育课程观，不是把“德育课程”看作一个完整的系统，而是把它视为孤立地传授教学内容的一种操作程式。在一般人看来，“德育课程”就是教学部门列在课程表上、让教师到课堂上去讲授的那种东西。这种德育课程观，是从传统的“教材加讲授”或说“先生讲，学生听”的教学模式中概括出来的，它只看到“显性德育课程”中的“学科德育课程”，而忽视了与之相关的其他种种类型的“德育课程”。例如，在“显性德育课程”中，不仅有“学科德育课程”，而且还有“活动德育课程”。另外，与“显性德育课程”相对应的还有“隐性德育课程”，而在“隐性德育课程”中，又包括“显性德育课程中的隐性德育课程”“学校物质文化环境中的隐性德育课程”以及“学校精神文化环境中的隐性德育课程”等。旧的德育课程观，把“德育课程”局限在“学科德育课程”这一方面，而忽视了后面诸种德育课程在德育领域中的重要功能，因而是片面的、不科学的。它不能构成一个完整的课程体系，难免顾此失彼，因而不可能应对时代的挑战，不可能完成现代德育课程肩负的使命，须对之进行改造，用科学的德育课程观去取代它，以全面提高当代德育效果。

佘双好同志多年从事德育课程的教学与研究，对德育课程改革面临的新形势，有较深体验。他的《现代德育课程论》一书，正是用新的德育课程观代替旧的德育课程观的有益尝试。全书以马克思主义唯物史观为指导，以我国改革开放为历史背景，站在二十一世纪这一时代高度，运用系统论等有关科研新方法，对现代德育课程所涉及的一系列新问题，进行了从宏观到微观、从历史到现实的深入探讨。书中提出的一些关于现代德育课程体系的新构想，发前人所未发，读后令人耳目一新，可以得到许多可贵的启迪。

德育或说思想道德教育，是人类社会文明进步的产物，在人类进入阶级社会时就已出现。伴随历史的演进，思想道德教育也在不断发展，奴隶社会、封建社会、资本主义社会，都有相应的思想道德教育活动，只是那时在教育目的、内容、课程、方法等方面，同当代社会主义思想道德教育有所不同罢了。我们今天研究德育课程的改革创新，必须善于总结前人在德育课程建设方面所创造的历史经验。本书的独到之处，就是给人以厚重的历史感。它将德育课程作为一个历史的范畴，从历史演进的角度，对中国和西方德育课程发展史，进行了多角度、多层面的系统考察，表达了作者对历史经验的咀嚼与反思。

（一）重点考察了中外德育课程发展史

书中把中国古代德育课程的发展演变，分为三个大的历史阶段，即先秦时期、汉唐时期以及宋元明清时期，并分别对这三个历史阶段的德育课程状况作了概括总结。作者认为，中国古代由于儒家学术长期居主导地位，故德育课程的发展演变，亦以儒家教育思想为归宗。儒家在德育方面，坚持以“六经”即《易》《诗》《书》《礼》《乐》《春秋》为教材。与此相一致，教师向学生传授“六经”，也就成了儒家德育课程的主要表现形态。它始于先秦，并贯穿于以后各个历史时代。孔子强调通过“六经”的传授，要在培养人们“温柔敦厚而不愚”“疏通知远而不诬”“广博易良而不奢”“洁静精微而不贼”“恭俭庄敬而不烦”“属辞比事而不乱”等优良品德方面下功夫，从而深刻揭示了“六经”的德育目的与功能，为儒家德育课程的确立，奠定了坚实的理论基础。先秦以降，由于时代的发展变化，儒家的德育课程内容也有种种相应变化，其经典到后来逐渐增多，由“六经”而“九经”；再由“九经”而“十三经”，愈演愈繁。虽然，从其本旨上看，它们在基本思想方面，都同“六经”一脉相承，但是，各代教育家对儒家经典的解释，又总是从当时的社会需要出发，因时而变。例如，宋明理学奠基人程颢、程颐，特别看重《礼记》中的《大学》《中庸》两篇，将之抽出与《论语》《孟子》并列。认为“大学，孔氏之遗书，而初学入德之门也”；《中庸》乃“孔门传授心法”之作，读之，终身受用不尽。到了南宋，朱熹自觉实践二程以“四书”为主要德育课程的思想主张，著《四书集注》，分别阐发《大学》《中庸》《论语》《孟子》的微言大义，借以体现“国家化民成俗之意”和“学者修己治人之方”。朱熹主张“先看大学，次语孟，次中庸”，说：“某要人先读大学，以定其规模；次读论语，以立其根本；次读孟子，以观其发越；次读中庸，以求古人之微妙处。”“果然下功夫，句句字字，涵泳切己，看得透彻，一生受用不尽。”朱熹把传授“四书”视为育人的关键，并提出相应的理论支撑，从而将两宋理学家的德育课程观，推到了新的高度。这些都说明，儒家的德育课程观虽一脉相承，但却又总是因时而变，显示了德育与时俱进、服务现实的鲜明特色。这些历史经验，对于当代中国革新德育课程，无疑具有历史借鉴意义。

此外，作者还十分注重考察西方德育课程史。它从古希腊学者柏拉图、亚里士多德的德育课程理念，写到中世纪宗教德育课程形态，最后，对近代、现代西方学者关于德育课程的理论探讨，进行了系统归纳。其涵盖面之宽阔，资料之翔实，发掘之深邃，评析之严谨，均给人留下深刻印象。例如，在“西方近代德育课程思想”这一部分，作者通过对西方近代史上一些著名德育思想家如捷克的夸美纽斯、德国的赫尔巴特、英国的斯宾塞等人的德育学说进行深入评析，既肯定了他们以理性主义为基础的德育理论的贡献，也指出了他们的学说的局限性，最后站在历史的高度，对这一时期的德育课程理论作了这样一段简要概括：近代西方既是资本主义制度的建立和上升时期，也是西方德育课程理论创新与发展时期。这个时期，伴随资本主义的发展，一些资产阶级的思想家、教育家，雄心勃勃，积极构建自己的理论体系，包括构建全新的德育课程理论体系。他们希望用理性课程取代宗教教育课程，用实实在在的世俗生活，取代虚无缥缈的天国生活，从而创造出相应成果，在德育科学化方面向前迈进了一大步。与此相一致，德育课程的改革与创新，也取得了新的成就。一些有利于培养资产阶级民主主义、爱国主义和道德品行的课程被纳入正式课程系列，受到应有的重视。作者明确认为：从总体上看，西方近代以理性主义为基础的德育课程观，既有其合理性一面，也有其不可避免的局限性一面。具体说来，它重视学生认知发展，但却对学生道德情感和行为意志的培养注意不够；它重视智育的德育功能，但却对体育、美育中的德育功能有所忽略；它重视对特定的道德观念和知识的教育，但却对受教育者思想道德状况的考评重视不够。这些评析，应当说客观而中肯，对我们今天建设科学的德育课程观，亦具有借鉴和启迪意义。

（二）集中阐发了马克思主义关于德育课程的深刻思想

研究现代德育课程，必须自觉地以马克思主义为指导。正是在这一方面，本书有其独到优势。它在深入总结东西方德育课程发展史的基础上，进一步阐发了马克思主义关于德育课程的深刻思想。作者明确认为，马克思、恩格斯关于人的活动的主体性、人的本质及人的全面发展的思想，关于加强社会主义意识形态、“使教育摆脱统治阶级的影响”的思想，关于“把教育同物质生产结合起来”的思想等，都对德育课程的设计具有根本指导意义。因此，马克思主义的产生，引发了人类关于德育课程理论与实践的重大革命变革，为现代科学的德育课程观的最终形成奠定了坚实的理论基础。正是在这一基础上，列宁、毛泽东、邓小平以及江泽民等，都从培育社会主义事业接班人的角度，进一步丰富和发展了马克思主义关于德育课程的学说。特别是列宁关于“灌输”的理论及突出“课程的思想政治方向”的思想、毛泽东关于“学校一切工作都是为了转变学生的思想”以及“理论与实践相结合”的思想、邓小平关于教育的“三个面向”和培养“四有新人”的理论、江泽民关于“教育是一个系统工程”和“思想政治教育……是素质教育的灵魂”的思想等，都对现代德育课程科学体系的形成，指明了方向、道路。值得提及的是，作者在研究中，比较自觉地将马克思主义经典作家和我党三代领导人关于德育课程的深刻思想作为指导原则，努力付诸实践，这无疑是难能可贵的。

（三）以拓荒的精神推进现代德育课程研究与理论创新

在现代德育课程研究中，面临许多需要认真解答的理论与实际问题，诸如现代课程的内涵、本质、特征、结构、功能、运行规律以及如何对之设计、实施与评价等，都是时代提出的新课题。这些问题虽然前人有所涉猎，但更多的却是未开垦的处女地，需要以拓荒的精神去作披荆斩棘式的大胆探索。本书作者恰恰在这一方面显示了自己的理论勇气。他在书中对上述一系列问题，一个一个地做出自己的理论回答。例如，关于现代德育课程的基本特征，作者通过深入分析，指出其所具有的五个“统一”：一是内容与形式的统一；二是理论性与活动性的统一；三是直接德育课程与间接德育课程的统一；四是显性德育课程与隐性德育课程的统一；五是课程学习与学生德行培养的统一等。这五个“统一”，从特定角度揭示了上述诸要素的本质联系，从而深刻地告诉人们，研究现代德育课程必须自觉坚持系统论的指导原则，把德育课程所涉及的诸多要素，放在一个完整的系统中对之作整体性的把握。这个结论无疑极富启迪意义。又如，在“现代德育课程的功能”这一节中，本书从两个层面对该问题进行探讨，一是探讨显性德育课程的功能；二是探讨隐性德育课程的功能。在显性德育课程功能的探讨中，既注意了直接学科和间接学科德育课程功能的探讨，又注意了活动德育课程功能的探讨；在隐性德育课程功能的探讨中，作者特别强调其涉及“范围十分广泛，它弥漫于整个学校生活环境，是一种‘全天候’的课程形态，因此，德育功能非常突出”。作者特别揭示了它的“陶冶功能”（即对学生发挥情感陶冶的作用）、“规范功能”（即对学生发挥思想行为规范的作用）、“养成功能”（即对学生发挥形成良好的道德习惯的作用）等。这些论述，表明作者面对现代德育课程的宽阔视野，在重视显性德育课程功能的同时，非常强调隐性德育课程功能在育人中的重要作用。这无疑是对传统德育课程观的重大超越。它突出了现代德育课程注重系统性、整体性和全面性的重要特征，因而值得大加肯定。

总之，本书在总结历史经验、运用马列原则、适应时代变革、探索德育课程科学化道路方面，都显示出自己的独到之处，给人以浓郁的时代气息和理论创新的深切感受。

毋庸讳言，由于现代德育课程的研究带有拓荒性，它所涉的许多问题，有不少尚处于未知领域，因而研究的难度很大。在这样的条件下，作者就难免在有些问题的探讨方面还欠缺成熟性。例如，书中关于现代德育课程评价，有些很难让人实际操作，尚需作进一步深入研讨。尽管如此，本书仍不失为一部研究现代德育课程的好书。可以预见，它的出版，必将对我国乃至东西方现代德育课程的研究，产生相应的理论参考价值。

佘双好同志的这部新著，是在他的博士论文的基础上扩充而成的。他的博士论文写成后，曾得到校内外专家的高度肯定，并被博士学位论文答辩委员会评定为优秀论文。此后，又被湖北省教育厅评为“湖北省优秀博士学位论文”。在本书即将出版时，他约我为之撰序，我欣然应允。作为他的导师，我为他的进步和成就感到由衷的欣慰。“宝剑锋从磨砺出，梅花香自苦寒来。”希望佘双好同志在今后的理论探索中，自强不息，再接再厉，取得更丰硕的成果！是为序。

（原载佘双好《现代德育课程论》，中国社会科学出版社 2003 年版）

三　探索理想教育规律，为深化当代理想教育贡献力量

——为王南方博士《理想教育研究》一书所作的序

理想教育是思想教育的重要内容，是社会文明进步的重要推动力。自人类摆脱野蛮、进入文明以后，理想教育就成为社会统治阶级进行思想教育不可缺少的重要一环。虽然，历史上不同阶级都有自己的理想教育模式，但是，只有马克思主义的理想教育，才是最先进、最科学、最具感召力的理想教育。说它“最先进”，是因为它站在时代发展的最高峰，代表了人类诞生以来最先进的阶级——无产阶级的理想追求；说它“最科学”，是因为它以社会发展规律为依据，而不是凭空臆想；说它“最具感召力”，是因为它反映了人类共同的美好愿望与真诚追求。正因为马克思主义的理想教育具有以上无与伦比的独特优势，所以它一传到中国，就促成了中国共产党的诞生。由此继进，中国共产党人运用马克思主义的理想教育，吸引了千千万万的进步青年投奔共产党，立志为共产主义的崇高理想而奋斗，在如火如荼的革命斗争中，甘愿抛头颅、洒热血，前赴后继，永不退却。

例如，革命英烈夏明翰，面对敌人的屠刀，吟出“砍头不要紧，只要主义真，杀了夏明翰，自有后来人”的千古绝唱；新四军军长叶挺将军，面对敌人将之囚禁的牢狱，写下了惊天地、泣鬼神的《囚歌》：“为人进出的门紧锁着，为狗爬出的洞敞开着，一个声音高叫着：爬出来吧，给你自由！我渴望着自由，但也深知道，人的躯体哪能由狗的洞子里爬出！我只期望着那一天：地下的火冲腾，把这活棺材和我一起烧掉，我应该在烈火和热血中得到永生！”无论是夏明翰所追求的真的“主义”，还是叶挺所向往的“地下烈火”，都表达了共产党人崇高的理想信念。正是这一理想信念，使他们在面对敌人的威逼时，表现出不屈不挠、大义凛然的英雄气概。正如邓小平同志所指出的：“为什么我们过去能在非常困难的情况下奋斗出来，战胜千难万险使革命胜利呢？就是因为我们有理想，有马克思主义信念，有

共产主义信念。"[1] 这个回答，完全符合中国革命的历史实际，证明马克思主义的理想教育是一切共产党人的力量源泉。

需要指出的是，既然马克思主义的理想教育已被中国革命实践证明具有无与伦比的感召力，那么，为什么"文化大革命"之后，我国社会出现了"信仰危机"？我们应当如何应对现实中的"信仰危机"？这的确是当代中国马克思主义理论工作者不可回避的重大理论课题。围绕这一课题，已有不少理论工作者在进行自己的理论思考，力求从理论与实践的结合上，对之做出自己的回答。王南方同志的新著——《理想教育研究》（以下简称《研究》），就是在对这一时代课题进行深入思考的基础上，所做出的一个值得关注的答卷。

《研究》以马克思主义唯物史观为指导，运用相关科研方法，对理想教育所涉的一系列重大理论问题，如：理想教育的内涵、特征、规律、原则、表现形式等问题，都进行了系统而深入的理论探讨，特别是对"马克思主义的理想教育"以及"有中国特色的社会主义理想教育"，进行了从宏观到微观、从历史到现实的分析研究，给人以多方面的理论启迪，使人读后回味连绵，受益良多，并留下深刻印象。

（一）全书概念比较清晰

概念或曰范畴，是认识之网的网上纽结，是表达思想观点的显微镜、指示器。一部专著的成败，虽然由多种因素决定，但概念是否清晰，是一个不可忽视的先决条件。《研究》给读者的第一印象，是概念相当清晰。全书对一系列重要概念作了有自身特色的理论阐释，如关于"理想""理想教育""理想教育的本质""理想活动的规律"等一些涉及基本观点的重要概念或短语，作者都作了比较准确、明晰的阐释。以对"理想教育"一语的阐释为例：什么是"理想教育"？一般人都作这样的回答："理想教育是启发和引导受教育者'确立'一定的理想的教育活动。"对于这一阐释，作者指出它"一般说来也正确"，但他又不满足于这一理解，指出："确立理想并不是教育的终极目的，其终极目

---

① 《邓小平文选》第3卷，人民出版社1993年版，第110页。

的是实现理想，即将理想变为现实。而且，人们确立了某种理想以后，还不完善，需要经过实践的修正和检验后，才能趋于合理与完善。所以，在受教育者确立了理想以后，仍然需要对之进行教育，直到理想实现。这时的教育主要是解决受教育者对所确立的理想信念和实现理想的科学途径、方式、方法等问题。这些教育当然也是理想教育。”基于这些认识，作者对“理想教育”做出了这样的界定：“理想教育就是教育和引导受教育者确立并自觉实现一定的理想的教育活动。更具体地说，理想教育就是教育者……根据一定社会和阶级的要求，通过有目的、有计划、有组织的教育活动，使其成员确立并自觉实现符合社会发展规律和现实需要的理想。”这个从广义上对“理想教育”的概括，可谓持之有故，言之成理，既吸取了前人的研究成果，又表达了自己的独得之见，从而使“理想教育”的内涵显得更加确切、完善、明晰，给人以新颖的感受。

（二）论述中说理比较透彻

理论著作的根本标志，就是要表达作者的理性追求，为此，必须坚持讲道理，做到以理感染人，以理说服人。古人所谓“人同此心，心同此理”，就是劝导人们要高举理性的旗帜。《研究》给读者的又一印象，就是说理透彻。例如，该书对于当代中国出现的“信仰危机”的社会根源，做出了自己的理论回答。它在阐明“理想教育研究的重要意义”这一问题时，特别写了“理想教育是时代的召唤”一节文字，从三个方面说明“召唤”的现实性，一是指出：“现实生活中物质至上主义和拜金主义泛滥，造成了相当一部分人道德界线模糊，人生理想失落。”二是指出：“与现实生活相应照，文化生活领域搅起了一股‘蔑视理想’‘躲避崇高’的文化逆流。”三是指出：“由于我国社会主义运动的失误和国际社会主义运动处于低潮，人们的社会主义理想信念受到冲击。”以上的三点认识，既说明了“理想教育是时代的召唤”，又说明了“信仰危机”出现的社会条件。特别是对其中的第三个问题，作者作了这样的分析归纳：“自‘五四运动’，特别是中国革命胜利以来，共产主义理想信仰就已经深深植根于中国人民的心田。但是，在二十世纪的最后二十多年里，却出现了理想信仰危机。这个危机首先产生于由对历史的反思逆变为对真理的反叛。‘文化大革命’时期，林彪、‘四人帮’反革命集团利用人民群众长期以来对马克思主义、毛泽东思想的真诚信仰和对共产主义理想的执着追求，大力鼓噪和施行个人崇拜，煽动和推行别有用心的政治运动，致使马克思主义信仰宗教化，社会主义运动……泛政治化，人们健康正常的理想信仰生活，被无情地践踏。随着‘四人帮’的覆灭……人们从噩梦中惊醒，开始检讨‘文化大革命’的历史，包括反思自己以前的理想信念。”但是，“人们在检讨历史的时候，走向了另一极端，变成了对真理的反叛，由否定‘文化大革命’时期宗教式的马克思主义信仰而逆变为怀疑马克思主义；由否定‘文化大革命’时期泛政治化的社会主义运动，而逆变为对共产主义理想的动摇”。接着，作者又进一步指出：“当人们的理想信仰危机还未从根本上解决”之时，“原苏联东欧社会主义国家纷纷剧变解体，国际共产主义运动骤然进入低潮，这对重新确立和巩固人们的共产主义理想信念又造成极大冲击”。这些论述，把当代中国“信仰危机”出现的社会根源及其历史必然性，说得合情合理，实实在在，给人以深刻的理论启迪。马克思曾指出：“理论只要说服人，就能掌握群众。”《研究》在“以理服人”方面所取得的成果，一定会在读者中产生相应的理论感召力。

（三）注重理论研究的针对性

这里所说的“针对性”，指的是理论上的“有的放矢”，即强调理论与实际相结合，强调理论要从实际出发。毛泽东同志曾明确主张，要“用马克思主义之箭，射中国革命之的”，其本旨就在于强调理论研究的“针对性”。江泽民同志2000年6月在中央思想政治工作会议上的讲话中明确指出，思想政治工作在继承和发扬优良传统的基础上，必须努力进行创新和改进，“特别要在增强时代感和加强针对性、实效性、主动性上下功夫，这要成为今后加强和改进思想政治工作的重点”。江泽民同志在这里提出的“加强和改进思想政治工作的重点”，其中“针对性”被摆在重要地位。《研究》的又一值得赞许之处，是其注重理论研究的针对性，也就是突出理论与实际相结合。

如前文所述，研究当代中国的理想教育，必须直面现实，思考如何应对现实中的“信仰危机”或说“四信危机”（即对马克思主义的信仰危机、对社会主义的信念危机、对改革开放和现代化建设的信心危机、对党和政府领导的信任危机）。虽然，“四信危机”只是对社会中少数人思想状况的界定，但它既然成为一种社会思潮，就不能不引起理论工作者的关注，并采取相应对策。正是基于这一认识，《研究》有针对性地专门写了“当代中国理想教育必须解决的重大问题”一节，集中探讨了以下四个相互联系的重要问题：一是强调“‘四个如何认识’是当代中国理想教育必须解决的重大问题”；二是强调“马克思主义思想理论教育是解决‘四个如何认识’问题的基础”；三是强调“引导人们正确认识当代社会主义与资本主义，是解决‘四个如何认识’问题的重点”；四是强调“加快发展是解决‘四个如何认识’与‘四信’问题的关键”。这里强调的四个问题，相互联系、相辅相成、不可分割。其中解决“四个如何认识”，是问题的核心内容。

所谓“四个如何认识”，指的是：“如何认识社会主义发展的历史进程、如何认识资本主义发展的历史进程、如何认识我国社会主义改革实践过程对人们思想的影响、如何认识当今国际环境和国际政治斗争带来的影响。”这“四个如何认识”，如作者所体验到的，涉及当代中国和世界发展的大趋势，关系新的历史时期人们思想活动与理想活动的特点、动因、规律，既是人们所关心的深层次思想认识问题，又是深刻影响人们理想信念的重大理论问题和实践问题。作者把“四个如何认识”作为“当代中国理想教育必须解决的重大问题”，并从理论与实践的结合上，对之做出自己的理论回答，可谓抓住了问题的要害。不难想象，如果这“四个如何认识”的问题弄清楚了，则所谓的“四信危机”，即可不攻自破。这在实践上对于引导人们增强对马克思主义的信仰、对社会主义的信念、对改革开放和现代化建设的信心、对党和政府领导的信任，必将产生积极效应。显然，其理论针对性是很强的。它所遵循的正是毛泽东同志所倡导的“用马克思主义之箭，射中国革命之的”的正确思想方法。

此外，《研究》在许多问题上达到了相当的理论深度，提出了一些富有创见的思想观点，且紧扣着时代精神的脉搏，努力将人们的理想信念引向正确轨道，因而其理论上的价值，不可估量。需要特别指出的是，作者把“理想教育”作为自己的研究对象，这件事本身就显示出其特有的理论勇气。人所共知，“理想教育”问题，是当代中国思想界敏感度很高的问题，不易触及，更不易说清楚。同时，这一问题又是人们谈论很多的问题，从一定意义上说，显得有点“泛化”，在这样的情况下，要做到理论上的突破，难度也是很大的。尽管如此，作者仍然没有退却。他围绕这一课题，不懈地拼搏、追求，终于推出了这部新著。综观全书，其概念之明晰，说理之透彻，针对性之强烈，观点之新颖，理论构想之深刻以及时代精神之浓郁，都是同类著作中所不多见的，值得高度肯定。

当然，由于该课题本身涉及相当的难度与深度，因而《研究》也难免存在某些缺陷。例如，就“理想教育”而言，历史上不同的阶级都有代表本阶级的理想教育模式。我们研究马克思主义的理想教育，毫无疑义应将之同历史上不同阶级的理想教育作比较研究，以显示出马克思主义理想教育的特有优势。但本书在这方面的探讨似乎还相对薄弱。尽管存在这一不足，但仍不妨碍它是一本颇有价值的新著，而且其存在的问题也可在日后的修改中逐步完善。

王南方同志曾就职于海南公安部队，在部队受过严格的军事训练，有着军人的特有气质。入高校工作后，又长期从事思想政治教育专业的教学与研究，先后发表过一系列相关学术论文。这部新著，是在他的博士论文的基础上扩充而成的。付梓前，他约我为之撰序，我欣然应允。作为他的导师，我为王南方同志的进步，感到由衷欣慰，并祝他在新的征程中，继续跃马扬鞭，勇往直前，永不停步！是为序。

（2007 年秋撰于珞珈山勤补书斋）

四　一部精心论析高校德育评估的新著

——为秦尚海博士《高校德育评估研究》一书所作的序

中共中央、国务院颁发的重要文件《关于进一步加强和改进大学生思想政治教育的意见》（以下简称《意见》）指出，大学生是十分宝贵的人才资源，是民族的希望，是祖国的未来。加强和改进大学生思想政治教育，提高他们的思想政治素质，把他们培养成中国特色社会主义事业的建设者和接班人，对于全面实施科教兴国和人才强国战略，确保我国在激烈的国际竞争中始终立于不败之地，确保实现全面小康社会、加快推进社会主义现代化的宏伟目标，确保中国特色社会主义事业兴旺发达、后继有人，具有重大而深远的战略意义。中央文件的这些论述，深刻说明了进一步加强和改进大学生思想政治教育的极端重要性。这就赋予了高校德育以无比崇高的光荣使命。要全面完成这一使命，高校德育工作必须采取相应的有力措施，其中包括“要把大学生思想政治教育工作作为对高等学校办学质量和水平评估考核的重要指标，纳入高等学校党的建设和教育教学评估体系”。这就凸显了高校德育评估的重大意义。

那么，为什么要进行高校德育评估？高校德育评估在高校思想政治教育工作中处于怎样的地位？我们怎样才能有效地搞好高校德育评估呢？这些的确是摆在我们面前的重大现实问题或曰热门话题，必须尽快做出符合时代要求的理论回答。虽然，近些年来德育评估已在某些高校或某些部门开始试行，但是，由于这一工作本身的复杂性，许多理论上的问题和实际操作中的问题，都还远未解决。因此，理论工作者必须静下心来，就这一问题作深入思考，精心探索。青年学者秦尚海同志的新著《高校德育评估研究》，可说是研究这一问题的有益尝试。全书以思想政治教育基本原理为指导，运用相关现代科研方法，从理论与实践的结合上，对高校德育评估所涉的一系列理论问题，进行了纵横驰骋的深入探讨。其研究视角之开阔，创新思维之活跃，引证资料之翔实，关照现实之周密，都给人留下深刻印象，的确有其独到之处，值得予以高度肯定。

（一）重视理论创新，勇于阐发独得之见

注重创新，是一切科研活动获得价值的必由之路。任何一部有价值的新著，都必须内涵作者创造性思维的成果。本书之所以值得重视，亦在于它重视创新、善于创新。全书围绕“高校德育评估”这

一大课题，从不同层面、不同视角展开了自己深入的理论探索，既阐明了一些相关的重要概念的科学内涵，又揭示了评估的现实价值和理论依据，还深刻地论述了评估所涉及的标准、过程、规律等一些重大理论问题，时常放射出作者创新思维的璀璨火花。

例如，关于“德育”的概念，似乎属于“ABC”式的简单问题。但是，就是这个看起来十分“简单”的问题，实际上并不那么简单。围绕这一问题，学界见仁见智，各有所执，集中表现为从“一”要素说，到“二”“三”“四”“五”要素说等不同见解。面对这种情况，本书作者没有简单采用某一说法，而是在全面分析各种说法之优与劣的基础上，既吸取别人关于这一概念所透露的合理因素，又创造性地提出了自己关于这一概念的新见解，指出：“德育是指教育者按照社会发展的要求，有目的、有计划、有组织地对受教育者进行系统的影响，通过教育者和受教育者在实践活动中的互动，把一定社会的政治准则、思想观点、道德规范、法制与纪律规范以及心理要求，内化为受教育者个体适应社会发展的政治素质、思想素质、道德素质、法纪素质和心理素质的教育。”这个概括把“德育”的目标、实质、要素、过程等相关属性含纳于其中，给人以较为清晰、全面、准确的实际感受，显示出作者善于创新的科研素养。

又如，关于高校德育评估的“基本规律”，是一个难度很大的问题，不易阐述清楚，以致学界至今未见到关于这一问题的权威性论述。而这一问题，又是研究“高校德育评估”所无法回避的关键问题。对此，作者知难而进，以极大的理论勇气，提出自己关于这一问题的“五个辩证统一”，即“促进个体发展与满足社会需要的辩证统一”“评估者的主导作用与被评估者的主体作用的辩证统一”“即时性评估与历时性评估的辩证统一”“过程评估与效果评估的辩证统一”“育人与成事的辩证统一”。通过阐明这五个“辩证统一”，把评估过程中所涉的一些重大要素之间的内在联系基本阐述清楚了。一是从目的性角度，揭示了促进个体发展与满足社会需要之间的内在联系；二是从主客体的角度，揭示了评估者的主导作用与被评估者的主体作用之间的内在联系；三是从时空变易的角度，揭示了即时性评估与历时性评估的内在联系；四是从评估类型的角度，揭示了过程评估与效果评估的内在联系；五是从社会功能的角度，揭示了育人与成事的内在联系。由于“规律就是关系……本质的关系或本质之间的关系”①，所以作者的上述探讨，实际上给人以规律性的认识。尽管将这五种关系作为“高校德育评估的基本规律”，尚有待于进一步推敲、修改、完善，但作者关于这一问题的理论思考，无疑具有探索该规律的垦荒之功，从而再次显示出其注重创新思维的品格。

（二）注重总结中外诸民族在德育评估方面所创造的历史经验

德育是伴随人类摆脱野蛮、进入文明就一直存在的社会现象。有德育就需要进行德育评估，因而德育评估也具有悠久的历史。历史是现实的镜子，我们研究当今的德育评估，就需要借鉴历史的经验。本书的又一特色或曰优点，就在于它把触角伸入到历史的视域，注重总结本民族和外民族在德育评估方面所创造的历史经验，以便关照现实，借古喻今。

我国传统文化源远流长，博大精深，其关于德育评估的思想成果，亦无比丰富。其中，不少优秀成果映射出我们祖先在德育评估方面的智慧之光。为了总结历史的经验，作者把从先秦至明清漫长的历史过程，作为自己研究的视域，系统总结了本民族在德育评估方面的理论创造，初步厘清了自先秦诸子百家到秦汉以降各个历史时期有关学者关于德育评估的优秀成果，用力发掘这方面的重要遗产。特别是较为系统地总结了先秦儒、墨、道、法各个学派关于德育评估的理论创造。例如，书稿认真发掘战国末年的进步思想家荀子在德育评估方面所持的重“行”的思想，荀子说：“学至于行而止矣。行之，明也；明之，为圣人。圣人也者，本仁义，当是非，齐言行，不失毫厘，无它道焉，已乎行之矣。”② 很明显，这是主张把是否“行”作为评判人们道德状况的基本准则。以此为依据，荀子设计了类似今人所说的“情境测验法”，主张道德评估必须注重人们的行为后果，指出：“故校之以礼，而观其能安敬也；与之举错迁移，而观其能应变

① 列宁：《哲学笔记》，人民出版社1974年版，第161页。
② 《荀子·劝学》。

也；与之安燕，而观其能无流慆（疑为‘慆’字之误）也；接之以声色、权利、忿怒、患险，而观其能无离守也。彼诚有之者与诚无之者若白黑然，可诎邪哉？”① 荀子在这里提出的有关评估人们德行的依据、途径与方法，其突出特点是注重人们的行为后果，这确有其合理性，值得今人借鉴。本书作者将之发掘出来，予以充分肯定，为今人吸取历史经验提供了有价值的参考，无疑值得称道。

注重德育评估不仅是一个具有纵向性的历史现象，也是一个具有横向性的世界现象，古今中外，概莫能外。正是基于这一认识，本书也注意发掘西方各民族在德育评估方面的理论创造。它从古希腊时期柏拉图、亚里士多德等思想家关于德育评估的思想探讨开始，一直追溯到西方近现代伦理思潮中有关德育评估的学说，特别集中论析了“理性主义和永恒主义德育评估理论”“非理性主义和相对主义德育评估理论”“实用主义德育评估理论”“新托马斯主义德育评估理论”“人本主义德育评估理论”，等等。在这些评估理论中，虽然有这样或那样的文化糟粕，但无疑也传承了西方民族的人文智慧，值得我们好好借鉴。例如，美国著名思想家、教育家杜威所构建的具有实用主义性质的德育评估理论，虽然其中打上了资产阶级“唯利是图”的思想烙印，但也透露出一些真理性的闪光。杜威主张，在德育活动中，应当把道德的践行摆在首位。他认为，组织学生直接参加社会生活，让学生在社会生活中受到应有的道德训练，比只在学校专门传授道德知识要实用得多。他举例说，美国某城市有一所游泳学校，只是传授有关游泳的知识，而不让学生到水池实地操作，其结果是学生入水必“沉没”。与此相类似，道德教育如果只给学生讲些道德规则、准则，而不让学生到社会生活中去践行，其结果是所教育的学生也必然在道德上“沉没”。所以杜威主张道德评估必须讲求“实用”。应当说，这种关于道德评估的思考，也有其不可忽略的重大理论价值。“他山之石，可以攻玉。”本书作者将之发掘出来，无疑有助于我国当今德育学说的深化和德育评估活动的顺利开展。

总之，本书将德育评估的理论研究同中外德育评估发展史结合起

① 《荀子·君道》。

来，既有助于以史证论，又可以促进各种德育理论的多元互补，给人以浓重的历史感和借鉴历史经验的广阔视野，的确显示出作者的理论优势，给人留下深刻印象。

（三）重视对现实中德育评估问题的研究

现实是理论的根基，只有关注现实，理论之树才能长青。本书的另一特点，是重视对现实问题的研究。它不仅认真探讨了评估过程中所涉的一些重要的现实问题，而且站在时代的高度，从“世纪展望”的视角，对高校德育评估在未来的发展，作了自己的理论思考。书稿从“国际形势发展的新变化”“社会主义现代化建设发展的新要求”“我国高等教育改革发展的新形势”三个层面对高校德育评估提出的新课题这一视角，进一步思考了推进高校德育评估的新对策。作者认为，当前高校德育评估应当从以下三个方面努力：一是通过德育评估，引导受教育者自觉明辨道德价值判别的标准；二是通过德育评估，推动受教育者掌握与市场经济体制相适应的基本道德规范；三是通过德育评估，引导受教育者正确处理个人价值与社会价值的关系。这些思考，既同当前我国公民道德教育的基本要求相一致，又显示出德育评估为现实服务的正确方向，因而值得重视。

综上所述，《高校德育评估研究》是一部有鲜明创新特色、有浓重历史感、有强烈时代气息的好书。当然，由于这一课题本身的难度很大，加之理论界的研究不够和实践经验的不足，因而书稿难免存在某些不尽人意之处。例如，书中若能运用“解剖麻雀”的办法，对某些高校开展德育评估的情况予以具体分析，指出其成功之处或失误方面，也许对本课题的研究会更有帮助。但是，由于作者掌握的实证资料有限，未能做到这一点。尽管存在这一问题，本书仍不失为一部值得一读的好书，而且其存在的问题，也将会随着社会实践的发展和作者社会经验的丰富、理论水平的提高，逐步得到解决。

秦尚海同志长期从事德育理论研究与实践工作，发表过一系列相关论文，是一名颇有进取精神的青年学者。这部书稿是他在博士论文的基础上修改、充实而成。交出版社前，送给我看，并邀我为之作序。我欣然应允，并将自己的读后感书之于上。希望秦尚海同志再接再厉、戒骄戒躁，在广阔学海的探索中，自主沉浮，乘风破浪，勇往直前！是为序。

（原载秦尚海《高校德育评估研究》，中国社会科学出版社2007年版）

五　一部全方位探析思想政治教育内容结构的佳作

——为熊建生博士《思想政治教育内容结构论》一书所作的序

案头上摆着的这部书稿，题名为《思想政治教育内容结构论》，开卷之后，就深深地吸引了我的注意力，因而，我情不自禁地一气读完。全书以马克思主义唯物史观和思想政治教育基本原理为指导，运用系统论和唯物辩证法等科学研究方法，对思想政治教育的内容结构，展开了全方位系统而深刻的理论探讨，显示出作者一系列独特的理论创获，给人留下勇于拓荒的深刻感受。

（一）选题高瞻远瞩，富有学术价值

《思想政治教育内容结构论》，属于思想政治教育理论研究中的一项前沿课题。它所要研究的对象，在思想政治教育理论体系中占有极其重要的地位。可以说，这一选题高瞻远瞩，具有重大价值。

人所共知，思想政治教育是一门新兴学科，它从二十世纪八十年代初进入大学殿堂，至今已跨越了近三十个年头。近三十年来，它从无到有，从小到大，从低层次到高层次，逐渐演变发展，已成长为学科门类齐全、课程设置丰满、师资力量雄厚、教学管理严谨的一个以“马克思主义理论”为一级学科的较为成熟的二级学科。这一学科，已完成了从本科到硕士、再到博士的学科发展历程。现在，全国思想政治教育专业有硕士点270个，博士点66个。这标志着思想政治教育理论研究逐渐走向成熟。近年来，随着博士专业学科建设的逐步深入，思想政治教育理论研究提上了重要日程，一批致力于思想政治教育理论研究的青年学者，特别是博士生们，以极大的热情和理论勇气，对思想政治教育基本原理，展开了多视角、多层面、多途径的学

术探讨，其中包括思想政治教育体系研究、目标研究、课程研究、范畴研究、方法研究、环境研究、接受研究、载体研究、主体研究、客体研究、价值研究、评估研究以及发生学研究和有效性研究，等等。应当说，这些研究，都属于思想政治教育理论研究中的前沿课题，其所获得的研究成果，都从不同侧面深化和丰富了思想政治教育理论体系，因而应当给予高度肯定。

需要特别指出的是，同上述一系列研究课题比起来，思想政治教育内容结构研究，似乎显得更为关键。因为体系结构研究，是思想政治教育理论研究的核心问题，或曰核心价值之所在。

第一，思想政治教育内容结构研究，是探寻和揭示思想政治教育本质的客观需要。“结构”作为科学研究的重要范畴，指的是客体内在的构成要素及其排列模式、相互作用的方式和运动机理。从本质上说，一切科学的研究，都是为了探索研究对象的内在结构。任何客体都有内在结构。我们认识物质的存在方式、寻找物质的运动规律，从本质上说，都是探索客体内在结构的状态。例如，“原子物理学”，就是研究原子和分子的内在结构及其运动规律的科学。其研究对象包括原子和分子的基本结构，如各种原子模型、核外电子的分布规律等。又如，“分子细胞学”，就是从分子水平分析细胞的结构和功能的科学。主要研究细胞各种结构（如染色体、内质网系、核糖体、线粒体和细胞膜等）的核酸和蛋白质等高分子的构造。再如，“分子物理学”，是研究气体、液体和固体的基本性质及其热现象的科学。但这一研究，也必须从物质的分子结构出发。由此可见，自然科学的研究要揭示研究对象的本质，都离不开对内在结构的研究。思想政治教育学所涉及的“内容结构”，虽然是对物质“结构”概念的借用，但它也并非纯属臆测。思想政治教育作为一种客观存在的社会意识活动，其内容结构也具有客观实在性，我们只有从实际出发，揭示它的构成要素以及要素间的相互关系，才有可能认识思想政治教育的内在本质及其规律，并有针对性地制定实施思想政治教育的必要对策。

第二，思想政治教育内容结构研究，可以为思想政治教育其他环节的研究，奠定现实基础。如前文所述，在思想政治教育理论体系研究中，还涉及一系列相关论题，如，思想政治教育价值研究、过程研究、范畴研究、发生学研究以及有效性研究等，都有赖于思想政治教育内容结构的研究成果予以支撑。例如，思想政治教育价值的真正发挥，全在于对思想政治教育规律的合理运用。而要掌握思想政治教育规律，就不能不弄清其内容结构。又如，要客观揭示思想政治教育过程，就必须首先弄清思想政治教育过程中的各个环节及其相互关系。而在诸环节中，正确认识内容结构状况，处于十分关键地位。只有抓好这一环节，其他环节才能顺利进行。这个环节不解决，就如同“一龙挡住千江水”，其他环节就无法进行下去。再如，我们进行思想政治教育发生学研究，旨在揭示思想政治教育发生的根源或曰理论依据。这就不能不考察思想政治教育过程中的基本矛盾，即一定社会的思想品德要求与受教育者的思想品德水平之间的差距所构成的矛盾。这个基本矛盾，也就是实施思想政治教育的客观依据。要解决这一矛盾，必须对症下药。如果说被教育者的思想状况是“症”，那么，有关思想教育的内容设计就是“药”。要配好这个“药”，就必须真正懂得“内容结构”。这些都说明，思想政治教育内容结构研究，可以为思想政治教育其他环节的研究，奠定现实基础。

第三，思想政治教育内容结构研究，可以为思想政治教育发挥文化软实力的作用创造条件。近年来，随着综合国力建设的加快，文化软实力建设受到各方面的重视。党的十七大明确提出了“提高国家文化软实力”的正确方针。这里说的“软实力”，指的是与军事、经济等硬实力相对应的概念。它强调的是文化精神所具有的特殊力量。思想政治教育，从本质上说，就是对社会中的人进行必要的“改造”，使其由自然属性的人，变成有思想道德素养的人。这个过程之所以能够进行，在于思想政治教育客观上具有文化软实力的特征。人所共知，良好的思想政治教育，对被教育者来说，具有说服力、激励力、鞭策力、感召力、凝聚力、鼓动力等力量。这一切力，说到底都是文化软实力的具体表现。这就说明，思想政治教育建设，对于发挥文化软实力的作用，不可低估。为了发挥这一作用，就必须遵循思想政治教育规律，增强思想政治教育的有效性。而要达到这一目的，就不能不在研究思想政治教育内容结构上狠下功夫。

综上所述，《思想政治教育内容结构论》这一选题，既是探寻、揭示思想政治教育本质的客观需要，又可以为思想政治教育其他课题的研究，奠定现实基础，还可以为思想政治教育发挥文化软实力的作用，创造有利条件。这些都说明，这一选题，高瞻远瞩，具有重大价值。

（二）全书视野宽阔，内容相当丰富

《思想政治教育内容结构论》，围绕“内容结构”这一核心问题，展开了宏观与微观紧密结合的系统论述，其思想纵横驰骋，确有视野宽阔、内容丰富的鲜明特色。

从宏观上看，该书稿在《导论》之后，集中探讨了思想政治教育内容的“建构依据”“建构原则”“结构体系”“结构关系”“结构优化”以及“有效接受”。这些研究，各有特定范围和客观内容，它们相互联系、相辅相成，不仅从特定角度凸显出思想政治教育内容结构理论的层次性、关联性、复杂性，而且在论述中达到了相当的理论深度。例如，关于“思想政治教育内容的建构依据”，是一个不可回避又颇难回答的问题，但作者没有畏缩。他运用自己所掌握的思想政治教育基本原理，对这一问题作了系统而深刻的理论回答。作者明确认为，“内容的建构依据”包括五个相互联系的环节：一是阶级社会对其成员的基本要求；二是时代条件发展变化的客观要求；三是对古代和外民族思想政治教育优秀成果给予继承与借鉴的客观要求；四是人的思想品德全面发展的客观要求；五是思想政治教育内容自身支撑的内在要求。这五个方面的“客观要求”，在宏观上高屋建瓴，总览全局，从不同侧面揭示了“思想政治教育内容的建构依据”，既言之成理，又符合客观实际，达到了一定的理论深度。

从微观上看，书稿在一些看似细小但又十分关键的环节上，用力甚勤，有的甚至具有“解剖学家”的功力。例如，关于思想政治教育“内容的结构体系”，是本课题研究的一个重要环节。作者不仅从宏观上将之分为三大块，即“基础性内容”“主导性内容”“拓展性内容”，而且从微观上对这三大内容分别作了深入剖析，其中仅“扩展性内容”，就列出八个互相联系的方面，表明作者的研究触角已深入到微观领域。又如，为了阐明“思想政治教育的核心概念”，作者

分别对“思想”“政治”“道德”和“政治工作”“思想政治工作”“思想政治教育”以及“德育”等概念，从微观上予以深入考察，既指出它们第一次出现的时间、地点，又指出它们在尔后不断演绎变化的情况，为系统梳理、厘定这些概念，做出了自己的贡献，显示出作者对微观研究的重视。尽管作者在上述研究中所获得的一些结论性认识，还可作进一步推敲与商榷，但作为一家之言，自有其合理之处，对此我们应给予必要重视。

（三）思想观点新颖，研究方法科学

“思想政治教育内容结构”的研究，是思想政治教育基础理论研究中的一项最为关键的课题，其涉及问题多，研究难度大，长期以来，我国学术界尚无人对之作系统论述。作者肩负起这一艰巨课题，一切都得依靠自己上下求索。显示出知难而进，大胆探索，勇于提出新论的理论勇气，收到了思想观点新颖、研究方法科学的良好成效。

首先，书稿展示了作者一系列独到见解。例如，关于“思想政治教育内容的建构原则”，属于尚未开垦的处女地，未有前人系统性的研究成果作参考，一切都要靠自己去耕耘，提出新见。作者经过深入思考，得出自己的结论性认识，认为“思想政治教育内容的建构原则”，包括六个大的方面：一是导向性原则；二是科学性原则；三是系统性原则；四是层次性原则；五是时代性原则；六是稳定性原则。对于这六项原则，作者分别作了具体剖析与论证。例如，拿“导向性原则”来说，作者将其具体内容划分为“强烈的阶级性”“鲜明的目的性”“突出的先进性”三个方面。仔细推敲这些看法，我认为不仅在理论上无可挑剔，而且在现实中也能经得起检验，确有其独到之处。又如，在《导论》中，作者围绕“结构及其逻辑意蕴和方法意义”这一问题，提出了自己许多新颖的见解，其中明确认为“结构是事物的普遍存在方式”，并对之作了论证，指出：“结构是现代科学和社会生活中的一个重要概念，是万事万物基本的存在方式。现代系统科学的一个重要成就，就是深化了对事物结构的认识，推动了对天体结构、物质结构、地质结构、细胞结构、化学结构等的研究。化学研究了同分异构的化学现象，即化学成分相同但由于结构不同而表

现出不同的化学性质；物理学对原子结构的深入研究，导致了先后对质子、中子、介子等基本粒子的发现，极大地推进了人类对微观世界的认识。”这些论述，通过借鉴自然科学关于“结构”研究的成果，深刻说明了“结构是事物的普遍存在方式”之结论。为作者研究思想政治教育之“内容结构”，奠定了理论基础，其思想的深刻性不言而喻。从而也阐明了思想政治教育内容结构研究的合理性、必要性。

其次，本课题的研究，运用了一些相关的先进的科研方法，其中最为突出的是对“系统论”研究方法的借鉴与运用。“系统论”是研究系统的一般模式、结构和规律的学问。作为一种科学，它从特定角度为人们研究自然、社会和人类思维领域相对应的系统，提供了方法论指导。本书作者较为娴熟地掌握并运用了这一方法。他在研究中，特别重视“结构思维”，指出：“所谓结构思维，就是用系统、结构、要素、层次的观点，将纷繁复杂的事物，视为一个整体，将对象和客体置于多重结构和复杂关系中来把握，强调从系统的结构去认识客观事物，并从中寻找最优结构，以获取最佳系统效能的思维模式和思维方法。”作者是这样说的，也是这样做的。他在研究思想政治教育内容结构的过程中，就成功地运用了这一方法。例如，他之所以把思想政治教育内容结构体系界定为“基础性内容”“主导性内容”“拓展性内容”，并非出于主观臆测，而是运用“系统论”研究方法，客观揭示了思想政治教育内容结构的表现形式及其相互关系而构建出来的。因此，娴熟运用“系统论”的研究方法，是本书的又一重要特色。

总之，这部新著，作者围绕思想政治教育之“内容结构”，展开了从宏观到微观、从理论到实践的系统论述。其选题之先进性、内容之丰富性、成果之创新性、方法之科学性，都显示出其特有的学术优势。可以预见，它的出版对于建设、深化与扩充思想政治教育理论体系，必将产生十分积极的影响。

由于思想政治教育内容结构研究，是一项崭新的研究课题，前人涉足不多，而需要解决的理论问题又十分艰巨、复杂，这就难免使本书存在某些弱点。例如，关于思想政治教育内容的结构体系，作者将之分为三大块，即“基础性内容”“导向性内容”“拓展性内容”。应当说，这个划分是合理而可行的。不足的是，作者未能交待划分的依据或划分的标准。这样，就可能导致划分中的失误，出现前后颠倒的情况。虽然有这一不足，但瑕不掩瑜，本书仍是一部内容充盈的好书，其存在的某些弱点，也不难在今后的科研过程中逐步得到改进、完善。

熊建生同志长期执教于武汉大学思想政治教育专业，其担负本专业思想政治教育基本原理的主讲教师，长达二十年之久。他的这部新著，可以说是他多年教学与研究思想政治教育基本原理的心得之作。曾作为博士论文求教于思想教育界专家，受到一致好评。这次出版之前，他又对原文进行加工、修改、扩充，使之更为完善。书稿打印后，他邀我为之作序，我欣然应允。作为他的导师，我为他在学术上的造诣感到由衷欣慰！希望熊建生同志百尺竿头，更进一步！以上，是我阅读本书稿的肤浅体会，陈述于此，姑且称之为序吧！

（原载熊建生《思想政治教育内容结构论》，中国社会科学出版社 2011 年版）

六　一部精心探索当代爱国主义教育理论的新著

——为朱桂莲博士《爱国主义教育研究》一书所作的序

爱国主义是一种把关心和维护祖国荣誉、利益，以及把推进祖国文明进步、献身祖国人民幸福，作为自己的政治选择和道德取向的无比高尚的思想理念。它是历史文明的沉淀，是经由数千年传统逐渐巩固起来的一种对祖国无比忠诚与热爱的思想情感的集中表达，是在处理个人与祖国关系方面所显现出来的高尚道德情操和进步的政治追求的思想光辉。是一种推动祖国全体成员团结奋斗、抗御外敌、战胜灾祸、克服困难、开拓进取、自强不息的精神支撑。江泽民同志曾指出："在我国历史上，爱国主义从来就是动员和鼓舞人民团结奋斗的一面旗帜，是各族人民共同的精神支柱，在维护祖国统一和民族团结、抵御外来侵略和推动社会进步中，发挥了重大作用。”[①] 正因为如此，江泽民同志又强调说：“对全民族和全体人民来说，首先要抓好爱国主义教育。世界上任何国家任何制度下，都很重视对人民进行爱国主义的教育，在我们这样人口众多的社会主义国家里，更应如此。”[②] 可见，“抓好爱国主义教育”，是摆在思想教育工作者面前一项十分重要的战略任务。

对于这一战略任务，我国思想教育界给予了相应的重视。据本书作者的研究和统计，仅 1994 年至 2007 年间，中国期刊网收录的有关爱国主义教育的论文，就高达 322500 余篇，其内容涉及该研究项目的方方面面。此外，自二十世纪八十年代以来，还出版了一系列有关“爱国主义教育”的著作，如王照琨编写的《爱国主义教育概论》、唐玉龙主编的《爱国主义教育概论》、齐振海主编的《爱国主义教育概论》、郭海燕主编的《爱国主义教育新论》以及仲国霞、仲国英主编的《爱国主义教程》、浦卫忠等著《爱国主义与民族精神》、袁富善著《新时期爱国主义教育理论与实践》等，都是研究和宣传“爱国主义教育”的引人注目的重要成果。本书作者朱桂莲同志撰著的《爱国主义教育研究》，则是继上述诸部著作之后，又一部研究爱国主义教育的新著。如果说，上述那些著作，是出于当时思想教育形势的需要，多具有教材的特性而偏于爱国主义教育的普及方面。那么，本书一个十分重要的特点，则是偏重于爱国主义教育的理论探索方面。它是以上述成果为起点，并进行自己的理论再创造而获得的研究新成果。这一新成果，在理论创获方面，有以下一些优点或特点。

（一）系统深入地探讨了当代爱国主义教育的基本理论

爱国主义教育是一个具有历史足迹的社会现象，可以说自人类社会出现民族、国家的现实存在之后，就逐渐有了爱国主义观念。但是，只有在马克思、恩格斯创立的历史唯物主义诞生之后，爱国主义

① 《江泽民文选》第 1 卷，人民出版社 2006 年版，第 121 页。

② 中共中央文献研究室编：《毛泽东 邓小平 江泽民论世界观人生观价值观》，人民出版社 1997 年版，第 480—481 页。

才真正被赋予了科学的内涵，使之摆脱了狭隘民族主义，从而与国际主义和共产主义联成一体，成为无产阶级对人民群众进行思想教育的一项重要内容。今天，要把握爱国主义的真精神，就必须深入学习与研究马克思主义关于爱国主义教育的系统论述。马克思、恩格斯、列宁、斯大林以及我们党的三代领导人毛泽东、邓小平、江泽民等，都曾从不同角度、不同层面，对爱国主义作过论述，为我们研究爱国主义指明了方向。值得指出的是，对于马克思主义思想家关于爱国主义的基本理论，我国过去取得的研究成果，似乎极为有限，即使有人论及，也不够系统。本书的一个独到之处，是以《爱国主义教育的理论依据》为题，用一章近三万字的篇幅，较为系统、深入地探讨了上述马克思主义思想家或党的领导人关于爱国主义教育的系统论述。

例如，关于马克思、恩格斯的爱国主义思想，本书从四个维度进行了深入地发掘与总结。作者认为，在马克思、恩格斯看来，要爱国，一是“必须首先争取民族独立与解放”；二是必须同“国内各阶级进行合作，建立革命统一战线”；三是主张“爱国主义必须与共产主义相结合”；四是强调“爱国主义必须与国际主义相结合”。书中从这四个方面展开论述，并通过引述马克思、恩格斯的原始语录，对自己的每一个结论做出较有说服力的论证，从而深入发掘、总结了马克思、恩格斯关于爱国主义的基本思想。尽管作者的阐述，还难免有不全面或不贴切之处，但是，毫无疑义，她所概括出的四点内容，基本抓住了马克思、恩格斯关于爱国主义思想的精髓，值得予以重视。我们今天要坚持马克思主义的爱国主义理念，就必须认真体验马克思、恩格斯在这四个方面所作的重要论述，这些正是我们进行爱国主义教育的理论依据。

运用上述研究方法与程序，作者进一步发掘、总结了列宁、斯大林以及毛泽东、邓小平、江泽民关于爱国主义的系统论述。从而较为完整、系统地研究了马克思主义关于爱国主义的基本思想。应当说，这是一个富有意义的学术探索。它改变了过去在这方面研究的荒芜性，因而从一定角度上，具有理论创新特色。当然，拓荒是一件极为艰难的工作，它难免存在这样或那样的不足，但作者毕竟取得了相应的收获，且必将对后来者产生相应的奠基影响。对此，我们应予以充分地肯定。

（二）重点总结了中外爱国主义教育的优良传统与典型经验

如前文所述，爱国主义教育是一个具有历史足迹的社会现象，古今中外，概莫能外。在中国或外国的历史上，统治阶级总是根据形势发展的需要，运用爱国主义思想，教育本民族或本国的社会成员。因而，随着历史的进步，不同时期有不同内容的爱国主义教育。它薪火相传，成为团结本民族成员或本国人民抵御外侮、抗击自然灾害、推进社会文明进步的力量源泉。因此，无论是中国还是外国，历史上都进行过爱国主义教育，且都形成了本民族的爱国主义教育传统，创造出本民族开展爱国主义教育的历史经验。这是一笔宝贵的财富，值得我们认真总结。令人遗憾的是，我们过去在这方面所做的工作极为有限。至今，仍然很少能看到围绕中外爱国主义教育优良传统与典型经验所作的专题理论探索成果。本书则别开生面，以两章约五万字的篇幅，展开了对中、外所取得的关于爱国主义优良传统与历史经验的系统探讨。

首先，它以《中国历代关于爱国主义教育的历史传统》为题，展开了对中国古代至近、现代关于爱国主义历史传统的系统探讨。这一部分，作者将之分为五大论题：一为《先秦时期的爱国主义教育传统》；二为《秦汉至隋唐时期的爱国主义教育传统》；三为《宋至鸦片战争前夕的爱国主义教育传统》；四为《近代史上的爱国主义教育传统》；五为《现代中国爱国主义教育的新发展》。这就从纵向的角度，论述了中国历代有关爱国主义教育的历史进程及其发展演变，从而较为系统地总结了我国历史上有关爱国主义教育的优良传统及其基本经验。对于我们借鉴历史，服务现实，从理论上深化爱国主义教育，无疑具有积极意义。

例如，在《近代史上的爱国主义教育传统》这一部分，作者重点阐述了四项内容，即："关于献身祖国，争取民族独立的教育传统""关于知耻兴邦，御辱振邦的教育传统""关于树立民主主义革命精神的教育传统""关于发展科学技术，谋求民富国强的教育传统"。这四项内容，不是作者臆想出来的，而是根据近代史上进步思想家围绕“救亡图存”这一爱国主义基本宗旨所提出来的有据可查的关于爱国主义教育内容的概括总结。它既是历史的沉淀，也是近代史上爱国主义教育历史传统与经验的客观抽象，无疑对于我国当代的爱国主义教育具有理论启迪意义。

其次，重点发掘、总结了外民族有关爱国主义教育的历史经验。各个民族由于自身生存与发展的需要，都曾在历史上创造过符合本民族实际利益的爱国主义教育传统。这些传统不仅在其所依民族发挥过积极作用，而且对我们丰富当代的爱国主义教育理论亦具有借鉴意义。正是从这一认识出发，本书作者把探索的视域转向世界范围，并以《外民族爱国主义教育传统及其经验借鉴》为题，重点探讨了美国、俄国、韩国、日本、新加坡等国有关爱国主义教育的历史传统。在探索中，作者着重研究了以上各国关于爱国主义教育的内容、方法及其可供借鉴的方面。以美国为例，作者认为，美国在爱国主义教育内容方面，一是重视和弘扬为美国人所称道的“美国精神”教育；二是重视对美国公民的责任感教育；三是重视对美国人进行忧患意识教育。在爱国主义教育方法方面，作者认为：美国主要借助学校课程、借助宗教传播和借助影视传媒等，来达到教育的目的。在此基础上，作者还探讨了美国的爱国主义教育对我们的借鉴意义。以此为开端，作者进一步探索了以上其他各国有关爱国主义教育的基本经验。从而使我们对这些国家的爱国主义教育，有一个初步的了解。需要说明的是，由于这方面的研究，前人做得极为有限，因而可供参考的材料也十分欠缺，这就难免使这一研究存在一些不足。尽管如此，作者的探索，仍极富理论参考价值。它不仅为总结外民族爱国主义教育历史经验，作了带有开拓性的尝试性探索；而且，还为起动中外爱国主义教育比较研究，做出了自己相应的贡献。

（三）深入地探讨了爱国主义教育中的一些前沿问题

爱国主义教育，作为一种独特的理论形态，它具有使自己成为这一理论形态的特定的理论框架。例如，关于爱国主义教育的内涵、目的、任务、特征和爱国主义教育的内在机制、基本原则以及新时期爱国主义教育面临的挑战与对策等，都是研究爱国主义教育不可回避的重要前沿问题，是爱国主义教育的题中应有之义，必须从理论上做出有科学价值的回答。对于这些问题，本书作者以极大的学术勇气，分别交出了自己的答卷。其所论，均持之有故，言之成理，可备一说。例如，关于爱国主义教育的“内在机制”，作者着重探讨了四种机制：一是关于“教育主客体的双向互动机制”；二是关于“社会影响和学校教育的双向互动机制”；三是关于“教育效果的整合机制”；四是关于“教育激励‘需要行为’的引导机制”。这四种机制，从不同的角度透射出教育过程中所涉及的矛盾及其相互制约的关系。正确认识这些矛盾及其相互制约关系，对于正确运用爱国主义教育机制，提高爱国主义教育效果，完善爱国主义教育理论体系，都有不可忽视的学术探索意义。又如，关于“新时期爱国主义教育面临的挑战与对策”，作者也进行了较为深入的理论思考，明确认为，新时期的爱国主义教育面临着三大挑战：一是市场经济的挑战；二是全球化的挑战；三是信息化的挑战。她在深入揭示这些挑战所导致的种种负面影响之后，接着又提出了三大对策：一是针对市场经济的挑战，所提出的对策；二是针对全球化的挑战，所提出的对策；三是针对信息化的挑战，所提出的对策。总之，作者从不同侧面阐明了爱国主义教育所涉及的一系列基本理论，确有自己的独到之处，给人留下了深刻印象。

综上所述，本书在理论探索方面，较好地展示了作者的学术功力。它在分析概括马克思主义关于爱国主义的基本理论、发掘总结中外历史上关于爱国主义教育的传统与经验以及探讨与回答爱国主义教育所涉及的一系列重大理论问题方面，都表现出学术探索的智慧火花。全书内容之丰富，观点之清晰，逻辑之严谨，论证之有力，均为同类著作中所不多见，因而确实值得称道。

当然，由于爱国主义教育是一项常研常新的课题，加之对于这一课题的研究，在一些重大问题上，学界尚处于起步阶段，可供参考的理论成果，十分有限。这就难免使本书的撰写，存在种种局限性。因此，本书虽确有自己的独到之处，但也还存在这样或那样的不足。这对于一位青年学者来说，是不足为奇的。目前，作者已承担了国家中华基金会关于爱国主义教育研究方面的青年课题。我相信，随着课题研究的深入，作者对于这一领域的研究，会更加成熟起来，本书存在的问题在以后的研究中，将不难得到解决。

朱桂莲同志多年从事于思想教育专业的教学与研究，在这一领域辛勤耕耘，曾发表了关于思想教育方面的一系列论文。这部新著，是在她的博士论文的基础上扩充改善而成的。书稿付梓前，她邀我为之作序，我欣然应允，便一口气写下了以上的读书感。希望朱桂莲同志，再接再厉，奋勇开拓，让爱国主义教育这块园地，“万紫千红总是春”！是为序。

（原载朱桂莲《爱国主义教育研究》，中国社会科学出版社2008年版）

七　深研先秦诸子德育方法理论的可贵尝试

——为崔华前博士《先秦诸子德育方法思想研究》一书所撰的序

德育，是社会文明进步的重要杠杆之一，自人类摆脱野蛮、进入文明之日起，就有了德育这一具有普遍性的社会现象，古今中外，均是如此。中华民族是世界上四大文明古国之一，其德育历史尤其悠久。据史书记载，早在距今五六千年前的轩辕黄帝时代，就有了“修德振兵”[①] 之举，表明从那时起，就已出现德育现象。后来到了尧舜时期，已有了孝父母、友兄弟的道德观念，并且舜曾“使契为司徒，教以人伦”，旨在自觉应对“逸居而无教，则近于禽兽”[②] 的法则。这说明在舜时，道德教育已成为社会管理者的自觉行为。此后，薪火相传，代代相继，不断将具有我们民族特色的德育理论推向前进，使中华民族成为富有道德内涵的伟大民族，早在古代就被外民族誉为“礼仪之邦”，留下了无比丰厚的德育遗产。发掘、总结、提炼、继承这批遗产，为社会主义思想道德教育提供有益的历史借鉴，是当代德育理论工作者，义不容辞的光荣职责。正是在这一历史使命的激励

① 《史记·五帝本纪》。
② 《孟子·滕文公上》。

下，近年来许多学人，特别是一些生气勃勃的青年学者，把研究的重点放在传统文化，尤其是传统德育的研究方面，取得了一系列令人瞩目的新成果。崔华前同志这部《先秦诸子德育方法思想研究》书稿，就是其中之一。我有幸最早读到这部书稿，感受良多。

书稿把“先秦诸子德育方法思想”作为研究对象，这个任务是很艰巨的。先秦诸子是在春秋战国之际百家争鸣的熔炉中锻炼出来的。百家争鸣是我国学术史上的黄金时代。当时，代表不同阶级利益的各家学者，出于不同的政治需要，在学术上展开论辩，彼此交锋，是此而非彼，竞相提出不同的学术见解，表现出“道不同不相为谋”的对立倾向。在德育理论和方法方面，各家各派也都有自己的理论创造。他们既相互对立，又相互补充，各种不同的德育学说交相辉映，构成了春秋战国时期德育学术园地的壮丽图景。面对这种纷繁复杂的学术背景，要对先秦诸子德育方法作开创性的、系统性的总结，其难度确实非同寻常。令人高兴的是，作者没有向困难低头。他自觉地以马克思主义唯物史观为指导，运用比较研究法和历史文献考察法等现代科研方法，在深入揭示先秦诸子德育方法思想形成的社会条件和理论基础之后，对先秦诸子的德育方法学说，从宏观到微观、从历史到现实，进行了系统而深入的理论探索。书稿所展示的先秦诸子德育方法思想体系，其概念之清晰，内容之宏富，脉络之分明，观点之新颖，都显示出自己的独特优势，给人以智慧的启迪，读后令人耳目一新。

（一）注重概念的清晰性

全书概念清晰。例如，关于“德育方法”的概念，作者先把“德育”阐释为“思想道德教育”，然后进一步指出：“德育方法，就是关于思想道德教育的方法，具体说来，就是指教育者在对受教育者实施世界观、人生观、价值观、政治观、道德观教育的过程中所采用的手段或方式，是沟通德育主客体的中介或桥梁。”这个概括，内容完整而清晰，它不仅厘清了现代意义上的“德育”概念，而且把“德育方法”概括为“思想道德教育的方法”，并对其具体内涵作了完整归纳，给人以概念清晰之感。

长期以来，一些人从广义的角度，把“德育”解释为“思想教育、政治教育、道德教育”的合成体。这是值得推敲的。“德育”一语，确有狭义和广义之分。从狭义上说，德育即指品德教育或道德教育；从广义上说，“德育”指的是关于思想道德方面的教育。若从广义角度把“德育”概括为“思想教育、政治教育、道德教育”的合成体，则必然导致概念上的重叠，以致出现“屋上架屋”的弊病。我们知道，“思想教育”“政治教育”“道德教育”以及“思想政治教育”“思想道德教育”等，都各有特定内涵，简单地将之相加，必然造成不必要的混乱。我们所说的“思想教育”，指的是关于思想观念方面的教育。“思想观念”所涉内涵很宽，它包括世界观、人生观、价值观、政治观、道德观等一系列关于思想方面的观念。因此，所谓“思想教育”，指的是以上述一系列观念为主要内容的教育。我们所常说的“政治教育”“道德教育”“思想政治教育”“思想道德教育”以及世界观教育、人生观教育、价值观教育等，都含纳于思想教育之中，或者说都是思想教育的重要组成部分。例如，“思想政治教育”，指的是以政治为核心内容的思想教育；“思想道德教育”，则指的是以道德为核心内容的思想教育，等等。思想教育同“政治教育”“道德教育”等相比，属于高一层次的概念，绝不可与后二者平列看待。若把“思想教育”看作是与“政治教育”“道德教育”平列的东西，并简单将它们相加起来构成“德育”概念，其结果必然使人产生这样的误解：似乎“思想教育”中，没有“政治教育”和“道德教育”；而“政治教育”和“道德教育”，似乎又不属于思想教育。这显然不符合客观实际，其失误的根源，就在于概念不清。本书将“德育”定位于“思想道德教育”，无疑可作为一家之言，值得肯定。

（二）突出内容的宏富性

内容宏富，是本书的又一特色。全书揭示我国先秦时期儒、墨、道、法四大学派中的著名思想家的德育方法思想，具体说来就是对儒家学派中的孔丘、孟轲、荀况，墨家学派中的墨翟及其后学，道家学派中的老聃、庄周及稷下道家学者，法家学派中的商鞅、韩非及齐法家学者等人的德育方法思想，进行系统论述。其所涉学者之众、内容层面之宽，都给人留下深刻印象。在思想提炼方面，书稿既有宏观的概括，更有微观的剖析。例如，它在分析先秦诸子关于“身教示范方法”的思想时，进行了广泛而深入的探讨，分别论析了孔丘的“其身正，不令而行”的思想、孟轲的“教者必以正”的思想、荀况的“师以身为正仪”的思想、墨翟的“摩顶放踵利天下为之”的身体力行思想、老庄的“行不言之教思想”、商鞅的“官无邪则民不敖”的思想、韩非的“不以言谈教”思想，以及齐法家的“明正以治国”思想，等等。这些论析，既说明先秦诸子对“身教示范”德育方法的普遍关注，又说明他们从不同视角对“身教示范”德育方法，进行了各具特色的理论创造。一部专著，把问题的研究置于如此广博的层面，并将之引向微观作深入的探讨，这不仅反映了作者扎实的专业功底，更反映了作者不懈追求的理论勇气。它使关于这一问题的研究，生动而具体，细腻而周密，给读者以内容宏富的深切感受。

（三）显示出脉络的分明性

书稿脉络分明，书中所要集中阐释的，是先秦诸子关于德育方法的系统思想。这是一个涉及面宽、包容量大、需要回答的问题很多的研究课题。如何才能抓住要领、突出重点呢？作者别出心裁，将先秦诸子的德育方法思想，分为三大类：一为关于教育者施教的方法思想、二为关于受教育者自我教育方法的思想、三为关于实施德育评估的方法思想。全书关于先秦诸子德育方法的思想体系，正是由这三个方面扩展开去，并最终建构起来的。例如，围绕“关于教育者施教的方法思想”，书稿揭示了“因材施教法”“身教示范法”“教学相长法”“平等育人法”“情感交流法”“循序渐进法”“启示引导法”“环境陶冶法”八种关于教育者施教的方法思想；围绕“受教育者自我教育方法的思想”，书稿又揭示了“知荣明耻法”“自我反省法”“克己慎独法”“忠恕一贯法”“改过迁善法”“防微杜渐法”“躬行践履法”“益志养气法”八种关于受教育者自我教育的方法思想。此外，围绕“关于实施德育评估方法的思想”，书稿也提出了一系列具有方法论指导意义的基本方法、原则。这样，全书沿着以上三条粗线深入下去，层层剖析，步步发掘，揭示了先秦诸子关于德育方法的思想共达150余种之多。这么多方法，用三条线索将之串联起来，可谓脉络分明，条理谨严，既突出了重点，又照应了全面，确有裁剪得体之功效。

（四）重视理论的开拓性

一部专著的成功，不仅取决于它有明晰的概念、丰富的内容、严谨的逻辑，更取决于它有创新的理论思维。创新是一切理论研究的灵魂，是一部专著取得成功的关键所在。本书稿的可贵之处，就是作者在探讨先秦诸子德育方法思想的过程中，勇于阐发自己的独得之见，重视思想理论方面的开拓创新。例如，书稿在探讨《先秦诸子德育方法的理论基础》这一节中，抓住三个基本理论问题（即天人观、人性论、发展观），进行自己的理论思考，认为先秦诸子关于德育方法的思想，都是与他们对这三个基本问题的看法相关联。这无疑是很有见地的认识。“天人观、人性论、发展观”（以下简称“三观”），均属于世界观范畴。世界观决定方法论，有什么样的世界观，就有什么样的方法论。正是基于这一见解，书稿具体回答了先秦诸子所持的“三观”如何决定了他们相应的方法论。以“人性论”为例，书稿把先秦诸子的人性理论，分为“性习论”“性善论”“性恶论”“性无善无恶论”“性有善有恶论”“性自然论”“性利己论”七种形态，在此基础上，再进一步说明这些人性之论如何决定了相应的方法论，如：孔丘的“性习论”，决定了他重视后天学习、提倡“择友择处”、突出养成教育的德育方法；孟轲的“性善论”，决定了他在德育方法方面，重视“反省内求”“存心养性”“平等育人”等方法；荀况的“性恶论”，决定了他重视“积善成德”“环境育人”以及“待师法而正”的德育方法，等等。这就从本质上阐明了先秦诸子德育方法各具特色的思想缘由。其所论，均持之有故，言之成理，既达到了相当的理论深度，又阐发了自己的独到认识，给人以勇于探索和观念新颖的深切感受。

本书的创新特色，不仅在于作者在书中阐发了自己的独得之见，更在于它从总体上对先秦诸子德育方法思想作了系统性的总结，这是一项披荆斩棘、开拓荒原的具有探索意义的学术研究活动。长期以来，由于“左”的思维方式的束缚，人们害怕被戴上“钻故纸堆”“拾封建余唾”的帽子，以致不敢接触传统文化，特别是传统德育遗产。随着改革开放的深入，传统文化的价值，特别是传统道德的价值，已逐渐为人们所认同。党的十六大明确提出“要建立与社会主义市场经济相适应、与社会主义法律规范相协调、与中华民族传统美德相承接的社会主义思想道德体系”的伟大战略任务。正是在改革开放的适宜条件下，对于传统德育遗产的发掘与研究，日益引起学界的重视。近年来，先后有一系列研究传统道德或传统德育的新著问世，如：罗国杰主编的《中国传统道德》（含多传本与单行本两种本子）、陈谷嘉主编的《中国传统德育思想研究》、江万秀等著《中国德育思想史》、罗炽主编的《中国德育思想史纲》以及拙著《儒家德育学说论纲》等，都是研究传统德育理论的新著。然而，这些著作多偏于德育理论方面的探讨，而对于传统德育方法则涉及较为有限。摆在书案上的这部《先秦诸子德育方法思想研究》，可以说是当代中国第一部研究传统德育方法的新著，尽管它所涉及的历史仅限于先秦时期的春秋战国阶段，但它的问世，却打破了过去对于传统德育方法之专门研究长期处于“零”的状况。这无疑是一项填空补白、难能可贵的探索！老子说：“道生一，一生二，二生三，三生万物。”有了“一”的起点，我相信随着传统德育研究的深入，我国学界以后将会有更新、更多、更高水平的传统德育方法研究新成果涌现出来！这正是“长江后浪推前浪”这一社会发展规律所使然，敝人愿乐观其成！

毋庸讳言，作为一部拓荒性的著作，本书稿不可能十全十美，它不可避免地还存在这样或那样的缺陷，例如本书以《先秦诸子德育方法思想研究》为题，但在《导论》中，却对先秦诸子所处的百家争鸣历史环境、诸子所依各家各派的基本学术宗旨，以及诸子中各位学者的生平传记，均未能做出较为详尽的交待。这就给不熟悉先秦文化史的读者带来了诸多不便。虽存在这一缺陷，但瑕不掩瑜，本书仍是一本好书，而且其存在的问题，也是不难改正的。如同初生的小天鹅难免有其丑的一面，但终会完善自我、飞向天空一样。

崔华前同志的硕士阶段，专攻中国哲学史专业；考取博士生后，又把中国传统道德与当代中国思想道德建设，作为自己的专业方向，努力拼搏，不懈追求。他的博士论文曾得到校内外同行专家的一致好评。这部书稿，就是在他的博士论文的基础上加工而成。在送出版社之前，他邀我为之作序。作为他的导师，我欣然应允，并为他在学术上的成就感到由衷欣慰。希望崔华前同志再接再厉，在学术探求的道路上永不自满，并立志为当代中国的德育理论建设不断贡献自己的聪明才智！是为序。

（原载崔华前《先秦诸子德育方法思想研究》，中国社会科学出版社 2007 年版）

八　一部深探宋明理学家德育方法思想的新著

——为涂爱荣博士《宋明理学家德育方法思想研究》所作的序

摆在书案上的这部书稿，名为《宋明理学家德育方法思想研究》。这个书名的新颖与独特，一下就抓住了读者的注意力，使人感到，作者不仅把宋明理学家视为德育思想家，而且还要深入发掘和总结他们所创造的德育方法思想成果。这确实是一个富有智慧的选择，表明作者看到了宋明理学思潮在中国德育思想史上的重要地位。

“宋明理学”即“宋明道学”，是中国封建社会后期居于主导地位的意识形态。这一思潮的出现，既有其社会政治方面的需要，又有其理论思维内在逻辑的必然性。从社会政治需要来说，由于唐末五代篡杀频繁，君臣父子之间的封建伦理关系大遭破坏，极不利于社会的安定、发展。宋王朝建立后，摆在统治者面前的重要任务，就是要恢复并强化儒家伦理道德观念，以推进思想道德教育，维护封建伦理秩序。而宋明理学，正是以儒家伦理为其主要内容，因而在客观上符合当时的社会政治需要。从理论思维发展的内在逻辑来看，封建社会前期，两汉儒家的神学目的论，魏晋玄学和隋唐佛学的空无本体论，曾在当时的社会分别起过相应的历史作用。但儒学重视伦理实践，却疏于学术论证，而玄、佛精于哲学思辨，却又流于寂灭空玄。若能把两者的优势结合起来，建立起一种新的思想体系，那就比较理想了。这一理论追求，终于通过“宋明道学”的创立最终得以如愿。因而，它的出现是理论思维内在逻辑发展的必然。

“宋明理学”把儒、释、道三教之理论成果融为一体，使其由互黜走向互补。它以儒家纲常伦理为其核心内容，以佛、道的修养原则和思辨逻辑为其思想方法，因而在当时是一种全新的思想体系。《宋史·道学传》曰：

> “道学”之名，古无是也。三代盛时，天子以是“道”为政教，大臣百官有司以是“道”为职业，党庠术序师弟子以是“道”为讲习，四方百姓日用是“道”而不知。是故，盈覆载之间无一民、一物不被是“道”之泽，以遂其性。于斯时也，道学之名，何自而立哉！

不难看出，这里说的“道学”，实指儒家“道统”。本来在唐代，韩愈就提出了儒家“道统”说：“斯吾所谓道也，非向所谓老与佛之道也。尧以是传之舜，舜以是传之禹，禹以是传之汤，汤以是传之文、武、周公，文、武、周公传之孔子，孔子传之孟轲；轲之死，不得其传也。”[①] 这段论述告诉人们，儒家自远古以来就有一个薪火相传的道统。韩愈主张废黜佛、老，回归儒家那个一脉相承的“道统”。但是，在佛、道均已在中国社会扎根并不断发展的历史条件下，要将之全部废黜，显然是不可能办到的。这是因为，它们在当时都还有继续存在的合理性。宋明道学理论体系的出现，既张扬了儒家道统，又保存了佛道中的合理因素，因而集中反映了当时的时代精神。这无疑比韩愈的简单废黜之论，更为高明。

对于宋明道学这一学术思潮，一般学者都看到了它的哲学创造，这无疑是正确的。但必须指出的是，这一思潮的真正本质，在于它的思想道德教育属性，或者直截了当地说，“宋明理学”是在特定历史条件下形成的一次持续久远的思想道德教育社会思潮。这一思潮，是

① 韩愈：《原道》。

中国古代以儒家为主体的思想道德教育学术探讨走向成熟并达到较高境界的标志。《宋史·道学传》载：

> 两汉而下，儒者之论大道，察焉而弗精，语焉而弗详，异端邪说起而乘之，几至大坏。千有余载，至宋中叶，周敦颐出于舂陵，乃得圣贤不传之学。……张载作西铭，又极言理一分殊之旨，然后道之大原出于天者，灼然而无疑焉。仁宗明道初年，程颢及弟颐实生，及长，受业周氏，已乃扩大其所闻，表彰大学中庸二篇，与语孟并行，于是上自帝王传心之奥，下至初学入德之门，融会贯通，无复余蕴。迄宋南度，新安朱熹得程氏正传，其学倍加亲切焉。大抵以格物致知为先，明善诚身为要，凡诗书六艺之文，与夫孔孟之遗言……至是皆焕然而大明，秩然而各得其所。

这段文字简要阐发了两宋道学发生发展的基本路径。其中，先由周敦颐“得圣贤不传之学”，继而由张载彰明大道使之“灼然无疑”，接着又有二程“受业周氏”，并“扩大其所闻”，为程朱理学奠定了坚实根基，继二程而起，有朱熹“得程氏正传”，使儒家大道至是“皆焕然而大明，秩然而各得其所”。这里所概括的，正是两宋道学的演进历程。令人遗憾的是，《宋史·道学传》的作者，未能将陆九渊所创立的“心学”列入其中，因而其概括尚欠完满。尽管有这一缺陷，但《宋史·道学传》的作者，仍然抓准了两宋道学的主题：“上自帝王传心之奥，下至初学入德之门，融会贯通，无复余蕴。”这个主题，正属于思想道德教育范畴，揭示了两宋道学的思想道德教育属性。从宋至明，道学得到了进一步发展，那就是明代的王阳明，深化发展了南宋陆九渊所创立的“心学”，从而将宋明理学推到了新的境界。在今人看来，宋明理学包含三种不同形态：一是张载“气学”；二是程朱理学；三是陆王心学。这三大流派，所从事的学术探讨，都与思想道德教育息息相通。从张载提出“为天地立心，为生民立命，为往圣继绝学，为万世开太平”的学术宗旨，到程、朱提出“存天理，灭人欲”的修身方略，再到陆九渊以“正人心”“成孝敬、厚人伦、美教化、移风俗”为己任，以及王阳明关于“致良知”说的理论创造，可以说都是从不同角度宣传自己的思想道德教育主张。更为重要的是，宋明理学家所从事的德育理论创造，在当时和以后都产生了强烈影响。他们所提倡的“天理”“良心”以及“人同此心，心同此理”的伦理道德观念，曾启迪了一代代后来人的道德觉醒。因此，“宋明理学”是宋明时期一次影响深远的思想道德教育学术思潮。这一思潮，不仅创造出具有自身特色的思想道德教育理论成果，而且也创造出具有自身特色的思想道德教育方法、原则。本书的作者涂爱荣博士，正是瞄准了这一学术思潮的真实内蕴，把“宋明理学家的德育方法思想”确定为自己的研究对象。这无疑是有见地的抉择，值得赞赏!

涂爱荣同志长期从事思想道德教育的教学与研究，在自己的专业领域，取得了相应的学术成果，其专业基础较为厚实。他的这本书，坚持以马克思主义唯物史观为指导，运用文献剖析、历史与逻辑相统一等相关研究方法，对宋明理学家的德育方法思想，进行了从宏观到微观、从历史到现实的学术探讨。综观全书，至少有以下几大优点或特点:

（一）具有学术创新的鲜明特色

创新是一切学术研究的灵魂，是一部专著取得成功的关键所在。本书的可贵之处，就在于它能在学术创新方面显示出自己的优势。当代中国学界，研究宋明理学的学者不乏其人，但多把重点放在哲学、伦理学、文学、史学、教育学等各个领域，而从思想道德教育角度去探讨宋明理学家的德育理论，则是凤毛麟角，很少见到这方面的学术成果。至于研究这一时期的德育方法思想，则更是无人问津，以致这一领域长期成为未能开垦的处女地。本书的出版，将打破这一僵局，填补学术研究上的一个空白，应当说，这是值得肯定的一项创新！不仅如此，作者在发掘宋明理学所创造的德育方法思想方面，也有自己的许多独到之处。他首先把这一时期的德育方法思想分为两大类，一为施教方法思想；二为自我修身方法思想，并且把后者作为重点，加以发掘、梳理，这无疑是正确的，说明作者看到了宋明理学家重视反省内求的修身要诀（这一特点乃是对先儒孟子修身方法的直接继承）。沿着这一理路，作者努力将自己的探索引向深入，该书用两章的篇幅，集中揭示了宋明理学家“强调学思结合”“关注知行关系”“倡导‘贵在立志’”“主张‘君子慎独’”以及重视“穷理”“立诚”“去欲”“主敬”“改过”“养气”等一系列自我修身的方法思想。而且，每一个有关修身方法的思想，都持之有故，言之成理，自成一说，表达了作者的独得之见，应当说，这也属于理论上的开拓创新。可见，重视创新，是本书的一大特色。

（二）大力推进理论研究的深化

注重理论研究，是学术创新的前提条件，没有周到的理论探索，创新就是一句空话。本书的又一独到之处，是在理论探索的深化上狠下功夫。全书不仅集中探讨了宋明理学家德育方法思想的诸方面表现形态、基本功能以及理论和现实价值，而且还用相当大的力度深入考察了宋明理学家德育方法思想产生的社会环境和理论渊源，从而顺理成章地说明了宋明理学家德育方法思想形成的历史必然性。值得注意的是，作者在探索理论渊源方面，坚持从两条路径入手：其一，是从哲学渊源方面，考察了宋明理学家的德育方法思想同历代思想家关于人性之论以及理欲之争的传承关系，借以说明其德育方法思想的哲学渊源；其二，是从德育理论角度，揭示宋明理学家的德育方法思想同以往儒家德育方法理论、道家德育方法理论以及佛教德育方法理论的传承关系，借以说明其德育方法思想的儒、释、道渊源。这两方面的结合，无疑有助于把握宋明理学家德育方法思想的源头活水，有助于将本课题研究引向深化。例如，作者为了揭示明代思想家王阳明“致良知”说的理论渊源，重点追寻了孟子的“性善论”及其“良知”“良能”说，认为王氏的思想观点是对孟子“性善论”的直接继承，指出：“王阳明对孟子的‘良知’说加以引申，提出了‘致良知’的德育方法思想，他把‘致良知’看作自我修身的立足点，认为‘良知之外别无知矣，故致良知是学问大头脑，是圣人教人第一义’。”通过这种探源溯流式的学术考察，使人们对于王阳明提出的“致良知”说的理论渊源认识得更加深刻。类似这样的学术求索，书中还可找到许多例证，可见作者在理论探索方面确实下了很大气力！

（三）注重在服务现实方面狠下功夫

服务现实，既是科学研究的原动力，也是理论工作者从事理论探索的价值之所在。理论只有服务现实，才能奠定自己的立足之基，才能显示出自身顽强的生命力，才能与时俱进地发展自己。本书的又一个引人注目之处，是作者围绕服务现实，作了一系列理论思考。全书单列专章，较为深入系统地探讨了《宋明理学家德育方法思想的现代价值与现代转换》。作者认识到，“宋明理学家在长期德育实践中所积累的一系列德育方法，形成了较为系统的德育方法思想体系，这些思想不仅曾在中华民族的文明进步中发挥过重大的历史作用，而且到了今天仍闪烁着真理的光芒，有其不可估量的现实价值。我们应当认真发掘其现实价值，以推进古为今用，使其在服务现实中再显光辉！”基于这一认识，作者从三个方面阐发了宋明理学家德育方法思想的现代价值，即“在学校道德教育中的现代价值”“在公民道德建设中的现代价值”“在构建和谐社会中的现代价值”。作者还认识到，要使宋明理学家德育方法思想的现代价值得到实现，还必须促其完成“现代转换”，为此，作者又专门探讨了实现转换的必要性、可能性以及实现转换的基本路径、方法、原则，等等。在此基础上，作者又对“宋明理学家德育方法思想的现代借鉴与超越”作了专题讨论，强调：一是要在基础道德教育方面的借鉴与超越；二是要在知行转化方面的借鉴与超越；三是要在重视自我教育方面的借鉴与超越；四是要在关注“人”的发展方面的借鉴与超越。所有这些探讨，都突显了一个基本宗旨，那就是促进理论服务现实。

总之，《宋明理学家德育方法思想研究》这部新著，选题新颖而独特，既注重在学术上开拓创新，又注重在理论上深入探索，还注重服务现实，与时俱进。其用力之勤奋，发论之新颖，考察之缜密，推理之谨严，梳理之顺畅，均给人留下深刻印象。作为一位青年学者能使自己的著作显示出这些优势和魅力，确实很不容易，其勇于攀登的精神难能可贵！

当然，由于本书所探讨的课题具有拓荒性，难度很大，而且理论界可供参考的研究成果又极为有限，这就难免使书稿存在某些不足。例如，书中未能对宋明理学家的代表人物所倡导的德育方法思想对后世的深远影响，作必要的历史考察，以致人们对宋明理学家德育方法思想的历史价值难于把握。这不能说不是一个缺陷。尽管存在这一缺陷，但瑕不掩瑜，它不妨碍本书仍是一部好书。而且，其存在的问题，在今后的治学中，还可逐渐得到解决。

涂爱荣同志的这部书稿，是在她的博士论文的基础上扩充而成的。她的博士论文完成后，曾得到校内外专家的一致好评。这次推荐出版，又得到了她工作的学校和出版社的支持。本稿付梓前，作者邀我为之作序，我欣然应允！作为曾任她攻读硕士和博士期间的导师，我为她在学术上的进步感到由衷的欣慰！一口气写下了以上的读后感。希望涂爱荣同志，继续谦虚谨慎，不骄不躁，沿着既定的科研方向，在学术上攀登、再攀登！加油、再加油！为新时期我国的思想道德建设做出自己的突出贡献！是为序。

（原载涂爱荣《宋明理学家德育方法思想研究》，湖北人民出版社 2007 年版）

九　一部深化比较德育研究的创新用功之作

——为李霞同志《中外德育比较研究》一书所作的序

摆在书案上的这部书稿，名为《中外德育比较研究》。看到这个书名，我感到特别的兴奋，认真地阅读了它，深感书稿所探讨的问题在科研中的分量。中外德育比较，涉及的是一个新的科研领域，旨在运用比较研究的方法，对中国和外国的德育理论、德育模式、德育内容、德育目标以及德育途径和方法等，进行宏观与微观、历史与现实的比较性研究，借以掌握不同类型的德育体系之共性与个性、优势与劣势，以及德育运行的基本规律，以便深化对德育科学的认识，提高德育理论水平和德育实践能力。毫无疑问，比较德育研究是德育科学研究的重要组成部分，或者说它是德育科学的深化和发展，值得给予高度重视。

比较德育作为一门新兴学科进入大学讲坛，在我国是近十余年的事。近些年来，学界围绕比较德育研究，出版了一些教材，发表了一系列论文。应当说，同过去相比，确实迈开了一大步。但是，毋庸讳言，从总体上看，我国的比较德育理论，尚处于建立与发展阶段，它在理论构架方面，还有待进一步探索和完善。李霞同志撰著的这部《中外德育比较研究》，是我国比较德育研究领域获得的又一新成果。它以马克思主义唯物史观为指导，以前人的研究成果为借鉴，站在新的时代高度，集中对中外德育比较研究中所涉的一系列前沿问题，进行了系统而深刻的理论阐述。在我看来，这部新著至少有以下几大优点或特点。

（一）视角比较宽阔，内容相当丰富

书稿围绕“中外德育比较”这一总课题，对中外德育理论、德育目标、德育模式、德育课程、德育内容以及德育途径和方法等，均进行了专题性的比较研究阐述。在这一过程中，既涉及横向比较（中外比较），也涉及纵向比较（古今比较）。这是一项十分艰苦的工作，它要求研究者必须吃透“两头”：一头是中国的德育理论，另一头是外国的德育理论。为达此目的，作者不得不把视角伸向古今中外广阔的德育学术海洋，使自己的思绪在古今中外广阔的德育领域中，纵横驰骋，上下求索，显示了她特有的理论勇气。

就中国而言，作者不仅探讨了中国古代传统德育理论，也探讨了当代中国社会主义德育理论，为中西德育比较奠下了一块基石。就西方而言，作者不仅探讨了文艺复兴时期思想家们的德育理论，也简述了现、当代西方形形色色的德育理论，为中西德育比较奠下了又一块基石。这些理论所涵纳的内容，都相当繁杂，要厘清它需要有广博的学识。以中国当代德育理论为例，作者从马克思主义中国化的视角，重点阐述了毛泽东、邓小平、江泽民、胡锦涛等领袖人物的德育理念，从而揭示了社会主义中国德育发展的趋势与现状。又以当代西方德育理论为例，作者简述了“人本主义德育理论”“认知发展德育理论”“价值澄清德育理论”“社会学习德育理论”“社会行动德育理论”“品德教程德育理论”“体谅关心德育理论”“道德符号德育理论”“完善人格德育理论”“逻辑推理德育理论”十种不同类型的德育理论，从而展示了西方德育学者所追求的德育价值取向。

上述德育理论，各有自己独特的体系和思想内容，作者在力所能及的条件下，一个个地对之勾画出轮廓，概述了它们的基本内容。正是由于作者努力吃透两头，她才能够面对如此浩繁的德育理论，做出自己的评述，并善于对不同德育理论成果，做出自己的选择，从中引申出规律性的认识，给读者们展示了无比丰富的比较德育内容，使读者读后有强烈的厚实感。这在同类著作中，似不多见，值得高度肯定。

（二）善于科学分析，坚持取精去粕

“比较德育”的宗旨之一，是要通过比较，帮助人们择优汰劣，完善德育理论体系。在这方面，作者下了相当大的功夫，表现出善于坚持科学分析和勇于取精去粕的鲜明特色，以确立自己的正确认识。书稿对人们共同关心而又看法不一致的问题，能谨慎以对，善于取舍。例如，关于“灌输”这一德育方法，长期以来是一个十分敏感的话题，中、西德育学者，在见解上有明显的差异。如何正确看待这一方法呢？为了回答这一问题，作者通过对中西德育理论界关于这一问题的认识，作了比较性研究，经过分析，有取有舍，最后得出自己的结论。

首先，她对西方学界围绕“灌输”这一德育方法所持的观点，作了系统评述。她指出，在西方，自近代以来，由于传统德育把“灌输”绝对化，成为一种保守的德育方法。这种方法，后来被以杜威为代表的“进步主义”所否定。“进步主义”的积极意义，就是在德育方法上反对绝对的、强制的和宗教式的理论灌输，主张高扬学生的主体性和德育的实践性，这对于调动受教育者的积极性和提高德育有效性，都有不可低估的意义。但是，由于这一派夸大了价值的相对性，使德育陷入以相对主义为基础的放任主义，以致在实践中完全排斥对道德原则、道德规范等道德知识的传授，其结果是使德育活动放任自流，实质上放弃了道德灌输的必要性，这无疑是十分有害的。与这一德育方法倾向相关联，西方二十世纪下半叶出现了“无灌输的道德教育”方法论。这种方法论，坚持开放的教育，反对封闭的教育；坚持发展的教育，反对凝固的教育。这些无疑都有其积极的意义，它直接冲击了传统的“灌输论”。但是，这种“无灌输的道德教育”方法论，在名称上就有它的片面性。因为道德教育本身是有阶级性的，任何统治阶级总是要把自己的道德观加之于人，这就不可能毫无“灌输”。作者明确认为，所谓“无灌输的道德教育”，只不过“是一种经过巧妙包装的软灌输”罢了。这就简要勾画出了西方德育界关于“灌输”方法的认识发展过程。

接着，作者又简述了“灌输”方法在当代中国的实施状况。她认为，“灌输”方法，实际上在古代中国就通过“传经”的形式不断演绎、实施，只是那时还没有“灌输”这个用语而已。在当代中国，“灌输”一词是从原苏联引进的。列宁曾在《怎么办》一文中指出，无产阶级要从一个自在的阶级变成一个自为的阶级，必须经过理论灌输这一途径。他说：“工人阶级单靠自己本身的力量，只能形成工联主义的意识……而社会主义学说则是从有产阶级的有教养的人即知识分子创造的哲学理论、历史理论和经济理论中发展起来的。”又说：“工人本来也不可能有社会民主主义的意识，这种意识只能从外面灌输进去。”因此，“灌输”成为马克思主义教育学说中的一项基本原则。中国共产党以马克思列宁主义作为自己的指导思想，从新中国成立起，就在学校贯彻实施“灌输”理论，把它视为德育的基本方法。这种方法，曾经在相当长的一段时间内，发挥了重大作用，至今仍然具有其存在的价值。但是，长期以来，由于“左”的影响，致使学校德育往往将“灌输”理论演变为强输硬灌的简单施教方法，教师一成不变地照本宣科，搞传统的“先生讲，学生听”那一套，使学生对这种硬性“灌输”的方法，产生逆反心理。特别是随着时代的发展和进步，青少年接受信息的方式发生了很大变化，使以往在传统的封闭社会中具有高效性的德育方法，面临着现代开放社会的巨大挑战。因此，硬性“灌输”必须改弦更张，吸取西方“软灌输”的某些优势，例如，西方坚持开放的教育，反对封闭的教育；坚持发展的教育，反对凝固的教育，就值得我们合理地加以借鉴。

那么，在当代中国如何合理运用“灌输”的方法呢？作者主张，从实际出发，即针对学生的实际情况，灵活实施。如，对于小学生而言，“灌输”是完全必要的，这是因为，小学生尚未形成独立的道德判断能力，其关于真、善、美和假、恶、丑的界限还比较模糊，这就需要通过“灌输”，帮助他们提高道德认识。当然，对于小学生的道德灌输，也必须讲究艺术，不能搞简单的强输硬灌。而对于中学生，尤其是大学生来说，道德“灌输”的强度就必须适当减弱。这是因为他们的道德价值取向已渐趋形成，并常以一种独立的眼光、批判的视角去审视时代和社会的道德状况，而不满足于接受既定的传统的道德观念。在这样的情况下，西方重开放、重发展、重实践的德育方法，就值得我们好好借鉴，以提高大学和中学的德育实效。

以上作者通过中西比较的科学分析，既论述了“灌输”德育方法的历史发展，又展示了中西德育学者对“灌输”德育方法在认识上的差异，以此为基础，作者做出了自己的客观评述。其所评所论，皆持之有故，言之成理。既批评了传统的强输硬灌方法的保守性，又批评了全盘否定“灌输”必要性的片面性，主张合理吸取西方重开放、重发展、重实践、重主体意识的德育方法理念。这些无疑都有其独到之处，给人以能坚持科学分析、善于取精去粕、不随波逐流的深刻印象。

（三）勇于阐发新颖之见，注重学术开拓

比较德育学，作为一门新学科，急需研究者贡献自己的聪明才智，为其大厦的逐步完善、成熟添砖加瓦。读完书稿，深感作者在这方面付出了相当大的功力。

一是对某些“左”的或保守的思想观点，敢于批评和冲击。例如，在探讨“工具型德育模式”时，作者吸取马克斯·韦伯把理性分为“工具理性”和“价值理性”的学说，针对传统的夸大德育工具性的倾向，提出了批评。她指出：工具型的德育模式强调德育的手段性，过分看重德育为政治服务的“工具性价值”，而忽视德育塑造完善人格，实现人的全面发展的“目的性价值”。工具型德育模式，不关心价值层面的思考，只关心具体做法和技巧，在实践中表现为就德育抓德育；只重视德育过程的规范化管理，而却忽视了德育的目的意义、人文关怀及其终极价值，最终导致了青少年对德育的逆反心理，甚至近乎本能地产生对抗情绪，认为德育是“管理”和“约束”他们自由的工具，欲弃之而后快。作者还进一步指出，道德本身是工具意义和目的意义的统一。如果抛弃目的意义，只讲工具意义，在德育实践中很容易造成学生双重人格的形成，导致他们在公开场合说假话、大话、空话，而在行为上却养成文明素质低下、行不顾言的坏习气，这就丧失了德育的初衷。应当说，这些评述均切中要害，是对“工具型德育理论”的系统清算，既冲击了传统的旧意识，也张扬了思想解放，给人以勇于创新的真切感受。

二是注意将理论探讨引向深化。在理论研究中，研究者要想使自己的研究突破老生常谈的局面，就必须用功将研究引向深化。这既是研究的价值之所在，也是研究者应当努力攀登的目标。就这方面而言，本书作者的收获，也值得予以肯定。例如，她通过中西德育比较研究，最后引申出“通过比较所得到的启示”，就颇有将理论研究引向深化的特色。如在《德育目标研究》这一章，作者最后得出三点“启示”：

一曰：“加强德育目标的层次性研究。”其所谓“层次性”，指的是“事物的等级性或等级次序”，它是事物差异性的体现。强调德育目标的“层次性”，就是要依据德育对象的年龄特征、心理状况、道德水平以及受教育的条件，划分出不同层次的相应目标，建立起由低到高、层次分明的德育目标体系，以推动德育目标循序渐进地实现。

二曰：“加强德育目标的序列化研究。”其所谓“序列”，指的是按次序排列。德育目标客观上也存在着序列次序，如小学的德育目标、中学的德育目标、大学的德育目标，在内涵与外延上都有明显的不同。正确地揭示其先后次序，有利于推动德育目标由易到难地顺利实现。

三曰：“加强德育目标的互补性研究。”其所谓“互补”，指的是不同德育目标间的取长补短，汰劣择优。作者认为，由于各民族文化传统和各国国情的不同，中外德育目标存在着种种差异。例如，从德育目标的价值取向来看，西方注重德育目标的个性化和多样化，中国则注重德育目标的共性化和统一化。从发达国家与发展中国家的视角来看，发达国家的德育目标比较开放，呈现出多元化的特点，而发展中国家的德育目标，比较闭锁，呈现出民族性和凝固性的特色。为此，我们必须使两者互补，将个性化与共性化、民族性与世界性糅合起来，使之互补互融，共同发展。这些提法，是过去对德育目标进行孤立研究中很少涉及的问题，作者从比较的“启示”中，意识到这些问题的重要性，并将之提了出来，发前人之未发，从而推进了理论研究的开拓性。这些都值得予以高度肯定。

（四）理路清晰明畅，逻辑比较严谨

本书的又一特征，是思想清晰，逻辑严谨。全书在导论之后，分为六章，构成了一个完整的体系。导论集中阐明了“比较德育”的内涵、“比较德育学”的基本特征、研究方法以及研究意义等关系全局的重要问题；接着，在第二章中，重点概述了中国、西方以及马克思主义的德育理论形态及其历史发展和现实状况，为后面的“比较”奠定了坚实的理论基础；在此基础上，以五章的内容，分别对中西之“德育目标”“德育模式”“育课程序”“德育内容”“德育方法”和“德育途径”进行了具体的个案比较。在这些比较中，作者始终把“中国”与“外国”作为比较研究的对象，注意考察两者的个性特征、其共同点与不同点，最后归纳出由比较得到的启示。以第三章为例，该章的标题是：“德育目标比较”。围绕这一题目，作者先阐明了“中国学校的德育目标”及其“基本特征”；继而又阐明了美国、英国、法国、日本、俄罗斯等国外有代表性国家的德育目标状况和基本特征，从而为中外德育目标比较提供了前提。在此基础上，作者进行了深入的分析研究：一是揭示了中外德育目标的“共性”；二是揭示了外国德育目标的“个性”；三是提出了通过目标比较所得到的“启示”。这种承上启下、循序渐进的研究，使全书和各章、各节能够环环相扣，层次分明，既展示了丰富的内容，又给人以理路清晰、逻辑严谨的深刻印象，确实显示了作者较为深厚的学术底蕴和相当成熟的研究能力。

综上所述，本书确有自己的鲜明特色，其观点之新颖，分析之周密，内容之丰富，资料之翔实，逻辑之严谨，以及文字表述之清晰，均给人留下了深刻印象。当然，由于比较德育学是一门正处于建设和发展中的学科，它所涉的领域还有许多等待我们去探索、填补，因而本书也难免存在某些不足。例如，本书以中外德育比较为研究对象，在这一研究中，中国传统道德应占据相当大的分量，然而，在阐述传统道德内容方面，它却显得较为薄弱；又如中外德育比较，不但应有宏观比较，也应有微观比较。但本书偏重于宏观比较，而在微观比较（如中西德育学派、德育思想家个案比较）方面，则似乎有所欠缺，等等。虽然存在这些问题，但不妨碍本书仍是一部有功力的专著。因为，它存在的问题正是学科建设中需要深入探索的问题，相信在今后的探索中，作者会进一步解决这些问题。

李霞同志长期从事思想道德教育之教学与研究工作。她于二十世纪八十年代初毕业于武汉大学哲学系马克思主义哲学专业，又于二十世纪九十年代中期在武汉大学政治与行政学院获得了思想教育专业硕士学位。近三十年来，她执教于江汉大学政法学院，在思想道德教育研究方面取得了一系列学术成果。这部新著，是她近年来致力于中西德育比较研究的心得结晶。书稿完成后，她送来征求我的意见，并约我为之作序。作为她的昔日导师，我高兴地读完了全书，从中得到不少教益，并为作者近年来在学术研究方面的进步而感到由衷的高兴。希望李霞同志再接再厉，在今后的学术探索中一如既往，不懈攀登，取得更大的成就！是为序。

（原载李霞《中外德育比较研究》，湖北人民出版社 2009 年版）

十　用功探索榜样教育法的有益尝试

——为杨婷博士《榜样教育研究》一书所作的序

面前摆着的这部书稿，我已读了好几天了，愈读愈感到它确有自己的价值所在，情不自禁地为它的成稿感到由衷的兴奋。其书题名为《榜样教育研究》，仅从名称上看，就让人感受到它的分量，值得认真对待。综观全书，作者杨婷围绕这一课题，自觉地以马克思主义唯物史观为指导，紧密联系当代文化建设的实际，运用古今比较和中外比较等研究方法，对榜样教育法所涉及的一系列问题，进行了从宏观到微观、从历史到现实、从理论到实践的学术探索，并取得了可喜的收获。其选题之精当，内容之丰富，观点之新颖，时代感之浓郁，均给人以耳目一新的良好感受。全书的主要特点或优点，可以概括为如下几个方面。

（一）研究选题富有民族性、前沿性

本书以“榜样教育”为研究对象，在选题上确有其独到优势。“榜样教育”作为一种教育方法，其本质在于突出身教示范的教育模式。身教示范是教育者以自身或他人作为人格楷模，启示受教育者向之看齐、加以仿效，促进人们自觉修身立德的重要教育方法。这种方法把教育寓于教育者或引导者的行为中，注重以行示人、以行感人、以行教人，因而总是能收到好的教育效果，为古今教育家所青睐。它既透射出中华民族优秀文化深厚底蕴，又闪烁着现代社会“先进文化”的特质，因而既富有民族性，又富有前沿性，能够产生纵贯古今的穿透力，成为我们民族传承不绝的重大研究课题。

首先，“榜样教育”富有民族性。我们民族的先贤，早已对身教示范予以特别关注。春秋末年，孔子曾提出“其身正，不令而行；其身不正，虽令不从”[①]，认为当权者之“身正”，对于民众具有强烈的示范作用，促其仿照而行。孔子还说过：“为政以德，譬如北辰，居其所而众星共之。”[②] 认为当政者道德高尚，那就如同北斗星处在自己的位置上，却能吸引众星垂拱在它的周围。显然，这里突出的正是榜样的力量。到了战国前期，墨家创始人墨子，明确提出了“染于苍则苍，染于黄则黄”[③] 的命题。其所谓“染”，指的是人们的德行感染。他认为，人若向圣贤学习，则为“染于当”（指受好的感染）；若向邪恶看齐，则为“染于不当”（指受坏的感染）。他推崇“染于当”，鞭挞“染于不当”。认为前者可塑造出圣贤君子，而后者则会塑造出罪魁祸首。不难看出，这是强调身教示范在人的塑造中的重要

① 《论语·子路》。
② 《论语·为政》。
③ 《墨子·所染》。

作用。此后，战国晚期，荀子明确提出了“师以身为正仪”[1] 的命题。其所谓“正仪”，类似于今天所说的“标准”，亦与“榜样”或“楷模”之义相通，其突出的乃是教师的身教示范作用。进入西汉，著名的思想家扬雄，受“铸金”一语的启迪，创造出“铸人”这一概念。其所谓“铸人”，指的是塑造人。如何塑造人？扬雄认为，塑造人的职能应当赋予教师。为此，他提出了“师者，人之模范也”[2]的概括，意在把教师看作塑造人的典范。毫无疑问，这里突出的也是身教示范法的功能。到了宋代，学者张磁直接把“榜样”一语运用于其《府镜亭》一诗中。其所谓“榜样”，指的是明镜透视出的模样，这同荀子所说的“正仪”、扬雄所说的“模范”，在含义上也是一致的，表明我国古代先贤一贯重视身教示范的教育方法。这一方法，在我们民族影响深远，已刻上了极深的民族烙印。我们说本书的选题富有“民族性”，确未夸张。

其次，“榜样教育”也富有“前沿性”。榜样教育如此受到关注，不是偶然的，它是由榜样教育法自身的重大价值决定的。正如焦裕禄同志所言：“榜样的力量是无穷的。”我们树立起一个榜样，即是树立起一面旗帜。它可以引领风尚，昭示文明，启迪大众，带动发展。有了榜样，人们就有了行为的方向，知道应当这样做，而不应当那样做，从而使自己学有楷模，赶有目标，干有劲头，永远充满活力。这种方法的确立，旨在对社会中的青少年进行人格导向，激励他们向上、向善，弘扬真善美，鞭挞假恶丑，从而推动社会走向文明进步。所以榜样教育，是激励社会正能量的有效教育方法。榜样教育有自己的运行规律，人们要推行榜样教育法，必须自觉遵循规律。只有照规律办事，榜样教育才能产生正效应、正能量；反之，则会带来负效应、负能量，把好事办成坏事。但是，要掌握榜样教育的规律，并非是轻而易举的事，而是需要付出艰辛的劳动。这就决定了本课题研究的艰巨性、前沿性。

同时，榜样教育在当代社会中乃属于先进文化范畴。正是基于这

---

① 《荀子·修身》。

② 《法言·学行篇》。

一点，榜样教育法在我国民主革命和社会主义建设中，均得到了党和国家领导人的高度重视。民主革命时期，毛泽东曾在《纪念白求恩》一文中指出：“白求恩同志毫不利己、专门利人的精神，表现在他对工作的极端的负责任，对同志对人民的极端的热忱。每个共产党员都要学习他。”在这里毛泽东以白求恩为榜样，号召全体共产党员向他学习。毫无疑问，这是我党思想教育史上较早对榜样教育法的具体运用。到了社会主义建设时期，毛泽东又于二十世纪六十年代初亲笔题写“向雷锋同志学习”的庄严号召，使雷锋精神成为全国人民学习共产主义高尚人格的光辉榜样；继毛泽东之后，邓小平同志曾指出：“思想战线上的战士，都应当是人类灵魂工程师。……作为灵魂工程师，应当高举马克思主义的、社会主义的旗帜，用自己的文章、作品、教学、讲演、表演，教育和引导人民正确地对待历史，认识现实，坚信社会主义和党的领导，鼓舞人民奋发努力，积极向上……为伟大壮丽的社会主义现代化建设事业而英勇奋斗。”[①] 这实际上就是要求思想教育工作者要成为思想战线上引领人们前进的典范。毫无疑问，这是榜样教育法的具体运用；此后，江泽民同志主政期间，也非常重视榜样教育的作用，他曾指出：“劳动模范和先进工作者，是我国工人阶级的优秀代表，是改革和建设的排头兵。体现在他们事迹中的现代化建设所必须的创业精神和奉献精神，代表着我国新时期的精神风貌，应在全社会和全体人民中加以倡导，使之蔚然成风。”[②] 这是我党重视榜样教育法又一例证；此后，胡锦涛同志也十分重视这一方法，他在十八大报告中强调指出：要“教育引导党员干部模范践行社会主义荣辱观，做社会主义道德的示范者、诚信风尚的引领者、公平正义的维护者，以实际行动彰显共产党人的人格力量”，这是把榜样教育看作弘扬道德、引领风尚、维护正义、彰显人格的有效方法。习近平同志主政以来，围绕实现中华民族伟大复兴，特别重视榜样的作用。他多次深入河南兰考县调研，亲自发掘、总结县委书记的榜样——焦裕禄的英雄事迹，明确向全党和全国人民提出“大力

① 《邓小平文选》第3卷，人民出版社1993年版，第40页。
② 《毛泽东 邓小平 江泽民论思想政治工作》，学习出版社2000年版，第206页。

学习弘扬焦裕禄精神”的伟大号召，他说，焦裕禄同志是县委书记的榜样，也是全党的榜样。他虽然离开我们50年了，但他的事迹永远为人们传颂。他的精神和井冈山精神、延安精神、雷锋精神一样，过去是、现在是、将来仍然是我们党的宝贵精神财富，我们要永远向他学习。[①] 这表明习近平同志对榜样教育极端重视，并带头学习榜样、宣传榜样、推广榜样，让榜样所昭示的先进精神发扬光大。中央领导的大力提倡，表明榜样教育具有先进文化的特质。对先进文化进行深入研究，亦标志着本课题具有前沿性。

以上我们从历史到现实，简要阐述了榜样教育法在我们民族从古到今所产生的深远影响。本书把榜样教育作为自己的研究对象，这在选题上既具有民族性，又具有前沿性，因而确有其独到优势，值得大加肯定。

（二）思想内容具有丰富性、创新性

从全书来看，其内容之构建，理论之阐述，既具有一定的丰富性、充实性，亦具有相当的深刻性、创新性。换句话说，本书在内容构建方面，视角较为宽阔，包容较为丰满；在理论阐述方面，思想较为新颖，观点较为深刻。

首先，本书在内容展示方面，具有丰富性。从其章节构建来看，它在《导论》之下，又分列五大章，重点探讨了“榜样教育的概念和本质”“榜样教育的发展和嬗变”“榜样教育的要素和结构”“榜样教育的过程和规律”“榜样教育的资源和社会力量”，等等。不难看出，这些问题都是榜样教育研究中所涉及的一些重大理论问题，认真对这些问题做出有说服力的回答，确实需要苦心钻研，认真思考。这中间，既涉及对前贤研究成果的学习与借鉴，又涉及对社会现实的深入考察与总结。可以想见，作者在这些方面都下了相当大的功夫。其每章中的大问题，又分列出相关的二级问题和三级问题。从而在总体布局与章节安排上，进行了精心设计，并将所研究的问题层层推进，逐步深入。例如，在“榜样教育的过程和规律”这一章之下，作者

① 《大力学习弘扬焦裕禄精神》，《人民日报》2014年3月19日第1版。

又安排了“榜样教育的总体过程”“榜样教育的具体过程”“榜样教育过程中的基本规律”等重要问题，并分别进行探讨。而在这一层面之下，作者又设计出新的内容，比如在以上“榜样教育的具体过程”这一节，又分出“榜样教育的施教过程”“榜样教育的接受过程”“榜样教育的施教过程与接受过程的关系”三个问题进行更深入的探讨。不难看出，似这样的由宏观向微观的递进式的研究，既保证了理论研究过程的圆满性，又较好地彰显了内容展示的丰富性。

其次，本书在理论探索方面，具有创新性。理论之树的生命力，在于能满足现实的需要，能回答现实中的紧迫问题。正是在这方面，本书作者显示出理论勇气，注意回答现实中的重要问题。榜样教育有自己的优势，但也暗藏着“信仰危机”的缺失。人们还记得，“文化大革命”期间“左”的思潮泛滥，榜样教育曾被某些帮派分子简单化、庸俗化，以致把某些不宜树的典型“大树、特树”，使人民群众产生逆反心理，乃至讨厌某些典型人物的面孔。这直接导致一些人对榜样教育法产生怀疑。虽然“文化大革命”已过去多年，但榜样教育过去产生的问题，仍在一些人的脑海中挥之不去，有人甚至把“榜样教育”视为“政治化的工具”，而对之加以疏远。面对这种情况，本书作者实事求是地予以对待。她既看到了榜样教育法在推广中存在的某些缺陷，又指出了榜样教育法的可贵价值。作者明确认为：“榜样教育实效性的缺失，暗藏着榜样教育合理性危机，但无论它遭遇怎样的尴尬，它对个人、对社会的价值功不可没。特别在我国社会高速发展、人们价值取向日益多元化的今天，其价值不应该也不可能失去。”因为“模仿是人所具有的一种天性，积极、主动的模仿，是个体主体能力有效发挥的重要标志。通过模仿，人们可以获得社会技巧、行为模式和思想道德品质、价值观念的提升”。同时，“坚持正确的价值和政治导向，是我们面临的新课题。面对此课题，我们不必去回答榜样教育能否继续存在的问题，而是要解决榜样教育如何发挥作用的问题。榜样教育的作用在于通过引导政治方向、激发精神动力、塑造个体道德人格、规范个体道德行为等彰显个体价值；通过营造良好社会风气、保证社会经济发展方向、促进社会政治稳定、进行文化渗透等，彰显其社会价值”。这些论述，既有针对性地批驳了一些人对榜样教育法存在的必要性的质疑，也有力地论证了榜样教育对个体进步、对社会发展的重大价值。不仅从理论上回答了现实中的问题，也使自己的论述，达到了相当的深刻性与新颖性，说它具有创新特色，是合乎客观实际的。此外，本书在资料运用、逻辑建构以及张扬时代精神等方面，也有许多独到之处，因篇幅所限，兹不一一论及。

需要强调的是，榜样教育的价值，还在于它对社会的发展具有引领功能。社会的发展，离不开榜样的带头作用。榜样具有感染力、亲和力、凝聚力、震撼力。各个领域都有自己的榜样：在道德领域，那些道德模范成为人们立身做人的榜样；在劳动战线，那些劳动英模成为艰苦创业的榜样；在对敌作战中，那些战斗英雄成为英勇作战的榜样；在教育岗位，那些先进教师成为教书育人的榜样；在医疗行业，那些优秀医务工作者成为治病救人的榜样，等等。所有这些榜样，都是社会进步发展的带头人。因为，社会的存在不可能永远凝固在某一点上，它总会突破旧的界限，进入新的高度。这个突破，往往是通过社会的先进阶层实现的，或者说是通过榜样的力量达到的。榜样是社会的先进分子，他们出乎其类，拔乎其粹，对人们起着身教示范的功效。由于他们的带头作用，社会的发展，总能突破旧的框架，创建新的模式。所以，历史的发展，总是呈现着“长江后浪推前浪，世上新人代旧人”的趋势，这是历史进步的法则，我们应当自觉地遵循这一法则，并借助榜样教育法的作用，将社会发展不断推向更高水平。本书对榜样教育展开研究，其理论探索的价值亦十分引人关注。

总之，《榜样教育研究》确有其独到的理论创获。杨婷同志是一位青年学者，在研究阅历有限的情况下，能肩负起如此重大的课题，确实难能可贵。这一课题虽然意义深远，且历代先哲多有所论，但将之看作一个完整的理论体系对之作系统探讨，这在学界似无前例。因而，增加了研究的艰巨性，展示了研究的开拓性。尽管研究难度大，但由于作者孜孜不倦的探求，其所付出的劳动，已结出了较为成熟的果实。当然，金无足赤，书亦难尽善尽美。书中也有某些缺失。例如，近年来中宣部和中央文明办等单位多次在全国评选道德模范，应当说这是实施榜样教育法的重大实践活动，值得从理论上认真对之进行总结。本书中本就安排有“榜样教育的资源和社会力量”一章（即第五章），正好可以借此题对评选全国道德模范的现实意义做出评述。可惜，作者却似乎忽略了这件事。应当说，这是一个缺失。尽管存在这一问题，但瑕不掩瑜，不妨碍本书仍是一部好书。而且，其存在的问题，也不难在今后的再版中加以修补，使之趋向完善。

杨婷同志思想活跃、好学上进、勤于思考，且有较厚实的学业功底。她在武汉大学思政专业本科毕业后，又选择在母校继续攻读硕士、博士学位，先后师从于沈壮海、项久雨教授。毕业后，进入华南师大马克思主义学院思政专业任教。工作中五年的教学锻炼与陶冶，使她在理论上逐渐走向成熟。可以说，她的成长与以上两所学校思政专业阳光雨露的培育与滋润分不开。这部书稿，乃是在她的博士学位论文的基础上扩充整理而成的，其中既保留着在武大读书期间的学习心得，亦渗入了她在华南师大执教期间的工作体验。书稿已安排由中国社会科学出版社出版，并邀我为之作序，我欣然应允。特在此把阅读本书稿的点滴体会简要陈述如上。衷心祝愿杨婷同志更加谦虚谨慎、戒骄戒躁，在实现中华民族复兴、建设社会主义文化强国的伟大实践中，迎难而上，奋勇攀登，做出自己无愧于时代的新贡献，以创造人生辉煌！是为序。

（原载杨婷《榜样教育研究》，中国社会科学出版社 2015 年版）

第九章　关于思想文化类若干新著评说

近年来，随着我国改革开放的深入和精神文明建设的广泛发展，我国思想文化界在学术研究方面取得了相应的成就，一批新著作先后问世。我有幸学习、阅读了其中部分著作，并特别为之撰写了书评。这里选刊若干篇，以向海内专家请教。

一　一部系统而简明的中国哲学史教科书

——评罗炽编著的《中国哲学简史》

湖北大学罗炽同志编著的《中国哲学简史》（以下简称《简史》）最近由中国展望出版社出版了。我有幸最先读到了这本书，为该书系统的内容、绵密的论证、严谨的逻辑、清新的文字所吸引，启发良多，受益匪浅。作为同行我感到非常高兴，认为它是一部较好的中国哲学史教科书。

罗炽同志近二十年耕耘于大学讲坛，笔耨舌锄，广猎博取，新意创见，时有所发。这部《简史》，是他积累多年的讲课心得，在几易讲稿之后凝结而成。出版之前，曾铅印成讲义，在一些兄弟院校试用，皆受到好评。这次整理成书，作者又广泛听取各方面的意见，对原稿进行精心的修改和加工，既博采诸家之长，又勇于阐发独得之见，终于铸成这部《简史》。《简史》不仅适应了当前部分大学文科学生、党校和干校学员学习中国哲学史之急需，而且也为中国哲学史这块园地增添了一束独具异彩的鲜花。

（一）内容系统，逻辑严谨

《简史》按照中国历史发展的顺序，系统地阐述了奴隶制时期（夏—西周）、封建社会形成时期（春秋—战国）、封建社会巩固和发展时期（汉—唐）、封建专制主义加强时期（宋—清）、旧民主主义革命时期（鸦片战争—辛亥革命）哲学思想萌芽、形成、发展的矛盾运动。从时间上看，它起于夏、商、周，终于辛亥革命，上下数千年，大体揭示了中国哲学发展的全过程。从内容上看，它系统地剖析了从古代到近代不同时期主要哲学流派及其代表人物的哲学思想和哲学创造，揭示出中国哲学史上唯物论和唯心论、辩证法和形而上学的相互斗争、相互扬弃、相互渗透与广泛联系，铺陈出中国哲学发展的历史轨迹。这些均体现了教科书应有的系统性。

在逻辑上，《简史》以天人关系为主线，说明中国哲学发展的逻辑进程。作者认为，中国古代哲学家关于哲学基本问题的看法，是通过对天人关系问题的表述透露出来的。因此，《简史》从整个中国哲学发展的链条中，围绕天人关系的问题，抽象出思维发展的三个“圆圈”，即：“一，以原始五行说、八卦说和阴阳说为起点，中经西周以降至春秋战国占统治地位的孔、孟‘天人合一’论的否定，再到战国后期荀、韩‘天人之分’论的总结，形成了一个否定之否定的过程。这是第一个大‘圆圈’。”“二，以荀、韩哲学体系为起点，中经董仲舒‘天人合一’神学目的论的否定，再到刘禹锡、柳宗元‘天人各不相预’‘天人交相胜’‘人定胜天’思想的总结，形成了又一个否定之否定的过程。这是第二个大‘圆圈’。”“三，以刘、柳哲学为起点，中经宋明道学（程朱理学、陆王心学）唯心主义的否定，再到王夫之为代表的朴素辩证的唯物论，形成了第三个否定之否定过程。这是第三个大‘圆圈’。”这三个“圆圈”，勾画出了整个中国哲学发展的逻辑进程。《简史》的全部内容，基本上是按照这个逻辑结构一环扣一环、一层深一层地推演开去。先秦部分，写了第一个“圆圈”；汉唐部分，写了第二个“圆圈”；宋元明清部分，写了第三个“圆圈”。抓住这个逻辑关系，我们就基本上可以对历史上不同哲学流派及其代表人物之哲学体系出现的历史顺序，做出比较合理的解释。

此外，《简史》还特别注重对不同历史时期的社会政治条件、阶级结构、经济状况作认真而系统的分析，把哲学思维的发展，置于一定的社会存在之上，使历史与逻辑、材料与观点、思想性与科学性有机地统一起来。这在逻辑上无疑是严谨的。

（二）详略有别，重点突出

本书称为《简史》，的确具有简明的特征。全书三十四万字，这同目前流行的中国哲学史教科书比起来，是够“简”的了。其所以能做到这一步，是因为作者创造性地运用了下列方法：

一是注意了详略有别。在内容布局上，区别不同哲学流派及其思想代表的具体情况，分别予以详写或略写，避免面面俱到，平均用力。如宋元明清部分，《简史》囊括了二十余名著名哲学家。对于这些哲学家区别对待，有的详写，有的略写。详写的如张载、方以智、王夫之等，都用了较多的笔墨，写得较为深透；略写的如周敦颐、邵雍、罗钦顺、王廷相等，都安放在“宋至清哲学思想概况”这一节中，简略论述，给读者以粗线条的提示。详写，行文洗练，不拖泥带水；简写，言中有物，不显空洞。称得上繁简得体。

二是注意了史料筛选。我们的伟大祖国，是世界上历史悠久的文明古国，留下了极其丰富的思想遗产。如何从浩如烟海的史料中选取《简史》所需的史料，这是一项极其艰巨的工作，难度很大。罗炽同志在史料筛选方面有着自己的原则。他说：“中国哲学史是中华民族的认识史。中国哲学史这门科学的对象和范围，应该是研究和揭示源远流长的中国哲学的矛盾运动和发展规律，研究中国哲学范畴特有的体系。”根据这一认识，《简史》注意了把那些认识史方面的材料择其主要的保留下来，而把那些非认识史方面的材料以及认识史中无关紧要的东西坚决剔除出去。这就突出了重点，抓住了关键，保证了内容的简明。比如孔子是我国古代伟大的思想家和教育家，但他在哲学方面的成就并不那么突出。鉴于这一情况，作者坚持从实际出发，在孔子的思想资料中作了大胆的取舍，写了“孔子及其济世之方”“与命与仁的世界观”“生知与学知的认识论”三个问题，而对于孔子的教育思想、伦理观念则只简略提及或干脆舍去。又如《黄帝内经》作为我国古代一部医学经典，其中充满朴素的唯物论和自发的辩证法思想。对于这样一部重要著作，过去有些中国哲学史教科书却未能论及。《简史》却别开生面，注意从中选取史料，加以论述和评价。这说明作者在史料筛选方面有着不因循旧习、勇于创新的风格。

三是注意归纳糅合。运用归纳的方法把某一学派的学者糅合在一起加以论述，是《简史》的又一独到之处。如宋明时期，唯心主义道学有两大流派，一是程朱理学；二是陆王心学。对于这两派代表人物的哲学思想，过去许多哲学史书，都是分开论述的。《简史》则独出心裁，把程与朱、陆与王分别糅合起来，加以论述。这种写法，不仅可以以缩短篇幅，更可以通过比较，揭示同一学派内部思想家之间的相互联系，理出其思想发展脉络。以二程和朱熹为例，在论及双方的知行观时，《简史》这样归纳论述：

> 在知行关系问题上，程朱都一致认为，应该是“知先行后”。程颐说：“君子以识为本，行次之”，“必是识在行之先。譬如行路，须得光明”。朱熹说：“知行常相须，如目无足不行，足无目不见。论先后，知为先；论轻重，行为重。”朱熹在知先行后的前提下，提出了“知行常相须”“行为重”的命题，这是对二程思想的发展。

读了上述这段话，我们既看到了程朱在知行关系问题上的共同点，又看到了双方的不同点，看到了朱对程的继承和发挥。这种归纳糅合，的确别具匠心。

（三）语言流畅，文字清新

一般的理论著作，多能在逻辑的严谨上下功夫，而往往忽略对语言文字的润色，读起来干巴巴的，难于引起读者的兴趣。《简史》则注意克服这种倾向，其行文遣字，都给人以美的感受，显示出作者勤于磨砺的苦心。

首先，语言清新流畅。如该书的“导言”在对中国哲学作总评价时，这样写道：“数千年的中国哲学，如同一股圣泉，是世界哲学史的一个重要源头。这股圣泉，汇集了中国哲学史的千流百派，闪烁着伟大中华民族的智慧之光，成为不息的活水，源远流长。”这段掷地有声的语言，读起来朗朗上口，情景交融，简直是一首关于中国哲学的赞美诗。读了之后，发人深思，引人入胜。

其次，引文新颖别致。在中国古代思想家中，不少人既是哲学家，又是文学家。他们的哲学著作富有文学情趣，而他们的文学著作，又包含着哲学内容。《简史》的作者，正是考虑到这种情况，在取材上，大胆地从思想家的文学作品（如诗词歌赋）中选取哲学思想资料，给人以新颖别致之感。如：为了说明王守仁主张克除物欲、取消感性认识，以体认中心之理的“良知”说，《简史》引了王氏这样一首诗：“个个人心有仲尼，自将闻见苦遮迷。而今指与真头面，只是良知更莫疑。”读着这首诗，回味王守仁的“良知”说，不难悟出其思想之真谛。这种“以诗证史”的做法，可谓独辟蹊径。

最后，标题画龙点睛。《简史》的每一节中，均按论述的问题分成若干部分，用小标题标出。对于这些小标题，作者也颇费了一番心力。如在“东汉战斗的唯物主义无神论者王充的哲学思想”这一节中，共写了五个问题，其标题分别为：“王充及‘疾虚妄’的战斗风格”“‘天地合气，万物自生’的宇宙生成论”“‘任耳目’‘开心智’‘引效验’的认识论”“‘命不可勉，时不可力’的自然命定论”“‘器变’‘功进’‘道同’的社会历史观。”这些标题，通过引用王充本人的范畴或命题，恰到好处地表达了王充哲学思想的特征，起到了画龙点睛之功。其在文字上切磋琢磨，可见一斑。

金无足赤，书亦难尽善尽美。《简史》虽是一部好书，也还需进一步完善。比如，在对一些哲学家作评价时，《简史》坚持独见，勇于阐发新论，这自然是好的。但如能在阐明己见之时，适当介绍一下学术界带倾向性的看法，那对于帮助读者较为全面地认识某一问题，引起读者思考，以免蔽于一曲，也许是有益的。又如，在内容的安排上，《简史》注意详略有别，也是必要的。但对于详与略的程度，似乎还可继续探索，以使详略的比例更为适度，精益求精。纯钢待炼，精金待冶。我期待着《简史》再版时取得更新的成果。

（原载《湖北大学学报》1986 年第 4 期）

二　又一部别具特色的中国哲学史教科书

——评李维武博士编著的《中国哲学史纲》

近十年来，为适应中国哲学史这门学科教学实践的需要，各种不同版本的中国哲学史教科书应运而生。它们宛若春日的花朵，竞相开放在探索中国哲学发展的百花园中。在这个百花园里，最近我有幸摘到了一朵新蕾，这就是巴蜀书社出版、武汉大学李维武同志编著的《中国哲学史纲》（以下简称《史纲》）。翻开这本《史纲》，我为一股清新的气息所吸引，一口气把它读完了，受益良多，久久不能忘怀。

作为中国哲学史的一名教学工作者，我读过许多不同版本的中国哲学史教科书，对比之后，深感《史纲》是一部别具特色的好教科书。

《史纲》的“历史分期、逻辑构架以及一些基本评断”，大体采自萧萐夫、李锦全两位先生主编的两卷本《中国哲学史》。应当指出，这部两卷本《中国哲学史》，本来就有许多独到之处。它史料极其丰富，论述相当深刻，从史料的筛选、结构的安排到一些基本问题的评述，都有许多创新，在众多的中国哲学史教科书中，不失为一部好书。《史纲》以这部书作为自己的立足点，这本身就有其得天独厚的优越条件。加之，李维武同志是萧萐夫先生的研究生，毕业后多次以该书作为教材进行“中国哲学史”的教学工作。由他将该书改编为一部简要读本，自然会收到得心应手的效果。现在，我们读到的这本《史纲》，既保留了原来两卷本《中国哲学史》的许多优点，又凝结了作者在许多问题上的独得之见。加之，经过文字浓缩、章节改编，使之显得更加简明实用。显然，这不是简单的改编，而是理论上的再创造。它具有如下一些显著特点：

（一）体系比较完整

它从我国奴隶制时代哲学的产生与发展，一直写到马克思主义哲学在中国的传播、毛泽东哲学思想的形成，从而全面展现了中华民族哲学思维发生、发展的丰富多彩的历史画面。值得注意的是，以往的各种《中国哲学史》教科书，都只写到五四运动前夕，而“五四”以后的哲学思潮，则长期未纳入史册。这不能不说是一个重大缺陷。《史纲》在内容上增写了“五四”后有关章节，从而弥补了以往教科书的缺陷，这无疑是一个贡献。

（二）结构比较严密

全书分作六编二十一章，前后相衔，环环紧扣，层次分明。不仅如此，它在每一编开头，都有一篇简明扼要的绪言。在各篇绪言中，作者都用一定的篇幅，阐明与各该篇相对应的历史时期内，哲学思维发展演进的逻辑线索。例如，对于明清之际的哲学运动，《史纲》作了这样的逻辑概述：“明清之际的哲学运动，不仅有其新的理论特色，而且有其固有的逻辑进程。王守仁‘心学’中所隐伏的自我否定因素，经过泰州学派的发展，产生了一批具有异端性格的思想家。作为‘异端之尤’的李贽，以其提倡‘童心’的自觉和对孔子的怀疑，对宋明道学进行了否定性的批判，标志着早期启蒙哲学的开端。其后，黄宗羲从历史哲学，方以智从自然哲学等不同侧面，批判宋明道学，并力图开拓哲学认识的新方法、新途径。与之同时，合规律地涌现了一大批从不同角度剖析道学，倡导启蒙的思想家……在这个基础上，王夫之在哲学上总其成……从而达到了中国封建社会哲学发展圆圈的终点。”这段概述，从宏观上勾画出了明清之际哲学运动发展的逻辑进程。观点鲜明，线条清晰。作者正是按照这个逻辑进程，谱写出了整个明清之际的哲学发展史，因而，其逻辑结构之严密是不言而喻的。

（三）中心内容突出

《史纲》采取举纲张目，以点带面的方法，把对哲学思维的综合介绍、一般哲学家的简要述评、重点哲学家的重点剖析结合起来，详略有别，繁简适宜。既注意阐明中国哲学发展的历史进程中的各个环节，又全面展示了历代中国哲学丰富多彩的广博内容。例如，宋明理学是中国哲学发展史上的一个极端重要环节，它不仅有自己的庞大思想体系，而且有一大批与之相关的思想家。《史纲》运用了上述方法，一方面，对二程、朱熹、陆九渊、王阳明等典型人物进行重点剖析，力求全面介绍“程朱理学”和“陆王心学”的基本内容与主要特征，以帮助读者掌握宋明理学的中心点；另一方面，又用综合介绍的形式，对一般的思想家，如周敦颐、邵雍等，作简要评述。这样，既突出了中心内容，又不忽略某些重要环节上一些哲学家的理论贡献，表现了作者善于裁剪的功夫。

“中国哲学史”是一门正在发展中的学科。这门学科的进一步科学化，有待于众多哲学史工作者长期不懈的努力。《史纲》作为一本探索性的“中国哲学史”教科书，也不可能一次达到尽善尽美的程度。客观地说，它在章节安排、内容归纳以及对以往哲学发展的规律性总结方面，尚有待于进一步磨砺。而它增写的“五四”以后哲学发展的有关内容，更需进一步完善。尽管如此，瑕不掩瑜，同众多的中国哲学史教科书相较，它仍有许多自己的长处，不失为一部有特色的好教材。其存在的某些不足，也是不难弥补的。我热烈地期待着《史纲》再版时，将有许多更新的收获。

（原载《武汉大学学报》1989 年第 6 期）

三　探索思想政治教育方法的新成果

——评郑永廷教授主编《思想政治教育方法论》

郑永廷教授主编的思想政治教育专业统编教材之一——《思想政治教育方法论》（以下简称《方法论》），最近由高等教育出版社正式出版。我有幸较早读到该书的初稿和定稿，深感这是一本很有特色的新教材，它的出版，是对思想政治教育专业建设的又一贡献。

思想政治教育专业是一门正在建设中的新兴专业，“思想政治教育方法论”作为该专业的一门重要课程登上大学讲坛，是近十余年的事。新版《方法论》由于有前两种版本作基础，又吸取了近年来理论界研究思想政治教育方法的新成果，因而同旧版《方法论》相比，既表现出继承性的一面，又显示了创新性的一面，给人以面向现代化、面向未来的新感受。这部新教材，至少有如下一些特点或优点。

（一）构建比较完整的方法论体系

“思想政治教育方法论”由于是近年创建的一门新学科，对于它的体系构建，前人未有现成的东西可供借鉴，不得不在拓荒中探索。经过前两版《方法论》的奠基，新版《方法论》在体系构建方面，似已有了较成熟的框架。它将全书分为五大篇，除第一篇“概论”外，其余四篇分别揭示了相对独立的四大类方法，即：第二篇，思想政治教育的认识方法；第三篇，思想政治教育的实施方法；第四篇，思想政治教育的调节、评估方法；第五篇，思想政治教育的研究、提高方法。这四大类方法，是构成思想政治教育方法论体系的四大支柱，它们既相互区别，又相互联系。其中，前三类方法，先后有序，互相衔接，即由认识方法到实施方法再到评估方法。之所以作这样的安排，是与思想政治教育的客观过程相适应的。我们的思想政治教育，目的在于帮助自己的教育对象提高认识，转变观念。为了达到这一目的，我们首先必须认识自己的教育对象的思想状况，这就需要掌握“认识方法”；认识本身不是目的，是为了指导我们采取正确的思想政治教育决策并付诸实践，这就需要探索实施方法；实施的结果究竟怎么样呢？我们不能凭主观臆断，必须进行正确的调节、评估，这就需要研究调节、评估方法。这个过程，可以说是一环扣一环。前者是后者的必要准备和前提，后者是前者的必然连续和归宿。而第四类方法，则是提高教育者自身素质所需要的重要环节，是使前三类方法顺利运行的保证。因此，这四大类方法实际上揭示了思想政治教育方法运行的客观过程，是现实中的思想政治教育方法所遵循的客观法则的理论概括。因此，新版教材构成的思想政治教育方法论体系框架，给人以轮廓清晰之感。这个框架尽管还需要补充、完善，但它已为往后的研究奠定了一个坚实的基础。

（二）反映时代发展的客观需要

新版《方法论》一是论证了革新思想政治教育方法的必要性，指出“思想政治教育方法的改革创新是时代的要求，是改革和发展社会主义市场经济体制的要求”。这就给思想政治教育提出了新任务，当然也给思想政治教育方法的改革与创新提出了新挑战。二是抓住了思想政治教育方法应当回答的新问题，指出："如何在以经济建设为中心的前提下，使物质文明和精神文明建设相互促进、协调发展，防止和克服'一手硬，一手软'？如何在深化改革和建立社会主义市场经济条件下，形成有利于社会主义现代化建设的共同理想、价值观念和道德规范，防止和遏制腐败思想和丑恶现象的生长和蔓延？如何在扩大对外开放、迎接世界新科技革命的情况下，吸收外国优秀文明成果，弘扬祖国传统文化精华，防止和消除文化垃圾的传播，抵御敌对势力对我'西化''分化'的图谋？"这里提出的一连串问题，实际上抓住了在市场经济条件下思想政治教育方法应当回答的新问题，为思想政治教育方法在新形势下的改革与创新开拓了新思路。三是指明了新时期变革思想政治教育方法必须以邓小平理论为指导。作者指出，为了适应社会主义现代化建设的需要，邓小平同志在继承思想政治教育优良传统的同时，对思想政治教育方法进行了大胆的改革和创新，提出了一系列行之有效的思想政治教育新方法。这些方法，对于我们探索在市场经济条件下变革思想政治教育方法都具有指导意义。

（三）注重总结中外民族思想政治教育方法的历史经验

思想教育是人类文明的产物，哪里有人类文明，哪里就少不了思想教育；而哪里有思想教育，哪里就有思想教育方法的思考与运用。古今中外，概莫能外。新版《方法论》的又一重要特色，是在总结我国古代思想道德教育方法和西方各民族思想道德教育方法理论成果方面作了有益的探索。新版《方法论》用了较大篇幅阐述中国古代思想道德教育方法和西方国家思想道德教育方法，较清晰地阐明了中、西思想道德教育方法的历史发展、基本特征和方法类别，并对一些具体方法作了简明的介绍，指出其在当代中国的价值。这些尝试性的探索，不仅说明本教材具有继承与创新相结合的特色，也说明它是一种开放的体系，有助于我们正确总结和认识前人的历史经验，使古为今用、洋为中用大放异彩。

（原载《光明日报》2000年6月29日C第1版）

四　探索思想政治教育理论体系的新成果

——评张耀灿教授等编著的《现代思想政治教育学》

张耀灿、郑永廷等教授撰著的《现代思想政治教育学》是一部很有价值的新著。它的问世，标志着我国思想政治教育基本理论与方法的研究，又达到了新的高度，值得学界予以重视。

江泽民同志2000年6月在中央思想政治工作会议上的讲话中指出，“思想政治工作是一门科学”“要努力掌握它的基本知识和规律”“充分发挥理论在思想政治工作中的基础性作用”。《现代思想政治教育学》的成书，正是用实际行动响应江泽民同志的号召，扎实进行思想政治教育理论研究所获得的最新成果。

（一）顺应学科发展，构建全新教材体系

“思想政治教育学”是一门正在建设和发展中的新兴学科。它自二十世纪八十年代初登上学术殿堂以来，在为改革开放和现代化建设服务的伟大实践中，得到了相应的发展。近二十年来，先后出版了一系列探索思想政治教育基本原理的新著。这些著作都从不同的侧面探索和论述了当代思想政治教育学所涉及的基本原理问题，都从特定的角度回答了现实生活给思想政治教育理论工作者提出的一些新问题。《现代思想政治教育学》的作者们正是站在新的起点上，进行更广泛、更深入的理论探索。他们深刻地认识到，“面对新的形势与任务，完全有必要对已有的经验、成果进行提炼和升华，对新的课题、新的领域进行开拓创新”。正是基于这一认识，他们通过艰苦的探讨，建构起了有自身特色的思想政治教育学新体系。全书共分十章，除第一章概括地阐述了思想政治教育学的历史形成、研究对象、学科体系、理论基础以及基本特征等问题外，后面几章则重点论述了思想政治教育的本质、价值、结构、主客体、环境、过程、方法、管理、发展等一系列属于思想政治教育的基本理论问题。其涵盖面之宽、包容量之大，理论研讨之深，都显示了自己特有的优势，其探讨的问题比以往更系统、更深入。从这个意义上看，该书正是对近二十年来我国思想政治教育学基本原理研究所取得的丰硕成果的概括总结。科学的发展，总是遵循着从分析到综合的逻辑进程。剖析该书，恰恰具有“综合”的特性，因而难能可贵。

（二）在继承的基础上，突出了创新发展

我们党过去在民主革命和社会主义建设时期，积累了十分丰富的思想政治工作经验，形成了许多进行思想政治教育的优良传统。今天，我们探索新时期思想政治教育的基本理论和规律，首先碰到的问题是：如何看待过去我们党在实践中所创造的一整套有关思想政治工作的历史经验？该书的作者们是这样认识的：“过去我们党积累的关于思想政治教育的经验、知识、理论观点，许多都是在革命战争年代或阶级斗争是主要矛盾的年代形成的。虽然，其中不少理论知识经过了升华，揭示了思想政治教育的规律性，具有长远的指导意义。但是，再好的理论，也必须随着时代的前进、实践的发展而前进发展，否则，就不可能保持旺盛的生命力。”基于这一认识，他们坚持把继承与创新结合起来，一方面，强调“继承是基础”，没有继承就没有创新；另一方面，突出“要重在创新”，认为没有创新，就没有发展。在该书中，他们自觉地坚持了这一原则。例如，在该书第三章“思想政治教育价值论”中，作者以近四万字的篇幅，对思想政治教育价值问题，进行了从宏观到微观的系统论述。在论述中，作者一方面注意吸取我们党传统的关于思想政治教育价值观的合理内容；另一方面，又站在时代的高度，借用现代科学有关价值论的学术成果，对思想政治教育价值的概念、思想政治教育价值的本质、思想政治教育价值的表现形态以及思想政治教育价值的实现等重要问题，进行了深入的理论探讨。这些探讨，使当代思想政治教育价值论跟上了科学发展的步伐。因而，该章的论述，从特定角度体现了继承与创新的完美结合。

（三）注重回应现实呼唤，努力弘扬时代精神

该书的又一特点，是作者们的时代意识十分强烈。他们看到了时代的急剧变化，面对当前世界和国内的新形势，他们深有感受地说：“只有适应新形势，研究新情况，解决新问题，总结新经验，揭示新规律

的思想政治教育学，才是我们所力图探索、建设的现代思想政治教育学。”为此，他们在回应现实呼唤，弘扬时代精神方面下了很大功夫。作者们认识到，思想政治教育要能真正做到分析新问题，解决新问题，就必须坚持以邓小平理论为指导。他们自觉地把邓小平理论的指导贯穿于该书的全过程，坚持用邓小平理论来分析、研究、解决思想政治教育一系列重要理论问题。作者们认识到，江泽民同志关于“三个代表”的重要思想，关于把“依法治国”与“以德治国”相结合的治国方略，关于加强和改进思想政治工作的一系列论述，都站在时代的高度，进一步丰富和发展了马克思主义理论。它是指导全党和全国人民在新世纪抓住机遇，迎接挑战，不断开拓改革开放和现代化建设新局面的强大思想武器。有鉴于此，该书在有关部分以浓重的笔墨论述了江泽民同志对思想政治教育的理论贡献。作者们还认识到，“发展”是当今世界的主题之一。现代思想政治教育的发展，既是现代社会发展和人的发展提出的客观要求，也由现代社会发展和人的发展提供了可能性。思想政治教育的发展必须与现代社会的发展相协调。该书围绕“发展”问题，展开了深入的理论探讨，对思想政治教育发展的特点、基础、理论、内容、趋势等进行了多角度、多层面的系统阐述。

总之，《现代思想政治教育学》是一部特色鲜明、内容丰富、时代感强烈、理论创新突出的新著。当然，由于“思想政治教育学”还是一门十分年轻的学科，它所涉及的基本理论问题，还有待于通过社会实践的发展和科学研究的深入而逐步充实完善起来。

（原载《中国教育报·读书周刊》2001 年 8 月 2 日）

五　一部供干部学习“三个代表”重要思想的好教材

——读柳菊兴教授主编的《“三个代表”重要思想概论》

由华中师范大学出版社于近期出版的柳菊兴同志主编的《“三个代表”重要思想概论》（以下简称《概论》），是一部专供教育战线干部培训用的教科书。我有幸较早读到这部书，深感它是一部讲授“三个代表”重要思想的好教材。该书以马列主义、毛泽东思想和邓小平理论为指导，遵照《全国教育干部培训“十五”规划》的指示精神，把“组织和引导各级各类教育干部深入学习和掌握邓小平理论以及党的各项方针政策，认真学习、深刻理解和自觉实践‘三个代表’的重要思想”，贯穿于编书的全过程。编著者站在当今时代的高度，坚持与时俱进的原则，对“三个代表”重要思想作了比较系统而深刻的阐述。其主要优点或特点可以概括为如下几点。

（一）内容丰富，信息量大

“三个代表”重要思想，是一个完整的理论体系，它内涵极其丰富，体系博大精深，涵盖了经济、政治、文化和党的建设各个领域，涉及改革发展稳定、内政外交国防以及治党治国治军等各个方面。要对这样一个理论体系作系统全面的阐述，确实有相当大的难度。本书的编著者，经过精心而周密的编排，以十四章的篇幅，对“三个代表”重要思想的时代背景、实践基础、科学内涵、精神实质和历史地位等重大问题以及围绕体系构成而展开的“九个要点”（即：思想路线、发展理论、改革开放理论、经济建设理论、政治建设理论、文化建设理论、人民利益理论、党建理论、民族复兴理论），进行了集中而系统地论述。其内容之丰厚，信息量之宏大，均给人留下深刻印象。这对于帮助广大教育干部全面掌握“三个代表”重要思想，深刻理解其精神实质，无疑具有不可忽视的重要作用。

（二）严谨求是，论述规范

作为一部专门讲授“三个代表”重要思想的教材，其面临的最大困难，是如何才能做到论述的规范性。因为这样的教材，政治敏感度高，影响面大，具有严肃、庄重的特征，若不能作规范性表述，就可能使该理论体系走样，而达不到给读者以正确传授的目的。这就需要作者坚持严谨求是的治学态度。正是在这方面，本书的编著者们用功尤深。书中关于一系列重大理论问题的论述，多出自马列经典文献或中央领导重要讲话与现存文件，因而持之有据，显得规范而稳当。例如该书在阐述“三个代表”重要思想的科学内涵时，自觉以江泽民同志的论述为依据，在阐发“始终代表中国先进生产力的发展要求”“始终代表中国先进文化的前进方向”“始终代表中国最广大人民的根本利益”等重大问题的内涵时，直接引述了江泽民同志《在庆祝中国共产党成立八十周年大会上的讲话》中的有关文字，因而再现了该理论的原创性，体现了教材的规范性和准确性，显示出相当的成熟性。

（三）坚持与时俱进，充满时代气息

作为一部培训干部的教材，不仅应当在知识容纳方面显示出其应有的完备性，而且还应当站在时代要求的高度，使教材的内容真正体现时代精神，以便引导干部坚持与时俱进，勇于创新。在这方面，《概论》一书，也显示出了自己的优势。它在阐述与“三个代表”重要思想相关的一些重大理论问题时，比较自觉地吸取我党自改革开放以来，特别是十四大以来创造的许多新鲜经验，显示出自己特有的时代气息。例如，该书第五章，以“全面建设小康社会”为题，集中论述了“小康社会是中国特色社会主义现代化的内在要求”“坚定不移地实现党在现阶段的基本路线和基本纲领”以及“社会主义现代化发展战略与全面建设小康社会”等重要问题。这些问题都从特定的层面，反映了我党最新经验的光辉成果。教材将之归纳出来，对于引导、启迪广大干部自觉坚持党在现阶段的基本路线和基本纲领，无疑至关重要。又如，随着时代的进步，如何正确处理改革、发展和稳定的关系的问题已经凸现出来了。适应这一情况，该书第三章以“发展是执政兴国的第一要务”为题，对“新的发展观”作了相应论述，为广大干部学习与坚持科学发展观提供了必要的理论指导。这一切，都给人以与时俱进的强烈感受。

总之，《概论》是一部供广大教育战线干部学习“三个代表”重要思想的好教材。其内容之丰富，阐述之规范，体系之新颖，以及时代感之强烈等，均为同类教材所不多见，值得予以重视。

当然，作为一部新教材，它也会有一些自己的不足。例如它对于教育干部如何联系实际学习“三个代表”重要思想，似乎阐述得稍显薄弱。这一情况的存在，虽与编著者的主观认识有关，但更与“三个代表”重要思想是一个新的理论体系这一客观情况有关。作为一种新的理论体系，它还需要进一步在实践中不断丰富和发展。与此相联系，作为教材的编著者，也需要有一个逐步学习和提高的过程。相信该书再版时，会更加成熟、完善。

（原载《光明日报》2005 年 1 月 3 日书评版）

六　一部研究中国少数民族传统道德的力作

——评李资源教授《文明的呼唤——中国少数民族传统伦理道德研究》

李资源教授撰著的《文明的呼唤——中国少数民族传统伦理道德研究》一书，最近由广西人民出版社正式出版。我有幸较早读到这部新书，为作者在研究中国少数民族传统道德方面所做的有益探索，由衷感到高兴。该书以马克思主义唯物史观为指导，以“古为今用”、服务现实为宗旨，站在当今建设先进文化和社会主义精神文明的高度，从宏观到微观、从历史到现实、从理论到实践，对中国少数民族传统伦理道德进行了较为深入、系统的发掘和总结，表现出强烈的时代气息，给人留下深刻印象。

（一）视角宽阔，内容丰富

全书集中探讨了中国少数民族传统伦理道德的起源发展、主要内容、表现形式、基本特点以及主要功能等一系列重要问题。在此基础上，进一步揭示了中国少数民族传统道德优秀成果在当今对加强爱国主义教育、集体主义教育、艰苦创业教育以及社会公德、职业道德、家庭美德教育的现实价值，从而较为深刻地说明了发掘中国少数民族传统道德遗产对于加强我国社会主义精神文明建设的重大作用。显现出视角宽阔、内容丰富的鲜明特征。

（二）资料翔实，言之有据

作者为了发掘中国少数民族传统伦理道德成果，进行了较为深入的资料考察，先后到云南、广西、海南、福建、新疆、青海、甘肃、宁夏以及湖南、湖北、重庆、贵州边境的少数民族居住分布地进行调研，搜集了大量资料。运用所得资料，作者既注意提取中国少数民族的有关历史文献（如藏族《礼仪问答写卷》、蒙古族《元朝秘史》、回族《正教真诠》、布依族《黄氏宗谱》等）中所包含的伦理道德思想成果，又注意搜集少数民族的民间文学（如民间长诗、传说、故事、歌谣、格言、谚语等）中所透露的伦理道德观念。这就将对少数民族传统道德的研究，置于有据可考的史料之上，表现出以史证论、言之有据的求实作风。

（三）史论结合，见解新颖

作者在发掘、总结中国少数民族传统道德过程中，既注意把历史与逻辑结合起来，坚持实事求是；又敢于独辟蹊径，突破旧说，提出新见。例如，在论述各民族伦理道德的相互关系方面，过去一般人只看到汉民族道德传统对少数民族道德观念的丰富发展所起到的影响和作用，而往往忽略少数民族道德传统对汉民族道德观念的丰富发展所起到的影响和作用。本书作者则在这方面不受陈见所囿，指出："我们应该看到，在长期的历史发展过程中，各少数民族的伦理道德也是丰富多彩的，也或多或少地对汉民族的伦理道德产生过影响与渗透。各民族伦理道德的相互渗透与交融，以至于相互吸收和相互影响，是伦理道德发展的必然规律。"这既符合历史发展的逻辑，体现了以论明史的研究艺术，又表现出富于独立思考的创造性品格。

（四）古为今用，与时俱进

作者明确地认识到，对少数民族传统道德的研究、总结和发掘，不仅可以弥补目前国内外关于这一领域研究的不足，而且对于丰富与拓展社会主义精神文明的内涵、推进当代先进文化建设，具有十分重要的作用。基于这一认识，该书反复强调要把对中国少数民族传统伦理道德的研究，同有中国特色的社会主义建设结合起来，要使研究成果服务于当前的公民道德建设，特别是社会公德、职业道德、家庭美德建设。这既体现了研究者明确的宗旨，又符合与时俱进的时代精神，值得大加肯定。

需要指出的是，本书注意了少数民族伦理道德追求的共性，而对其个性的研究则似乎显得薄弱，应当说这是一个缺陷。因为恰恰是个性，才能显示出民族特色。尽管存在这一缺陷，本书稿仍是一部有理论深度、有丰富内容、有独特创见、有现实意义的新著。它从一定角度，揭示了我国少数民族伦理道德的基本内容、主要特征及其现代价值，弥补了我国学界过去在这方面研究的不足，因而在理论和现实方面，都有其重要价值。

（原载《光明日报》2005 年 4 月 18 日书评版）

七　一部用功探析汉代文化的佳作

——评刘周堂教授新著《汉代文化研究》

汉代文化是中国传统文化的重要组成部分，它上承先秦文化，下启三国、两晋、隋唐以及宋元明清文化，在中国文化史上享有十分重要的地位。中国文化史上一些重大文化创造，如政治上倡导“大一统”、崇尚“黄老之治”、推行“独尊儒术”、实施“德主刑辅”、呼唤“以民为本”，哲理上宣扬“天人相感”论、提出“道莫大于无为”命题、强调“天不变道亦不变”观念、奉行“元气生万物”世界观，道德上倡导“三纲五常”说教、突出“仁义忠信密”、强调“立公去私”与“义为万利之本”，以及主张设置“教化堤防”，等等，都是汉代学者的智慧创造，并对整个中华民族的文明进步，产生过无比深远的影响。因此，系统揭示汉文化的丰富内容，总结汉文化的重大成就，探析汉文化的历史经验，研究汉文化的深远影响，不仅有助于我们全面认识汉文化的本质特征，而且有助于我们深化对中国传统文化的整体认识，为当代的社会主义文化建设提供有益的历史借鉴。正是基于这一切，深入研究汉代文化，已成为历史赋予当代学人的一项重大而光荣的历史使命。让人惊喜的是，最近线装书局出版了岭南师范学院刘周堂教授的新作《汉代文化研究》，为深研汉文化作了有益的学术尝试。我有幸较早读到这本书，深深感到它在学术上所显示出的厚实功力。该书以马克思主义唯物史观为指导，以汉代文人为主角，以儒学复兴为主线，以相关文献资料及史书记载为依据，对汉代文化进行了多角度、多层面的深入探讨，其思想内容之丰富，观点论证之扎实，创新特色之鲜明，资料引用之翔实，均给人以耳目一新之感，堪称深研汉代文化的佳作。全书的主要优点或特点，可以概括为如下几点。

（一）视角比较宽阔，论证相当充分

该书围绕“汉代文化研究”这一中心议题，较为系统地探讨了“汉代文人的学术取向”“汉代文人的政治情怀”“汉代文人、谋臣、武士的立身处世（个案）”以及“汉代文人的文学创作”等一系列涉及汉代文化的广泛内容。作者紧扣这些内容，展开了纵横驰骋的上下求索，既涉及汉代的儒家文化、道家文化、法家文化、阴阳家文化，又涉及汉代的政治文化、哲理文化、道德文化、文学艺术文化，等等，给人以视觉宽阔的深刻印象。同时，在论证基本观点方面，作者也十分用功，其所论，语无虚发，显得充实而真切。

例如，为了阐明“汉初儒学的思想演进”，作者先后对汉代大臣叔孙通、陆贾、贾谊、董仲舒等人在复兴儒学方面的具体贡献，分别作了系统的个案探讨。首先是介绍叔孙通的作用。叔孙通是刘邦身边的大臣，他在起草朝仪、推荐用人方面，设法证明儒者“可与守成”，并让儒士得以进入朝廷，这在一定程度上为“儒学传播和确立儒学地位”，做出了一定贡献。接着，该书又阐述了陆贾的业绩。陆贾是一位儒道兼宗的学者，他最先提出“文武并用，长久之术”的治国方略，并通过撰著《新语》一书，集中探讨了秦之失天下、汉之得天下的历史经验，使汉天子刘邦每读一篇，“未尝不称善”。这就使最高统治者改变了原来轻视儒治的看法，从而“不仅标志儒学已摆脱秦时厄运，而且标志着汉家天子对儒学认同的开始”，为儒学复兴奠定了初步的政治基础。继而，该书又对贾谊在复兴儒学中的功绩作了简要阐述。贾谊是一位年轻有为、学富五车的儒家学者，他看到汉初诸侯王巧取豪夺的政治现实，认为当时的形势如同“抱火厝之积薪之下而寝其上”，处于十分危急的状态，必须采取有力措施，约制诸侯王的膨胀。为此，他借鉴并改造了荀况关于礼法并用的学说，把儒家的仁义与法家的法制糅合起来，提出“仁义恩厚此人主之芒刃也；权势法制，此人主之斤斧也。势已定、权已足矣，乃因仁义恩厚

因而泽之，故德布而天下有慕志”。这实际上是对荀况“礼法并用”之术的变通使用，表明“贾谊对政治的实质和仁义的作用较之他的前辈的理解要现实而又深刻得多”。虽然，他未能最终完成复兴儒学的大任，但却“大大增强了儒学的实践品格，有力地推动儒学与官方意识形态的结合”，这就为儒学的全面复兴奠定了理论基础。最后，该书又介绍了“一代鸿儒董仲舒”在全面复兴儒学中的重大贡献。董氏通过回答汉武帝“举贤良对策”，提出了他的以儒学为核心内容的治国方略。作者从七个方面概括了董氏的基本思想：一是强调“以教化为主导”；二是提出“任德教而不任刑”的指导方针；三是倡导“大力培养人才、迅速改变吏治”；四是实施“经济上以均富为原则”；五是建议“强化等级制度”；六是“加强君主的权威”；七是主张“统一意识形态”。这七项主张，都是从董仲舒的“对策”中抽取出来的，它们从不同侧面体现了董氏以儒学为主体的治国之道。特别是第七项措施即“统一意识形态”，在本质上就是推行“独尊儒术”的大政方针，借以改变过去“师异道、人异论、百家殊方、指意不同”的弊端。这既为汉王朝实现政治上大一统奠定了理论基础，又为儒学全面走向复兴开辟了畅通之道。因而深得汉武帝赏识，很快将之付诸政治实践。从而使汉初的儒学复兴由早期的“文武并用”理念，转而变成了汉武帝执政时期的儒学登峰造极的现实。

综上所述，该书通过对叔孙通、陆贾、贾谊、董仲舒四人在复兴儒学中的不同作用所做的具体阐述，使汉初复兴儒学的“思想演进”所经历的具体过程，呈现出理路清晰的特色，让人们产生“看得见、摸得着”的真切感受。由此可见，该书在坚持扎实论证方面，确有自己的独到之处，值得予以称道。

（二）研究方法新颖，富含真知灼见

该书的又一显著特点，是用功探析汉代文人的心理状态。这在方法论上有其自身特色，因而同以往的研究比起来，给人以方法新颖的感受。以往学界对文化方面断代的研究，多是简单阐述当时意识形态领域“阶级斗争”的外在表现形式，让人们借“一般”以推测“个别”，因而难免有“大而化之”的缺陷。而该书作者对汉文化的研

究，是以剖析汉代文人的所思所虑为切入点，来揭示当时阶级斗争在大臣和文人内心深处产生的复杂现象。其可贵之处，是注重个案研究。这种个案研究，旨在从“个别”中揭示“一般”。这同以往的研究方法比起来，更有助于将文化方面的研究引向深入。例如，为了剖析汉代意识形态领域所经历的复杂阶级斗争现状，该书既大胆揭示汉代文人、大臣所奉行的人生哲学，又着力描述他们的道德追求、用世情怀和政治情结。这一切都非外在的表面现象，而是藏之于内心隐秘的独特意识。毫无疑问，要揭示这些东西，在方法上要比揭示外在现象艰难得多。因为它必须对自己的研究对象作个案考察，用力去剖析一些典型人物的内心世界，借以透视他们奉行的世界观、人生观、价值观的基本取向。这是很艰深的学术探求。作者正是在这一探求中，深化了对汉文化的研究，由此而能在书中提出一系列独到的认识，使其书富含真知灼见。

例如，为了揭示汉代文人所奉行的人生观，该书专门撰成“汉代文人对道家人生哲学的借鉴”一节。在该节中，作者集中对汉代典型文人贾谊、晁错、司马迁、东方朔、董仲舒、严遵、公孙贺、张衡、龚遂、崔骃、荀爽、仲长统、韩延寿、马融等一大批文人的人生价值取向，进行了个案考察，最后得出结论性的认识，认为当时文人在借鉴道家哲学方面，主要表现为五点：一是“释烦解闷，安顿心灵”；二是“明哲保身，退隐自全”；三是“不谴是非，与世府仰”；四是“戒盈戒满，功成身退”；五是“贵生养生，颐养天年”。毫无疑问，这些概括，皆属真知灼见。它既符合汉代多数文人的心理状态，又体现了道家人生哲学在汉代文人身上的深刻烙印，显示了作者探析心理现象的独到之功，从而将对汉文化的研究引向深化。道家的消极处世哲学，之所以在汉代文人身上一再表现出来，并非偶然，而是当时现实政治斗争的客观反映。拿“释烦解闷，安顿心灵”这一条而言，就是对当时文人之人生价值选择的客观描述。作者以贾谊为例，指出，“贾谊是汉代文人中第一个自觉运用道家齐生死、等祸福理论来解决人生困境的文人，恐怕也是道家人生哲学形成后最早运用来解决人生实际问题的文人。他少年得志，仕途畅达。但骤然而至的政治打击，使得这位洛阳才子的精神支柱轰然崩塌。……面对政治上的极度失意和死亡来临的凶兆”，贾谊“理智地运用道家的人生感悟来驱散笼罩在他头上的重重乌云”，从而“化解了他那难以释怀的苦闷和忧伤，为后人开出了一条释烦解闷、安顿痛苦心灵的隐秘人生之路”。这段评述，不仅透视深刻，入木三分，而且完全符合贾氏所经历的客观现实。它告诉我们，汉代文人之所以需要道家人生哲学的慰藉，是由于其遭受现实政治迫害所致，确实发人深思。

其实，汉代文人并非天生的消极处世者，他们有着高尚的道德追求和热烈的“用世情怀”，以及浓郁的政治情结。该书紧扣这些内容，作了客观而真实的描述。在道德追求方面，专门撰成“汉代文人的公私观”和“汉代文人的义利观”两节，以彰显汉代文人提倡“义为万利之本”和提出“国而忘家，公而忘私”“利不苟就，害不苟去”的基本道德理念，表现了积极向善的道德追求。为了描述汉代文人的“用世情怀”，作者概括出“参政议政，热情心切”“关注国事，上书成风”“尽忠国事，公而忘身”三个要点，进行综合论述，从而较为客观真实地揭示了汉代文人积极向上的“用世情怀”。这对于全面认识汉代文人的心理素质，也是不可或缺的重要一环。同时，对于汉代文人的“政治情结”，作者也给予了极大关注，在书中展开了从宏观到微观的系统评述。指出：“西汉时期的文人，觉得自己有责任把来之不易的统一的国家建设好，并保持繁荣和稳定。特别是在元老、军功、武夫退出政治舞台而文人开始参政主政的西汉中后期，文人们更是有一种强烈的使命感和责任感。唯其如此，他们积极入仕，勇于议政，甚至公而忘私、奋不顾身，表现出一种浓厚的政治情结。”这些见解，均持之有故，言之有依，给人以真切实在的理论感受。从而，为人们从整体上客观评价汉代文人的人生价值取向，以及探索汉代文化在文人心理中的深刻烙印，均提供了极富价值的理论参考。

（三）引用资料翔实，行文畅达简练

该书的又一特点，是资料引用相当翔实。之所以能做到这一点，是由于作者对汉代文化有着强烈的挚爱情怀，因而用功极深。为了深入揭示汉代文化的真精神，作者与汉代文人织成了难解难分的情结，

不仅熟悉他们的人生经历、事业创造、道德追求、政治遭遇，而且深研他们的著作，考察他们的学术成就，赞美他们的深远影响，以致达到与他们同好恶、共忧乐的程度。当他们事业成功、心情舒畅之时，作者为之欢跃振奋；当他们遭受迫害、处于困境之时，作者又为之扼腕哀叹。该书的后记中写有这样一段话："汉帝国的建立，为文人建功立业、实现自我价值提供了广阔的舞台，文人们热情奔放，在这个舞台上纵横驰骋，演出了一幕幕光彩夺目的历史剧。他们以自己的真知灼见和奋斗实绩创造了雄深雅健的汉代文化，在中国文化史上绽放出耀眼的光芒，引得后人对其顶礼膜拜，或吸取他们深邃的思想智慧，或崇敬他们热切的政治情怀，或借鉴他们进退自如的处世方略，或欣赏他们文辞并茂的词章。"这段文情并茂的评述，可以看作是作者同汉代文人结下深情的内心写照。正是基于这一点，作者对汉人的著作，研读尤其用功。从该书所涉大量引文可以推知，他熟读过汉代文人许许多多著作，例如：从西汉时陆贾的《新语》、贾谊的《新书》、东方朔的《答客难》、董仲舒的《天人三策》与《春秋繁露》、桓宽的《盐铁论》、刘向的《说苑》、刘安的《淮南鸿烈》、扬雄的《法言》与《太玄赋》以及枚乘的《七发赋》、司马相如的《子虚赋》与《上林赋》，到东汉时王冲的《论衡》、荀悦的《申鉴》、仲长统的《昌言》、班固的《白虎通义》，以及相关史书（如：司马迁的《史记》、班固的《汉书》、范晔的《后汉书》）等重要文献，作者都下过相当功夫去认真研读，以致在评论汉代文人的功过是非时，他总是能从这些著作或史书中信手拈来、清晰道出、言之凿凿，显得自然而真切，使资料引用皆有凭据可查。

由于作者对汉代文人保持特有的情感，所以在对他们的思想进行评述时，总是寄予无限深情，并在遣词造句、文字表达方面狠下功夫，以至让人读起来获得语言美的享受。例如，该书在评述贾谊的《过秦论》时这样写道："《过秦论》全面总结了秦所以失天下、汉所以得天下的历史经验，认为秦之过失，主要在于'仁义不施'。虽然文章观点基本沿袭陆贾，但较之陆贾的《新语》，论述更为充实，剖析更为深刻，尤其是行文之富于文采，谋篇之趋于严密，气势之勇于奔放，感情之多于激越，远比陆贾雄奇，颇有《国策》遗风。"这段评述，不仅在文理上十分中肯，而且用字简洁洗练，语意流畅感人。又如，在评价汉代文人之文风特征时，作者指出："语言简洁平实，说理透彻精辟，最爱援古证今，重视文采而不专意追求，好用譬喻比况，而不使用寓言，一副浑厚的儒家醇正之象。这既与道家的缥缈不同，也与法家的峻切相去甚远……基本上仍属儒家本色。"这个评述，既切合汉儒的文风实际，也显示出该书语言简练流畅的特点，的确有其优势所在。

总之，刘周堂教授撰著的《汉代文化研究》一书，全文视角比较宽阔，论证相当充分；研究方法新颖，富含真灼之见；引用资料翔实，行文畅达简练，确实可称为深研汉代文化的佳作，值得学界予以关注，引为重视。

（原载《岭南师范学院学报》2015 年第 5 期）

八　一部探索当代大学生国学素养培育的好书

——评涂爱荣著《大学生国学素养研究》一书

中国文史出版社最近出版了涂爱荣博士撰著的《大学生国学素养研究》一书。我有幸较早读到这本书，为书中的新颖内容及富有时代特色的人文理念所吸引，认为它是一部探索当代大学生国学素养培育的好书。该书以教育部《完善中华优秀传统文化教育指导纲要》为指针，以改善高校思想政治理论课为动力，以培育和提高当代大学生国学素养为目标，较为系统深入地探讨了大学生国学素养培育中所涉及的一系列相关理论与社会实践方面的问题。全书内容之丰富，观念之新颖，资料之翔实，方法之得当，等等。均为许多同类著作所不多见，读后使人耳目一新。概括起来，该书有以下一些特点或优点。

（一）内容丰富，论证充分

全书围绕"大学生国学素养培育"这一中心议题，展开纵横交错的理论探索，特别是对国学所涉及的概念界定、内容分析、现代价值、学生国学素养状况、国学培育与改善思想政治理论课的关系以及大学生国学素养培育模式等一系列理论与实际问题，都展开了从微观到宏观、从历史到现实、从理论到实践的深入探索，既体现出该书所涉内容的丰富性，又显示出作者善于驾驭复杂课题的研究能力。在该书的第四章中，作者围绕“国学的现代价值”这一主要议题，分别从政治价值、经济价值、文化价值、社会价值四个层面，一一进行了深入而系统的理论考察。为了将问题的研究引向深化，在这四大价值之下，作者又列出相应的具体价值，作进一步思考。如，在国学的“社会价值”中，又分出“民族精神价值”“社会道德价值”“社会信仰价值”“社会文明价值”“生态伦理价值”“社会和谐价值”等价值模式，作了相应的理论探讨，从而使对该问题的研究环环紧扣，层层深入，不断推向前进。又如，为了阐明培育大学生国学素养的现实意义，作者展开六个方面的具体论述，认为它：一是有助于贯彻教育部《完善中华优秀传统文化教育指导纲要》的基本精神；二是有助于增强大学生“三个自信”的素养培育；三是有助于对大学生践行“中国梦”的宣传教育；四是有助于推进大学生将“四有”新人目标付诸实现；五是有助于激励大学生努力把握与践行社会主义核心价值观；六是有助于完善思想政治教育课培养目标。所有这一切，都集中体现了培育大学生国学素养的重要性和必要性。因而对大学生进行国学素养培育，势在必行，必须扎扎实实地认真抓好它。以上，无论是就本书所涉及的重大理论问题，还是有关国学价值的层层论述，又或者是关于培育大学生国学素养现实意义的六项探讨，都给人以内容丰富，论证充分的深切感受。

（二）观念新颖，资料翔实

该书的另一显著特征，是观念新颖，资料翔实。例如，作者对于加强大学生国学素养培育的价值所作的论述，就是站在时代高度，提出了自己较为新颖的理论见解。她指出：“由于大学生思想、意志、身心还不太成熟，外来文化、流行文化中的糟粕，可能对当代大学生带来巨大的负面影响，为此，充分挖掘、整理国学中的思想精华，大力彰显国学的积极意义和现代价值，合理利用国学中宝贵的思想资源，通过思想政治教育理论课对大学生进行人文素养、政治素养、道德素养、国学素养的培育，使其与当今社会主义核心价值体系相契合不仅必要，而且可行。”这段论述，高瞻远瞩，有理有据地论证了对大学生进行国学素养教育是历史所赋予的紧迫而崇高的使命。作者进一步指出：“国学中所包含的深刻的哲理、优美的道德意境、高尚的人格操守、广博的知识含量等，都与思想政治理论课中的教学目标、教学内容、教学理念相一致，国学中固有的原生态的理论资源能够很好地诠释这门课程所涉猎的相关理论问题。”这些论述，不仅持之有故，言之成理，而且意境深远，发人省悟。它将国学与思想政治理论课的亲密关系讲得入情入理，给人以深刻的哲理启迪。作者的结论是：“以思想政治理论课为载体，对大学生进行国学素养的培育，不仅对于弘扬国学、振兴国学具有重要的理论价值，而且对于提升大学生的哲学修养、政治修养、道德修养、国学素养、人文素养以及丰富思想政治理论课的教学内容、提高该课程教学的实效性，都具有重要的现实意义。”这些论述，言简意深，人文色彩浓郁，可以说集中表达了本书作者对提高大学生国学素养所寄予的真切深情。正是在这一思想的激励下，作者在本课题研究方面，做出了自己具有时代价值的探索。

又如，为了探索“国学概念”这一重要问题，该书既列举了我国历史上学者们关于“国学”概念的种种定义式表述，亦从内涵与外延的角度，分别介绍了学界众说纷纭的不同见解。围绕相关论述，作者引用了大量历史文献资料，以充实自己的一系列论述，真正做到了立论有据，资料翔实。正是在引用、借鉴前人有关“国学”概念的基础上，作者才能以自己的深切体验，对“国学”内涵做出具有自身特色的综合界定：“国学是中国人通称的本国文化学术。国学的现代意义，就是指以传统的经、史、子、集为主体的中国传统学术和文化的总和及其所蕴涵的文化价值与民族精神的凝聚。”这个概括，既没有简单照抄前人的现存论述，又确实吸取了前人论述中的合理因素，在“国学”概念的界定方面，显示出自己的独到之处，说明其理论思考达到了一定的学术深度。

（三）方法得体，理路清晰

该书的又一显著特色，是方法得体，理路清晰。如毛泽东所说，方法是过河的“桥”或“船”，没有“桥”或“船”，河就难过；同理，没有合适的方法，研究就难以进行下去。该书之所以能获得相应的成就，其中一个重要秘诀，就是作者善于运用相应的方法。

一是坚持调查研究法。要研究大学生的国学素养，作者就必须对大学生国学素养的现状有较深切的了解。为了解决这一问题，她曾在武汉地区“三本”以上高校的大学生中，进行问卷调查。共发放问卷1235份，回收有效问卷1150份，旨在通过调查，弄清大学生对国学的初步认知、阅读状况、学习途径、价值认同等方面的具体现状有一个大致了解，以便为进一步研究提供必要的实证参考。这无疑是值得肯定的。

二是坚持文献考察法。该书在谈及国学的主体内容和经典简介时，涉及大量中华原典和民族文化古籍。为了系统阐明这些历史文献的基本内容和来龙去脉，作者具体运用了文献考察法，使对一系列文献的概括表述和相应介绍言之有据，述之有依，表现出对中华古文献引用与阐发的成熟性。作为一位青年学者，能在古文献运用方面达到这样的造诣，是难能可贵的。

三是坚持比较研究法。该书第六章的中心内容旨在揭示思想政治理论课与国学的密切关系，为了阐明这一问题，作者运用比较研究法，对两者的内在联系进行了较为深入的考察，既揭示出思想政治理论课有助于改善大学生国学素养的功能，又论证了大学生自我增进国学素养，有助于加深对思想政治理论课的理解与践行。由此，作者提出了一个值得重视的建议，她主张将两者有效地结合起来，一方面，借助思想理论课，帮助大学生增强国学素养；另一方面，提倡大学生主动增强自己的国学素养，以加深对思想政治理论课内容的理解与把握。这无疑对当前高校的校园文化建设、大学生世界观、人生观、价值观的确立，具有重要的启迪意义。这一考虑，不是作者心血来潮臆想出来的，而是她自己把提高国学素养与进行思想政治理论课教学紧密结合的心得体验。

据我所知，作者本人曾获思想政治专业博士学位，其在读书期间，就很注重提高自己的国学素养，并取得了相应的成绩。她的博士论文《宋明理学家德育方法论研究》，就属于国学领域的研究成果，答辩时曾受到专家好评。毕业前后，她长期执教于思想理论课前沿，对在该课中如何帮助学生提高国学素养，进行过长期的思考与探索。这部新著，就是她近些年来思考这一问题的心血结晶。所以全书渗透着作者的实践体验，不仅理路清晰，而且文字流畅，确实值得称道，我愿在此向学界慎重推荐。

（原载《学校党建与思想教育》2016 年第 6 期）

后　　记

本书的中心内容，着重探讨当代思想文化建设的理论与实践。笔者之所以关注这方面的课题，除了《前言》中所提到的受当代文化建设大环境的启迪外，还同本人的科研方向直接相关。我于 1987 年秋，由湖南湘潭大学哲学系调至武汉大学思想政治教育系。这使我的专业发生了重大转折。原在湘潭大学时，讲的是中国哲学史，并把道家哲学作为自己的研究重点，努力探求。调入武汉大学后，原准备进入中国哲学史专业，后因该专业没有进人指标，学校组织部门做我的工作，让我进入思想政治教育系，讲授中国政治思想史。考虑到这两种思想史，都属于传统文化系列，仍可发挥自己的学术优势，我接受了学校的安排，决定到该系任教，从此，我同思想政治教育专业结下了不解之缘。思想政治教育专业，在当时是一门刚建立不久的新兴专业，学科建设的任务很重，需要思考的前沿课题很多，好在我原来从事过党校理论教育，在思想政治教育方面还算有点基础。

面对着专业的巨变，我将自己的科研方向确定为："中国传统文化与当代思想道德建设研究"。这一方向，既照顾到我在传统文化研究方面的优势，又照顾到我所服务的专业之理论建设。它实际上涉及两大领域的研究重任：一是传统文化研究；二是当代思想道德建设研究。平心而论，这两大领域中的任一领域，即使自己用一辈子的心血去浇灌，也很难画上圆满的句号。而我却将这两副重担一并扛上肩头，这确实是给自己出了一个大难题。然而，身处当时环境中的我，又无法摆脱这一尴尬困境。我只好硬下心肠，逼着自己沿着既定的方向走下去。我深知自己的天赋并非优等，便用"慢鸟先飞"的哲理来激励自己，坚持在两个领域摸爬滚打、奋力拼搏、上下求索，努力攀登、再攀登。功夫不负苦心人，这些年来我先后完成著作十余部，论文两百余篇，在论文中除2011年出版过《国学与儒道释文化发微》专集外，又于这次推出《思想文化建设综论》专集。这些均从特定层面，透视出我在两个领域的心血结晶，因而使自己在心灵上得到某种安慰。记得鲁迅先生曾说过："哪里有天才，我是把别人喝咖啡的功夫都用在工作上。"[①] 我并非要在此自比鲁迅，只是觉得鲁迅先生的体会揭示了一个真理：做学问没有捷径可走，要想有所收获，必须多流汗水。此时此刻，回顾自己所走过的路，如果说还有点值得肯定的东西的话，那就是数十年来，我牢记孟子"苦其心志"的教导，在专业探求方面，还算舍得下功夫、用气力。我不敢说我的著作有多么高的价值，但作为一名普通理论工作者，我在学术探求方面，算是尽了自己的一份心力，可谓问心无悔。

需要特别提及的是，这些年来，如果说我在科研方面还算取得了几分成绩，那么这几分成绩当同我的老伴罗萍同志对我的治学给予无私体贴与关照不可分割。她是本校社会学系教授，又兼任武汉大学妇女与性别研究中心的领导工作，在自己的事业极为繁忙的情况下，肩负起家庭内大部分家务事，以便让我有更多精力从事著述。特别是2012年至2014年，我因患心脏病，长期住院。这期间她更是倾尽全力，天天跑医院，陪在我的身边亲自护理、照料，完全忘记了自己的辛苦与疲劳。我后来能康复出院，当与她无微不至的关爱分不开的。这部书稿正是在我出院后才得以整理完成的，因此，我一直在内心深藏着对老伴的感激之情，趁本书出版之时，特在此向她致以最真挚的谢意。

还需要在此说明的是，这部书的出版，还得到校内相关领导的支持与帮助。武汉大学社会科学研究院院长沈壮海同志[②]、马克思主义学院院长佘双好同志，在自己的工作十分繁忙的情况下，分别为我阅读过本书初稿，并就内容布局和章节安排问题，分别提出过值得重视

---

① 《鲁迅全集编校后记》，载《鲁迅全集》第20卷，人民文学出版社1972年版，第663页。

② 沈壮海同志已于最近被上级提拔为中共武汉大学党委副书记。

的建议性意见，让我铭刻在心。特别是学校党委副书记骆郁廷同志，在党委工作千头万绪、自己的教学与科研无比繁重的情况下，还抽出时间，为我审读书稿，并应邀为本书热情撰“序”，这更让我无比感动。值此书稿即将付梓之时，特向他们致以最热烈的谢忱。

此外，还需在此特别提出的是，中国社会科学出版社风清气正，出版质量让人非常满意。我先后在该社出版过三种著作，每次和责编打交道，均感受到他们对工作极端的负责任、对作者十分体贴尊重的可贵精神，给人以特别温馨之感。本书的责编更是让我印象深刻，她对书稿的用字遣句、文字校对、引文注释以及简体字的运用，都作了十分认真细致的处理，为保证本书的出版质量，确实付出了辛勤劳动，让我感激在心。趁本书出版之时，特在此向出版社全体领导和编辑同志们致以最真切的感谢！

还需要在此提及的是，此书付梓之时，恰好是我的八十寿辰即将到来之际，此时此刻，笔者无比激动，特作《八十感怀》拙诗一首，以示永恒纪念：

年届八秩劲犹存，心舒意畅漾激情。
中华文化时研析，时代乐章常奏吟。
兴来伴妻烹美食，感起挥毫习楷行。
喜作园丁数十载，桃红柳绿处处春。

黄钊

2017 年 6 月于武汉珞珈山“勤补书斋”